香港歷史與社會

●下冊

歐陽哲生　劉一皋　主編

策劃編輯　李　斌　王逸菲
責任編輯　王　珺
書籍設計　道　轍
書籍排版　何秋雲

書　　名　**香港歷史與社會（下冊）**
主　　編　歐陽哲生　劉一皋
出　　版　三聯書店（香港）有限公司
香港北角英皇道 499 號北角工業大廈 20 樓
Joint Publishing (H.K.) Co., Ltd.
20/F., North Point Industrial Building,
499 King's Road, North Point, Hong Kong
香港發行　香港聯合書刊物流有限公司
香港新界荃灣德士古道 220-248 號 16 樓
印　　刷　美雅印刷製本有限公司
香港九龍觀塘榮業街 6 號 4 樓 A 室
版　　次　2025 年 6 月香港第 1 版第 1 次印刷
規　　格　16 開（170 mm × 240 mm）432 面
國際書號　ISBN 978-962-04-5669-5（套裝）
ISBN 978-962-04-5719-7（下冊）

Published & Printed in Hong Kong, China

目錄

商會學會篇

經 濟 運 作 篇

商會學會篇

第十四章

香港中華總商會與中國新時期的現代化事業（1978-2000年）

陳志文

十一屆三中全會後，中國啟動了社會主義現代化的進程，通過設立經濟特區，吸引外資，中國將黨和國家的工作中心轉移到經濟建設上，從而實現改革開放的歷史性轉移。但問題是，中國缺乏推行現代化和市場經濟所需的資金、人才及經驗，與西方世界經濟體系也缺少必要的溝通，實際推展可謂舉步維艱。因此，此時亟需一個既懂得市場經濟，又願為中國推行現代化政策服務的海外愛國商會作為橋樑。在當時的情況下，香港中華總商會（以下簡稱中總）自然成為了承擔這項工作的首選。考慮到這一問題的特殊重要性，本章將以香港中華總商會的發展史為切入點，對其在中國現代化進程中承擔的具體工作和角色進行歷史評估。

一、中總與新中國的關係

李培德曾於 2014 年 10 月 20 日在臺灣東華大學歷史學系發表題為《國共兩黨在香港的競爭》的演講，文中提到："在新中國成立前，國共兩黨在香港早有競爭，他們爭奪的對象是對華商的統戰。""實際上，共產黨早在 1930 年代初已經對商會進行滲透。""最激烈的兩黨競爭發生於 1947 年香港華商總會會長選舉中，當時有兩派激烈競爭，一派據說得到國民黨支持，一派得到中共支持。最終中共支持的一派取得了勝利，但是被告上香港法庭。"[1] 法庭於 1948 年 7 月 7 日作出裁決，重新進行選舉，最終親新中國派系的高卓雄當選為第十六屆理事長。關於戰後幾屆會長選舉，競爭及糾紛頗多，為澄清視聽，中總出版了由陳大同編的《中總歷屆改選回憶錄》一書，對歷次會長選舉內情作清楚交代。

關於中總與新中國的關係，轉折點應該發生在 1950 年 9 月 30 日召開的理監事聯席會，這場長達兩個小時的會議，詳情記錄在《理監事聯席會議案簿（1 冊）1949–1950》中，[2] 會上多名理事據理力爭，堅稱新中國已成立，愛國是天經地義的事；高卓雄主席更是頂著巨大的反對壓力，於 1950 年 10 月 1 日國慶節時，在中總會所大廈上懸掛五星紅旗，公開宣佈擁護新中國，自此確立中總的愛國立場。中總能迅速改變其政治立場，相信與 1930 年代早期的中共統戰工作及與親新中國派系的愛國人士贏得第十六屆會長大有關係。

從 1948 年至 2000 年，中總會務分別由高卓雄、許庇谷、王寬誠、湯秉達、霍英東、梁燊、曾憲梓、陳有慶等歷屆會長主持，他們都是擁護新中國的愛國商人。根據《文匯報》在 2000 年 11 月 13 日報導："新中國成立後，中總首長每年都擔當香港工商界慶祝國慶籌委會主任，祝賀祖國新的生日，成為香港社會愛國愛港的一面光輝旗幟。"[3] 第三十九屆中總會長曾憲梓在接受《瞭望新聞週刊》時說："每一屆新會董就職後，都要到北京訪問，拜會中央領導以及各有關部門，一來瞭解中國內地的經濟形勢及聽取新一年的工作安排，政策方針，二來可以進一步加深雙方的瞭解，相互交換意見，增加共識。"[4]《文匯報》在 2012 年 10 月 1 日報導："自 1991 年以來，中總先後 11 次組織高層訪問團赴京，國家領導人均讚揚中總對祖國建設及香港發展貢獻良多，並勉勵中總繼續與時並進，致力推動國家富強昌盛、香港繁榮穩定。"[5] 自 1978 年起，各屆會長都會擔任全國政協委員或全國人大代表。1983 年開始，中總成員還應邀出席全國工商

---

1 李培德：〈國共兩黨在香港的競爭〉，https://hc.nccu.edu.tw/public/view.php?main=12&sub=45&ssub=103&id=1833（最後訪問時間：2014 年 10 月 20 日）。

2 參閱《理監事聯席會議案簿 1949–1950》（第 1 冊），香港：香港華商總會，資料藏於香港歷史檔案館，檔案編號：HKMS163-1-29。

3 〈中總帶領慶祝首個國慶節〉，《文匯報》2000 年 11 月 13 日。

4 莊建民、李少山：〈致力於香港的長期穩定繁榮〉，《瞭望新聞週刊》1997 年第 3 期。

5 〈與祖國一起成長　與香港一同進步〉，《文匯報》2012 年 10 月 1 日。

聯歷屆大會，甚至有成員擔任執委或副主席。至於在不同地方政府或機構擔任顧問的情形則更為常見，可見中總與中國政府及內地工商團體已建立多元的信息傳遞渠道，雙方形成了良性互動的合作機制，並建立了緊密關係。中總實際已成為中國在香港的半官方代表，這為其有效參與中國現代化進程提供了有力的條件及堅實的保障。

二、大力支持廣交會發展外貿

1964 年全國三屆人大會議上，周恩來根據毛澤東的提議，在《政府工作報告》中正式提出實現農業、工業、國防和科技現代化的“四個現代化”目標，並於 1975 年四屆全國人大會議上再次重申此目標，力圖挽救因“文革”所造成的中國國民經濟巨大損失的局面。然而，這一現代化主張遭到了“四人幫”的批評，被斥為“唯生產力論”，這無疑阻礙了中國現代化的進程。[1] 十一屆三中全會後，鄧小平回到黨的領導核心崗位，通過改革經濟體制、增加外貿並賺取外匯以購買建設物資，中國再次啟動了現代化建設。中國出口商品交易會，通稱“廣交會”，作為一個重要的外貿窗口和創匯中心，在這一過程中發揮著關鍵作用。廣交會吸引了越來越多的海外商家，其成交額逐年攀升。根據統計數據顯示，廣交會每年的成交額在全國出口總額中所佔比重也逐年增加。1967–1971 年期間，即“文化大革命”時期，廣交會迫於當時的政治氣氛影響，難以發揮應有的作用，但在 1982 年重新恢復後隨即便取得了顯著成績。廣交會對於推動中國內地工業發展以及支持中國現代化具有重要意義。創辦伊始，香港中華總商會就參與了其中的邀請工作，並在之後的幾十年中持續發展，為廣交會的成功舉辦作出了貢獻。

1 施達朗：〈當前中國對外貿易與四個現代化之關係〉，《信報月刊》1979 年 2 月（第二卷第十一期）。

位於香港中環的香港中華總商會，不遺餘力地為經濟發展貢獻力量。

回顧廣交會對外發邀請函的工作，表面看似簡單，實則任重道遠。尤其是在1950 年代中期，“抗美援朝”戰爭結束後，部分西方國家堅持對新中國的敵視態度，採取“封鎖、禁運”的政策。當時與中國建交的國家僅有 20 多個，內地與海外的聯繫極為有限，這使得廣交會的推廣工作異常艱難。一旦處理不當，中總就可能面臨被這些國家抵制的風險。

一方面，中總要嚴格按照國家的國別（地區別）政策邀請符合資格的境外商家。“文革”期間，面對不合理的政治要求，如要求參觀者參加長達一週的學習，這種情況令許多香港商號老闆在開幕之時顧慮重重，不敢貿然赴會，而是先派員工或副手前來考察情況。另一方面，新中國剛完成對資本主義工商業的社會主義改造，港澳商人普遍擔心他們的財產會被“充公”，而外商則擔心會“公私合管”。更為嚴峻的是，當時中國面臨著聯合國對華禁運政策，東南亞各國政府配合此政策限制中國產品進口，有些國家甚至公開禁止輸入中國商品，這給中國的土產，尤其是輕工業品的出口，造成很大的困難。當時，國外商家甚至不敢進入內地開展貿易活動。

面對種種疑慮及重重障礙，中總排除萬難，積極宣傳祖國的工業生產成就，鼓勵並組織會員參加展覽，以消除他們的疑慮。當時的主要客商多來自港澳地區，佔比高達 83.48%，出口成交額佔總成交額的 64.33%。1978 年底，隨著十一屆三中全會的召開和中美正式建交，廣交會邀請客戶的國別（地區別）政策執行不再嚴格，相關手續得到簡化，營商環境逐漸改善，參展客戶逐年增加。1979 年春，廣交會更是首次直接向臺灣廠商發出邀請。此後，參觀廣交會就成為海外商家每年例行的活動。

香港中華總商會自參與第一屆廣交會的舉辦，迄今已有 60 年，其間從未間斷組團赴穗參加每年兩屆的廣交會開幕禮，以實際行動支持廣交會的工作，為國家對外貿易開闢渠道。可以說，香港中總見證了廣交會的成長歷程。中總的很多會員，都是中國商品的海外代理商，他們通過經銷、代理和推廣中國產品在港銷售及轉口至世界各地，為中國商品打開海外市場盡心盡力。中央領導曾讚揚中總：“香港中華總商會在推廣中國出口商品中起了巨大作用。”據廣交會展信息網報導，前中總會長曾憲梓曾激動地說：“中總可配合廣交會，藉內地企業雲集的機會，協助香港及海外工商企業尋找合作夥伴，更廣泛深入瞭解廣交會上不同層次的產品和企業，帶動更多海外投資，協助內地經濟的進一步提升。”[1] 曾憲梓的積極參與贏得了中央政府的高度肯定，溫家寶總理親手向其頒發榮譽證書，表彰他為廣交會作出的突出貢獻。筆者翻閱了中總從 1989 年至 2000 年的年報，歷屆會長都提及當年廣交會情況，可見中總對廣交會的重視。[2] 今天，廣交會已經蔚為“中國第一展”，建立了全球性的營銷網絡，在全球商界享有極高的信譽，是中國對外貿易的一張名片。

---

1 金星來：〈訪香港中華總商會永遠榮譽會長曾憲梓——燃情歲月心繫廣交會〉，2010 年 6 月 8 日，廣交會展信息網。

2 參閱香港中華總商會：《香港中華總商會 1998 年報》至《香港中華總商會 2000 年報》。

三、率先支持中國內地的改革開放

改革開放初期，內地投資環境相對落後，法制尚不完善，投資前景並不明晰。儘管中國政府隨即出臺了《中外合資經營企業法》以吸引外資，但外資企業還需要時間去瞭解和消化該法律的內容，種種顧慮之下，並不敢貿然赴華投資。為打消投資者的疑慮，香港中華總商會於 1979 年 3 月設立“投資與貿易諮詢組”，以協助海內外工商界瞭解在內地設廠、來料加工、補償貿易等法規問題。此外，中總還在其內部的會員會訊中撰文介紹內地法規，例如新出臺的《中國的商標管理法例》、《中外合資經營企業法》。1982 第二期會刊中刊登了任建新的《中國對外經濟貿易法律的幾個問題》、廖瑤珠的《論中國仲裁法》及《中國商業仲裁座談會記錄》等文，為會員解決投資中的疑難問題。[1] 另一方面，香港中華總商會會長在《經濟導報》發表文章強調中國與香港經濟的密切關係，指出中國經濟發展是必然趨勢等。這一系列活動旨在鼓勵並吸引香港的華商北上發展，特別是那些在內地有親屬關係的華商，他們赴內地的成功投資扮演著示範角色，並將會起到催化作用。

中總除撰文推廣介紹中國內地投資外，為配合內地實行對外開放和經濟改革，還在 1980 年成立了“中國四化服務委員會”，由王寬誠任主任，副主任則多達十人，包括湯秉達、霍英東、葉若林、古勝祥、何世柱、顏同珍、孫城曾、郭宜興、莊世平、葉平等人，這些人都曾先後擔任過會長、副會長或會董等職，可見當時中總對四化服務委員會工作之重視。[2] 此委員會主要負責促進會員在內地進行合作投資業務，擔當聯絡調查及介紹工作，同時接待來訪的內地各省市政府，以及經濟、貿易等專業代表團。

為了吸引港商、外商投資內地項目，內地城市通常傾向於藉助香港中華總商會這個渠道舉辦招商會，或在中總會刊上刊登招商啟事。改革開放二十年來，香

1 香港中華總商會：《與祖國一起成長——慶祝中華人民共和國成立 60 週年特刊》，2009 年 10 月，第 54–61 頁。

2 同上，第 54–61 頁。

港中華總商會推動各省市引入投資項目及組團赴內地進行考察，項目繁多，相關工作從未間斷。有關中國四化服務委員會對國家作出的具體貢獻，從中總 1984 年會刊中對 1983 年工作的陳述及總結中可見一斑：

第一，“單 1983 年先後接待來訪的內地各省、市政府、經濟、貿易及專業等代表團共三十二宗，平均每月近三宗。”可以想象，當年內地與香港之間溝通頻繁。

第二，“有關反映市況、促進貿易、介紹投資合作、研討政策、法例講座會共十一次。”顯示其幫助會員瞭解內地投資法規，解決疑難。

第三，“在 1983 年共有三宗赴內地參加活動或訪問，計有參加中華全國工商業聯後會成立三十週年慶典活動，湖南省訪問團及深圳經濟特區參觀團等。通過這些活動，既瞭解當地經濟發展情況，也密切了彼此交往，有利於溝通內外關係，促進兩地貿易和經濟合作……有利今後工作進展。”

第四，“繼續舉辦香港工商業研討班為內地專業人員提升實務水平，學員來自廣東省、福建省、北京市、天津市、上海市、廣州市和深圳、珠海、汕頭、廈門四個經濟特區的從事貿易工作和經濟研究人員共四十一人，成績受讚許。”

第五，“年內共收到八個省市提供投資項目，我會有些在會訊刊登，有些則在其他報章雜誌發表。一年來，會員和非會員本會查詢或索取有關資共五十三宗。”可見中總協助內地城市招商活動。

第六，幫助處理投資合作發生的糾紛，將問題反映有關部門，敦請其對有關部門加以妥善處理。[1]

由此可見，香港中華總商會為支持中國現代化建設不遺餘力，扮演的角色彷彿是祖國駐香港的商務辦事處。

除了成立“中國四化服務委員會”外，中總還於 1983 年成立“法律委員會”，由王寬誠擔任主任，旨在加強與內地法律界之聯繫，向中央及地方反映會員提出的問題和建議，以完善投資環境。根據金四幸所述：“中國投資面臨著法例法規不完善和政策分散的批評。”儘管“開放政策以來，繼七九年先後公佈一系列涉外法例法規，如中外合資經營企業登記辦法、中外合資經營企業所說稅

1 〈1983 年中總工作報告〉，《香港中華總商會會刊》1984 年第 1 期，第 4–5 頁。

法、個人所說稅法、外匯管理條例、勞動管理規定、經濟特區條件等，七年來中國制定的經濟法律和法規超過百項，足見其對建全法制保障投資合作雙方利益之重視和努力”。[1] 但從另一方面看，由於法律的不完善，可以想象到改革開放初期投資者面對的困難。港英政府在這方面的採取的措施相對較少，基本上由廠家或商會自行解決。所以，中總在這方面進行的工作更顯得難能可貴。法律委員會從 1983 年開始運作，至 1990 年結束。其後，中總於 1998 年成立“內地事務委員會”，統籌前三個委員會的工作。其宗旨正如官方網站所述：“協助會員加強內地聯繫，促進投資，並收集會員對內地各項經貿法例之意見，向內地政府反映。”[2]

改革開放初期，由於法律體制尚不完善和存在政出多門的情況（不同機構依不同法例，或對同一法律有不同理解而作出決定），外商雖有興趣，但也存在顧慮。由於缺乏可供參考的先例，外商擔心政策突變，因此不敢貿然前往中國投資。中國政府意識到這一點，便加強了招商工作。1978 年 12 月，時任中國對外貿易部長李強、副部長趙長春一行八人結束菲律賓訪問後，隨即順道訪問香港，並在港開展了密集的活動。李強作為在港進行大規模公開活動的第一位中國政要，此行會見了中華總商會、中華廠商聯合會首腦和部分商界知名人士，並於 18 日在中華總商會開記者招待會，出席該會晚宴。這一系列活動足以證明中國有意加強與香港商人的友好關係，以激勵港商更積極地開拓中國市場，前往內地投資，參與中國的現代化建設。在中總的推動下，許多會員，特別是愛國商人，率先到內地投資建廠、發展項目。中總會員以敢為天下先的精神，在內地創造了許多個“第一”。這些開創性的舉措，一方面推動中國完善投資環境，另一方面也為後續外資的進入起到示範作用。這些事件值得在此陳述，因為不僅透露出當時營商環境的困難處境，更彰顯了中總會員本著創業家精神，在“萬事開頭難”的困境下，仍然甘願付出努力，為當地經濟注入活力，帶來先進技術，在不同的工業領域發揮巨大的示範效應，增強外資來華投資的信心，進而激活了整個投資浪潮。

廣州市機械化養雞場是中國第一個開放項目，由香港愛國商人鄧焜、劉浩清等人捐資，並得到廣州市政府撥款而建成。該項目於 1978 年成為“文化大革命”

---

1 金四幸：〈吸收外資的種種難題〉，《香港中華總商會會刊》1986 年第 5 期，第 17–18 頁。

2 內地事務委員會工作參考中總網站：www.cgcc.org.hk。

結束後第一個接受海外捐贈的項目。在此之前，即便就是得到捐贈也不可能接受。這個項目的開展得到了中央和地方政府的支持，建設期間遇到困難時也得到了廣州市委會主任楊尚昆等領導的幫助。

鄧焜、劉浩清先生等人捐資，從美國購買設備和種苗，幫助廣州市興辦一個現代化養雞場，並請來了美國養雞專家許志儉先生來華指導養雞技術。這樣，資金及技術問題都已得到解決。因為是第一次申辦項目，廣州市有關部門的思想還不夠開放，再加上中外合資廠手續繁瑣，因過去沒有相關工作經驗，導致工作不知從何入手。幸得廣州市委的支持，該項目層層上報到國務院僑務辦公室，最終得到批准接受捐贈。美籍專家許志儉先生參與了項目選址、廠房設計、項目投產和技術人員培訓工作。此外，他還抽出時間舉辦了兩期技術培訓班，為全國培訓了 460 多名現代化養雞技術人員。因此，許志儉先生在兩年後的 1979 年被授予"廣州市榮譽市民"稱號，成為獲此榮譽的第一人。

廣州市機械化養雞場於 1977 年 12 月選址，1978 年 1 月動工，4 月建成第一批雞舍，10 月中旬開始供應鮮雞蛋，整個從興建到產出的過程歷時 10 個月。回顧這個項目，從一開始就獲得了有關部門、市委、市政府各級領導的重視和支持。在項目建設期間，時任廣州市委會主任楊尚昆曾多次親臨現場幫助解決困難。由此可見，改革開放初期，政策並不完善，一切要"摸著石頭過河"，逐步改進，這對外資來說無疑是難以接受的，再加上缺乏內地關係網絡，更讓他們無從下手。而港商冒著風險進入內地市場，其中的愛國心無疑是一個強大的推動力。港商不僅起到良好的示範作用，亦令中國政府在改革中不斷調整和完善法規。廣州市機械化養雞場（後改名為廣州市國營力康農土商聯合公司），於 1979 年正式運營，向廣州市場供應鮮雞蛋，緩解了當時的鮮雞蛋供應困難，取得了較好的社會效益。1983 年，雞場建場五週年之際，鄧焜和劉浩清先生應邀回到養雞場時說："不用感謝，我們只是做了一些小小的工作。"這番話令在場人士無不為之動容。[1]

另一家最值得稱道的企業是北京航空食品有限公司。[2] 據中國法律網資料顯示，該公司於 1980 年 4 月 10 日批准成立，5 月 1 日在北京正式掛牌，成為全

1　甄錦細：〈廣州改革開改第一項〉，《廣州文史》第 55 輯。

2　〈中國首家中外合資企業：北京航空食品有限公司〉，中國法律網，2009 年 9 月。

國第一家中外合資企業，取得了國家外資委發放的中外合資企業第“001”號。這間公司的成立故事聽起來有點傳奇色彩，事緣 1979 年 7 月 1 日才在五屆全國大會二次會議通過的“中外合資經營企業法”。香港商人伍淑清本著“喜歡做別人沒做過的事”的精神，帶領自己的團隊到有關部門接洽，這在當時是極為罕見的。當時的中國民航還沒有提供航空配餐的服務，這在今天聽起來也不可思議。從 1979 年 6 月份起，時任民航局局長沈圖等人與伍淑清的父親伍沾德（美心集團創辦人之一，香港中華總商會常董）展開長達一年的協商、談判。因沒有先例可循，特別是在外資所佔比例、決定重大問題要三分之二多數通過等方面，有關文件需要通過國務院審批。在審批過程中，沈圖甚至向鄧小平彙報了與香港一家食品公司合辦航空食品公司的計劃。最後，經過多次洽談，雙方決定合辦航空食品公司，合營的一方為中國民航北京管理局，另一方為香港中國航空食品有限公司，註冊資本 588 萬元，其中香港中國航空食品公司股份 288 萬元，佔 49%。公司於 1980 年 5 月 1 日正式開業，[1] 共有職工 170 餘人，其中香港方面來了 20 人，其中包括一批有經驗的師傅，大家互相學習，取長補短。據《經濟導報》報導：“從食品質量來說，也達到了國際先進水平。”回顧籌辦合資企業時，港方副經理李康時先生說：“在合營中應分得的淨利潤和合法權益，能否真正受到被投資國法律上的保護？說實話，對這些問題起初我是有顧慮的，因為在中國搞合資經營企業我們是頭一家，在此之前沒有先例。”根據丁一鳴、劉志敏撰寫的報導，伍淑清回憶說：“那個時候香港人對內地情況幾乎一無所知⋯⋯毅然北上，憑藉的全是華僑家庭那種對祖國的眷戀。”“第一，國家需要；第二，國家也是空白，起碼有人做白老鼠，做事情，有機會我們就希望能為國家做點事情。”伍淑清繼續說：“當時內地剛剛開放，什麼公司章程啊，所有企業的法律都沒有的。我們將香港所有的企業章程、公司登記的方法，都從英文翻譯到中文，中文拿到內地跟他們談，（進行）中文和英文對接。”“我們引進了 double entries system（會計制度），我們引進稅務管理，引進了工廠管理、衛生管理、工人打鐘卡，幾點鐘上班幾點鐘下班，同時我們引進食品安全衛生管理，後來很多醫院熱水爐都來參考我們怎麼做。”李京淑發表《中國合資企業第一人》一文中，

1 鍾韓：〈第一家開業的中外合資企業——訪北京航空食品公司〉，《經濟導報》1980 年 10 月 1 日，第 13–14 頁。

引述伍淑清的回憶："那時，中國剛剛表示要開放，合資企業還沒有先例，前途未知，外商心裏十分無底，覺得風險很大，擔心以後被吃掉。當時這種心理很普遍。""在北京航食之後，伍淑清相繼在上海、天津、大連、青島、海口、廈門等多個城方興辦了航空食品、航空地毯、飲料等幾十家合資或獨資企業。"[1] 北京航空食品有限公司的投資是成功的，它將香港經驗引入內地，給內地人士提供了經驗參考，同時又給外商投資作了示範。[2]

第三件值得陳述的創業先鋒事件，發生於改革開放初期。鄧小平曾在一次電視訪問中提到："改革開放剛開始，有一位香港資本家給中央寫了信，表示要到內地來投資設廠，我們同意了……" 這位 "香港資本家" 指的就是曹光彪。[3]

在十一屆三中全會尚未召開之前，香港永新企業有限公司主席曹光彪先生率先採取行動，在廣東省珠海市以私人資金投資了一家名為 "香洲毛紡廠" 的企業，開創了 "來料加工" 和 "補償貿易" 的先河。

此事之緣起可追溯到 1978 年 5 月 23 日，曹光彪到北京探親，會見老朋友陳誠中，陳誠中是前中國紡織品進出口總公司總經理（其後任香洲毛紡廠顧問），其間在座還有王建華、袁耀峰兩位處長，以及潘長山科長。在談話中，論及要把中國對外貿易做得更好、更活的原則，談到了來料加工問題。當時，內地現有的工廠設備，若承擔針織用毛紗來料加工的貿易，實際上存在一些困難。曹光彪曾參觀過內地工廠，發現當時的國產毛衫花樣過於老式、質量不盡如人意，難以推廣至國外市場；內地工廠的生產及管理水平落後，工人缺乏積極性，產品出現問題難以追究責任，要想改變談何容易。於是，曹光彪提出可否在內地創辦一家專為該公司代紡的比較現代化的毛紡廠，這一提議當即得到在座各位的鼓勵和支持。[4] 曹光彪回港後，即與全體董事開會商量並決定投資，選址珠海，盡量採用最先進的設備供給工廠。隨後，他起草計劃書寄往北京中國紡織進出口總公司，副本寄給北京中國外貿部、廣東省外貿局、中國紡織品進出口公司廣東省分公司以及香港華潤公司、澳門南光公司。結果不到三個月時間，審批便順利通

---

1 李京淑：〈中國合資企業第一人〉，華商名人堂，www.hsmrt.com/wushuqing/679.html。

2 丁一鳴、劉志敏：〈改革開放中的港人港商港資——專訪港區全國政協委員伍淑清〉，國際在線 2017 年 6 月 15 日。

3 杜明明：〈曹光彪：第一個在內地投資建廠的香港資本家〉，《中國經濟週刊》2008 年 7 月 21 日。

4 梁潤堅：〈到中國設廠的實例〉，《信報月刊》1979 年 2 月，第 60–62 頁。

過。1978 年 8 月 31 日，協議書簽訂儀式於澳門南光貿易公司舉行，甲方為中國紡織品進出口總公司廣東省分公司，乙方為香港永新企業有限公司，見證人為南光貿易公司，工廠被命名為香洲毛紡廠，合作模式採用了"補償貿易"。工廠全部設備及部分建築材料由香港永新企業有限公司提供，中國內地方面負責廠房基本建設。至於機器設備安裝以及技術人員及工人的培養，也由香港公司負責，合約期為五年，香港公司提供的機器設備經雙方同意釐定價值後，分五年內還清。香港公司保證向工廠方面提供足夠的原料維持廠方長期、均衡、高效率的生產，每批產品也由香港公司代銷。消息一經傳出便轟動香港，香港各大報紙如《大公報》、《文匯報》、《星島日報》均有報導。其中《星島日報》的報道稱："中共可獲外匯年達三百多萬，加工紡毛紗更可吸收經驗。" 更為重要的影響是，1979 年 11 月 7 日香洲毛紡廠正式落成並隆重開幕。為了擴大影響，吸引更多中外人士前往內地投資，曹光彪廣發請柬，邀請了逾百位中外工商界知名人士、外國駐港領事以及中外記者前往珠海出席開幕儀式。[1] 由於當時尚未恢復辦理外國簽證，為解決難題，曹光彪派遣長女曹其真前往廣州求見楊尚昆，最終得到特別處理，開幕式得以順利舉行，此事件成為一項創舉。總的來說，這家工廠不僅為國家帶來毛紡廠經驗，還在促進中國紡織業的現代化建設中起了添磚加瓦的作用。1984 年鄧小平第一次來珠海，首站就來選擇這裏視察。

另一位值得稱頌的改革開放先鋒是莊世平先生。莊先生於 1949 年 12 月 14 日在香港創辦了南洋商業銀行（以下簡稱"南商"），並於同一天在南洋商業銀行大樓高高升起了香港的第一面五星紅旗。如今，南商已成為中國信達資產管理的附屬公司。莊世平是香港著名的僑界領袖和紅色金融家，"除了為新中國的僑務和外匯作出了傑出貢獻之外，還為廣東改革開放的啟動"，以及深圳經濟特區的創辦、發展和引進資金項目，甚至政策法規等方面做了大量工作。

1979 年中國開始允許外資金融機構在中國內地設立辦事處，由此拉開了中國銀行業對外開放的序幕。1982 年，為支持經濟特區的建設，莊世平將南洋商業銀行的分行開到深圳，成為第一所在中國經濟特區設立分行的外資銀行。此外，南商首先在中國內地發行港澳通用的信用卡——發達卡，此舉促進了內地

1 杜明明：〈曹光彪：第一個在內地投資建廠的香港資本家〉，《中國經濟週刊》2008 年 7 月 21 日。

銀行信用業務的興起和發展；南商又率先在深圳經濟特區組織國際性銀團貸款，支持大型高新技術項目，推動合資工業項目的引進和建設。

還有一件鮮為人知的事值得一提。莊世平提出關於“允許外資銀行和保險公司在特區設立”的建議，獲有關部門採納，並被列入《中華人民共和國廣東省經濟特區條例》，對中國特區引進資金項目、促進經濟特區發展，以及中國引資工作，起了積極的推動作用，有力地支持了祖國的改革開放事業。正如中國駐港聯絡辦公室主任高祀仁說：“（他的）很多意見被採納並付諸實施，特區建設取得突破性的進展。” 1978 年，國務院決定在國慶節前後，邀請一批港澳知名商人回國觀禮。由於莊世平在香港德高望重，遂由他任團長，邀請李嘉誠、利銘澤、胡漢輝等香港超級富豪回國參加國慶觀禮。這次回國令他們感受到濃濃鄉情，加上莊世平極力動員，李嘉誠率先表態投資，其他富豪也陸續跟上，成為改革開放得以順利展開的一股重要力量。莊世平作為中總會董，積極參與會務工作，成為港商進入內地的領路人。

有時，投資靈感常源於生活中的體會。著名愛國商人霍英東多次踏足內地，令其印象深刻的是當時內地基礎設施的疲態，特別是住宿條件的落後。若外商前來考察，無法提供像樣的住所或酒店，又如何吸引他們來投資呢？外商又怎會對中國抱有信心呢？因此，建造一些現代化賓館以接待來自世界各地的客人，無疑是順利推進改革開放的首要且亟需之舉。

當時，霍英東等人應時任國務院主管僑務工作的廖承志之邀，赴京商討一項計劃：在北京、上海、廣州、南京興建八家中外合資酒店。然而，霍英東認為，作為改革開放的前沿城市，廣州急需興建一家國際水準的五星級酒店。最終，他選擇了廣州的“城市綠洲”——沙面島。1979 年 1 月，霍英東與廣東省政府簽署了投資興建白天鵝賓館的《計劃意向書》，隨後於 4 月正式簽訂了協議。然而，項目進展並非一帆風順，特別是這麼一個大型項目，關聯的部門眾多，更易招致保守力量的關注。迫於這種關注的壓力，各個職能部門無形之中為工程設立了諸多障礙。此外，由於內地長期處於封閉狀態，與國際先進的工作方式和管理存在較大差距，這給雙方合作帶來一定難度。正是這些問題，使得外資不敢貿然進入中國投資，即便投資，大部分也都尋求與香港商人一起合作。但是，這些問題不會難倒霍英東，他得到中央及廣東省領導人的支持，為了化解觀念上的磨擦，他提出了自己設計、自己施工和自己管理的“三自”方針，向世人宣示，中國人自己完全有能力建設好、管理好現代化的大酒店。幾經波折，白天鵝賓館終於在 1983 年 2 月 6 日建成並全面對外營業。

白天鵝賓館建成當年即開始盈利，當年結算時，實現純利潤 1,282 萬人民幣。白天鵝的成功不僅帶動大批外資進入廣州，開啟了港商大規模進入內地投資的大門，同時也開創了自改革開放以來內地與香港合作經營旅遊賓館的先河。1985 年，有報導提及鄧小平蒞臨白天鵝，在此買了法國麵包回去，並說：“看來我們要再開放一些城市。”不久，國家就宣佈再開放沿海的十四個城市。

在改革開放初期，港商北上投資建廠時，面對的問題各有不同，但有兩個問題是幾乎所有港商都會遇到的。一是交通不便，正如港商胡應湘所說，一百餘公里的路，往往要花差不多六小時車程，有時路上甚至顛簸不平，胡應湘本身也深受其苦；二是廠家要面對經常停電的困擾。於是，作為改革開先鋒的胡應湘，作出了兩個重要的商業決定：他們一方面啟動並參與了廣深珠高速公路的建設，引領了珠江三角洲甚至整個廣東省的“公路革命”，為廣東成為世界製造業重鎮打下了堅實的基礎；另一方面，投資興建沙角電廠，有效緩解了改革開放以來廣東面臨的嚴重缺電問題。

從 1978 年起，胡應湘進入內地投資，先是籌建中國大酒店，及後發現交通不便的問題，於是向廣東省的相關領導提出建造廣深珠高速公路的構想。在當時，外商提出修建公路是一件無法想象的事，若從政治角度去看更是極為敏感。幸好當時胡應湘遇到的是任仲夷、劉田夫、梁靈光這批改革開放的堅定促進派，雖然過程中有點波折，但計劃得到了廣東省委第一書記和省長的支持，甚至還獲得了鄧小平的認可。1983 年 3 月 25 日，鄧小平在人民大會堂接見胡應湘時說了一句話：“要快點建成高速公路。”港深高速於 1987 年 4 月破土動工，1997 年正式通車。

在 1980 年代，廣東除了交通落後以外，工業停電是常有的事，有些工廠只能保證三四天的電力供應，嚴重阻礙了工業發展。由於受到體制和資金的限制，如果僅由廣東省負責建設，像沙角 A 電廠這樣的項目，從動工到完全投產，可能需要長達 10 年的時間。這樣的速度顯然無法跟上改革開放的節奏。因此，胡應湘向政府提出了一個“誘人”的條件：在 3 年內建成電廠，所有費用由他承擔，建成後的前 10 年由他經營，10 年後歸還政府。結果，從 1985 年開始動工到 1987 年投產，僅用了 22 個月的時間。

現在內地經濟步入正軌，基建設施齊全，市場經制體制完善，來自中外商人的投資絡繹不絕，這與當年中總幾個委員會的努力推動之功是分不開的。他們經常舉辦研討會、講座、座談會等，推介內地投資機會，協助投資者瞭解內地投資環境、優惠政策，排難解紛。以及這班中總先行者，他們不怕艱辛，從一片法制不健全的荒地環境下，率先投資，發揮了示範角色，一點一滴地推動中國市場經濟成型，激發外資對內地的信心。金四幸在《香港中華總商會會刊》中發文稱："在開放初期的一九七九年，被批准的外資合營企業僅二十家，經過七年時間，到一九八六年八月，中國批准的中外合資，合作經營和外資企業，已經超過七千家。" 粗略估計，增長了 350 倍。"其中中外合資經營企業二千七百五十九家，合作經營企業四千一百六十二家，外資經營企業一百三十六家，成績是很明顯的。"[1] 直至今天，中總有不少於五分之一的會員參與內地工商業建設事業。

四、聯繫內地與海外華僑之橋樑——世界華商大會

截至 2000 年，中國改革開放現代化已 20 多年，其成績有目共睹、舉世公認。改革開放能夠取得成功的因素有很多，吸引海外華商回國投資應便是其中之一。

回顧 1949 年至 1978 年這段歷史，中國實行計劃經濟體制，取消私營企業，實行閉關政策，把海外華商列為資產階級予以打擊，加上極左思想的流行，諸如"僑務緊箍咒"、"海外關係複雜論"等言論殃及海外華僑和華商，一個"海外關係"甚至有可能構成內奸通敵的罪名；另一方面，華僑居住國政府又鋭意打擊及阻止華僑親華活動，將親華行為視為對居住國不忠的表現。海外華商與中

1　金四幸：〈吸收外資投資的種種難題〉，《香港中華總商會會刊》1986 年第 5 期，第 17 頁。

國內地的直接經貿關係因此基本中斷。在這期間，東南亞國家亦對持續數百年來的中國移民潮持抵拒態度，中國政府在這方面也是嚴格把關，海外華商網絡與中國的互動至此基本停滯。[1] 其間“中總一直與海外華商會保持聯繫，從無間斷。除了聯絡商情，中總還通過成立一個內地貿易諮詢委員會協助及引介僑商到內地經商，參觀廣交會，並於 1975 年 6 月組織泰國、新加坡、馬來西亞等國家的工商業考察團”。[2]

二戰以後，越南等東南亞國家政局不穩，很多東南亞華僑為了規避風險，將資金投向香港。根據有關資料估計，1949 年至 1990 年間，東南亞財團（主要是華人資本）在香港的投資高達 730 億港元，超過日本（717 億港元）和美國（550 億港元）。“當時，香港已成為海外華僑資金的避難所和集散地，這些資金有些作為僑匯寄回內地，有些投資到外國，其餘則投資香港的房地產、工商業和金融業。”[3] 這些大型企業逐步以香港為海外投資基地建立起跨國經營網絡。正因如此，香港成為海外華僑的金融中心和世界華商網絡中心。通過香港，海外華僑網絡仍與中國內地維持小規模的經貿關係。

面對一個如此巨大能量、一個可以幫助中國實現現代化的“獨特機遇”，[4] 中國政府終於在改革開放後作出正確回應。1977 年 10 月 2 日，鄧小平針對“僑務緊箍咒”、“海外關係複雜論”等言論指出：“這種說法是反動的。我們現在不是海外關係太多，而是太少。海外關係是個好東西，可以打開各方面的關係。”[5] 1978 年 1 月，國務院僑務辦公室正式成立，隨後在全國 29 個省（直轄市、自治區）也陸續成立了僑務辦公室。1979 年 1 月 17 日，鄧小平為繼續鼓勵僑務工作，又說：“現在搞建設，門路要多一點，可以利用外國的資金和技術，華僑、華裔也可以回來辦工廠。”[6] 1984 年，習仲勳在全國僑辦主任會議上再次強調：“居住在世界各地的 3,000 多萬華僑和外籍華人，是一支很重要的力量。他

1 莊國土：〈東亞華商網絡的發展趨勢——以海外華資在中國內地的投資為例〉，《當代亞太》2006 年第 1 期。

2 周佳榮、鍾寶賢、黃文江：《香港中華總商會百年史》，香港：商務印書館（香港）有限公司 2002 年版，第 129–137 頁。

3 王望波：〈東南亞華商在香港的經濟活動分析〉，《南洋問題研究》2003 年第 4 期。

4 張斌：〈“獨特機遇論”在新時期中國僑務發展戰略中繼承與發揚〉，《研究與探討》2014 年第 2 期。

5 中共中央文獻研究室編：《鄧小平年譜（1975–1997）》（上冊），北京：中央文獻出版社 2004 年版，第 214 頁。

6 同上，第 471 頁。

們擁有大量資金，他們之中有許多專門人才，懂得科學技術，擅長經營管理，只要我們政策正確，方法對頭，審時度勢，因勢利導，就有可能把他們的重要性調動起來，在我國四化建設中發揮作用。”至此，中國政府已經有了一套清晰的思路和準備，開發這方面的潛能。

在政策立法方面，中國政府於 1979 年 7 月頒佈《中華人民共和國中外合資經營企業法》；1985 年頒佈《國務院關於華僑投資優惠的暫行規定》；1986 年 4 月頒佈《中華人民共和國外資企業法》；同年 10 月，國務院公佈《國務院關於鼓勵外商投資的規定》；1988 年 4 月，頒佈《中華人民共和國中外合作經營企業法》；1990 年，國務院公佈《中華人民共和國外資企業法實施細則》等一系列有利於招商及中國現代化的法例。與此同時，各地方政府也相繼出臺吸引海外華商投資的地方性法規：1986 年的《福建省貫徹“國務院關於鼓勵外商投資的規定”補充規定》、1988 年的《湖北省鼓勵外商投資優惠辦法》和《湖北省華僑投資優惠辦法》、1989 年的《吉林省華僑投資優惠實施辦法》、1991 年的《江蘇省關於鼓勵華僑和香港、澳門同胞投資的若干規定》。這類地方法規對海外華商投資當地提供了更多的優惠待遇，進一步激發了華商投資熱情，鼓勵他們擴大規模。

在配套措施方面，中國政府在 1979 年至 1980 年間，分別在廣東、福建實行特殊政策，並開放深圳、珠海、汕頭和廈門為經濟特區；1984 年 4 月，又開放了沿海 14 個重要港口和海南島，以吸引海外華商投資。至此，中國投資環境不斷完善，加上中國政局穩定，中國成為海外華資的最佳投資地之一。

海外華商，特別是馬來西及印度尼西亞的華商，為了規避本國政府對他們投資中國內地的限制、猜疑，或引起當地土著對華人是否效忠當地社會的疑惑，一般都是通過香港設立的子公司再進入內地投資。“單看 1995 年的資料，香港前 200 間上市公司中，至少有 26 家（約佔 13%）是由東南亞華人控股的，這已經印證了這個說法。改革開放初期，臺灣商人在中國大陸的投資也是通過香港進入的。”[1] 根據中國內地的官方統計，1979 至 2004 年間，共吸收外商直接投資 5,621.1 億美元，近 95% 的外資來自 20 個主要國家與地區。在這 20 個最大

1 莊國土：〈東亞華商網絡的發展趨勢——以海外華資在中國內地的投資為例〉，《當代亞太》2006 年第 1 期。

的外資來源地中，有 11 個是以海外華資為主，總額為 3,699 億美元，約佔引進外資總數的 69%。“他們主要投入福建和廣東一帶，至於投資在內地的香港資本中，究竟東南亞資本佔多少比例就沒有一個準確數字。”這些投資大大促進了中國的基礎產業和基礎設施建設，為產業結構改造和技術提升作出了重大貢獻，成為中國經濟快速增長的強大動力。[1]

中總為了加強與海外華商的聯繫，在其會刊中加入東南亞華人商會專頁，定期佈告各地商會的信息，加強雙方交流，會刊成為海外華商與中國的中介中心。在新加坡中華總商會號召組織世界華商大會之際，香港中華總商會積極響應，世界華商大會的成立也是順應世界經濟潮流的。

一次偶然的事件中，作為世界華商大會的發起者之一，新加坡中華總商會受邀參加了由菲律賓華商總會舉辦的第十七屆世界華商貿易大會。會議後，他們對這次盛會提出了一系列批評：首先，會議政治因素太濃；其次，與會的多數組織代表並非各地商界領袖或傑出的華人企業家；最後，會議缺乏有效的參與和交流機制。這一時刻，正值中國改革開放已有十多年歷程，蘊藏著巨大的商機。新加坡商會意識到，如果能夠把世界各地的傑出華人企業家邀請到一起開會，這對於加強經濟合作、促進相互瞭解，其潛在價值是無可限量的。此外，召開這類世界華商大會，明顯符合“新加坡政府要加強與區內其他國家——尤其是與中國內地的貿易投資關係的政策，突出新加坡作為東盟（ASEAN）中唯一一個由華人執政的國家在全球華人商業聯繫合作網絡中所能扮演的角色。”[2] 於是在 1991 年，香港中華總商會與泰國中華總商會聯合發起了世界華商大會，新加坡負責主辦第一屆。本屆大會於 1991 年 8 月 10 日–12 日舉行，[3] 宗旨是聯繫世界各地華商，加強他們的商業發展合作。全球 30 多個國家和地區、70 多個城市共計 800 餘名華商出席了此次會議。中總對此次會議作出積極響應，由會長霍英東率領會員共 33 人參加了大會。中國內地方面則派出了以中華全國工商聯合會副會長、貿促會副會長劉富貴為副團長的 20 多人代表團，其中中國國際信託投資集團主席榮毅仁也出席了會議，並作了題為“中國經濟發展與世界華商社會”的演講。

---

1 吳乃華：〈華人華僑與中國的現代化〉，2013 年 8 月 1 日，中國民主促進會網站，www.mj.org.cn。

2 〈第二屆世界華商大會〉，《FORBES 資本家》1993 年 12 月，第 23–24 頁。

3 高春頎：〈歷屆世界華商大會一覽〉，《新加坡文獻館》2005 年 9 月 27 日。

除負責主辦的新加坡中華總商會外，還得到新加坡經濟發展總局、貿易發展局、旅遊促進局、新加坡華人氏族協會、新加坡國立大學、南洋理工學院的支持。新加坡資政李光耀和多位高級官員亦在會上發表演說。會議討論的題目有：（1）華人企業的建立及成長；（2）海外華人對世界經濟的影響；（3）華人企業精神及其對當地的貢獻。會後，時任新加坡總統黃金輝在總統府舉行園遊會，親自接待與會來賓。時任新加坡中華總商會會長兼世界華商大會籌辦主席的陳永祥指出："舉辦世界華商大會除了為華人企業家提供一個分享經驗的機會外，亦希望藉此促進全球各地華商的聯繫。"當時與會者對此表示一致贊同，亦希望此會議可以持續辦下去。大會決定每兩年舉辦一次，第二屆建議由香港中華總商會接辦，中總會長霍英東欣然接受；而第三屆則由泰國中華總商會負責。

中總為籌辦第二屆世界華商大會，"特別成立籌備委員會，負責有關工作，籌委會設主席一名由會長擔任，另外設委員多名由本屆及下屆首長出任；名譽顧問除由本會當然永遠榮譽會長出任外，另將邀請上屆主辦者新加坡中華總商會以及本港一些聲譽昭著機構擔任。籌備委員會下設立五個工作小組，包括：（1）會議組（負責策劃會議，邀請嘉賓講者，安排參觀）；（2）公關組（負責推廣、宣傳、聯絡贊助機構）；（3）接待組（負責安排住宿、交通及接待）；（4）出版組（負責刊物出版）；（5）財務組（負責釐定預算、審核開支）"。此次大會得到香港貿易發展局及香港旅遊發展局協辦。大會主題為"華商遍四海，五洲創繁榮"，[1] 定於 1993 年 11 月 22 至 24 日在香港會議展覽中心舉行。

第二屆大會有來自 22 個國家和地區的近 850 位海外華人及港、澳、臺、內地的工商界人士參加，參加人數超過了上屆。不過全國性的馬來西亞中華工商聯會沒有參與這次會議，柔佛、檳城、吉蘭丹及峇株巴轄的華商會亦沒有派出代表；菲律賓也比較低調，理事長董尚真缺席會議；臺灣同上屆 30 人參與相比，本屆只有十人參加。這說明當時華人經濟與中國內地的關係仍是一個敏感問題，當地華商一般不想太張揚，特別是印度尼西亞、馬來西亞、文萊和泰國等國家。[2] 正如新加坡資政李光耀在此屆大會的致辭中強調的，海外華人必須"認清我們最終的效忠對象應是入籍國而不是祖籍國這項事實。口頭上的誓言至今仍未能

1 〈第二屆世界華商大會籌備委員會〉，《香港中華總商會會刊》1992 年第 1 期，第 35 頁。

2 〈第二屆世界華商大會〉，《FORBES 資本家》1993 年 12 月，第 23–24 頁。

消弭土著對華人以他們與中國內地關係的戒心”，否則只會出現排華的悲劇。其實，鄧小平在 1978 年訪問東南亞時也說過：“要鼓勵東南亞華人忠於他們所在的國家。”[1]

在這次香港大會上，雖然香港中華總商會邀請了港督彭定康為贊助人，但大會毫無官方色彩，反而中國色彩較明顯，這亦彰顯香港中華總商會的愛國立場，為中國現代化盡心盡力。正如大馬吉隆坡暨雪蘭中華工商總會總務林源德所說：“第一屆華商大會較注重海外華人的感受，這一屆卻較注重對中國內地的投資。”而其會長顏清文則說：“很多大馬商人對搞大中華經濟圈這個概念顯得很有顧慮。他們不喜歡出席政治味道濃厚的會議。”而來自澳洲的張邦欽也覺得“雖然大會沒有標明，令人感覺希望藉這次大會吸引世界各地的華商到內地投資”。菲律賓代表團團長黃呈輝認為無可厚非，“畢竟香港與中國內地現在已連成一體”。

總的來說，1993 年在香港舉辦的第二屆世界華商大會非常成功，在眾多演講嘉賓中，新加坡前總理李光耀、時任香港大學校長王賡武和香港貿易發展局主席馮國經都點出世界華商大會的真正意義：“建立一個相互信任的海外華人網絡，以期在未來愈來愈結合在一起的世界中，成為傳播資金、技術和專門知識的催化劑。”[2]

會議期間，香港中華總商會還邀請海外華商分三路到珠江三角洲進行實地考察，大家對中國內地的快速發展留下深刻的印象，而內地來港代表則在香港參觀了本港的經濟建設成就。

自從第一屆世界華商大會舉辦以來，中總積極參與，而參與的國家及人數每年遞增，截至 2007 年的第九屆，總參與人數已超過兩萬人次，世界華商大會已備受海外華商重視。中總自第一屆起，便積極推動中國參與及籌辦這個會議。對中國內地方面來說，中總無疑扮演著一個“引進來”及“走出去”的橋樑角色，協助內地商家走出去同國際商家經貿交流，並與國際接軌。

---

1 〔美〕傅高義著，馮克利譯：《鄧小平時代》，香港：香港中文大學出版社 2014 年版，第 254 頁。

2 鄭經翰：〈世界華商大會的真正意義〉，《FORBES 資本家》1993 年 12 月，第 14 頁。

五、協助內地培訓人才

歷史如一面鏡子，熟讀歷史，能知興替，從而對現實有所借鑒。新中國建立後，由於實行社會主義計劃經濟，加上受到西方國家的封鎖，導致與市場經濟法脱節；內地幹部、國營企業又絕少與外界接觸，對市場經濟法則、商業制度運作缺乏基本認識，從而在與港商洽談貿易時產生諸多不便，這不利於推動“四化”事業。當時的經濟情況一如清末民初，法制不健全，缺乏新式工商業人才。其結果是清末民國時期，華商與外商在競爭和貿易中或遭失敗，或處於被動地位，究其失敗原因，不外乎國民缺乏新式商業理論知識。於是，商會為促進民國初年的經濟法制建設，敦促政府和工商界發展教育、培訓人才。同樣，這與 1970 年代末的中國的經濟環境是何其相似，國家幹部、國營企業同樣缺乏新式商業理論知識，不利於與現代接軌。改革開放初期，北上投資的港商對此感受良多。而現代化成功的其中一個原因在於人才，在於人才的觀念，單靠引入現代化的設備而沒有現代化的人才，是不能實現現代化的。環顧歐美國家及日本，其經濟在二戰後迅速恢復乃因其有人才。歷史已清楚證明，面對如此情況，中總有無在歷史中得到啟示不得而知，但中總一向心懷祖國現代化，做事比較進取、主動。在培訓人才方面目光遠大，為配合內地的發展，幫助培訓現代化人才，主動籌辦“香港工商業研討班”。

據中總副會長黃宜弘回顧：“70 年代末開始，祖國推行經濟改革開放政策，舉世矚目，香港工商界同胞為之振奮。同時也冀盼從此香港與內地之間經貿往來更為活躍，但當時內地不少機關幹部和國營企業人員，對海外市場的需求瞭解不深，對商業社會的運作模式認識也很局限，由此而影響了商業洽談和合作的暢順。”甚至容易產生誤解。香港在當時已發展成一個現代化的商業城市、金融中心，一切運作按西方模式運行，很值得內地借鑒。[1] 於是在 1982 年，在王寬城會長的支持下，商會決定撥款資助舉辦“香港工商業研討班”，由張永珍和梁燊掛

1 〈中總工商研討班慶百期〉，《文匯報》（香港）2004 年 2 月 20 日。

靠“中國四化服務委員會”，負責組織策劃。[1] 研討班邀請香港中文大學閔建蜀教授、中國銀行的方善桂博士和陳紘先生、華潤公司葉平先生、本會常董（美心食品有限公司）伍沾德先生、《經濟導報》的陳陌軍先生、亞洲生產力促進中心主席鄭正訓先生，組成第一期研討班的籌備委員會，負責籌備工作。“研討項目計有工商管理、進出口貿易、工業、旅遊業、房地產業、金融業。並進行各項實地參觀，為期兩個月”，[2] 費用中總負責。講課者有政府部門官員，如時任特區原律政司司長梁愛詩女士，為學員講解香港司法制度；亦有香港交易所官員講述香港證券市場的歷史及發展概況，以及香港投資推廣署官員講述香港如何吸引外來投資等。此外，講課者還有大學講師、教授、企業家及專業人士。為了加強研討班的實際效果，委員會在選取學員背景時，頭幾屆特別集中於講師、教授、研究員及外經貿高級人員層面；而在地區分佈方面，學員主要來自沿海經濟特區，這樣可以將其所學通過學術界傳播，及在對外經貿工作單位應用於實際工作環境，以便效益可以迅速傳播開去。由此可見，中總在這方面的高瞻遠矚。

根據中總《香港工商業研討班 30 週年》的網頁資料顯示，第一屆學員共 40 名，主要來自廣州中山大學和暨南大學的經濟、會計、企業管理系講師或教授。第二屆的學員同樣是 40 名，大部分來自經濟特區，例如深圳、廈門、廣州、汕頭、珠海，也有來自上海、天津及北京三大直轄市，他們工作單位分別是政策研究室、計劃委員會、外貿經濟處、建設委員會、國際貿易研究室、對外經濟委員會、進出口辦公室，工作職位多為副科長級以上的幹部。第三屆學員亦多來自經濟特區，屬於不同經濟政策研究所的研究人員等人。第四、第五屆出現更多來自進出口公司、國營企業的高級幹部。如副經理、經理、副科長、科長等。[3]

自從研討班開辦以來，反應良好，培訓需求激增。中總有鑒於此，於 1985 年正式成立“培訓委員會”統籌培訓班的工作，一直持續至今。中總更在同年斥資購入太古城住宅單位，以便容納更多學員，使培訓班從 1982 年的每年一期增加到 1986 年每年四期，或視需求情況適當增加。培訓內容也由最初辦綜合班，

1 張永珍：〈香港工商業研討班工作五年回顧〉，《香港中華總商會會刊》1986 年第 4 期，第 14–15 頁。按：張永珍是香港中華總商會副會長，培訓委員會主任。

2 周佳榮、鍾寶賢、黃文江：《香港中華總商會百年史》，第 165–171 頁。

3 〈香港工商業研討班三十週年〉，www.cgcc.org.hk/30anniversary/cgcc_30th.html，網頁詳細記錄從第一期至第一七九期學員姓名、職位及工作單位。

到 1996 年針對培訓內地專業人才分別舉辦專題研討班，例如金融專題班、房地產專題班、市長專題班、企業管理專題班等。以應對新的需求，與時俱進。截至 2015 年，33 年來共舉辦了 210 期，培訓學員約 7,000 人。至於培訓班是否達到預期目標，是否加強內地管理階層人員對本港經貿運作情況的認識，促進內地與香港兩地的相互瞭解，及從中可借鑒香港成功的經驗等，可以參考不同時期學員在雜誌報告學習心得的材料得到直接的印證：

第七期香港工商業研討班學員，來自廣西區計委經濟研究所的馬飆在報告中說："研討班採取了半天專題演講，半天實地考察的方式，系統且全面地介紹了香港工商貿易和企業經營管理的現狀，收到了良好的效果。"[1] 文中對香港經濟有詳細的報告。可見，馬飆通過研討班加深了對香港工商業的認識。

第四十二期香港工商業研討班學員、江西省工商業聯合會副會長嚴平談及參加研討班的體會時說："先後聽取了 26 位專家，學者和企業家的專題講授，參觀考察了中華電力廠、香港科技大學、工業邨公司、香港生產力促進局、香港貿易發展局、職業訓練局、廉政公署、恒生銀行、沙田新市鎮等十幾個單位部門。""內容豐富，涉及方面很廣，有工業、貿易、稅務、金融、房地產、經濟、司法及企業管理等。""通過學習、研討、考察使我增長了知識，開拓了視野，加深了瞭解。""明白了內地與香港經濟唇齒相依的關係也越來越明顯。"[2]

第四十三期香港工商業研討班學員，來自怒江州人民銀行的趙遠華則對金融業有另一番體會："通過教師講課、實地參觀、專題討論，使我對香港經濟與金融監管有了初步的瞭解。" 他感受得到的啟示是："一，政府應減少對企業的干預。現在，我國正在實施從傳統的計劃經濟體制向社會主義轉變，從粗放型經營向集約型經營轉變。我們搞市場經濟，應當按市場經濟的規律運作，企業的生產經營活動要以市場供求為導向，政府應減少干預，讓企業自主決策，政府要把著重點放在加強法制建設上，為企業創造一個公平競爭的環境。二，加快金融體制改革的步伐，才能適應建立社會主義市場經濟體制的要求。三，加強與香港地區的合作，發揮優勢，互相補充，將會相互得益，發揮更大的作用。"[3]

---

1 馬飆：〈香港經濟考察報告〉，《改革與戰略》1986 年第 6 期。

2 嚴平：〈香港經濟發展與內地密切相關〉，《中國工商》1995 年第 10 期。

3 趙遠華：〈香港經濟與金融監管考察〉，《雲南金融》1996 年第 3 期。

第四十四期香港工商業研討班學員，來自吉林省計委幹部的陳雲霧則說：“在上完研討班後，深感香港一些做法值得借鑒。其一，城市規劃的做法，從介紹中我感到香港的規劃確實具有科學性，具有廣泛的社會參與度，並具有可操作性，無論是制定規劃的方法，還是實施規劃的做法都值得我們借鑒。其二，低稅賦的做法，可以吸引海外投資者，並且逃稅者會減少，總的稅收還會增加。其三，較好地發揮了一些半官方組織的作用，像生產力促進局和貿易發展局這樣一些組織在香港的經濟發展中具有舉足輕重的地位，內地要真正有能承擔起生產力促進局職責的組織，也就不會存在科技與經濟‘兩張皮’的問題了。還有一些專門諮詢委員會，為當局的決策提供了較為科學的依據。其四，高薪養廉公務員制度。其五，高效率的管理，內地與香港的差距不僅是硬件，更重要的是軟件。”[1]

中總創辦這些研討班時，未必預料到會產生如此大的影響。正如第四十三期香港工商業研討班學員孟和的總結：“內容多，瞭解範圍廣，確實開闊了眼界，在思想上有了新的提高，思維上有了新的飛躍，思路上有了新的突破。在思想上，一是學習和借鑒香港的市場觀念和開放政策⋯⋯香港是世界著名的自由港，稅率最低，來去自由，自由企業制度，自由勞工市場，公平待遇，公平競爭，市場觀念，開放市場等⋯⋯二是學習和借鑒香港的法律觀念和法律意識⋯⋯我們要加強法律觀念，樹立法律意識。認真貫徹中央關於‘依法治國’的方略。三是學習和借鑒香港的先進技術和科學管理。四是學習和借鑒香港的競爭精神和創新意識。最後是學習和借鑒香港的工作態度，服務意識，盡職盡責做好本職工作。”孟和同時是中共赤峰市委統戰部副部長、赤峰市工商聯黨組書記。[2]

2015 年第二期香港工商業研討班學員、湖北省民族宗教委員會副主任蔡德坤，同樣認為可以借鑒香港的經驗，以幫助內地中小企業解決融資難題。他在文章中說：“通過幾天的學習考察，筆者發現有些問題可以在香港經驗中找到答案⋯⋯香港政府及有關部門為小微企業提供全程優質高效的服務理念和實踐，值得內地認真學習借鑒⋯⋯可以為廣大中小型經濟實體解決好融資難問題的同

1 陳雲霧：〈香港創造了經濟繁榮的一顆東方明珠〉，《經濟視角》1997 年第 5 期。

2 孟和：〈百聞不如一見　赴香港參加香港工商業研討班紀事〉，《內蒙古統戰理論研究》2001 年第 3 期。

時，為中國經濟的長遠健康發展提供動力支持。”[1]

總的來說，香港工商業研討班收到了預期效果，影響遍及中國各地區的不同工作部門。學員們都是中級或高級國家幹部、學者或國營企業幹部，他們在各自崗位上推動祖國改革開放事業發展，對中國現代化事業上作出其應有的貢獻，研討班的輻射效應無庸置疑。

六、為中國力爭最惠國待遇

中國改革開放以來，香港地區與內地的經濟貿易關係越來越密切，相互之間的依存度越來越高，通過香港投資到內地的資金逐年增加，轉口貿易迅速恢復。單看下表[2]：

表 1　內地與香港間貿易概況（單位：億港元）

	從內地輸入香港			香港向內地輸出		
年度	總值	轉口	本地留用	總值	轉口	港產品出口
1978	105.5	/	/	10.84	10.03	0.81
1979	151.3	56.64	94.66	19.18	13.15	6.03
1980	219.48	/	/	62.46	46.41	16.05
1981	295.10	128.34	166.76	109.68	80.44	29.24
1982	329.35	/	/	117.98	79.925	38.06
1983	428.21	196.81	231.40	184.05	121.81	62.23
1984	557.53	/	/	/	/	112.83

摘自《香港經濟年鑒》。

從 1978 年至 1984 年的 6 年間，內地與香港的貿易迅速發展，內地已成為港產品出口的第一大市場，同時也是香港市場商品的第一大供貨商。在製造業方

1　蔡德坤：〈致知思變求進——參加香港業研討班有感〉，《民族大家庭》2015 年第 6 期。
2　張平：〈香港與內地經濟發展的關係〉，《江西財經學院學報》1990 年第 9 期。

面，香港廠家剛開始的時候通過“前店後廠”[1]合作模式投資內地，其後雙方不斷磨合、優化，使內地與香港兩地成為唇齒相依的關係。根據中國內地的官方統計，1979–2004 年間，內地共吸引外商直接投資 5,326.37 億美元，其中香港以約 2,415 億美元排第一位，佔 45%；美國則以約 480 億美元排第二，佔 9%。[2]

表 2　1979 至 2004 年，中國內地 20 大外商直接投資來源地

來源地	投資額（億美元）
總計	**5,326.37**
中國香港	2,415.74
美國	480.29
日本	468.46
中國臺灣	396.05
維爾京	368.95
韓國	259.35
新加坡	255.39
英國	122.31
德國	99.09
法國	68.04
薩摩亞	67.12
荷蘭	58.78
中國澳門	57.36
加拿大	45.35
開曼	44.33
馬來西亞	34.72
意大利	28.26
泰國	27.27
菲律賓	18.78
印度尼西亞	13.73

數據來源：中國商務部統計資料。

如果只計算到 1995 年，中國開放 16 年來，設立的外商投資企業有 12,100

1　前店後廠模式指的是，香港的公司總部負責接單、市場管理、財務及出口，內地工廠則負責生產。

2　莊國土：〈東亞華商網絡的發展趨勢——以海外華資在中國內地的投資為例〉，《當代亞太》2006 年第 1 期。

家已投產開業，職工人數超過 1,700 萬人。[1] 而開放後 20 年內，內地年均 GDP 增長率近 10%，與世界平均增長率相比高出近三倍。由此可見，外商與香港商人的投入對中國經濟發展極為重要。

1989 年的政治風波以後，中國政府廣受以美國為首的西方國家的無端攻擊，原本一向穩定的經濟發展出現震盪，特別是中美經濟關係。

中美於 1979 年 1 月 1 日正式建交，同年簽署《中美貿易關係協議》，美國政府按照 1974 年貿易法第 402 款"傑克遜—瓦尼克修正案"，給予中國最惠國待遇。"此修正案規定，社會主義國家只要實行移民自由就可以享有美國的最惠國待遇。自此從 1980 年到 1989 年，美國政府和國會每年都因中國在移民方面沒有問題而例行公事地延長對中國的最惠國待遇。"[2]

然而，1989 年後，美國在野民主黨開始主張中國最惠國待遇續期應與人權狀況掛鉤，這個主張受到反自由貿易的工會與南方的成衣等傳統勞動力密集工業老闆支持。部分美國國會議員認為布什政府處理中國人權問題不當，加上中美經貿衝突日益擴大，中國對美國享有巨額的貿易順差，不僅對美輸出"勞改產品"、存在侵犯知識產權的行為，還對美國產品設置了不公平的貿易壁壘，並對外出售武器等。因此反對延長對華最惠國待遇。[3] 中總得悉此事後，認為事態嚴重，影響深遠。中總作為一個民間團體及商界代表，本身與國外的政府相關部門有一定的溝通聯絡渠道，發揮著一定的民間外交功能。因此，中總隨即致函香港美國商會，表達本港商人的立場，[4] 說明中國一旦失去最惠國待遇，香港、內地及美國經濟將會出現不同程度的影響，希望代為向美國國會解說。同時，中總聯同香港其餘三大商會——香港總商會、香港工業總會、香港中華廠商聯合會，聯署一封函件發給美國 127 位美國國會議員，陳述立場，全力遊說，尋求支持。然而，美國參眾兩院始終否決延續最惠國待遇，只因反對票不足 2/3，無法否決總統的行政指令以延續中國最惠國待遇。但是，問題的根源沒有得到解決，始終潛存隱憂，各方還須每年為續約一事繼續開展遊說工作。與此同時，中國在美國

1 苗冬傑：〈中國內陸與香港的經濟合作〉，《科技信息》2008 年第 3 期。

2 周世儉：〈幾度風雨幾度春秋——中美關於最惠國待遇問題鬥爭的回顧〉，《經貿文摘》1996 年第 6 期。

3 裘兆琳：〈美國續予中共最惠國待遇問題：府會之爭個案研究，1990–1992〉，《歐美研究》1993 年第 2 期（總第 23 卷）。

4 周佳榮、鍾寶賢、黃文江：《香港中華總商會百年史》，第 139–141 頁。

亦開展一連串外交遊說活動。中國駐美大使朱啟禎向美國新聞、企業、學術界人士發表演講，解釋中國立場並澄清誤解。關於雙邊貿易逆差問題和分歧，中國從去年已經繼續採取積極措施，以增加從美國的進口；至於勞改犯生產的產品，中國的貿易部澄清從來也沒有允許出口；至於武器出口問題，“中國一貫採取的是嚴肅、慎重、負責的態度，中國不主張、不鼓勵、不從事核武器擴散，也不幫助其他國家發展核器，冀望化解誤解”；至於人權問題，“中國強調首要解決的是佔世界總人口 22% 的中國人民的吃、穿、住的基本人權，而動亂只能帶來災難、飢餓。”關於人權問題，朱啟禎還指出：“世界上沒有抽象的人權，不同的國家和不同的人對人權有不同解釋，人權必須符合各國的法律。”

到 1991 年，中國的最惠國待遇問題風波又起。中總再次聯絡各大商會會長，包括本會會長霍英東、香港工業總會會長張鑒泉、香港中華廠商聯合會會長朱祖涵、香港出口商會主席馮國綸、香港印度商會主席司徒偉（Raj Sital）及香港紡織業聯合會主席陳瑞球聯署致函美國國會全體議員，籲請他們無條件支持延續中國最惠國待遇。“然而，1991 年 7 月 10 日，美國眾議院以 313 票對 112 票通過了由佩洛西議員提出的更為嚴苛的議案，但參議院僅以 55 票對 44 票而不足 2/3 的票數通過，因而無法推翻布什總統的否決。最終，中國的最惠國待遇在 1991 年再次得已保留。”[1] 布什於 1991 年 5 月 27 日在耶魯大學演講時指出，取消對華最惠國待遇並“不符合美國最大利益”，同時也會給香港帶來沉重打擊。

美國若取消中國的最惠國待遇，中國內地同香港的經濟將會受到嚴重影響。[2]

1998 年中美貿易及關稅的數據，如下表所示：

1 周佳榮、鍾寶賢、黃文江：《香港中華總商會百年史》，第 140 頁。

2 裘兆琳：〈美國續予中共最惠國待遇問題：府會之爭個案研究，1990–1992〉，《歐美研究》1993 年第 2 期（總第 23 卷），第 23–24 頁。

表 3　美國對於中國輸入品所課之完全稅率與最惠國待遇稅率二者之比較

	最惠國待遇稅率（MENRate）	完全稅率（FullRate）
貝類（Shellfish）	免稅	免稅
人造纖維製男用長褲（Men'strousers, man-madefuber）	14 分（USD）/ 1 磅 + 27.5%（= 30.6%）	76%
植物纖維製女用針織衫，棉花除外（Knitwomen's sweaters, vegetable Fiber, exc.cotton）	5%	45%
非針織品製女用絲質套裝（Women's silkappar el, notknit）	7.5%	65%
人造纖維製人造花（Artificialflowers, man-madefiber）	9%	71.5%
原油（Crudepetroleum）	0.25 分（美金）/ 加	0.5 分
卡式唱機（Audiotapeplayers）	3.7%	35%
整髮器（Hairdressingappliances）	3.9%	35%
紡織纖維製旅行箱及手提袋（Luggage & Handbags, textilefiber）	20%	65%
塑料製手提袋（Plastic handbags）	20%	45%
填充玩具（Stuffed toys）	5.5%	70%
橡膠或塑料製玩具（Rubber or plastic toys）	7%	70%
其他各式玩具（Various other toys）	7%	70%

數據來源：VladimirNPregelj, "Most-Favoured-Nation Statu softhe People's Republic of China", CRS Issue Brief, Congressional Research Service, The Library of Congress, August 6, 1990, p.6.

中國 91.5% 的輸美產品都將會受到影響，必須支付較高的關稅，其餘 8.5% 的產品因為免稅而不受影響。如此一來，必會削弱中國對美國出口產品的競爭力，進而影響幾百萬人的就業機會，中國每年損失的外匯將達 30 億至 60 億美元之巨。此外，中國現時從美國進口高技術產品和先進設備，此後很有可能需付出高昂的代價才能獲取並未必更好的替代品。"更嚴重的影響是，中美關係可能面臨破裂的危險。最終，取消最惠國待遇會影響中國改革開放，打斷中國現代化進程。而美國方面所受的影響可能未必像中國這般嚴重。"[1] 1992 年，美國同中國的貿易額在美國貿易總額中只佔 2.5% 左右，中國只是美國的第十大貿易夥伴，主要向美輸出勞動密集型產品，如紡織品、服裝、鞋、玩具、家用電器等。

1　朱聽昌、黎翔：〈從相互依存的角度看冷戰後中美關係的發展〉，《二十一世紀》（網絡版），2003 年 3 月號（總第 12 期）。

而中國不僅從美輸入高科技設備及產品，中國的產品還可以幫助美國緩解通脹壓力，使美國消費者獲得實惠。一旦取消中國的最惠國待遇，美國雖然可以從其他國家採購，但經濟負擔每年將增加 140 億美元，美國物價指數將上升兩個百分點，這當然會損害美國在華投資者及美國消費者的利益，他們要在日用品上花更多錢。據估計，受影響的美國就業機會達 17 萬個。至於香港，所受的影響更將是災難性的。[1]"美國現在駐香港總領館是香港最大的駐外總領館，美對香港投資 105 億美元，在香港有近千家公司，僱員 25 萬人，美港雙方貿易額接近 200 億美元。香港是中國最大商品轉口港，一旦取消中國的最惠國待遇，將對香港工業界帶來極大的打擊。"[2]"據香港政府的評估報告，中國一旦失最惠國待遇，香港整體貿易將損失九百一十億至一千二百三十億元，收入方面將減少一百二十億至一百六十億元，香港本地生產總值減少百分之一點八至二點五，經濟增長率將下挫三分之一至一半，並將失去四萬多個就業機會。"正如香港報章所言："取消中國的最惠國待遇，對中國經濟的影響是巨大的，而對香港經濟的影響則是災難性的。"

因此，出於香港本身利益考慮，自 1990 年起，香港工商界於每年春季組織遊說團體，打著"為維持中國的最惠國待遇而奮鬥"的口號，前往美國爭取中國的最惠國待遇，遊說的費用高達數百萬港元。

1992 年 5 月，中總聯同香港六大商會——香港總商會、香港工業總會、香港中華廠商聯合會、香港出口商會、香港印度商會及香港玩具協會——組成聯合遊說團，先後訪問北京及華盛頓，就美國延長中國最惠國貿易地位的問題進行遊說工作。[3]據中總副會長黃宜弘在接受會刊採訪時表示，中國最惠國待遇問題本應是中美政府之間的問題，香港無權過問，但此問題對香港經濟影響深遠，有需要向美國解釋香港的情況。為了避免產生向美方施壓的誤解，聯合遊說團同意先行到北京向中國政府表明立場，希望共同努力，化解危機。因此遊說團先行訪問北京，之後才前往華盛頓。在華盛頓三日行程中，遊說團會見了十九位參議員，出席了不同的餐宴和會議，並會見了美中貿易關係委員會、美國全國報業協會、

1 周世儉：〈幾度風雨幾度春秋——中美關於最惠國待遇問題鬥爭的回顧〉，《經貿文摘》1996 年第 6 期。

2 〈中國最優惠國待遇遊說工作——訪本會黃宜弘副會長〉，《香港中華總商會會刊》1992 年第 4 期。

3 同上。

世界事務會及美國傳統基金會等機構。另外，遊說團還會見了港英政府駐華盛頓經濟及貿易專員盧鎰輝、中國駐美大使朱啟禎，以及美國玩具廠協會會長等人，向他們解釋遊說工作及表達對中美經濟關係的關注。美方主要論點在於貿易存在逆差、人權及軍火貿易問題方面，經各方討論後，認為問題主要集中在人權問題方面，其餘問題均已有逐漸緩解的跡象。而遊說團認為，人權是政治問題，應分別處理，不宜將政治問題與貿易、商業問題混為一談。無奈的是，美方雖明白這一點，但仍認為只能利用貿易手段來達到政治目的。此外，遊說團向美方表示，一年一度的審核程序對美國在中國內地及香港地區投資者構成一定的壓力，影響其長遠投資規劃。因為中國的最惠國待遇對香港經濟至關重要，各方均不敢掉以輕心，致使各大商會每年不得不花費人力、物力去應付，這是一種不健康的現象。最終，1992 年度的最惠國待遇通過，同樣因為老布什總統否決了眾議院的反對議案才得已延續。

然而，在 1992 年美國總統大選中，克林頓贏得大選，他的政綱是將中國最惠國待遇與人權狀況掛鉤，中總在遊說工作中又面臨一番新的折騰。

面對這一挑戰，中總不敢鬆懈。除每年聯合其他商會組成遊說團外，更聯合贊助美國國會議員幕僚或助理到內地及香港兩地訪問，安排廣東省官員接見，使其深入瞭解法案通過之重要性。之後，基本上每年都會開展這樣的考察，有時甚至一年會有兩團訪問。即便是在 1994 年，克林頓政府和國會決定將中國最惠國待遇與人權問題脫鉤，贊助邀請美國國會議員幕僚或助理訪問的活動也沒有中斷過，直到中國入世，此舉花費不菲。除了商會等民間組織參與此項工作外，“香港政府自己亦每年主動遊說美國政府官員，國會議員及其助理，智囊團（例如亞洲學會及傳統基金會）以及商界，在美國總統宣佈延續中國最惠國待遇的決定前，當局的遊說目標集中於政府官員，在總統作出宣佈後，當局則把目標轉移往其他三類遊說對象”。[1] 香港工商司俞宗怡表示，1997 年港府用於遊說美國延續中國最惠國待遇的經費為 636 萬港元，比前一年增長 2.6%。就連末代港督彭定康也曾多次赴美進行遊說活動，中國的最惠國待遇對香港可謂休戚與共。

中國最惠國待遇問題一直困擾香港工商界，商會每年都需要花費大量人力、

---

1 〈美國延續中國最惠國待遇事宜的最新情況〉，香港立法局 CB (1) 1646/96-97 (01) 號文件。

物力在遊說工作上，且影響著長遠投資計劃。直至 1999 年 11 月 15 日，中美兩國政府在北京就中國加入世貿組織雙邊協議達成一致，這才消除了中國入世的最大障礙，從此進程大大加快。根據世貿組織規定，中國加入後，美國必須給予中國無條件的最惠國待遇，才能享受中國入世帶來的好處。2000 年 10 月，克林頓簽署給予中國永久正常貿易法案，紛擾十年的中國最惠國待遇問題才終於得到解決，中總也終於放下心頭一塊大石。回顧這十年，中總盡心盡力，雖然事關自身利益，但也經常主動承擔責任，帶領其他商會為香港、為祖國發聲，促進經濟發展。

七、中外經貿橋樑中的超級連絡人

香港歷來都是中外貿易的中介地和橋頭堡，也是中外商人出入國門的必經之路，而香港中華總商會就是跨入這道門的引路人。“文革”結束後，中國開始吹起改革之風，中總秉承愛國愛港的精神，構建經貿橋樑，扮演引路人角色，為祖國現代化建設出謀獻策。

早在 1978 年 5 月至 6 月，時任第三十屆中總會長湯秉達為幫助祖國外貿部拓展外貿業務、尋找商機，率領中總考察團赴歐美七國訪問，歷時四十多天。拜會當地政府商務機構、商會及華人社團，並進行參觀學習。在與各國機構討論經濟發展機會時，湯秉達都會藉此機會宣傳中國改革開放情況，以及中國與彼國之間的貿易前景。每當考察團與華人華商聚會，湯秉達也都不忘藉機介紹祖國的新形勢、新政策，鼓勵他們到祖國投資。“作為人大代表的湯秉達（他從 1975 年起被選為全國人大代表，擔任此公職直至年過八旬），回香港後就將歐美各國的考察情況及經濟信息向國家外貿部彙報，部分內容還結合國情寫成提案，在全國人大會議上提出，為中央制訂政策時作參考。”[1]

1 〈湯秉達：香港中華總商會第一位潮籍會長〉，2010 年 9 月 2 日，潮人專線，bbs.gd.gov.cn。

改革開放前幾年，中總深知考察、訪問內地有助加深兩地的瞭解及推動商貿合作，亦能展現中總作為民間外交的功能。中總憑藉其與祖國的特殊關係，率先帶領香港工商界人士參觀考察內地的城市、經濟特區及討論建設項目，打開溝通大門。例如，應深圳市政府邀請，中總於 1979 年 3 月組團前往考察，瞭解當地工農業及旅遊業的發展情況；同年九月，中總再組團前往北京、無錫考察製衣業。此後，中總每年不間斷地組織考察團、訪問團到內地不同城市，使會員更加瞭解內地情況，對促進港商到內地投資起到催化作用。內地各單位亦充分利用中總這橋樑角色。1980 年，中總增設中國"四化"服務委員會。自此以後，歷屆會長都會在中總年報中記錄、彙報跟進這一工作。有關工作可參考附錄。

另一方面，湯秉達會長在任期間，將內地考察所獲得的信息及會員意見，連同莊世平（南洋商業銀行創辦人，第一間外資銀行在深圳設分公司的港商及中總會董）等幾位人大代表的合作意向擬成提案，就對外貿易、興辦經濟特區、精神文明建設等問題提出意見和建議，並提交全國人大參考。可見，中總積極主動參與國家決策，為中國現代化建設獻計獻策。

湯秉達連續擔任三屆中總會長，於 1980 年卸任，但留任副會長至 1984 年。其後，他傾注了大量心血，為家鄉汕頭奉獻力量。1984 年，他與莊世平為汕頭經濟特區建立了顧問委員會，二人分別任正副主任，為國家繼續貢獻心力。在香港、澳門、北京、上海，以及加拿大等地成立顧問團，分別招募不同領域的潮人精英，為汕頭經濟特區服務，通過群策群力，藉助中總的人物網絡集思廣益，促進特區建設。此外，顧問團更與國內外搭建起一座橋樑，在經濟技術發展規劃上提出了很多建議，包括建設深水港、深汕高速公路、廣梅汕鐵路、海灣大橋、煤電廠等，甚至有顧問介紹不少國家和地區來汕頭投資，促進汕頭的經濟發展，幫助汕頭特區取得良好的經濟、社會效益。這都是從中總延伸出來的效應，他們共同為祖國現代化建設出謀獻策。

1980 年，王寬誠被選為香港中華總商會第三十二屆會長，此後連續擔任了兩屆，直至 1984 年。王寬誠本身經營金融財務、地產建築、船務、國內外貿易、百貨、食品、木材加工等業務。新中國成立後，王寬誠歷任中國人民政治協商會議第二至第四屆全國委員會委員，第四、五屆全國人民代表大會代表，同內地政府稔熟，在國內外享有崇高信譽。時值 1980 年代初，香港社會面臨重大考驗，“九七”問題開始引起港人廣泛關注，港人因對前景不明而日漸失去信心，引發香港移民潮；香港投資者擔心“九七”後的情況，投資意欲受到影響，港商希望能有一個清晰的方向。港英政府及英國政府對事態表現出高度關注，作為工商界重要代表的香港中華總商會亦密切關注事態進展，認為社會穩定，對前景充滿信心是經濟發展的基石。1982 年 6 月 14 日，香港中華總商會會長王寬誠等十二人應召前往北京。翌日上午，鄧小平在人民大會堂會見了他們，並說：“現在請港澳部分人大（代表）、政協（委員）來京，因你們對香港情況瞭解，來商量商量，我先把中央已決定的原則與大家講一講：到 1997 年必須收回香港主權，這是原則問題，不可討論的。但對香港仍要繼續維持自由港，貿易金融中心不變⋯⋯使其繼續留在資本主義制度。”鄧小平在第一時間把收回香港的重要決策告訴王寬誠等香港著名人士，這是對香港中華總商會的肯定及信任，希望藉商會的影響力將此消息傳播開，以穩定投資者的信心。為此，“王寬誠及中總其他成員在不同場合都表示，堅決擁護中央‘一國兩制’方針，支持中央政府解決香港問題的各種方針、政策和步驟，並宣傳鄧小平‘一國兩制’的戰略構想，期望穩定局面”。[1]

1982 年 9 月，英國首相撒切爾夫人訪華，與鄧小平展開就香港前途問題的討論，但雙方未能達成共識。撒切爾夫人更在步出人民大會堂時不慎跌倒，更使香港前途問題蒙上一層陰影。1983 年 7 月 12 日，中英兩國展開談判，初期雙方就主權問題出現爭論，令香港出現信心危機，致使香港市民對前途感到憂慮，物價因此飛漲，開始出現移民潮，尤其是專業人士及中產階級人士出走情況最為嚴重。代表港人信心的另一指標——港元匯率，也發生急劇反應。1983 年 9 月，港元兌美元曾跌至 9.6 港元兌 1 美元的歷史低點，市面出現一片恐慌，市民紛紛採購糧食。為穩定動盪的局勢，港英政府於 1983 年 10 月 15 日起實施聯繫匯率制度，港元以 7.8 港元兌 1 美元的匯率與美元掛鉤，以維繫港元穩定。此制度一直沿用至今。

1984 年 4 月，中英談判出現轉機，英國就香港主權問題作出讓步，並宣佈於 1997 年 7 月 1 日後不再擁有香港的主權和治權。1984 年 9 月 26 日在北京人

---

1 欒承耀：〈鄧小平與王寬誠〉，《三江論壇》2014 年 8 月。

民大會堂，《中英聯合聲明》的草案由中方團長周南及英方團長伊文思代表簽署。香港前途談判至此結束，截至草案簽署雙方共進行了 22 次談判。

9 月 27 日，王寬誠以香港中華總商會會長身份在《人民日報》發表題為〈香港將與祖國俱榮〉的文章，對香港回歸充滿信心，認為國家“自然不會損傷或破壞已經發展成為國際貿易中心和金融中心的香港！中英兩國談判勝利結束，肯定廣泛吸引世界先進工業國家來港進行投資和合理利用本港的地理條件。所以香港的前途，特別是 1997 年後的前景是非常光明的。”“從 1983 年起內地已經成為香港首位的最大貿易夥伴。此外，內地在近幾年引進的外資，港資佔六成以上。”可見，內地與香港已變成唇齒相依的關係。香港前途問題的解決，以及今後香港外貿的美好前景是無可懷疑的，中國將會全力支持香港的發展。[1]

1982 年，中總在王寬誠會長的支持下，開辦第一期香港工商業研討班，邀請內地高級幹部到香港學習，認識市場經濟實際運作，借鑒香港成功經驗。該培訓班受到極大歡迎，並一直舉辦至今，影響力極大。無疑，成立香港工商業研討班是中總一個高瞻遠足的愛國行動。

與此同時，自 1980 年起，每年全國工商聯均派代表團來港參加中總會慶。而中總成員自 1983 年年起，均應邀出席每屆的全國工商聯大會，加強彼此的溝通與合作。從 1993 年起，每屆均有中總成員在全國工商聯獲選為副主席，使雙方關係更為緊密。“全國工商聯是中華人民共和國的一個民間團體，也是中國體制內最大的民間商會，經常利用中總會刊幫助各省市招商及進行聯絡工作，中總因此與內地商會建立了長期夥伴關係，這使中總扮演的經貿橋樑角色不可替代。”[2]

在中國改革開放的歷程中，香港不僅為內地提供資金、技術、設備、人才和國際信息，更成為內地與國際接軌的樞紐。1983 年，港資在內地引進的外資中所佔比例就已高達六成以上，當然，這背後推動力離不開商業利益，但中總不失

1 王寬誠：〈香港將與祖國俱榮〉，《人民日報》1984 年 9 月 27 日。

2 中華全國工商業聯合會成立於 1953 年，簡稱全國工商聯，又稱中國民間商會。工商聯以促進非公有制經濟健康發展和非公有制經濟人士健康成長為工作主題，其工作對象主要包括：私營企業、非公有制經濟成分控股的有限責任公司與股份有限公司、港澳投資企業等；以及，私營企業出資人、個體工商戶、在內地投資的港澳工商界人士等群體。截至 2016 年底，全國縣級以上工商聯組織共有 3,407 個，各級工商聯所屬商會共有 44,375 個，已構建起覆蓋全國的組織網絡，並與全世界 100 多個國家的相關組織保持廣泛聯繫和合作。

時機地推動各種有利於祖國與香港的經貿活動，例如組團回內地參觀考察，或安排內地到港招商，這對推動港商，甚至海外華商北上投資起了積極作用。正如霍英東在 1991 年年報的序詞中說："香港與中國的關係至為重要……本會有為數眾多的會員在內地投資，以及進行貿易。因此，本會將繼續加強與內地有關方面的聯繫，參與各項活動，推進內地與香港兩地的經濟發展。"[1] 每一位中總會長在任內，都馬不停蹄地到處宣揚中國的改革開放事業，身體力行地前往內地發展，對港澳同胞及海外華僑起了示範作用。新一任會長霍英東也不例外。據《霍英東全傳》作者陳述，已故美國前總統尼克松於 1994 年曾到訪廣州，霍英東趁向尼克松敬酒時說："中國的改革開放還很艱巨，不少地區還很落後，有些人還睡在街上，12 億人口的中國生活問題如果解決不了，你想世界的負擔有多重，我們中國要跟美國買一架波音 747 客機，你知道我們要用多少船香蕉才能買到。一句話，包括美國在內，全世界都應該支持中國的改革開放。"[2] 由此可以看出，中總一直心懷祖國，無時無刻不為祖國盡心盡力。

1984 年，霍英東接替王寬誠當選為第三十四屆中總會長，除第三十六屆由梁燊任會長外，霍英東領導中總一直到 1994 年，即擔任四屆共八年的總會長一職。

據《香港中華總商會百年史》記載，霍英東的名字最早出現在中總小組委員名單中是在 1970 年。[3] 當時，霍英東在中總工商業組擔任副主任一職，霍英東參與中國改革開放事業而為人稱道則在 1979 年初。[4] 當時，中共十一屆三中全會剛結束，開始實行改革開放政策，但內地還未有外資法等，大家都抱著觀望態度，怕政策有變。霍英東則率先來到珠江三角洲的中山，投資建設了中山溫泉賓館，時任省委副書記、中共廣州市委書記的楊尚昆親臨現場主持開業儀式，把中山溫泉譽為"改革開放之光"。緊接著，霍英東又在廣州參與投資建設白天鵝賓館。中山溫泉賓館及白天鵝賓館的建設過程困難重重，畢竟中國剛開放，無先例可循，國人還帶著舊觀念、舊習慣辦事。懷抱一腔愛國心的中總，在祖國面臨諸多

1 香港中華總商會：《香港中華總商會 1991 年報》，第 5 頁。

2 冷夏：《霍英東全傳》，北京：中國戲劇出版社 2005 年版，第 343 頁。

3 周佳榮、鍾寶賢、黃文江：《香港中華總商會百年史》，第 239 頁。

4 楊苗麗：〈霍英東對改革開放的歷史貢獻〉，《廣州黨史》2011 年 11 月 3 日。

困難不易解決時，挺身而出。霍英東除為國家帶來投資外，還帶來新的觀念、新的管理制度及市場管理理念。霍英東堅持白天鵝賓館建成開業後，四門打開，歡迎普通老百姓入內參觀，使民眾耳目一新，讓普通群眾看看改革開放的成果，日後自然會支持改革開放，可見其良苦用心。霍英東帶頭參與改革開放的事跡，也為廣大港澳同胞及海外華人作出示範。在他的引領及中總的推動下，吸引了很多港商赴內地參與投資建設。

霍英東對祖國的現代化建設貢獻良多，例如建橋修路、興建賓館、扶貧助學、發展文化、體育、衛生事業等，坊間報導這些事跡的文章、書刊已有很多，這裏不再贅述。筆者的重點在於探討霍英東、香港中華總商會與中國現代化三者之間的關係，並重點描述霍英東在中總任內對中國開放現代化的貢獻。正如前文所述，霍英東在不知不覺中扮演了改革開放的先鋒，為港商樹立了榜樣，推動了中外商人到中國投資，對激活中國現代化建設有催化劑的作用。筆者用"不知不覺"一詞並非貶意，從文獻中可見，霍英東一心為國家做事，並沒有計劃做"第一個吃螃蟹"的人。

霍英東除在任內面對一些挑戰，如向美國爭取延續中國最惠國待遇、為祖國及香港避免了一次嚴重經濟危機外，還為中國現代化做了很多實事，例如籌辦第二屆華商大會，全面推動內地與香港交流，組織赴內地考察團及建立全球經濟一體化下的商貿平臺等。在一些國際會議上，霍英東發表了多篇文章，如《中國的現代化與香港"九七"》、《香港的價值》等，為中國的和平崛起辯護，對那些宣傳"中國威脅論"的言論作出正面回應。

1988 年 9 月 10 日至 15 日，由中總副會長何世柱帶領考察團一行 11 人訪問了廈門市、漳州市、泉州市、莆田市、福州市等地。"考察團得到各省、市領導的親切接待和熱烈歡迎，各市向考察團介紹情況，緊接著，考察團參觀了各地的中外合資企業，廈門湖里加工區及福州馬尾經濟開發區和馬尾港等。通過考察，大家對福建開放以來所取得的成就，特別是閩南三角地區的投資環境，有了初步瞭解"。團員對內地基礎設施的建設，以及健全法制方面的努力，留下深刻印象。此外，糾正了部分團員頭腦中原有的對"國營企業不行"的觀念。該報告刊登在中總會刊上供會員參考。[1] 同年 10 月 31 日，霍英東會長帶領考察團"一行 23 人前往南京、蘇州、上海、寧波、杭州等地考察，訪問八天，受到當地人民政府、省、市領導人熱烈歡迎，介紹情況。考察團在各地參觀了工廠、碼頭、三資企業以及經濟開發區等。團內的大多數人未曾到過這些地方，經過這次考察，瞭解各地發展三資企業和改善投資環境的最新發展情況，給每位成員留下了深刻的印象"。考察結束後，霍英東做了一份詳細的長江三角洲考察報告，並刊登在中總會刊上。[2] 此後，中總組織的前往內地的考察團陸續增多，遍及全國各個省、市及自治區。中總的這些活動有力促進了內地與香港的互訪交流及經貿合作。1990 年，美國國會部分議員企圖以所謂人權、中美貿易逆差、敏感武器擴散為藉口，試圖取消或者有條件延長對中國的最惠國待遇，中總當仁不讓，隨即聯同本港各大商會致函美國國會議員表達對事情關注及派出遊說團赴美國，更設立基金做長遠部署。直至 1999 年 11 月 15 日，中美兩國政府終於就中國入世達成一致，中總長達十年的遊說工作才圓滿結束。

霍英東為了中國的現代化建設，曾於 1990 年遠赴德國考察，瞭解統一後的德國是如何縮小東西德的經濟差距，隨後又到東歐國家考察，瞭解哪些地方對中國有借鑒作用。霍英東回港時說："俄羅斯和東歐的改革，困難重重，成果不大，重要之處是因為缺少一個它們的香港。""以及三千萬華人，據說海外華人握著二萬億美元的資產，這比目前中國內地的國家總資產大約高四五倍……一個如此龐大的國家（指中國），沒有外來能量的輸入，是難以有什麼變化的。"[3] 因此在 1991 年，新加坡邀請香港中華總商會協辦世界華商大會，中總欣然接受，並同意接辦第二屆，大會於 1993 年 11 月 22 日至 24 日順利在香港舉行，[4]"通過這次會議，進一步加強聯繫，為建立一個世界華商的聯繫網結奠下基礎。"世界華商大會網上數據庫（www.wcec-secretariat.org）於 2005 年起正式運行，充分發揮了連接全球華商的橋樑作用。[5]

霍英東熱心祖國現代化事業，以中總會長的身份，在國際會議上發表了兩篇

1 何世柱：〈閩南三角地區考察報告〉，《香港中華總商會會刊》1989 年第 1 期，第 29–31 頁。

2 霍英東：〈長江三角洲考察報告〉，《香港中華總商會會刊》1989 年第 1 期，第 24–29 頁。

3 冷夏：《霍英東全傳》，第 342–343 頁。

4 香港中華總商會：《香港中華總商會 1992 年報》，第 24 頁。

5 香港中華總商會：《香港中華總商會 1993 年報》，第 22 頁。

頗具影響力的文章，可見其促進中國現代化之赤子之心。

第一篇是霍英東於 1995 年在"歐洲華人學會第八屆學術研討會"上發表的題為《中國的現代化與香港"九七"》一文 ，針對西方某些別有用心的人宣傳"中國威脅論"，義正辭嚴地予以駁斥，其中有些提問令人深思，例如："中國強大時，給了世界什麼？""中國衰落時，外國列強給了我們什麼？"認為中國走向現代化是歷史的必然選擇。"中國無路可退，唯有義無反顧地走向現代化，才會回到世界發展的主流。""香港的回歸，是中國走向現代化不可缺的一部分。"另一方面，霍英東亦由衷地向中國建言："市場經濟的基礎在於公平競爭"，"政府必須明確轉換職能，健全法制，政企分家，確立有效的稅收制席，切實關注公共事務"。其見解鮮明且中肯。這篇文章在海外華人中引起強烈反響，後又被內地《參考消息》、香港《大公報》、香港《信報》節錄刊載。

另一篇是霍英東於 1997 年 8 日 26 日在第四屆世界華商大會上發表的題為《香港的價值》的講話，其主題同樣是有關中國現代化和早期華人移民史。文中特別指出，香港對內地有巨大價值，海外華商對香港有巨大貢獻，文章對香港在東亞（海外華商之間）及國際經濟舞臺上扮演的角色及其價值亦有明確闡述。文章表示："在 1975–1995 年的 20 年間，香港的有形資產達 28,352 億港元，增長了 44 倍，其間外資銀行，特別是世界前 100 家大銀行其中的 80 間亦在港設辦事機構，有 2,307 間海外公司在香港設立了亞大區總部或分區辦事處。而香港股票市場是世界第八大股票市場，在亞洲排第二。"[1] 自改革開放後，內地已經成為香港最大的出口和轉口貿易市場，內地利用香港股票市改革國企及籌集國際資本。截至 1997 年 6 月底，在香港上市的內地企業約 80 間，市值總計達 4,000 多億港元，約佔港股總市值的 13%。而往內地投資設廠的港商，據統計，在 1994 年，港商多達 5 萬家，從業人員 500 多萬人。單廣東一地，其外資就有 80% 來自香港，香港每年有 6 萬多熟知市場經濟運作的經理級人員在廣東各企業裏工作。香港除引入資金、人才，還帶進香港的管理、技術、信息和海外市場，香港早已成為對內地經濟影響最大的城市。[2]

1994 年，霍英東卸任會長一職，由曾憲梓接替成為第三十九屆中總會長。

---

1 霍英東：〈香港的價值〉，《香港中華總商會會刊》1997 年第 5 期，第 18–21 頁。

2 同上。

曾憲梓在接受《瞭望新聞週刊》時說："每一屆新會董就職後，都要到北京訪問，拜會中央領導以及各有關部門，一來瞭解中國內地的經濟形勢及聽取新一年的工作安排，政策方針，二來可以進一步加深雙方的瞭解，相互交換意見，增加共識。"[1] 可見中總在中國的地位、角色及密切關係。

1995 年，隨著香港回歸祖國的時間日益臨近，中總會長明白，一個穩定的香港不僅對香港工商界重要，更對中國現代化有影響。因此，中總一方面致力加強香港與內地的溝通往來，組織了 9 個訪問團及考察團赴內地訪問；同時，於 1995 年 9 月與中華全國工商業聯合會在四川省成都市聯合舉辦"香港與四川經貿合作研討會及洽談會"，吸引了 200 多名來自雲南、貴州、四川的企業家踴躍參加。同年 11 月，中總與全國工商聯簽訂合作協議書，共同推動兩地工商界經貿合作活動。另一方面，中總積極參與過渡期的各項事務，致力實現平穩過渡。[2] 中總在香港特區籌委會、推委會、臨時立法會的組建，特區行政長官的選舉中表現積極。在籌委會的 94 名香港委員中，中總會員就佔了 32 人；在 400 名推選委員會委員中，中總又佔了 129 人；在 60 名臨時立會議員中，中總會也佔了 18 位。可見，中總同仁竭盡所能，為香港的平穩過渡作出了最大努力。總之，中總歷屆會長、會董等都是並肩合作，配合國策，竭盡全力為中國現代化作出貢獻。

結　語

起初人們也許會認為，中總的發展史和中國的現代化進程分屬兩個不同概念，但當我們圍繞中總與中國現代化事業這個主題進行探討時，就會產生濃厚的興趣：中總如何與追尋復興偉業的新中國攜手並進，共同開拓中國現代化之路

1 莊建民、李少山：〈致力於香港的長期穩定繁榮——訪香港中華總商會會長曾憲梓〉，《瞭望新聞週刊》1997 年第 3 期。

2 香港中華總商會：《香港中華總商會 1995 年報》，第 4–5 頁。

的？中國不斷探索經濟變革的發生方式是什麼？中國的改革動力是什麼？新中國政府為何選擇香港和中總作為合作夥伴？中總義無反顧、勇往直前的動力來自何處？我們不難發現，它們之所以能走到一起，共同激起天翻地覆的變化並非偶然事件，一切都有其歷史因緣。

回顧中國改革開放現代化的發展歷程，尤其是在“文化大革命”結束後，原有的經濟體制已不能滿足人民的需求，中國領導層內部醞釀著強烈追求現代化的願望。這一願望，加上國家長期貧困以及周邊國家的經濟水平與祖國的差距日益擴大，加深了問題的緊迫性，使國家的生存受到挑戰，政府迫切尋求改變和尋求改善。在國際環境方面，當時並無一個成功模式可供參考。鄧小平在 1977–1978 年間就早有遠見，先後到訪東盟國家，爭取東南亞鄰國的合作和理解。為了加強中國與他們的關係，中國停止對當地革命分子的支持，鼓勵華人對其居住國的忠誠。同時，為了對抗蘇聯和越南的威脅，努力爭取各國對中國現代化的支持，中國還積極尋求同美日的關係。隨後，中國獲得了日本在資金、技術方面的對華援助。[1] 中國在獲得穩定的國際環境後，鄧小平更提出了“韜光養晦，獨立自主，不稱霸，不結盟”的政策，為中國營造有利的國際環境。江澤民在 1990 年代提出了“和合”理念，延伸了鄧小平穩定和平發展戰略，向世界宣傳中國和平外交的理念。以上這些，都滿足了現代化成功所需的外部條件。

至於內部因素，工業化和現代化的發展動力源自自身的努力。新中國成立後的三十年裏，毛澤東通過其工業化戰略，建立了一個工業化基礎。這一基礎雖然並不先進，卻為鄧小平推行改革開放的現代化計劃提供了強大的支撐。同時，毛澤東建立了一個組織嚴密的國家，可以有效執行政府政策，有利於現代化計劃的實施。關於如何推行現代化，中國是否有無戰略原則和實施方法的問題，學者們存在不同認識和看法。何傳啟歸納出中國在實施現代化時有八個指導性原則，分別為：獨立自主、和平共處、以人為本、平行互動、量力而行、需求導向、國家利益、理性選擇。[2] 不過，這些原則都是理論性的，沒有涉及具體實踐。他同時承認，學者間關於這個問題有不同的認識和看法。當時的新中國是一個社會主

1 馮昭奎：〈中國的改革開放與日本因素〉，《世界政治與經濟》2008 年第 10 期。

2 何傳啟：〈中國國際現代化的戰略分析〉，中國科學院《第六期中國現代化研究論壇文選》，2008 年 9 月 28 日。

義計劃經濟國家，對發展市場經濟缺乏認識，更沒有這方面的人才。雖然國家於 1978 年派了很多領導外訪及進行調研，但都只是在研究層面，為解決經濟發展問題作準備而已。中國推動現代化只能“摸著石頭過河”，在摸索中實踐。而香港在新中國成立後三十年間實現了經濟高速騰飛，其發展經驗為中國現代化發展提供了現成的智慧參照。這一點受到中國領導層的重視，並從中獲得啟發。[1] 十一屆三中全會中央工作會議上，傳閱了一份有關香港地區、新加坡、韓國及我國臺灣地區等地的經濟是怎樣迅速發展起來的文件，當時國家領導層正在思考如何藉助香港各方面經驗和力量推動經濟改革，尤其是對外開放，希望藉助香港的資金、技術、人才和管理經驗，促進內地改革開放和經濟社會發展。鄧小平認為香港是內地現代化成功的示範單位、行動綱領，大家要將目光注視著香港，更強調並呼籲內地要多建設幾個香港。[2]

香港成功發展市場經濟模式，無疑更易於被中國理解、接受及學習，但始終需要一股推動力為國家現代化邁出第一步。環顧四周，能夠承擔這項工作、為國家推行工業化的團體，在香港只有香港中華總商會。首先，中總得到中國政府充分信任及肯定；其次，它是一個專業精英團體，擁有不同行業的專才，具有充分經驗發展市場經濟；最後，當時的港英政府正倚重香港工業總會推動香港工業發展，中總遂順應時勢將資源投入中國現代化進程，參與中國現代化事業就成為中總的歷史使命。

中總不負所託，在這段時期，中國創造了世界經濟發展史上的空前奇跡，GDP 年均增長率達到 9% 以上。縱觀以上所述，把中總發展史放到中國新時期現代化過程中來加以觀察、分析，我們可得出以下具有啟示意義的結論。

（一）現代化之路須以觀念為先

為實現現代化目標，“1978 年，中國有 12 位國家副總理、副委員長以上領導人先後 20 次訪問了 51 個國家，其中既有周邊鄰國，也有東歐社會主義國家，還有自新中國成立以來從無來往的西方國家。中共高層大規模、高密度出

1　高祀仁：〈香港在國家改革開放中的地位和貢獻〉，《求是雜誌》2009 年第 1 期。

2　鄧小平：《鄧小平文選》（第三卷），北京：人民出版社 2001 年版，第 297 頁。

訪，就是為解決怎樣發展這些問題作準備”。[1] 這些出訪無疑促進了中國領導層對市場經濟的再認識，有助於突破傳統社會主義計劃經濟的觀念束縛，同時亦向全國上下表現出領導層尋求改革的決心與開放的思想，有力地推動了現代化進程。如果沒有習仲勳、楊尚昆等領導層對改革開放的支持，港資公司建高速公路、發電廠等項目就不容易實現，即便是捐贈項目，如養雞場，在此前也是不可能的，這有賴於觀念的變化。這種改變無疑率先在領導層建立，但執行改革的中高層幹部意識形態依然故我，缺乏市場經濟經驗。有鑒於此，中總決定在香港開辦“香港工商業研討班”，為內地學員講解香港市場經濟的理念、管理模式和規範做法等。執筆至此，培訓學員已達 7,000 多人，這班學員除在所服務單位內傳播及應用市場經濟知識外，還對促進改革開放初期的現代化建設順利進行有推動作用。

（二）工業騰飛需要先行者引領

改革開放初期，儘管中國在勞動力密集型行業有競爭優勢，但其發展依然裹足不前。中國的投資環境和法制建設明顯有很多地方有待改善，西方商人大多持懷疑、埋怨和觀望的態度，不敢貿然進入中國市場。不過，港商看法比較樂觀，可能因為彼此同文同種的血緣關係，他們多持促進、推動、諒解、幫助及尋找解決問題方法的態度，加上在中總的大力引領及支持下，部分港商成為改革的先鋒，率先在各行各業投資，尤其是在中國缺乏外匯情況下，港商在投資建造基建項目，如公路、電力，採用 BOT 模式，即由港商負責建造並運營一段時期（如 20 至 30 年），然後將整個項目交還國家，使國家不需要在這些項目上花錢。港商成功開發很多不同項目，對投資者發揮積極示範作用，激發了外商投資中國的信心，起到了催化劑的作用，帶動世界企業家紛至沓來，亦間接促成中國不斷完善投資環境及體制。

（三）現代化之路需要不斷優化體制和完善商業法規

為了幫助會員解決在中國遇到的營商難題，中總組織了“投資與貿易諮詢

---

1 李海英：〈論“中國奇跡”的充要條件〉，《當代世界與社會主義》2010 年第 1 期。

組”、“中國四化服務委員會”、“法律委員會” 等機構，並在會刊上委託專家撰文，解釋外商投資法、中國稅務、海關條例，統籌籌辦研討會，邀請內地官員、專家講解內地法規，幫助會員解決疑難。最重要是，向中央及地方政府反映會員提出的問題及建議，而新中國亦從善如流，提出修例，完善投資環境。中國內地能迅速優化體制及完善法規，不能說完全是中總的功勞，但中總明顯是內地與香港兩地、海外華僑有效溝通的媒介，更深受中央及地方政府所倚重。

（四）現代化之路，資金、技術、人才、市場是動力根本，缺一不可

啟動現代化進程，需要引進先進科技，改革老行業，發展新經濟，建設基礎設施等。改革開放初期，國家缺乏外匯，當時可以創匯的機構只有廣交會。中總很多會員作為中國商品代理商，除每年積極支持廣交會，還致力於將中國產品推廣到世界市場，為國家創造外匯。此外，港商為祖國引入 BOT 集資模式，使國家無需花錢興建基礎設施，減緩外匯短缺壓力。關於內地缺乏製造技術、管理人才的問題，據說香港有六萬個經理及工程專業人員長期在內地工作，解決了這方面空缺，同時亦培養了不少本地人才。如今內地各行各業能發展起來，香港專才功不可沒。至於市場方面，改革初期，中國致力於提供勞動力、土地資源、完善法制，市場開發及管理多由投資者負責。經過多年耳濡目染，內地企業已掌握市場知識，香港商家在這方面的貢獻，正如美國前總統、經濟顧問萊斯特．瑟羅說，海外華商“對中國內地改革的最大貢獻不僅是投資，而是教會了他們民族同胞運用市場經濟的遊戲規則”。最終，私營企業的進入與外商直接投資為新中國帶來一股新氣象，逐步改革現有行業，使經濟轉型過程取得成功，邁向現代化。如今很多民營企業反過來在世界市場同港商競爭，這是發展規律，無法避免，香港必須繼續向高層次發展。

（五）現代化之路，中總扮演內地投資者及海外華商的引路人和撮合者

改革開放初期，鄧小平、習仲勳等人已意識到海外華商對國家實現現代化是一個“獨特機遇”，於是排除一切不利干擾，同時在政策方面頒佈一系列優惠政策以吸引海外華商。同時，通過中總作為媒介興辦招商會、考察團等吸引海外華商往中國投資。當中總宣佈籌辦第二屆世界華商大會時，中國政府更積極響應及

支持，期望利用這個平臺加強交流。此外，中總在其會刊中加入東南亞華人商會專頁，旨在加強各方交流，進而成為海外華商與中國之間的中介機構。

總的說來，中總作為香港的一個專業商會團體，深諳營商道理和市場經濟原則，眾會員在尋找發展商機之餘，也在為國家發展效力，其主動性、積極性及執行力不輸任何一位國家幹部。新中國選擇中總作為現代化建設的推手和合作夥伴，無疑是一個明智的決定。正如商會史學家虞和平在其《商會史話》中所言："振興中國，主要是依靠商民。今天的國家如果有十萬之豪商，就能勝過百萬之雄兵。將來中國能使外國人信服，維持全域者，必在商民。"[1] 這段話有它的道理。

縱觀中總在中國現代化進程中的貢獻，商會的全力支持只是現代化成功的內因之一。據羅榮渠教授在《現代化新論》一書所述："現代化作為中國的歷史大變革趨勢，是各種內外因素交互作用的產物。其中主要有八組因素（變量）：生態因素、人口因素、社會因素、經濟因素、技術因素、政治因素、文化因素、國際交往因素。"[2] 他們的重要性和優先性在不同階段並不相同，而大轉變是一個極其複雜的過程，商會只是其中一個因素。筆者無意在此誇大商會的價值，但中總的貢獻無疑是值得肯定的，中國現代化史應該給商會應有的地位。此外，中總及新中國並非如某些論者所指陳的那樣存在缺點及問題，例如包括部分官員的腐敗無能、商會自身的軟弱、政治文化素質相對低下等。[3] 相反，他們表現得更自信、更專業、更關心人民福祉。因此，現代化進程的成功自然值得期待。

面向全球工業化的 21 世紀，中國現代化的改革既需要中國領導者的決心，也需要各方面專家共同努力。中總作為一個香港商會組織，將繼續發揮功能，與時俱進，配合國家政策，促進內地與香港經濟的互動互惠，發揮其不可替代的積極作用。

1　虞和平：《商會史話》，北京：社會科學文獻出版社 2011 年版，第 6 頁。

2　羅榮渠：《現代化新論——世界與中國的現代化進程》，北京：商務印書館 2014 年版，第 527–542 頁。

3　虞和平：《商會與中國早期現代化》，上海：上海人民出版社 1993 年版，第 366–388 頁。

附錄

中總為加深會員對各省市最新經濟發展狀況及投資環境的瞭解，安排赴內地進行訪問、考察，以促進兩地之經貿往來和合作。相關工作在改革開放後開始。1990 年至 2000 年間中總赴內地訪問、考察活動節錄如下：

日期	訪問、考察團
1990 年 2 月 24 日	四川考察團
1991 年 1 月 10 日	京滬訪問團、湖北訪問團
1992 年	/
1993 年 1 月 6 日	北京訪問團
1993 年 9 月 22 日	四川商務考察團
1994 年 12 月 13 日	北京訪問團
1994 年 5 月 27 日	天津商務考察團
1994 年 6 月 29 日	大連商務考察團
1994 年 9 月 11 日	西安商務考察團
1994 年 10 月 24 日	海南商務考察團
1994 年 11 月 13 日	山東商務考察團
1995 年 2 月 28 日	天津商務考察團
1995 年 6 月 5 日	煙臺、青島商務考察團
1995 年 6 月 29 日	深圳第八屆荔枝節經濟技術交易會訪問團
1995 年 6 月 30 日	大連商務考察團
1995 年 7 月 31 日	內蒙古自治區代表團（訪問考察）
1995 年 8 月 15 日	蘭州、敦煌訪問團
1995 年 9 月 20 日	香港與四川經貿合作研討會、洽談會
1996 年 3 月 6 日	天津商務考察團
1996 年 5 月 7 日	江西京九線商務考察團
1996 年 8 月 25 日	北京、新疆訪問團
1996 年 10 月 15 日	第 80 屆中國出口商品交易會代表團
1996 年 10 月 25 日	河南訪問團
1997 年 1 月 7 日	北京訪問團
1997 年 3 月 6 日	天津商務考察團

（續表）

日期	訪問、考察團
1997 年 4 月 8 日	出席國際商會第 32 屆大會
1997 年 9 月 3 日	瀋陽商務考察團
1997 年 8 月 31 日	新疆商務考察團
1997 年 9 月 7 日	廈門商務考察團
1998 年 3 月 20 日	深圳訪問團
1998 年 4 月 3 日	陝西商務考察團
1998 年 6 月 1 日	重慶考察團
1998 年 7 月 7 日	青島考察團
1998 年 8 月 3 日	貴州考察團
1998 年 8 月 30 日	新疆考察團
1998 年 9 月 7 日	廈門考察團
1999 年 1 月 25 日	北京訪問團
1999 年 4 月 29 日	雲南考察團
1999 年 8 月 28 日	青島訪問團
1999 年 10 月 5 日	高新技術成果交易會考察團
1999 年 10 月 24 日	長江三角洲考察團
1999 年 12 月 1 日	福建金融工商企業考察團
2000 年 4 月 14 日	廣東訪問團
2000 年 4 月 4 日	出席清明黃陵祭祖活動
2000 年 5 月 24 日	福建訪問團
2000 年 7 月 31 日	內蒙古自治區考察團
2000 年 9 月 7 日	廈門考察團
2000 年 10 月 11 日	出席第 2 屆中國國際高新技術成果交易會

資料來源：《香港中華總商會年報（1990-2000）》。

第十五章

香港上海總會的“家國情懷”

葉可寧

香港的華人組織種類繁多，除商會、工會、同鄉會外，還有慈善團體、宗親會等。其中具有工商行會或同鄉會性質的組織，早期都被稱為“會館”。對於會館這一命題，自 1920 年代起至今，國內外已不乏眾多研究成果。但是，香港回歸祖國已 20 餘年，目前甚少有學者專門對香港的會館史進行總括性的研究，對香港某一會館發展的完整歷史研究更是難尋。[1] 雖現今不少會館都會公佈其相關的歷史簡述及出版紀念特刊，但這些都不足以觀其發展歷程。目前學術界對會館的理解大致可分為兩種：工商行會性質和同鄉組織性質。結合中外學者現時對會館的界定，會館以地緣性組織為先，故本章所研究的上海總會將歸為會館一類，而如香港中華總商會、香港東華三院等華人組織，則均不在此列。

本章的研究對象是有著四十年歷史的上海總會。前 20 年，上海總會處於英國殖民統治下的香港，後 20 年則是在 1997 年香港主權得以回歸後。在這意義非凡的近半個世紀中，不管是對於香港，還是對於祖國都發生了翻天覆地的變化。本章的主要資料來源於上海總會保留的大量會內歷史檔案，以及上海總會永遠名譽會長李和聲先生、理事長李德麟先生和監事長王緒良先生的口述歷史。此

1　相關代表性論著參見王日根：〈國內外中國會館史研究評述〉，《文史哲》1994 年第 3 期；王日根：《中國會館史》，上海：東方出版中心 2007 年版；李明歡：《當代海外華人社團研究》，廈門：廈門大學出版社 1995 年版；張曉輝：〈略論近代香港的華人資產階級〉，載紀宗安、湯開建主編：《暨南史學》（第四輯），廣州：暨南大學出版社 2005 年版，第 354–375 頁；孫吳：〈移民對香港早期繁榮的貢獻及其社會生活的初步定型〉，《徐州師範大學學報》1997 年第 2 期；邱淑如、林進光、何展雲：〈從不同時期華人會館的成立探討香港華人移民史〉，《國家圖書館館刊》（臺北）2014 年第 2 期；劉蜀永：《簡明香港史》，香港：三聯書店（香港）有限公司 2016 年版；謝劍：《香港的惠州社團——從人類學看客家文化的持續》，香港：香港中文大學出版社 1981 年版；黃紹倫：《移民企業家——香港的上海工業家》，上海：上海古籍出版社 2003 年版，第 4 頁。

外，還從香港及內地各大報紙的微縮膠捲中找到了不少可以驗證當年歷史細節的報道。筆者希望在綜合所有資料後，能夠較為完整地還原上海總會的歷史，且由上海總會的歷史作為切入點，看到一個會館在香港 40 年歷史中的努力與掙扎、捨棄與收穫，從而豐富香港會館史研究的歷史資料。

一、上海總會概況

（一）香港"大上海"人的形成與壯大

1931 年時，在香港的上海人只有 3,768 人。1937 年抗日戰爭爆發，內地動盪不堪，各地赴港人數劇增，香港人口達到 160 多萬。在此期間，上海赴港人數達十幾萬。到 1950 年時，香港人口超過 220 萬人，僅 1949 年就增加了近 80 萬人。[1] 具有上海背景的一大批紳商、名士都在這一時期紛紛赴港定居，香港民間喜歡稱之為"大上海"人。他們都經歷了抗日戰爭、國共內戰以及新中國成立，其中因政權易手而對時局感到迷茫，或者因特殊的遭遇而選擇赴港的亦不在少數。日本《朝日新聞》於 1997 年香港回歸前夕刊載過一篇文章，特地就此採訪了時任上海總會理事長李和聲。文中一部分描述了 1949 年共產黨解放並接管上海後，李和聲來港前的心路歷程：

> 1949 年狀況突變，那是五月下旬的事情。一天早晨，與往常一樣，我在自家二樓臥室醒來感覺外面有異樣，就從窗戶探頭往下望，看見共產黨的軍隊正經過我家門前。國民黨的軍隊已不見蹤影。今後會變成什麼樣呢，非常不安。所有的經濟活動都已停止，資本家紛紛逃往臺灣、香港。在我花

---

1 陳冠中：《我這一代香港人》，北京：中信出版社 2013 年版，第 32 頁。

1997年(平成9年)3月12日　水曜日　13版▲　国際　6

香港返還　歴史と人と　2

経済発展の中核

李和聲氏　香港上海総会会長

内戦に絶望 上海脱出
今、祖国の変化信じる

●軍隊が行進

●首脳は理解

●47年たって

1940年代後半、中国から続々と人が流れ込んでいたころの香港・中環（セントラル）の町並み＝香港政庁歴史公文書室提供

中国全人代

「民族問題安定せず」
最高検察長が活動報告

「民主化の師」南ア大統領も冷ややか

1997年《朝日新聞》刊登李和聲接受採訪文稿。

光了手頭約1公斤金條的第二年五月，覺得繼續待在上海真的是不行了，我絕望地乘汽車離開了。經過三天二夜的奔波到達香港。一邊凝望著車窗外一邊在心裏暗暗發誓，何時上海穩定了就回去。當時來到香港的上海人大家都是那麼想的吧。總也下不了在香港買房的決心。[1]

---

1 《朝日新聞》1997年3月12日，第13版。

文章字裏行間無不流露出對故鄉的依戀之情，赴港也頗像是無奈之舉。再之後，從 1960 年代的困難時期至“文革”結束亦有三次大規模的逃港潮。1950 年代的移民與 1960 年後的移民相比，最大不同之處在於前者多為“出身”不錯的“有產者”，他們為香港帶來了大量的資金和技術。

然而，前期赴港的“大上海”人卻未能如願地踏上返鄉之路，而是最終下定決心在香港謀求穩定發展。其中，內地“文革”導致的社會動盪，對在港“大上海”人最終決定扎根香港起到了推波助瀾的作用。作為“有產者”的“大上海”人認為，相較於內地，香港相對穩定的局勢更適合長遠發展，回鄉已無可能，於是他們開始安下心來，決定在香港落地生根。這也使香港的紡織業、航運業、印刷業得以興起。

這些赴港的大上海資本家們，對香港本地的發展起到了積極的促進作用。隨著時間的推移、資產的積累，他們也逐漸構建起了龐大的家族產業鏈，這些大家族至今對香港的影響依然深遠。相較於當時尚未蓬勃發展的香港，1950 年前的上海可謂一個“東方巴黎”式的存在。李和聲回憶初識香港的印象時說道：“香港給我的第一印象是一個什麼也沒有的地方。與上海相比就是一處小小的城鎮。在港上海人掌握著行市的主動權，接連建起了工廠。”[1] 隨著上海“有產者”陸續在香港活躍起來，香港的商界與文化精英也經歷著一個可被稱為“上海化”的過程，香港逐步成為上海“有產者”的後方與避難地。[2] 這些遠赴香港的上海資本家逐步發展成龐大的華人財團，主要分佈於紡織、航運、影視娛樂、地產等行業，取得了諸多非凡成就。[3]

“大上海”人中的絕大多數都是上海總會的會員，但在 1977 年上海聯誼會（上海總會的前身）成立前，他們通常已加入蘇浙旅港同鄉會或寧波旅港同鄉會（香港寧波同鄉會的前身）。在香港，民間普遍將江蘇、浙江、上海等長江下游城市的人統稱為上海人。1950 年的上海人口調查顯示，上海居民中只有 15% 是原居民，其餘 48% 是江蘇人，26% 是浙江人。[4] 在眾多成功的上海紳商中，他們的

---

1 《朝日新聞》1997 年 3 月 12 日，第 13 版。

2 李歐梵：〈香港，作為上海的“她者”〉，《讀書》1998 年第 12 期。

3 有關香港華人財團的詳細情況，參見馮邦彥：《香港華資財團》，香港：三聯書店（香港）有限公司 1997 年版，第 139、165 頁；黃海：《香港社會階層分析》，香港：商務印書館 2017 年版，第 15–17 頁。

4 陳冠中：《我這一代香港人》，第 42 頁。

祖籍有較大比例來自寧波，因此也會加入寧波旅港同鄉會。這也使各會成員之間重疊的情況十分普遍，以致後來蘇浙旅港同鄉會、寧波旅港同鄉會及上海總會時常聯合行動，如合辦慶典活動、聯名登報等情況屢見不鮮。

華人組織在香港的發展史上源遠流長，如果以 1997 年中國政府收回香港主權為分界點，那麼大致可以劃分為兩大類：一類是由在港華人完全自發組織的華人社團組織，成員長期背井離鄉，發揚著同舟共濟、相濡以沫的精神，此類華人社團組織除了聯絡鄉情外，更肩負著團結組織、維護成員社會利益的職能；另一類是 1997 年香港回歸後，由內地政府的僑務辦公室、海外聯誼會倡導組成的在港華人社團，這一類華人社團往往會得到內地政府在人力和財力上的資助。二者的區別主要在於，前者具有更高的獨立性，而後者則帶有更強的政治意味及目的，這也導致了二者在人員構成、活動類型方面的差異。

香港蘇浙旅港同鄉會、寧波旅港同鄉會及上海總會都屬於前者，即在港華人自發組織的社團。各成員到港後，在毫無內地支持的 1940–1990 年代自力更生、艱苦奮鬥，開創自己的事業，卻依舊留戀故土。這種情懷使他們對“中國人”身份的認知，與土生土長的香港華人有所區別。儘管當時因時局動盪，他們對共產黨掌權產生疑慮，但仍普遍視自己為“中國人”。正是這份對“中國人”身份的認同感，使得這些因避難赴港的滬商們，每當有內地同胞需要支援時，都義不容辭地慷慨解囊。相較於之前的蘇浙及寧波旅港同鄉會，上海總會的成立亦具有獨特的意義，它讓一批有著上海打拚背景的人拋開單純以祖籍為紐帶的宗源聯繫，建立起更有實質性和更緊密的合作。同時，隨著內地改革開放的不斷推進，香港作為內地對接國外的重要窗口，相較作為中國重要腹地的上海，其國際商貿中心的地位更顯突出。上海總會也成為上海與香港對接中，最為契合、最為重要的民間社團組織之一。

（二）上海總會組織架構及會員構成

據李和聲（上海總會第三任理事長）回憶，當年王劍偉（上海總會第二任理事長）有意建立一個上海人的組織，正巧王劍偉的妻子歐陽純美與黃夢花（上海總會第一任理事長）相識，於是將同樣想組建上海聯誼會的黃夢花介紹給王劍偉認識，兩人一拍即合，開始籌備新會的成立事宜。[1] 上海聯誼會成立於 1977 年，1980 年 6 月獲批更名為“上海總會”，至今已歷經二十屆理監事會的更替，產生過五任理事長。

1978 年 11 月 13 日，上海聯誼會有限公司召開第一屆第一次理監事會，推選出理事長 1 人、監事長 1 人、副理事長及副監事長各 4 人、常務理事 17 人、理事 24 人、監事 16 人。會中還設置“八組、二委員會”，[2] 負責開展日常工作。經過 40 年的運作與實踐，如今上海總會理監事會有理事長 1 人、監事長 1 人、副理事長 12 人、副監事長 2 人、常務理事 34 人、理事 24 人、監事 5 人，並設有“一處、九委員會”，[3] 由理監事會統籌，各部委分別負責會內的專項社會工作。

上海總會的初期成員，主要由在香港的蘇、浙、滬賢達組成。1977 年首批入會的 40 人中，女性有 12 人，會員間的關係以親朋為主。他們大多從事紡織、金融和工程方面的工作，亦有家庭婦女及退休人士。會員中擁有中國國籍的為多數，亦有少數英國及新加坡籍人士。[4] 隨著上海總會知名度的提高，申請入會者紛至沓來，1980 年至 1981 年期間，曾三次調整入會費，兩度暫停接受入會申請，且對輪候申請者提出了“公司行號會員，以華資為限”及“曾在上海居住一段時間者，將得優先考慮入會”的審核條件。[5]

上海總會的會員可歸為兩類：個人會員及公司會員。成立初期，上海總會的會員主要分為：永久會員、公司商號會員、名譽會員及名譽公司商號四類。現今上海總會的會員分為五類：永久會員、普通會員、名譽會員、公司名譽會員及公司會員。前三者以個人為單位，公司名譽會員及公司會員則以間數為單位，且規定每間以公司行號入會之公司，最多可有四人獲會員資格。所有會員種類中，只有永久會員擁有理監事會的選舉與被選舉權。如今，會員構成可謂來自五湖四

1 李和聲接受筆者訪問，2018 年 1 月 7 日。

2 “八組、二委員會”即總務組、財務組、徵募組、福利組、康樂組、調查組、公關組、婦女組及福利基金保管委員會和餐廳管理委員會。

3 “一處、九委員會”即秘書處、財務委員會、社福慈善委員會、公共關係委員會、文化康樂委員會、青年委員會、投資委員會、物業管理委員會、餐飲管理委員會及資產管理委員會。

4 統計資料來源於上海總會會員檔案。

5 《上海總會第二屆第二次理事會議記錄》，1980 年 12 月 1 日，第 3 頁；《上海總會第二屆第三次理事會議記錄》，1981 年 1 月 5 日，第 1 頁。

海，除中國國籍的會員外，亦有不少外籍會員。[1] 華人會員雖以祖籍蘇、浙、滬人士為主，也不乏來自全國各省份者。

為了瞭解上海總會會員的發展趨勢，筆者對上海總會歷年會員人數作了統計（詳見圖表 1）。從 1977 年至 2017 年，上海總會的會員人數總體呈上升趨勢，由 1977 年成立之初的 40 人發展成如今擁有 4,000 餘名會員的社團。在這 40 年時間裏，除了會員的原始積累時期（1977 年–1983 年）人數增長比較迅猛外，其餘時期會員人數一直保持平穩上升態勢，並未受到外界社會事件的影響而產生劇烈波動。

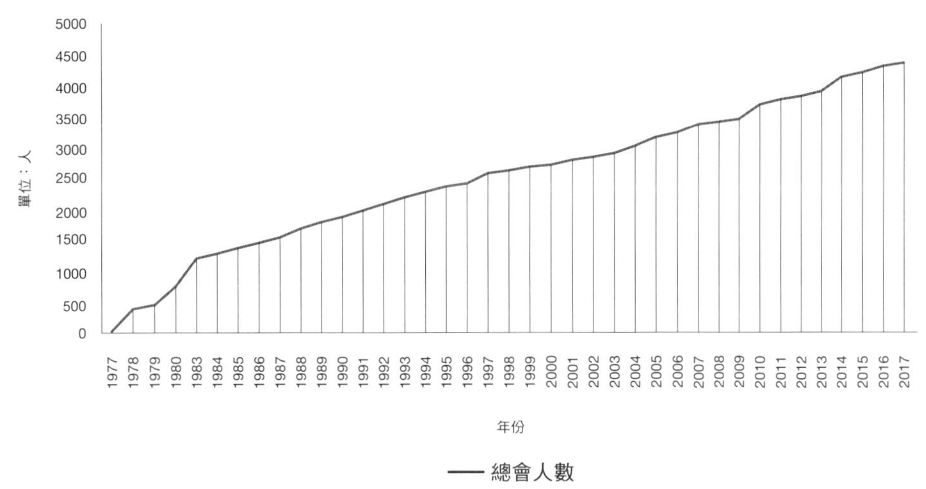

圖表 1　上海總會會員人數趨勢圖（1977–2017 年）[2]

（三）主要的經濟機制

為了持續會館的正常運作，經濟基礎極為重要。李明歡教授將海外華人社團的經濟來源分為四類：會費、經營性收入、募捐及政府資助。[3] 除了政府資助項，其餘三類都是上海總會的經濟來源。

1　來源有美國、英國、法國、意大利、葡萄牙、西班牙、加拿大、新加坡、澳大利亞、日本、巴西、泰國、菲律賓、印度尼西亞、馬來西亞、巴拿馬、愛爾蘭等國家和地區。

2　統計數據來源於上海總會歷年會議記錄及會員檔案。

3　李明歡：《當代海外華人社團研究》，廈門：廈門大學出版社 1995 年版，第 290 頁。

首先是會費。上海總會根據不同的會員級別設置不同的入會費，且隨著時間的推移，入會費亦水漲船高。如永久會員的入會費在 1978 年為 1,000 港元，而今已提高到 60,000 港元，普通會員入會費為港幣 40,000 港元，公司會員則是 160,000 港元。除此之外，理監事會成員每年還需繳納一定的常年費，以保證每年的經費充足。

其次是合法的經營性收入。上海總會的經營性收入主要有三類，分別是物業購置、會所餐廳及投資理財。上海總會在香港共有四處物業，一處位於中環，一處位於柴灣，兩處位於灣仔。中環及灣仔的物業現主要以自用為主，柴灣的物業出租予香港"惜食堂"，而因"惜食堂"本身為香港慈善組織，故每年收取的所有租金都會以捐贈的形式全數返還，這也成為上海總會社會捐贈的一部分。上海總會的會所餐廳在香港飲食圈可謂海派菜首選，但餐廳僅為會員服務，不對街坊開放。該會所餐廳於 1978 年開始營業，至今已有 39 年。熱愛美食的上海總會第一任理事長王劍偉為餐廳如今的成功奠定了堅實的基礎。[1] 至今，餐廳每年的收益十分可觀，成為上海總會穩定的經濟來源。

再次是募捐。上海總會的募捐方式主要分為四類，分別是會內核心成員認捐、全體會員捐贈、義演籌募、民間基金會募捐。以上四類完全與李明歡教授所總結的募捐方式相吻合。[2] 上海總會核心成員的認捐及全體會員捐贈除了給予總會本身外，也體現在一些對外的社會性募捐活動中，其中核心成員的認捐往往佔捐款總額的多數。如 2008 年汶川地震募捐，上海總會共募集善款 3,537,500 港元。[3] 其中核心成員的認捐數額佔總數近八成。

從次是義演籌募。上海總會的兩次義演籌募都存在於其原始資本積累時期。上海總會裏許多人都是京劇票友，其中更是不乏名票，還與很多京劇界的名流相熟。因此，其義演京劇可謂信手拈來，且受到觀眾捧場。第一次籌募是 1978 年，為了會內的福利基金，名角張昭泰先生的夫人、王復蓉、姜竹華、高惠蘭、

1 王劍偉除了熱衷於馬術外，還是一位美食家。據王緒亮（王劍偉兒子）描述，父親對於"吃"從不含糊，親自去菜市場挑選食材都是常有的事，更會饒有興致地下廚邀友人享用。因為父親的公司與上海總會同在一處大廈，於是他每天一早先到餐廳"打卡"上班，甚至一日三餐都在會所，還跟掌勺一起探討菜式。"火筒翅"更是父親的傑作，為會所餐廳打響了招牌，引得無數名人政客前來試食。王緒亮接受筆者訪問，2017 年 3 月 9 日。

2 李明歡：《當代海外華人社團研究》，廈門：廈門大學出版社 1995 年版，第 304–312 頁。

3 《上海總會第十五屆第十八次理監事聯席會議記錄》，2008 年 5 月 20 日，第 1–2 頁。

歐陽敏文小姐等應邀來港。[1] 1979 年，為籌募教育基金再次進行京劇義演，上海總會的知名票友也紛紛登臺。此次義演過後，因籌募金額非常可觀，遂決定將超出目標的部分撥作會所基金。

1979 年，上海聯誼會籌募教育基金國劇義演特刊。

最後是民間基金會募捐。上海總會至今並未主動向民間基金會發出募捐通知以獲得捐款。但由於上海總會的會員中有不少香港富商，其中部分富商亦成立了自己的基金會，因此當他們獲悉募捐事項後，往往會積極參與其中。例如上海總會就曾接受過數次來自陳廷驊基金會的捐贈，且出於對上海總會及會內友人的信任，亦會出現將款項交於上海總會代捐的情況。[2]

（四）會內商人掌權

筆者對上海總會的會員構成作了進一步瞭解。《浙江日報》曾這樣描述上海總會："香港上海總會是聯繫在港蘇、浙、滬中上層人士的一個較有影響的社團組織…… 香港上海總會在加強港澳與內地之間的聯繫和合作方面做了許多

---

1 《上海聯誼會第一屆第九次理事會議記錄稿》，1978 年 5 月 8 日，第 1 頁。

2 《上海總會第十二屆第三次理監事聯席會議記錄》，2001 年 2 月 6 日，第 2 頁。

工作，在促進浙江的改革開放和經濟發展中發揮了很大作用……”[1] 從中可以得知，上海總會的人員構成，以在港蘇、浙、滬“上層人士”為主，並非普羅大眾都可申請加入。第一任理事長王劍偉曾經對上海聯誼會有這樣的暢想：“我們有了自己的會所後，惟恐與本港一般聯誼會的性質混淆，心中擬在將來改名為‘上海總會’（SHANG HAI CLUB），也可以像美國總會（AMERICAN CLUB）、香港總會（HONG KONG CLUB），與華商總會（CHINESE CLUB）都有自己的會所……”[2] 所以筆者認為有這樣的具體參考對象，使得上海總會從一開始就摒棄了一般華人會館以“聚鄉人，聯鄉誼”為主的屬性，更趨於建立一個上海籍的精英型組織。

王日根教授認為，會館一般將經濟基礎奠定在同籍人中有政治地位與經濟地位者的捐助上，此類人也通常把致力於建設會館視為自己的榮耀之舉及惠澤鄉里的最好方式。[3] 特別是在華人海外會館中，商人勢力是會中的主角，經過艱苦打拚並有雄厚經濟實力的商人，才是擁有話語權的關鍵。[4] 上海總會亦不例外。單從上海總會會務發展的資金與對外的捐款事項來看，其主要來源於社會知名人士、會員捐贈成立的各項基金。筆者查看歷屆理監事會成員檔案後發現，所有主要職務擔任者均為商人，且在商界的成就越大，職位往往越高。而在本港具有極高政治地位之人士，通常會被邀請為其榮譽贊助人；有社會影響力的名人、學者，則會加以名譽會長或名譽顧問等頭銜，用來擴大會館的聲勢。綜合而言，想成為會內實質的掌權者，首當其衝需具備超群的經濟實力。上海總會的掌權者中，只有創會會長黃夢花不是商界人士，但其在一年後便辭去職務，其後歷任理事長王劍偉、李和聲、王緒亮、李德麟均為商人。

當然，作為一個匯聚“大上海”人的會館，會內除了歷任會長外亦有許多重要人物，如邵逸夫、董建華、陳廷驊、查良鏞、馬臨等，其中很多人雖不曾在上海總會擔任實質性職務，卻長期以各種方式鼎力支持上海總會的發展，使上海總會的聲譽日漸隆盛，財力也得以增強。

---

1 〈葛洪升會見王劍偉一行〉，《浙江日報》1993 年 4 月 8 日，第 1 版。

2 王劍偉：〈發刊詞〉，《上海聯誼會籌募教育基金國劇義演特刊》1979 年，第 1 頁。

3 王日根：《中國會館史》，上海：東方出版中心 2007 年版，第 304 頁。

4 同上，第 170 頁。

上海總會會所內銅塑，左起分別為：黃夢花、王劍偉、邵逸夫、陳廷驊、李和聲。

（五）捐款總攬

上海總會作為香港本地的非牟利社團，其中一項重要的功能是服務社會，至今已累計向香港及內地捐款近一億港元。此外，也有對鄰區澳門及臺灣的捐助，但金額較少。為了瞭解上海總會捐贈的地域及種類偏重，筆者統計了上海總會歷年向本港與內地捐款的金額和佔比（詳見圖表 2、圖表 3），以及內地捐助的種類（圖表 4）。因 1977 年至 1982 年的相關資料缺失，故統計從 1983 年開始。

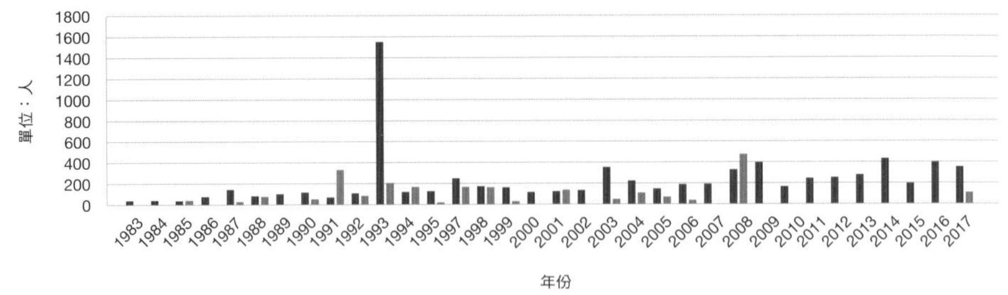

圖表 2　上海總會捐贈本港與內地金額比較（1983–2017 年）[1]

據圖表 2 顯示，除 1991 年、2001 年及 2008 年捐款內地之金額高於本港地區外，其餘各年本港地區的受捐金額都高於內地。且在 2008 年之後，相關資料鮮有對內地的捐款記錄。圖表 3 中顯示，從 1983 年至 2017 年，上海總會對本港的捐款比例達到了總捐款數額的 77%，而給予內地的捐款額佔比少於 30%。此兩項數據表明，上海總會的主要捐款活動仍然是立足香港，服務香港本地。圖表 4 中能看出，對內地的捐款主要集中於 1980 年代中葉至 20 世紀初，當時正處於內地進入全面發展時期，但隨著內地經濟的高速發展、人民生活質量的大幅度提高，對內地的捐款事項不斷減少，且主要集中於災害項目。

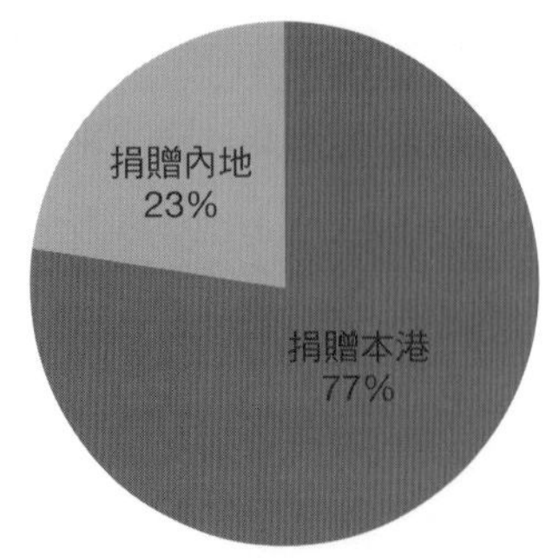

圖表 3　上海總會捐贈本港與內地佔比（1983–2017 年）[2]

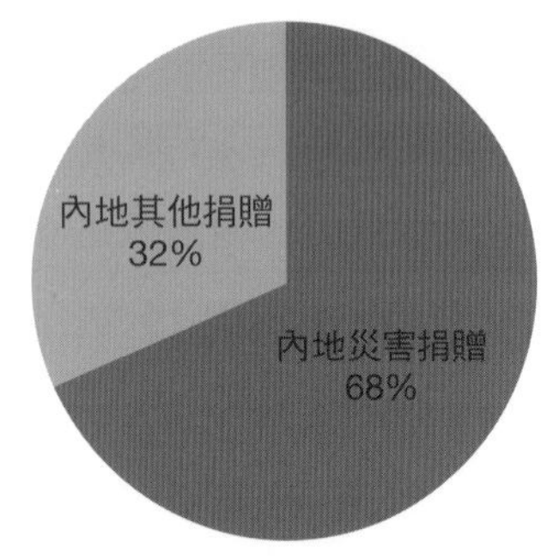

圖表 4　內地災害及其他捐贈佔比 [3]

1　統計數據來源於上海總會歷年會議記錄及資產負債表。

2　統計數據來源於上海總會歷年會議記錄及資產負債表。

3　統計數據來源於上海總會歷年會議記錄及資產負債表。

二、“存善濟世，會譽隆”與香港民間的社會整合

（一）捐助老人

1970 年代末 1980 年代初，港英政府統計處人口趨勢報告顯示，香港人口開始老齡化即將成為不爭的事實。1977 年，政府頒佈了《老人服務綠皮書》，1979 年，又發佈了《香港社會福利白皮書：進入八十年代的社會福利》，這使得政府和民間慈善機構認識到，需及時加快應對人口老齡化問題，以及為老人提供適當的服務。1980 年代，香港的私營安老院開始興起，其供應之宿位遠遠超過了政府開辦的老人院，私營安老院成為最大的老人宿位供應機構。上海總會也響應號召，加入了私營安老院的大軍。

上海總會成立後的第一件慈善大事，就是捐助老人服務項目。1978 年曾有記載：“日前本人與范甲、方德福歷時相約本港社會福利署洽商，初步已獲該署同意支持向房屋協會聯繫，將葵涌、葵盛邨內撥出公共房屋九間辦理老人福利中心，以配合目前政府對老年人關切之服務，房屋設備裝修需二十餘萬元，將定名為‘上海聯誼會耆康葵盛老人福利中心’。”[1] 為了讓理監事成員能充分瞭解當時港英政府的老人福利政策，上海總會還專門邀請了社會福利署的顧楊彥慈女士到會所向理事會員闡述目前政府鼓勵社會人士推行、辦理老人福利中心事宜。葵盛耆康老人服務中心於 1979 年 7 月裝修完竣，總耗費 179,333.46 港元，並於 1979 年 12 月 5 日舉行開幕典禮。截至 1980 年 1 月，該中心已容納老人 270 餘人。

1990 年，上海總會繼續為籌建護理安老院奔走。但隨著私營安老院數量的不斷增加，服務質量開始出現良莠不齊的現象。1980 年代中期更發生了多起安老院不幸事件，這促使政府有關部門對其加強監管。1994 年，政府頒佈《安老院條例》，對專業人員的註冊、人員的比例、安老院的面積、經驗者的職責等作出相關規定。由於政府監管的嚴格加碼，以及上海總會自身對安老院構想與現實

1 《上海聯誼會第一屆第十一次理事會議稿》，1978 年 7 月 10 日，第 1 頁。

之間的差距，導致1990年代上海總會自行捐建護理安老院的計劃最終"流產"。

2008年，上海總會有意捐助香港鄰舍輔導會205萬港元，以商議其"鄰舍輔導會何文田護理安老院"的永久性更名事宜。之後經初步商定，安老院新名為"鄰舍輔導會、上海總會護理安老院"（招牌將分兩行繕寫）。[1] 該205萬港元的捐款由兩部分組成：一半是動用上海總會多年累積的老人利是捐款餘額，另一半則以會員贊助方式進行籌集。隨後，"鄰舍輔導會向社會福利署提供書面文件，辦理有關安老院改名手續"。[2] 2009年2月6日，正式獲社會福利署批准函件。因社會福利署要求，"上海總會還需支付鄰舍輔導會自建院到2009年2月的裝修維修費用總額之20%"，[3] 最終上海總會對鄰舍輔導會的捐助共計2,104,396港元。2010年1月1日，正式獲准改名牌照，最終更名為"鄰舍輔導會上海總會護理安老院"，並於2010年3月29日下午3時在安老院院址舉行命名暨開幕典禮。

2000年，上海總會與香港中文大學聯合成立了"家在香江"的中文大學內地學生組織。自2005年起，上海總會讓"家在香江"的學生也加入了老年人關懷活動，將這兩個團體的活動結合在一起是上海總會的一次成功嘗試。這一舉措既為老人活動增添了活力，也讓在香港生活不久的內地學生有了接觸社會群體的機會，"從中學習關懷老人家的人生體驗"。[4]

除了捐資興辦老人院，上海總會對香港本地老人的捐助起初主要以實物或代金救濟為主，據1980年記載："農曆年底擬以實物濟助貧苦老人，以襄善舉，此事已請福利組與社會福利處聯絡。"[5] 從1982年開始出現現金善款的撥發，1983年起更是擴大了現金善款的籌集，同年，上海總會開始每年歲晚給社會福利署屬下的老人院派發利是。1983年第一次派發歲晚老人院利是，"計籌得善款236,196港元，已於二月二日由王理事長……等會同社會福利署杜潘雪清助理署長陪赴港九各老人院派發利是，計老人5,102人，每人50，共計255,100，

1 《上海總會第十五屆第二十次理監事聯席會議》，2008年8月19日，第2頁。

2 《上海總會第十五屆第二十一次理監事聯席會議》，2008年9月24日，第1頁。

3 《上海總會第十六屆第五次理監事聯席會議》，2009年3月24日，第1頁。

4 《上海總會第十四屆第四次理監事聯席會議記錄》，2005年2月16日，第2頁。

5 《上海聯誼會第一屆第十五次理監事聯席會議》，1980年1月7日，第1頁。

不敷之數由本會福利基金項下補足”。[1] 當時受派發的老人院有 57 所。此後受利是派發的老人院逐年增加，由 1983 年的 57 所增加到 2017 年的 197 所，受惠老人的人數也從起初的 5,102 人到 22,347 人。

1985 年，香港的人均 GDP 超過一萬美元，各行各業發展蓬勃。上海總會經過數年的經營，財力日漸增長，同年派發老人利是的金額也提高到了 100 港元，惠及 58 所老人院共 5,842 位老人。1997 年，亞洲金融風暴席捲東南亞，香港也未能倖免，經濟開始進入大蕭條期。上海總會的投資及自營生意亦受到不小波及，自然會內慈善資金也不似從前。1998 年，平均每位老人利是的金額降至 60 港元左右，之後每年基本維持此金額。筆者認為，此金額 20 年未再有提高的原因有三：（1）經過金融風暴，香港總體經濟進入十年的蕭條期，上海總會的投資及自營生意獲利不易，對各項捐助更需慎重考慮；（2）20 年間，老人院和老人的數量成倍增長，人均金額有限；（3）由於上海總會的活動範圍不斷擴大，各項活動均需資金支持，而老人利是的資金沒有隨著派發對象的增加而相應追加。

上海總會每年歲晚老人利是的善款，主要來源於會員自發籌款所得，若有不足之數則由上海總會福利基金項撥款。1988 年首次出現了善款的餘款，當時會議決定留待下年度使用，此後數年都有餘款產生。據 2003 年的記載：“歷年來累計結餘之善款已達港幣一百一十萬八千一百九十六元，本人擬議用此款設立‘老人突發意外基金’。社會上有意外發生之老人，將可申請動用該款項。”[2] 同年，上海總會用百萬港元設立了此基金。

上海總會在資助香港本地老人事務方面，緊跟港英政府安老政策的需求，積極配合響應政府號召。設立私營安老院，以減輕政府安老負擔；連續 34 年不間斷地派發歲晚老人利是，以關懷長者。從形式上看，上海總會對於老年人的幫扶略顯單一，主要以捐資、命名老人院及派發老人利是等方式為主。香港社會福利署曾於 2014 年致函上海總會，並建議其“可以以其他形式為社會提供更多敬老活動，惠及更多有需要的長者。活動主題如：捐助物資，親善探訪獨居長者

1 《上海總會第三屆第二次理事會議》，1983 年 2 月 28 日，第 2 頁。

2 《上海總會第十三屆第二次理監事聯席會議記錄》，2003 年 1 月 21 日，第 2 頁。

等。”[1] 在捐助物資方面，上海總會歷年來也均有實際行動，而探訪老人一項確實未曾開展。2014 年 3 月的理監事會上，有理事提議邀請香港中文大學內地本科生聯合會（簡稱 MUA）的同學支持上海總會，由上海總會負責出資，由 MUA 的學生負責購買物資並親訪獨居長者，但此計劃一直擱置，未有實施。

（二）支持教育

1970 年到 1981 年，香港的人口總數從 400 萬增加到了 510 萬人，年平均增長率高達 2.4%。[2] 除了出生人口穩定以外，大量外來人口的流入也使得大多數年齡段的人數急劇上升，比例隨之發生變化，其中 15 至 39 歲年齡組的人口大大增加。[3] 人口的急劇增加給香港的教育帶來了不小的難題。1978 年，港英政府頒佈了《高中及專上教育發展白皮書》，雖然將適齡少年獲得資助的學位比例提升了 10% ，但依舊不如人意。[4] 對於很多適齡少年來說，政府的此項計劃依舊無法解決他們的升學及教育開銷問題。

張楠昌（時任上海聯誼會監事長）對當時的香港教育環境也作了以下描述：“公私立學校始終是供不應求，失學的兒童仍非常普遍。”[5] 1979 年 4 月，上海總會為籌募教育基金在香港大會堂音樂廳舉辦了大型的國劇義演活動。會內的京劇名票紛紛登臺獻藝，為籌募教育基金不遺餘力。此外，彼時上海總會對於教育事業的發展是有長遠計劃的，“盼望將來有一天，本會也有一間自己創辦的學校來容納大量莘莘學子，替社會培養出許多有用人才”。[6] 筆者認為，上海總會此舉也是對當時港英政府的教育發展調整不理想的一種回應。此次籌募教育更引得李家昶（時任上海聯誼會副會長）一番追憶。作為李鴻章後人，李家昶感念祖輩對教育事業的重視，故慷慨解囊資助教育也是義不容辭。[7] 最終，義演籌款共計 727,940 港元，其中王劍偉、張楠昌、李家昶、李和聲各捐 10 萬港元，合計 40

---

1 《上海總會第十八屆第十六次理監事聯席會議記錄》，2014 年 3 月 18 日，第 2 頁。

2 Demographic Trends in Hong Kong 1971-1982，香港政府統計處，1983 年 11 月 1 日，第 3 頁。

3 同上，第 4 頁。

4 〈白皮書內各項計劃所需經費〉，《高中及專上教育發展白皮書》1978 年，第 40 頁。

5 張楠昌：〈教育是樹人的基層工作〉，《上海聯誼會籌募教育基金國劇義演特刊》1979 年，第 15 頁。

6 同上。

7 李家昶：〈寓福利於社會〉，《上海聯誼會籌募教育基金國劇義演特刊》1979 年，第 14 頁。

萬港元。[1]

自 1979 年起，上海總會開始接受香港本地貧困學生助學金的申請，所用資金來源於會內的教育基金。雖然上海總會的此項助學金為無償資助，但為了被資助者能學會感恩、認真學習、懂得回饋，還是煞費了一番苦心。在助學金的運作方面，上海總會提出希望受資助者能用一份志願書作保證："俟其學有所成，能立足社會作出貢獻，視其能力所以以無息歸還本會，或捐獻本會，但不作硬性規定。"[2] 為了妥善處理助學金事宜及將助學金用到實處，上海總會設立了專人小組對申請助學金者進行篩選，並派專人對所有申請者進行走訪，剔除不合規定者。[3] 上海總會對助學金的運用並不局限於解決困難學生的學費及生活補助，對他們的校外活動亦一貫給予較多關注。[4]

上海總會從成立初至今，與香港本地專上教育界的來往最為頻繁，首當其衝的便是香港中文大學（以下簡稱中文大學）。他們對於中文大學學生的捐助格外重視。其實早在 1979 年，中文大學就與剛成立不久的上海聯誼會便取得了聯繫，並一直將這種聯繫延續至今。1979 年，中文大學馬臨校長宴請總會理事，席間"建議本會在該校設置教育基金，定期支取利息，為補助大學各項事業之用，亦可用於優秀清寒學生之獎學金等"。[5] 起初，上海總會只是捐贈了"中文大學教育基金"，數額為 15 萬港元，每三個月支付一次，每期 5,000 港元。到 1980 年，上海總會"捐贈中文大學 100 萬港元，在該校成立'上海總會教育基金'，定期致送"。[6] 上海總會對於中文大學的捐贈不斷加碼，1992 年更是斥資 1,500 萬港元在中文大學建設科研技術中心，並將其命名為"上海總會科研技術中心"。

香港回歸後，香港的大專院校為內地的優秀學子敞開了另一扇求學的大門。在 1997 至 2002 年期間，到香港八所公立大學修讀學士課程和研究院課程的內地學生並不多，他們往往面臨著語言、學業、生活環境、身份認同等種種壓力。

---

1 《上海聯誼會第一屆第八次理監事聯席會議》，1979 年 6 月 15 日，第 1 頁。

2 《上海聯誼會第一屆第十一次理監事聯席會議》，1979 年 9 月 10 日，第 2 頁。

3 同上。

4 《上海總會 1983 年常年會員大會會議記錄》，1983 年 11 月 15 日，第 1–2 頁。

5 《上海聯誼會第一屆第七次理監事聯席會議記錄》，1979 年 5 月 7 日，第 1 頁。

6 《上海總會第二屆第二次理事會議》，1980 年 12 月 1 日，第 2 頁。

中文大學為了讓內地學生能夠更好地融入香港學習與生活，主動同上海總會進行了聯絡，期望能一起幫助學生，“讓他們身處港地，亦感受到人們的關切與溫暖”。[1] 而上海總會對於此事也是格外重視。2000 年 4 月，在與中大副校長、教務長及各書院的院長、老師、同學溝通後，決定成立一項“內地學生在香港認個家”計劃。[2] 與此同時，上海總會的此番積極配合也反向激發了中文大學的熱情，李國章校長委派大學輔導長郭少棠教授與總會專責小組主任委員吳甯常務理事共同統籌有關工作。[3]

上海總會對於此計劃安排的進展相當迅速。4 月提出設立專責小組，6 月就已召開第一次專責小組會議。會議中闡明活動的目的是為本港的教育事業略盡綿力，以及關懷內地在港學生。會議決定“初期擬以集體活動為主作出安排”[4]，並成立“聯合工作小組”。此外，對 2000 年至 2001 年的活動也作了具體的提議。由於“內地學生在香港認個家”的名稱不夠貼切且過於冗長，2000 年 10 月正式更名為“家在香江”，並於同年的 11 月 3 日在中文大學“逸夫書院”的逸夫大禮堂舉行成立典禮。隨著中文大學的通力配合及上海總會的認真統籌，對中文大學內地生的關懷活動逐漸趨向於規模化及正規化。

“家在香江”的中文大學內地生關懷活動，成為上海總會與中文大學之間的一次成功合作，在當時的大專院校引起了不小的反響。其他大學亦紛紛提出欲加入“家在香江”活動，或共同組織類似活動。[5] 這項活動不僅讓上海總會在香港的教育界得到了不少關注。還得到了中聯辦的支持。2001 年 2 月，上海總會舉辦“家在香江”之香港中文大學內地學生新春宴會，中聯辦教科部部長初志農擔任了宴會的主禮嘉賓。

隨著第一批“家在香江”的中文大學內地生畢業離校，鑒於上海總會多年來與其建立的深厚感情，雙方仍希望繼續保持聯繫，故於 2002 年同意中大內地學生畢業離校者以“家在香江之友”的名義與上海總會保持長期聯絡。比起單純捐資，“家在香江”可以說是上海總會在中文大學策劃並實施的最富有人文關懷的

1 《上海總會第十一屆第十四次理監事聯席會議記錄》，2000 年 2 月 24 日，第 2 頁。
2 《上海總會第十一屆第十六次理監事聯席會議記錄》，2000 年 4 月 18 日，第 2 頁。
3 《上海總會第十一屆第十七次理監事聯席會議記錄》，2000 年 5 月 23 日，第 2 頁。
4 《上海總會第十一屆第十八次理監事聯席會議記錄》，2000 年 6 月 20 日，第 3 頁。
5 《上海總會第十二屆第二次理監事聯席會議記錄》，2000 年 12 月 19 日，第 4–5 頁。

項目。早前在李和聲的專訪中，他向筆者透露，有不少當年受惠於“家在香江”的內地學生還與其保持著聯絡，其中很多已成為各行各業的翹楚。

向中文大學的各項捐資中，動用上海總會資金情況甚少，而由理監事會成員個人以會名義捐贈的情況卻不在少數。截至 2001 年，“家在香江”已舉辦多次活動，每次活動的費用皆由李理事長和張監事長兩位承擔。[1] 中文大學的“非本地本科生獎學金及基金”以及浙江大學與中文大學逸夫書院合辦的“中國企業體驗”實習獎勵計劃，亦由李和聲等理監事長以專款專用的方式捐助。[2] 此類方式的捐資還有不少，如王緒亮以上海總會名義捐資“上海總會大學聯招優異新生獎學金”，金維明、方劉小梅每年以上海總會名義贊助中文大學等。

自 2005 年起，上海總會還在中文大學設有“上海總會獎學金”，用來資助四名成績優異的內地學生修讀本科課程。但上海總會現任理事長李德麟表示：“現在絕大多數來香港深造的年輕人及其家庭已經完全可以負擔在港的學費及開銷，而‘獎學金’卻變成了一種簡歷上的裝飾，漸漸開始失去了最主要的效用……我們考慮將內地學生‘獎學金’變成本地學生的‘助學金’，用來資助香港本地的貧困學生。”[3] 2017 年 7 月 21 日，香港中文大學校長沈祖堯及和聲書院教授劉允怡與李德麟簽署了合作協議，設立“上海總會奮進助學金”，首筆助學金金額為 130 萬港元。此項助學金可供中文大學全日制本科生申請，且本地學生可獲優先考慮。

上海總會在香港教育界名聲鵲起的重要契機，是 1999 年其以高規格宴請了浙江大學的訪港團一事。宴會中，香港教育界名人悉數到場，“貴賓中有特區首長董建華先生、本會永遠名譽會長邵逸夫爵士、陳廷驊和查良鏞先生、利國偉先生、香港中文大學校長李國章先生……以及香港各大專院校的副校長、院長、教授等歡聚一堂……”[4] 而此次大規模的宴請為上海總會帶來了積極的作用，使之在教育界聲譽更加顯赫。2002 年，上海總會又以高規格接待了浙江大學的訪港團。此次更是邀齊了香港八大院校的知名人士。事實上，上海總會於 1999 年

---

1 《上海總會第十二屆第四次理監事聯席會議記錄》，2001 年 3 月 20 日，第 6 頁。

2 《上海總會第十三屆第十九次理監事聯席會議記錄》，2004 年 9 月 28 日，第 3 頁；《上海總會第十四屆第六次理監事聯席會議記錄》，2005 年 4 月 19 日，第 6 頁。

3 李德麟接受筆者訪問，2017 年 10 月 26 日和 2017 年 11 月 4 日。

4 《上海總會第十一屆第八次理監事聯席會議記錄》，1999 年 8 月 24 日，第 1 頁。

以前與浙江大學雖有來往，但並不密切，更不用說有如此高規格的宴請。筆者在這一時期的會議記錄中，未見上海總會與浙江大學有任何來往的記載，直至 1999 年及 2002 年的兩次高規格宴請。那麼，是什麼原因促使上海總會突然如此高規格招待浙江大學的訪港團呢？從記載中可以發現，這兩次浙江大學的訪港有一個共同點，就是都有時任浙江大學黨委書記的張浚生率團。而張浚生與上海總會可謂是“老友”了。張浚生從 1984 年《中英聯合聲明》草簽之後就被中央委派到當時的新華通訊社香港分社工作，直到 1998 年 9 月調職浙江大學任黨委書記，在港任職 13 年之久。而新華社與上海總會素來都有交往，“熟人”見面自然是情更切。從 1999 年之後，浙江大學與上海總會的來往開始趨於穩定，且合作交流也日益增加。

（三）上海總會醫療中心始末

上海總會在成立之初便著手探討建立自身會所的醫療場所事宜，其原因有二：一是為了應對香港社會日漸緊張的政府醫療形勢；二是首任理事長黃夢花作為香港有名的肺病專家，且 1954 年前一直任職於港英政府醫務署，重視醫療領域，相關的人脈資源也比較豐富。上海總會醫療中心從開始籌建到最後結業，筆者將其劃分成三個階段。第一階段是租用香港荃灣南豐中心 10 樓的初建時期，即 1983 年 9 月 15 日試診起至 1985 年 6 月 22 日遷址灣仔止；第二階段是在香港灣仔盧押道 1 號 2 樓的發展時期，即 1985 年 6 月 23 日新址重新應診起至 2005 年 9 月 18 日上海總會原醫療中心發放遣散費止；第三階段是上海總會與“仁愛堂”的合辦時期，即 2005 年 9 月 29 日開始啟用至 2008 年 4 月 30 日結業為止。

早在 1970 年代末至 1980 年代初，港英政府醫療不足的狀況就已凸顯。1983 年的《星島日報》曾大篇幅關於刊載港英政府妥善處理“醫療服務”的報道，聲討政府辦事不力，這足以看出當時民眾對政府醫療問題已經怨聲載道。[1] 1977 年的上海總會會議記錄中，主席報告項寫道：“最近正就籌建不牟利醫院問題與政府有關部門作初步探討，以後還須成立籌備委員會，促進此計劃的進

---

1 《星島日報》（香港）1983 年 10 月 21 日，第 16 版。

行。"[1] 此後，上海總會與籌建醫院相關的政府部門聯絡不斷，1978 年"政府工務局提議近清水灣地段為本會籌建不牟利之醫院地點"[2]，當時上海總會以該地段不適合為由婉拒，並表示等日後有合適的地段再討論。之後的籌建之路也可謂是一波三折。

1978 年 9 月 20 日，黃夢花辭去理事長一職，一定程度上影響了上海總會籌建醫院的計劃，但並未使該計劃夭折。1979 年，上海總會發函予時任香港醫務衛生處處長唐嘉良，邀請其擔任上海總會名譽顧問，唐嘉良覆函接受聘請，這為往後與政府相關人員的來往提供了便利。上海總會亦在會內尋找從醫的會員，如常務理事金天任就是一名著名的心臟病專家，[3] 1981 年正式聘請其為醫務顧問。但由於當時籌建醫院的資金門檻已高於從前，從人力、物力、財力及管理模式看，當時的上海總會自估按原計劃實施存在極大的風險和不確定性。[4] 因此，為了能實現增加社會醫療、服務貧困大眾的初衷，上海總會退而求其次，選擇開設"診所"。明確方向之後，上海總會的"醫療"之路似乎開始柳暗花明。

1983 年 2 月 28 日，以張楠昌為召集人及 14 名委員為小組成員的上海總會"醫療中心籌備小組委員會"正式成立。醫療中心選址於香港荃灣南豐中心 10 樓。作為醫療中心的啟動資金，上海總會從會內撥付 50 萬港元，並決定其餘經費項由會員"隨意捐助"。[5] 對於醫生的聘請，上海總會除了在自身會員中尋求外，也積極登報向全港聘請各科醫生及相關工作人員。比如 1983 年 5 月 8 日的《南華早報》，即刊登了上海總會招聘醫務人員的信息。[6] 1983 年 9 月 29 日，醫療中心收到醫務衛生處頒發的開業執照，並於 9 月 15 日–9 月 21 日試行開診。[7]

1 《上海聯誼會第一屆第四次理事會議記錄稿》，1977 年 11 月 3 日，第 1 頁。

2 《上海聯誼會第一屆第八次理事會議記錄稿》，1978 年 4 月 11 日，第 1 頁。

3 《上海總會第二屆第一次理事會議記錄》，1980 年 11 月 3 日，第 1 頁。

4 《上海總會第二屆第五次理事會議記錄》，1981 年 4 月 7 日，第 1 頁。

5 《上海總會第三屆第三次理事會議記錄》，1983 年 3 月 22 日，第 2 頁。

6 "SOUTH CHINA MORNING POST", *Classified Post*, 5 August 1983, p.5.

7 《上海總會第二屆第九次理事會議記錄》，1983 年 10 月 18 日，第 2 頁。

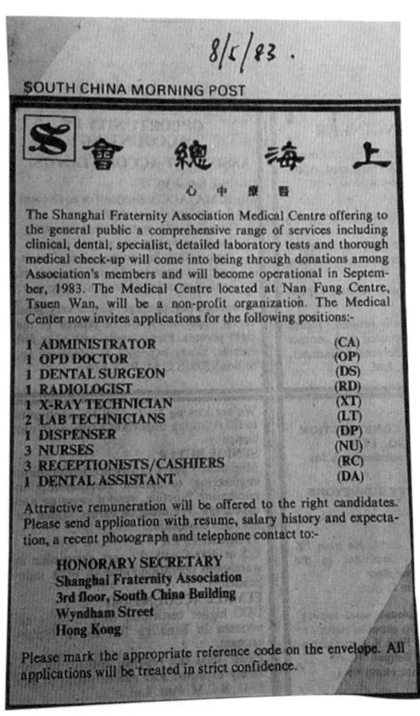
8/5/83.

SOUTH CHINA MORNING POST

上海總會

醫療中心

The Shanghai Fraternity Association Medical Centre offering to the general public a comprehensive range of services including clinical, dental, specialist, detailed laboratory tests and thorough medical check-up will come into being through donations among Association's members and will become operational in September, 1983. The Medical Centre located at Nan Fung Centre, Tsuen Wan, will be a non-profit organization. The Medical Center now invites applications for the following positions:-

1	ADMINISTRATOR	(CA)
1	OPD DOCTOR	(OP)
1	DENTAL SURGEON	(DS)
1	RADIOLOGIST	(RD)
1	X-RAY TECHNICIAN	(XT)
2	LAB TECHNICIANS	(LT)
1	DISPENSER	(DP)
3	NURSES	(NU)
3	RECEPTIONISTS/CASHIERS	(RC)
1	DENTAL ASSISTANT	(DA)

Attractive remuneration will be offered to the right candidates. Please send application with resume, salary history and expectation, a recent photograph and telephone contact to:-

HONORARY SECRETARY
Shanghai Fraternity Association
3rd floor, South China Building
Wyndham Street
Hong Kong

Please mark the appropriate reference code on the envelope. All applications will be treated in strict confidence.

1983 年，上海總會於《南華早報》刊登醫療中心招聘廣告。

經過數月的努力，醫療中心終於興辦起來。憑藉與各大報社良好的關係和醫療中心豐富的新聞素材，上海總會統籌邀請了與之相熟的報社，為新開設的醫療中心做硬廣宣傳，"到會有《星島日報》、《明報》、《華僑日報》、《文匯報》、《大公報》、《成報》，滬籍報人十多位"。[1] 醫療中心前期的運營情況並不理想，醫療小組計劃擴大服務範圍，"逐步在附近的工程、學校，寫字樓推行保健醫療服務……希望由此產生連鎖反應，使更多機構加入這一行列"。[2] 當時上海總會還擬定了"保健醫療服務計劃書"，希望以公司為單位集體參加此計劃，每位全年收費 150 港元，可供無限次前往問診，且針劑、藥物費用全免。王劍偉強調："我們不牟利，如每年會虧 100 萬將很高興。"[3] 並聲明"對任何多收之費用、或不合理之收費一經發現應予退還"。[4]

1 同上，第 1 頁。

2 同上，第 2 頁。

3 《醫療中心小組會議》，1983 年 10 月 24 日，第 1 頁。

4 《醫療中心委員會會議記錄》，1983 年 12 月 17 日，第 2 頁。

1983年12月12日，上海總會醫療中心舉行開幕典禮，由永遠名譽會長邵逸夫主禮。《文匯報》、《大公報》、《華僑日報》、《星島日報》、《東方日報》及《明報》等香港知名報刊均登文報道，《文匯報》更是詳細介紹了醫療中心的"保健醫療服務計劃"。[1] 上海總會醫療中心是間非牟利的機構，但要使其正常運作，每月的開銷是十分巨大的。翻閱醫療中心的財務報表發現，醫療中心第一階段（即1983年9月15日–1986年6月22日）大多數月份處於虧損狀態，1985年10月是醫療中心自開辦至搬遷灣仔前以來收入最高的一個月，共計收入111,073港元，但財務報告中卻顯示該月虧損達50,000餘港元。同年11月，上海總會召開常年會員大會，會中提出"改善醫療中心"，認為醫療中心連連虧損的主要原因是地點不佳，擬搬遷自購物業以供醫療中心使用。[2]

1986年，上海總會購置灣仔盧押道1號2樓，以月租8,000港元租給醫療中心使用，理監事會一致議決通過："為節省開支，擬不舉行開幕典禮。"[3] 雖然沒有舉行開幕典禮，但仍舊有《東方日報》等報紙進行相關報道。[4] 到該年年末，醫療中心的業務依然處於虧損狀態，故在12月的理監事會中臨時動議，決定不再收取醫療中心的租費，[5] 欠費擬由上海總會全部捐贈醫療中心。[6] 醫療中心遷址灣仔後的一年時間裏，營業情況也並沒有好轉。資金周轉主要靠上海總會的撥款及同仁的支持。[7] 之後，醫療中心收到同仁的捐助不絕如縷。直到1989年中旬，醫療中心開始逐漸以穩定的趨勢轉虧為盈。歐陽純美醫生對醫療中心良好的行政管理成效顯著，是其轉虧為盈的重要原因。1999年6月底，醫療中心負責人由當時的X光師孫小端女士接任。此後運營基本穩定，虧損情況亦較少出現。

2001年，上海總會第九屆醫療中心委員會成立，與會人員一致認為，醫療中心不論盈虧，都應一直辦下去。[8] 鑒於醫療中心現存的主要問題是醫療設施、設

---

1 《文匯報》（香港）1983年12月13日，第6版。

2 《上海總會一九八五年度常年會員大會》，1985年11月19日，第2頁。

3 《上海總會第四屆第十六次理事會議記錄》，1986年6月17日，第3頁。

4 《東方日報》（香港）1986年6月24日，第17版。

5 《上海總會第五屆第一次理事會議記錄》，1986年12月11日，第5頁。

6 《上海總會第五屆第七次理事會議記錄》，1987年6月23日，第1頁。

7 《上海總會一九八七年常年會員大會記錄》，1987年11月17日，第1頁。

8 《上海總會第十二屆第四次理監事聯席會議》，2001年3月20日，第3頁。

備及人員的“老化”，於是委員會明確指出必須要“設法革新、改善服務”。[1] 筆者翻閱醫療中心每月營業表發現，從 2001 年 12 月至 2003 年 12 月，除了 2002 年 3 月及 6 月有盈利外，其餘月份均處於虧損狀態。2004 年 10 月的會議記錄中，委員會有兩點改革提議：其一，建議設立中醫科，擴寬診療的種類。[2] 對於設中醫科一事，上海總會醫療中心委員會處理得相當小心，採取了“先試用，後敲定”的方式，試用期為三個月；其二，建議與香港“仁愛堂”合辦。上海總會對此尤為謹慎，並沒有當即給予應允。

與“仁愛堂”合辦一事，於同年 12 月的理監事會中又被重新提及。但明顯當時理監事會依舊顧慮重重。直到 2005 年 4 月，醫療中心與仁愛堂的合作事項已進展到選擇新醫療中心租房的階段。同年 5 月，合辦新公司的名稱也已選定。然而，最終通過此項合作事宜的日期是在 6 月 21 日的理監事會上。根據當日的會議記錄，暴露出上海總會經營醫療中心的兩個突出問題：其一，沒有經營好支柱科室，極大地降低了醫生的工作積極性，且應診者甚少；其二，上海總會當時“自覺無能力管理好醫療中心……仁愛堂有管理經驗；雙方共同承擔責任”。[3] 雖然上海總會的醫療中心是服務社會的非牟利機構，但醫療中心常年虧損的狀況對身為經營者的上海總會來說，可謂倍感失落。這使得上海總會與“仁愛堂”合辦的醫療中心在收益方面有了訴求。上海總會醫療委員會曾作出預估：“合作第一年預計虧損五十萬港元；合作第二年預計虧損三十至四十萬港元；合作第三年則預計可盈利二十萬港元。”[4] 如此一來，暫時緩解了理監事會成員的顧慮。

上海總會仁愛堂醫療中心於 2005 年 9 月 29 日舉行了開幕典禮。上海總會醫療中心與“仁愛堂”組建新公司，名為“宇忠有限公司”。至此，上海總會醫療中心結束了 20 餘年的自營模式階段，轉而開始外包業務模式經營。同年 10 月 3 日，該醫療中心開放門診。然而世事難料，由於裝修費用等開支大大超出預算，上海總會與“仁愛堂”都需額外墊付，此事在理監事會中引起了不小的波

1 同上，第 4 頁。

2 《上海總會第十三屆第二十次理監事聯席會議記錄》，2004 年 10 月 19 日，第 3 頁。

3 《上海總會第十四屆第八次理監事聯席會議記錄》，2005 年 6 月 21 日，第 5 頁。

4 《上海總會二零零五年度常年會員大會記錄》，2005 年 12 月 20 日，第 8 頁。

瀾，最終理監事會還是決定墊付額外開銷，繼續運營合作之醫療中心，但對醫療中心的財務項需長期嚴格監管。

此後，在上海總會每次的理監事會議中，關於合作之醫療中心“應否繼續運營”的問題一直存在。2007 年 2 月的理監事會議，對該問題提出了三個方案：“一、維持現狀……二、只維持牙科……三、取消現時所有服務。經過討論，雙方均認為第一方案比較可取，亦能服務更多市民大眾。”[1] 2008 年 4 月 30 日，上海總會仁愛堂醫療中心正式結業，最終虧損 160 萬港元。而後，理監事會一致決定結束原有“上海總會醫療中心有限公司”在銀行的一切賬戶，結餘存款全部用來償還上海總會多年來墊付之款項。至此，上海總會維持經營了 25 年的醫療中心最終落幕。

（四）其他社會捐助

2003 年的非典對整個香港來說，絕對可謂是一個世紀之災。起初，上海總會於 2003 年 4 月 3 日致函所有會員，並向每位會員派贈 50 個口罩。4 月 22 日，又呼籲全體會員慷慨解囊，籌集善款，以支持前線的醫護人員。[2] 捐款大多採取專款專用的方式，上海總會在捐贈人和被捐贈對象之間發揮了聯繫的橋樑作用。

截至 6 月 17 日，上海總會收到的善款已達 1,139,150 港元，對於捐贈後的餘款，上海總會成立了“應急基金”，以備前線醫務人員急需時，可及時伸出援手。[3] 同時，香港醫院管理局也協同加入了此項基金的宣傳推廣及運作中。[4] 醫管局的協助加入，很好地配合了上海總會此項基金的運作，讓善款真正用到實處，得到了更好的保障。到 8 月 15 日，上海總會共收到“應急基金”申請 90 宗，經醫院管理局及核准後共發放了 15 筆，合計 15 萬港元。因為此時非典威脅並未消除，上海總會決定將近 27 萬港元善款餘款暫存銀行，以備不時之需。[5]

---

1 《上海總會第十五屆第四次理監事聯席會議記錄》，2007 年 2 月 28 日，第 4 頁。

2 《上海總會第十三屆第四次理監事聯席會議記錄》，2003 年 5 月 20 日，第 2 頁；《上海總會第十三屆第五次理監事聯席會議記錄》，2003 年 6 月 17 日，第 2 頁。

3 《上海總會第十三屆第四次理監事聯席會議記錄》，2003 年 5 月 20 日，第 3 頁。

4 《上海總會第十三屆第五次理監事聯席會議記錄》，2003 年 6 月 17 日，第 2 頁。

5 《上海總會第十三屆第七次理監事聯席會議記錄》，2003 年 8 月 19 日，第 4 頁。

2003年至2008年期間，各地災難頻發，上海總會每每籌集善款均有餘款產生。因此，上海總會於2008年決定以善款餘款成立"賑災基金"。[1] 2010年，上海總會為幫助香港本地的貧困人士，特成立了"慈善基金"，作為綜合慈善用途，將每年撥款100萬港元入"慈善基金"。此舉不僅幫助本港的貧困人士，也對會內資金的運用大有裨益。此前，上海總會用於慈善用途的還有其他三項基金，分別是："教育基金"、"福利基金"和"賑災基金"。截至2010年8月，此三項基金分別有善款：1,760,837.11港元、787,907.33港元和667,400港元。考慮到"教育基金"及"福利基金"幾乎均用於本港的扶貧慈善，上海總會遂決定將此兩項基金納入"慈善基金"項，整合後的"慈善基金"可得到最大化的利用。"慈善基金"的服務地區為本港，服務目的為扶貧（包括教育），服務方式是通過有關機構直接將捐款給予受惠者。項目組負責尋找貧困對象，提出意見及規劃，審查組負責審核上述計劃，並予以執行。此舉在援助的貧困人士之同時，亦為上海總會累計資產。[2]

"慈善基金"運作條理化之後，上海總會慈善小組又開始尋求新的資助方案。2011年1月，召開會議研討"協康會"有關自閉症幼兒的支援計劃。此項資助方案主要目的是擴展"協康會"位於荃灣的環翠（幼兒）中心，增加幼兒的學額，改善緊迫的教學環境。然而，政府對此項目只提供一半的資助，其餘的經費需要"協康會"自行籌款。上海總會首先通過了對"協康會"位於柴灣環翠中心大肌肉活動室捐助20萬港元的決議。而後，時任上海總會理事長的王緒亮與會內人士親自前往環翠中心查訪，向理監事會成員彙報相關情況後，參會的成員對資助一事表示贊成，繼而捐獻13萬港元用於中心擴建訓練活動室。此後，上海總會又多次捐資"協康會"柴灣環翠中心，設立名為"歷奇天地"的活動設施及遊戲系統，並新開辦了"協康會油麗中心"，[3] 後更名為"上海總會油麗中心"，捐款總數超過200萬港元。

1 《上海總會第十五屆第十六次理監事聯席會議記錄》，2008年3月18日，第2頁。
2 《上海總會第十六屆第二十一次理監事聯席會議記錄》，2010年9月21日，第1–2頁。
3 《上海總會第十九屆第十四次理監事聯席會議記錄》，2016年2月26日，第3頁。

另外，上海總會慈善小組於 2012 年提交了關於“得生團契”的附屬計劃——“得生青年燃亮計劃”。“得生團契”的理念為藉用“基督教信仰的內涵、教會活動及多元化的技能訓練，幫助學員遠離毒品、違法工作及高危生活，力求把他們重吸及重犯的可能性降至最低”；[1] 而“得生青年燃亮計劃”則是幫助已經完成戒毒的學員進行延續性的訓練，以備重返社會。此項計劃的資助總金額為 144,000 港元，分別津貼予 6 位學員，時長為 6 個月。同年 3 月 24 日，慈善小組成員親自前往北潭涌“得生團契戒毒邨”及“得生綠洲”進行考察探訪。善款於 5 月 18 日捐出後，又追加 144,000 港元，用以資助另外 6 位學員。上海總會繼續參與了“得生綠洲”第二期至第四期的計劃，共捐資 60 餘萬港元。上海總會不單單用金錢予以支持，對於已經完結此計劃和已在不同崗位學習及工作的學員，亦會為其安排聚餐，分享現狀。

三、“寄思愛國，鄉情切”的情懷

香港坊間對上海總會的政治定位是“香港親建制派大本營之一”，[2] 在香港政治的輿論漩渦中，對於泛民主派而言，這顯然是中央統戰的結果，他們甚至認為上海總會是通過各種遊說、拉攏、利誘才成為了如今香港大眾視線的親建制派團體。但筆者對上海總會歷史加以研究分析後發現，於上海總會而言，會中成員的愛國情懷才是支持中央與港府的主因，這並非僅用“親建制派”這樣的歸類詞語就能囊括的。與其說成是被統戰的結果，倒不如說是你情我願、你來我往的時代產物更為恰當。

在上海總會的歷任會長中，創會會長黃夢花早於會館成立之前就已開始支持中央政府對香港恢復行使主權，並兩次受邀上京為回歸事宜進言，更公開在報紙上為中央傳話。第二任理事長王劍偉在任時期，雖在政治上不像黃夢花般鋒芒

1 《上海總會第十七屆第十六次理監事聯席會議記錄》，2012 年 4 月 17 日 ，第 3 頁。

2 維基百科，https://zh.wikipedia.org/wiki/ 上海總會 _（香港）（最後訪問時間：2012 年 7 月 8 日）。

畢露，但亦確積極支持滬、浙家鄉建設，並於1980年代後期成為上海市政協委員，其政治傾向可見一斑。第三任理事長李和聲對上海總會在政治立場上起到了明確且穩固的作用，由於少時經歷動盪，李和聲對政治並不熱衷，與內地政要的聯繫也都基於私人關係。然而，他多年來一直公開高調支持中央及港府施政。正如李和聲向筆者表達的："雖萬事皆有不足，但對於國家的穩定、民族的振興，試問就這幾十年來還有誰能做的比共產黨更好？"經歷過戰亂年代的人尤能體會，這也足以讓所有人放下芥蒂，為祖國現代化建設群策群力。

（一）港資推動內地經濟建設

縱觀上海總會在改革開放時期的歷史，上海總會積極主動地與內地建立頻繁交往，鼓勵會員回鄉探訪，瞭解內地發展現狀。上海總會內有不少既有財力又有豐富投資經驗的會員及友人，如邵逸夫、包玉剛、董建華、安子介、曹光彪（曹其鏞之父）、唐翔千（唐英年之父）、陳廷驊等，這些"大上海"人都投入到了中國內地改革開放的建設中。改革開放使香港與內地的聯繫日益密切。自1985年起，上海總會每年都會組織會員旅遊，且所選地點近90%都是中國內地。1985年，組織前往上海、西安、杭州旅遊，所到之處都受到了當地有關部門的熱情接待及妥善安排，這讓很多久未返鄉的會員對內地有了新的認識。[1]

作為集聚"大上海"人的會館，上海總會對上海的建設發展自然十分關注。1984年3月，上海虹橋機場候機樓工程擴建，於同年9月30日完工。上海總會獲悉後，擬捐機場行李推車予上海機場。[2] 上海總會中京劇票友眾多，且有不少名票，故十分重視京劇文化在滬港兩地的傳播與交流。上海天蟾舞臺因年久失修，於1984年5月開始停演，由於缺乏資金，翻建計劃一再擱置。為此，金如新與好友李和聲向上海市領導提出籌款捐修，使天蟾舞臺煥然一新。[3] 金如新與李和聲均為上海總會的核心成員，可見當時上海市領導與上海總會在文化交流方面已經有所作為，而上海早期的文化基礎設施建設亦離不開海外鄉親們的熱心捐贈。

1 《上海總會第四屆第三次理事會議記錄》，1984年4月23日，第1頁。

2 《上海總會第三屆第二十一次理事會議記錄》，1984年11月20日，第1頁。

3 〈永懷赤誠之心——訪金天任醫生〉，上海政協網《聯合時報》（副刊），http://www.shszx.gov.cn/node2/node4810/node4851/node4865/userobject1ai41426.html（最後訪問時間：2010年7月9日）。

除了捐助建設以外，其實早在1980年代，港資企業就已經進駐上海浦東，“香港聯滬毛紡織有限公司”就是當時投資浦東的第一家港資企業。[1]而此公司的董事長唐翔千就是“大上海”人。“聯合毛紡”獲得了上海市及全國榮譽，成為滬港合作的樣板。時任上海市市長的江澤民更表示：“‘聯合毛紡’為上海利用外資工作提供了有益的經驗，並且從實踐上證明了國家改革開放政策的正確性。”隨著改革開放的進一步推進，中國的房地產業開始復甦，而上海作為改革開放的前沿地區，於1992年全面開放了房地產市場，積極鼓勵為上海的房地產業引進外資，董建華家族也正是在這個時期開始涉足內地的房地產業。除此之外，上海總會會員金如新與張乾源於1995年在上海成立了上海金裕房地產有限公司，興建大型豪華住宅金苑大廈，這成為當時港商投資上海房地產業中最為成功的一例。[2]香港南洋紗廠董事長王雲程於1990年代初在上海投資冰淇淋生意，並與上海光明牛奶公司合作開發一條超高溫的牛奶生產線，以保證冰淇淋的品質。高品質的“全仕奶”轟動了上海市，超市及零售店生意火爆，訂單絡繹不絕。

1990年，中共中央、國務院作出開發開放上海浦東的決定，浦東也由此成為了1990年代改革開放的重要標誌，開始向全世界的投資者敞開了懷抱，港資逐步成為浦東投資中最重要的部分。1998年的《解放日報》有標題名為〈香港投資浦東獨佔鰲頭〉的報道，稱香港已經成為上海浦東最大的投資來源地之一和第三大貿易夥伴。[3]

在港“大上海”人對內地改革開放的支持並非局限於上海一處，而是從長三角到珠三角，由華北到華南，可謂遍地開花。“毛紡大王”曹光彪是香港永新企業有限公司的董事長，也是香港港龍航空公司創辦人之一。改革開放初期，他創辦了中國改革開放後第一家外資企業“珠海香洲毛紡廠”，並開創了新中國成立以來港商以“補償貿易”投資內地的先河，投資數額超過了10億元。[4]這樣的例

1 《解放日報》（上海）1997年6月17日，第1版。

2 金天任：〈重信譽 重鄉情 迷京劇〉，載上海市政協文史資料委員會、港澳臺僑委員會編：《我與上海》，上海：上海人民出版社2016年版，第145頁。

3 《解放日報》（上海）1998年7月1日，第5版。

4 〈曹光彪——“毛紡大王”的愛國情懷〉，鄞州僑網，http://ocao.nbyz.gov.cn/qjjz_show.asp?id=167（最後訪問時間：2011年6月24日）。

子還有很多：如 1981 年 7 月 6 日鄧小平在北京會見“世界船王”包玉剛，接受了包玉剛以父親包兆龍的名義捐給內地的 2,000 萬美元，用來在北京建造一座現代化旅遊飯店（兆龍飯店）以及在上海交通大學建造一座現代化圖書館。[1] 又如教育慈善家邵逸夫爵士，據悉自 1985 年以來，邵逸夫基金會已向內地教育捐贈 47.5 億港元，建設各類項目達 6,013 個之多。1986 年以來，邵逸夫基金會捐贈江蘇大中小學項目超過 140 個，捐贈資金超過 2.1 億港元。2013 年，浙江大學更獲邵逸夫基金會高達 2 億港元的捐贈，用來支持浙江大學邵逸夫醫療中心及邵逸夫醫學研究中心的建設。[2]

（二）全力支持香港建制派參選

2000 年 7 月，“香港大學民意調查風波”[3] 被炒得沸沸揚揚，時任香港大學民意研究計劃主任的鍾庭耀撰文稱，香港行政長官兼任香港大學校監的董建華通過所謂的“中間人”對其施加壓力，要求停止對港英政府及行政長官的民意調查事宜，由此在政界、學界掀起了不小的波瀾。李和聲以上海總會理事長名義在《大公報》撰文力挺董建華。[4]

2001 年末，經過數月的醞釀，香港第二屆行政長官選舉一拉開帷幕便進入高潮。各大社團在董建華宣佈參選之前，就已經緊鑼密鼓地開始討論。不難看出，在董建華宣佈參選連任前，各大社團早已達成共識，支持董建華連任。上海總會核心成員對於董建華參選連任事件上的態度高度一致。記錄顯示，全體參會人員都同意由上海總會理事長代為對公眾表態。在召開“香港各界支持董建華連任大會”前夕，身為上海總會理事長的李和聲在接受《大公報》採訪時，再一次力挺董建華，為其拉票。[5]

1 〈“世界船王”包玉剛與鄧小平不尋常的友誼〉，《情繫中華》（中共浙江省委統一戰線工作部主辦），http://www.qxzh.zj.cn/mobile/magazine/article/376（最後訪問時間：2003 年 5 月 22 日）。

2 〈邵逸夫的慈善王國：6000 座逸夫樓的公共記憶〉，http://www.yicai.com/news/3330715.html（最後訪問時間：2014 年 1 月 8 日）。

3 香港大學民意調查風波發生於 2000 年 7 月，通稱“港大民調風波”，亦稱“鍾庭耀事件”，是香港的一宗政治爭議。

4 《大公報》（香港）2000 年 7 月 28 日，A8。

5 《大公報》（香港）2001 年 12 月 12 日，A8。

李和聲：特首從不居功

【本報訊】上海總會會長李和聲在接受記者訪問時表示，今日任何人士坐上特首的位子，表現都不會比董建華好。

李和聲指出，現在一些人對董特首作出種種批評，包括他個人所從事的證券業，由於最低佣金制度將於短期內取消，因此業內很多人都有意見；但相比「一國兩制」，佣金制度只是「小事體」，而「一國兩制」才是「大事體」。

董特首在落實「一國兩制」方面的成績是有目共睹的，大家不可以爲了自己個人或本行業的一些短暫困難而置「一國兩制」長遠利益於不顧，向董特首作出苛責。

李和聲還指出，別的不說，亞洲金融風暴中，最終「拍板」作出入市決定的是董特首，單是這一項功勞，就已經大得不得了；如果當日不是採取這一果斷措施，今日香港的局面就是不堪想像的。

「但是，董特首有沒有常常跑出來說這是他的功勞呢？沒有。」

李和聲認爲，這是董特首一個很大的優點，儘管四年多來他爲港人社會做了很多有益的事情，儘管很多問題根本不是由他造成，今日香港經濟的「傷」，主要「傷」在當年港英的高地價、高工資、高福利後遺症；要不是樓市泡沫破滅，董特首也不會因「八萬五」吃那麼大的虧，但他對一切是既不居功，也不抱怨，更不多作解釋，而是默默耕耘，這種任勞任怨、大公無私的精神是十分難得的。

李和聲因此認爲，大家應該支持董特首參選，讓他更有信心去做好特區的工作。

2001 年 12 月 12 日《大公報》刊登李和聲採訪文稿。

2002 年 2 月 28 日，董建華在無競選對手的情況下自動當選。上海總會先後多次為此舉辦慶祝活動。[1] 即使在 2005 年董建華卸任香港特首、任職全國政協副主席之際，上海總會也表現出無比支持，而董建華自身對上海總會也是非常有感情的，他將出席晚宴比作歸家。[2] 但對於董建華的支持，並非只是親建制派的行為，其中李和聲與董建華的相熟起到了非常重要的作用。1950 年，剛到香港打拚的李和聲與董建華的父親董浩雲結識，彼時董建華尚為十餘歲的孩童。[3] 李和聲與董浩雲祖籍都是浙江寧波，幼年都在上海長大，同鄉之誼自不必說。再加上李和聲自身豐富的從業經驗，幫董浩雲等香港富豪賺了不少錢，也順理成章地認識了少年時的董建華。由此，李和聲當然會支持董建華的政途，更不用說李和聲自身與中央及地方政府的常年交情。

---

1 《大公報》（香港）2002 年 2 月 20 日，C12；《上海總會第十二屆第十八次理監事聯席會議記錄》，2002 年 6 月 18 日，第 2 頁。

2 《文匯報》（香港）2005 年 8 月 25 日，A25。

3 李和聲：〈馳騁商界七十載〉，載上海市政協文史資料委員會、港澳臺僑委員會編：《我與上海》，第 88–89 頁。

拋開“政治正確”的立場和與董建華的私人交情，支持董建華還體現出了同鄉社團的幫親性。筆者從上海總會歷年來的會議記錄中發現，除了對董建華參選及連任特首有過詳細記載以及參與過大量的活動及工作以外，對於其他歷任特首都沒有如此特殊的待遇。對於上海總會來說，董建華是地地道道的上海籍鄉親，哪有不幫“自己人”的道理？再者，上海總會一貫支持港英政府依法施政的，支持董建華更顯理所當然。

上海總會當然遠不只是對董建華予以支持，對香港的選舉也是一貫秉持愛國路線。2004 年，李和聲再次以上海總會理事長名義在《大公報》發文，批評“反中亂港”的李柱銘赴美一事，警告其“千萬不要自己搞亂香港”。[1] 此外，對於“香港居留權爭議”問題，上海總會於《文匯報》及《大公報》連續刊登了對於基本法“衷心擁護，完全支持”的宣言。[2] 這表明，上海總會公開支持中央政府及香港特區政府的工作。

2002 年至 2003 年期間，《中華人民共和國香港特別行政區基本法》第二十三條[3] 引發香港各界的激烈討論。《文匯報》刊登了標題為〈上海總會堅定支持立法，李和聲望各界著眼團結走出爭拗〉的文章。[4] 上海總會大多數會員的政治立場及態度也趨於一致，一如既往地支持中央及香港特區政府。

（三）愛國政圈之名人飯堂

上海總會會所餐廳宛如名人政客的聚賢莊，更是上海總會宴請本港及內地政要的首選場所。由於餐廳只對會員開放，私密性極高，非常符合名人政客對就餐環境的需求。因上海總會親建制派的身份，這裏又成為了香港愛國人士的聚會地，讓上海總會除了菜餚出色之外，增添了幾分濃厚的政治氣氛。

---

1 《大公報》（香港）2004 年 3 月 9 日，A7 版。

2 《文匯報》1999 年 5 月 20 日，A9 版；《大公報》（香港）1999 年 5 月 20 日，B2 版。

3 《中華人民共和國香港特別行政區基本法》第二十三條，是就香港境內有關國家安全，即叛國罪、分裂國家行為、煽動顛覆國家政權罪、顛覆國家罪及竊取國家機密等多項條文作出立法指引的憲法條文。

4 《文匯報》（香港）2003 年 7 月 7 日，A20 版。

董建華早已是上海總會的熟客，筆者查閱了上海總會餐廳的會員記錄發現，董建華在"九七"回歸前已是上海總會會員。與他一同就餐的名人政要有馬臨[1]、劉浩清[2]、趙安中[3]、曾德成[4]等，囊括了教育界、商界、政界的翹楚。[5]香港本地的政府高官到上海總會就餐實屬尋常，中央駐港人員也習慣於在任滿或升遷離港前於會所餐廳餞別。[6]此外，香港時事評論員蔡子強也曾在《東週刊》的專欄中提到，"九七"回歸後使香港政圈飯堂的分佈發生了微妙的變化，上海總會為除香港中華總商會外的"另一個主場"。[7]同時，蔡子強更強調，由於中總俱樂部和上海總會的會員制度嚴格，"對於愛國陣營來說，政治上，自己'地頭'的觀感更強"。[8]上海總會每每有重要的政要就餐、開會，香港本地親建制派報刊雜誌都會作出相應的報道。上海總會的春茗宴會更是各大親建制派報紙不會錯過的報道焦點，這不僅因為雙方常年累月的良好關係，更因為每年春茗宴會上，上海總會都會邀請許多政經要人前來參加。

1 馬臨（1925年2月8日–2017年10月16日），CBE，JP，浙江寧波鄞州人，香港中文大學第二任校長，曾創立香港中文大學逸夫書院。

2 劉浩清（1919年–2016年），祖籍浙江寧波，香港石油大王、航運業企業家、慈善家，曾任香港東方石油董事長。

3 趙安中（1918年–2007年），浙江寧波鎮海人，香港實業家、紡織業企業家、慈善家、社會活動家，香港榮華紡織有限公司前董事長。

4 曾德成（1949年5月–），GBS，JP，廣東人，前香港民政事務局局長，第七至十屆全國人大代表（1990年–2008年）。

5 《上海總會第十四屆第十次理監事聯席會議記錄》，2005年8月23日，第1頁。

6 《上海總會第九屆第十次理事會議記錄》，1995年9月19日，第2頁；《文匯報》（香港）2003年3月6日，A28版。

7 蔡子強：《餐桌上的領袖》，香港：明報出版社2014年版，第152頁。

8 蔡子強：〈愛國政圈的四大會所〉，《東週刊》2010年8月10日，書寫人生專欄。

THE ASIAN WALL STREET JOURNAL | Friday/Saturday/Sunday, June 22 – 24, 2001

Food For Thought

BY JOHN KRICH

A Taste of Old Shanghai

At a Hong Kong Club, the Members Have Changed but the Menu Hasn't

HONG KONG – When it was founded in 1977, the Shanghai Fraternity Association was the nexus of a power-l business community that brought its trepreneurial acumen here after ina's Communist revolution. The dis-eet, beige-toned dining room in a down-wn office tower served as a place for mbers to make deals and maintain endships while continuing to speak and eat – in Shanghainese.

Nearly a quarter century later, the b seems less exclusive and many of its ers have lost the dialect. Roughly a rd of the members are younger, ntonese locals. The generational split is lent just inside the door.

"The Shanghai people are all in re!" says Hong Kong-born Pauline pointing to the six private rooms d with gray-haired gents in formal r. She has arrived with a troop of nty-somethings, one sporting a eball cap.

But while the club's historic mission have changed, its menu hasn't. "I nitely belong for the food," says ur Ho, the youthful chairman of the ridge marketing group. Although Mr. as no Shanghai lineage, he has joined the Shanghai club and the nearby gsu and Chekiang Residents' iation, which serves similar dishes. He many club members even alternate es to the point that they can tell "if it's ay, Wednesday or Friday, it must be hai."

ere's a good reason why. The crisp style eel is one-of-a-kind in Hong with spirals of deep-burnt skin that nore like candy than fish jerky. The arian dumplings, stuffed with egg hives, are so light the dough fairly ns. A menu full of Shanghainese ys such as braised pork shoulder, n pigeon, vinegared fish and home-made plum pancakes is supplemented by appetizers like *ma lan tou*, a cold, tart mix of chopped Chinese herbs with soft bean-curd resembling fresh cottage cheese. Every dish, even humble baby bok choy topped with strips of intense Hangzhou ham, sings with sauces based on high-quality, home-made chicken broth.

Kitchen cabinet: The old guard chows down

The Shanghai Fraternity Association's signature dish, at HK$2,700 (US$346), remains the C.W. Wong shark's fin, named after long-time association leader. It contains a whole chicken and a big slab of ham in every bowl. These are not meant to be eaten but to enrich the creamy brown broth. (The dish is so renowned that some Hong Kong restaurants still feature a Wong-style soup.)

It's proof that some of the best restaurants in Hong Kong aren't restaurants at all – they're semi-private, regionally based institutions to which outsiders and tourists alike should beg or borrow an invitation. The city has more than a dozen residents' associations serving regional food to its members.

From 200 founding members at the Shanghai Association, the club has now grown to 2,800. A prospective member needs recommendations from two standing members and the whopping fee of HK$20,000 (US$2,600), or HK$80,000 for corporate members.

The kitchen has not been immune to the demographic and generational shifts, admits Lee Woo Sing, the association's current chairman. Long-time chef Zhu Ming Fat has lightened some of the sauces in the Cantonese manner. New hands from Shanghai have to be trained to make dishes less oily.

Still, a devotion to maintaining what Mr. Lee calls "original flavor" means that the association remains a regular stop for delegations from the mainland. The society also runs a program offering Shanghainese students in Hong Kong a chance to speak their native dialect and enjoy hometown dishes. Each year, it doles out tens of millions of Hong Kong dollars to various charities.

While Shanghainese restaurants have sprouted all over Hong Kong, that was not the case when the association first opened. "Shanghai people may have built Hong Kong but there were few places to find our own food," recalls Mr. Lee.

Clinging to Shanghai roots was actually an attempt to establish new ones. "It took us some time to realize we weren't going back, that Hong Kong was our home," says founding member Norman Tao, 68.

As Shanghai people have aged and assimilated, only their association's cuisin remains distinctly elite. With a planne expansion of its 300-seat capacity, Mr. Ta declares, "I'm confident the next generatio will carry on our traditions of charitable gi ing and good eating." William Koo, 42, add "Our elders accept us even if we haven't h the chance to learn Shanghainese. And, course, we all love the same food."

Send comments to john.krich@awsj.c

2001 年 6 月，《亞洲華爾街日報》對上海總會會所餐廳的報導。

（四）與中央駐港人員的密切往來

上海總會與建制派及中央高層來往甚密。最早有關新華社香港分社的記載出現在 1986 年，由此可見，在主權尚未移交中國政府前，新華社除了是當時最重要的中共駐港情治工作和新聞編輯職能以外，也是內地與香港民間團體交流溝通的重要窗口。

雖然並無資料顯示上海總會與新華社有任何直接聯繫，但也並非無跡可尋。1988 年，有記載報導新華社人員出席上海總會晚宴，[1] 說明上海總會在此之前就已與新華社的相關領導有過接觸。經過幾年的熟悉與交往，上海總會與新華社要員比之前有了更多的聯繫和接觸。1991 年後，更是多次出現善款交由新華社轉捐於內地災區的記錄。[2]

---

1 《上海總會第五屆第十六次理事會議記錄》，1988 年 5 月 24 日，第 1 頁。

2 《上海總會第七屆第八次理事會議記錄》，1991 年 9 月 17 日，第 1 頁；《上海總會第八屆第十八次理事會議記錄》，1994 年 9 月 19 日，第 3 頁；《上海總會第十屆第十六次理監事聯席會議記錄》，1998 年 3 月 24 日，第 2 頁；《上海總會第十屆第二十三次理監事聯席會議記錄》，1998 年 10 月 20 日，第 1 頁；《上海總會第十五屆第十九次理監事聯席會議記錄》，2008 年 6 月 17 日，第 1 頁。

除此之外，自 1994 年起，上海總會每年的春茗晚宴都會邀請新華社（2000 年後邀請中聯辦[1]）領導參加。“九七”回歸後，上海總會每年春茗晚宴邀請的內地駐港官員，無論是數量還是部門機構方面都有所擴大。

“九七”回歸後，經過四年的沉澱，各黨派復甦，社會的政治氣氛日益濃厚。雖然建制派掌權，但過於活躍的政治氛圍對政權的穩定依然有威脅，鞏固和擴大支持者亦是必不可少，也是接下來數年工作的重中之重。中聯辦等部門對此十分重視，積極聯絡香港親建制派社團。

另外，上海總會與外交部駐港的歷任特派員的關係都是相當融洽的，凡有重要的活動均會邀其參加。不僅多次邀請特派員蒞臨春茗宴會，[2] 還曾接受特派員公署捐款以幫扶贍養老人事宜。[3] 這說明中央特派員對上海總會的關注非同一般，不僅有概念上的認知，並且對其活動也有所瞭解。此外，外交部駐港特派員楊文昌先生還曾在公署設晚宴，招待上海總會同仁，並即席興起演唱京劇，氣氛輕鬆愉悅。[4] 不難看出，官民雙方一改刻板印象中的嚴肅態度，特派員公署與上海總會關係似乎又有進一步昇華。外交部也適時藉駐港特派員之口，表達對上海總會的認可和讚譽。[5] 自 2006 年起，上海總會的名錄中多了一項名為“榮譽贊助人”的頭銜，當時獲此頭銜的有四人，其中就包括時任中央政府駐港聯絡辦公室主任高祀仁和時任外交部駐港特派員呂新華。

（五）與天津的“特殊關係”

上海總會對內地的聯繫範圍主要集中在江蘇、浙江、上海一帶，當然偶爾也會同其他省市有些許往來。筆者對上海總會與內地各省市聯繫範圍加以研究比較後發現，上海總會與天津的往來遠比除江浙滬以外的地區多，且主要記載的時間在 2000 年至 2006 年期間，正值李和聲任理事長期間。

香港特別行政區政府曾在天津舉辦“天津香港週”，上海總會也應邀組團參

1 全名為中央人民政府駐香港特別行政區聯絡辦公室，簡稱“中聯辦”，前身為新華通訊社香港分社。
2 《上海總會第十一屆第十四次理監事聯席會議記錄》，2000 年 2 月 24 日，第 2 頁。
3 《上海總會第十二屆第十二次理監事聯席會議記錄》，2001 年 12 月 18 日，第 2 頁。
4 《上海總會第十四屆第十二次理監事聯席會議記錄》，2005 年 11 月 22 日，第 2 頁。
5 《大公報》（香港）1999 年 3 月 5 日，B1。

加多場活動。[1] 2000 年 4 月 16 日，時任天津市市長李盛霖先生出國公幹後路經香港，時任上海總會理事長的李和聲親自趕往機場與其會面並予以接待。[2] 可見，李和聲與李盛霖早已事先聯繫。

1985 年，李瑞環秉持挽救、發揚中國京劇藝術的理念，直接指導並實施了《中國京劇音配像精粹》工程。此工程歷時 21 年，最終於 2007 年完成錄製。李瑞環在全國政協禮堂隆重召開《中國京劇音配像精粹》工程總結表彰會，邀請李和聲夫婦參加並致謝。[3] 而後，上海總會購買了《中國京劇音配像精粹》光碟，並贈予八所大學。[4]

無論是從對天津的投資還是對京劇發展的支援，李和聲都是盡心盡力，這使得他跟天津的關係非同一般。李和聲於 1980 年代在天津亦結交了不少政要和商人，而李盛霖從 1980 年起到 2002 年一直在天津市政府當值，雙方一來一往交情匪淺。2000 年，李和聲更是親自率團訪問天津，參加香港特區政府駐京辦事處主辦的"天津香港週"活動。次年，兩地友好交流活動在香港舉辦，因為交情斐然，當時的上海總會儼然成為天津市政府來港舉辦活動的首選幫手，[5] 同時也將原先的私人交情變成了上海總會與內地官方政府之間的聯繫。不僅如此，因為對天津多年來的投資和友好互通關係，李和聲榮膺"天津市榮譽市民"稱號，多家報紙均對此進行了報道。[6]

（六）與上海市政府的交往

除了天津政商群體，李和聲還與不少中央政要有所聯繫。此外，上海總會作為在香港的上海籍人士會館，也必定會與上海市政府有著千絲萬縷的聯繫。1980 年代末，上海總會的理監事會成員開始出任上海政協委員席位，時任上海總會理事長的王劍偉就是其中之一。[7]

---

1 《上海總會第十一屆第十五次理監事聯席會議記錄》，2000 年 3 月 20 日，第 1 頁。

2 《上海總會第十一屆第十六次理監事聯席會議記錄》，2000 年 4 月 18 日，第 3 頁。

3 葉厚榮：《音配像紀事》，天津：楊柳青畫社 2008 年版，第 196 頁。

4 《大公報》（香港）2008 年 6 月 7 日，A10 版。

5 《上海總會第十二屆第三次理監事聯席會議記錄》，2001 年 2 月 6 日，第 3 頁。

6 《文匯報》（香港）2001 年 7 月 23 日，A10 版；《天津日報》2001 年 7 月 20 日，第 1、2 版。

7 《明報》（香港）1987 年 4 月 24 日，第 13 版；《大公報》（香港）1988 年 4 月 19 日，第 2 版。

相關記載中顯示，與上海總會聯絡最為頻繁的上海本地組織，莫過於上海海外聯誼會，[1] 它也是上海總會與上海市政府聯絡的特殊渠道。上海總會曾多次向上海海外聯誼會捐贈資金和物資，[2] 二者聯絡的事項主要有關經濟、文化交流活動和捐資上海建設。[3] 2001 年，上海總會與上海海外聯誼會聯合舉辦了“滬港聯誼文藝晚會”。[4] 除了承擔政治的統戰任務外，上海海外聯誼會對於吸引港、澳、臺的人才、技術、資金均有一定要求，而且這需要各個政府部門之間的協調配合。上海總會與其協辦或主辦過不少活動，以促進兩地發展和經濟文化的交流、合作、發展為宗旨。

結　語

香港上海總會是一個香港本地的非牟利慈善組織，亦是一個以地緣性為基礎的精英型會館組織。相較於香港的其他會館組織，上海總會經濟實力雄厚，會務活動穩定性高，且與香港及內地的政治、商業、文化、教育事業都有著極為密切的聯繫。在時間上，上海總會的成立與發展受到了香港及內地的雙重影響。在空間上，上海總會的成立使得原先廣東籍會館佔據香港主導地位的局勢得到進一步平衡，將香港與內地的聯繫從珠三角地區進一步延伸到中國最重要的經濟腹地，對香港與上海，以及整個華中地區的溝通發展起到了推動性的作用。

從會員籍貫上看，上海總會具有明顯的同鄉會特點，即以地緣性為招募會員的核心依據。除了狹義上的上海同鄉以外，由於 1840 年後大量蘇、浙人士去滬經商、成家立業，新中國成立前後又移民香港，因此會中也有許多祖籍非滬的人

1 上海海外聯誼會：成立於 1985 年，是加強上海各界人士同海內外朋友聯繫合作的民間團體。旨在高舉愛國主義旗幟，團結熱愛中華民族的海內外同胞，加強聯繫，增進友誼，擴大交流，促進合作，為上海經濟和社會發展服務，為統一祖國、振興中華服務。

2 《上海總會第六屆第十一次理事會議記錄》，1989 年 12 月 19 日，第 1 頁；《上海總會第七屆第六次理事會議記錄》，1991 年 5 月 14 日，第 1 頁。

3 《上海總會第七屆第二次理事會議記錄》，1991 年 1 月 22 日，第 1 頁。

4 《上海總會第十二屆第十一次理監事聯席會議記錄》，2001 年 11 月 20 日，第 1 頁。

士，也使得上海總會的會員具有“大上海”人的特點。從會員的社會階層上看，上海總會是一個精英型的組織。上海是中國最重要的工商業城市，自開埠以來逐漸發展成為遠東最繁榮的貿易中心。而香港作為世界重要的國際金融中心，自回歸後，“一國兩制”給予了香港“自由”模式的延續，成為內地走向世界的特殊通道。來自“大上海的有產者”亦在香港建設中發揮著功不可沒的作用。新中國成立前後，他們帶著技術和資金移民香港，投身金融、興建工廠、開發航運，使得 1960–1960 年代的香港經濟迅速騰飛。

上海總會的成立與發展，亦受到了內地“文化大革命”以及改革開放的影響。1976 年末“文化大革命”結束，內地百廢待興。那些新中國成立前後因政局動盪移居香港的“大上海”人，此時的心態已由當時的觀望徘徊轉向扎根香港、渴求安穩。然而，由於香港很多社團組織具有極高的排外性，難以融入，而“大上海”人大多擁有資金，要在異鄉開闢生意，廣泛且穩定的人際交往必不可少，同鄉的屬性一定程度上能增加彼此之間的信任感，上海總會便因此應運而生。改革開放後，內地時局日趨穩定，使在港的“大上海”人開始與內地有了更多往來。上海總會成立後，開始積極投身內地的經濟及社會建設，捐資興學、資助貧困，努力推進兩地的文化藝術交流。同時，與中央政府、上海市政府及其他各地政府的高度合作也為其發展提供了更為廣闊的平臺。

上海總會長期關注社會弱勢群體，服務基層民眾，從事老人服務工作；積極資助香港與內地的教育、慈善事業；促進陸港兩地的文化交流；高度支持港府依法施政。經過 40 年的堅持與努力，也確實讓上海總會在香港及內地收穫了不小的聲譽。

上海總會雖為社會作出了極大貢獻，但其中也不乏不足之處，有些問題是會館發展中的通病，有些則是上海總會自身存在的。

首先，社會關係繼承的非延續性。[1] 以上海總會為例，其發展的巔峰時期當屬 20 世紀末至 21 世紀初，即李和聲擔任理事長時期。其間，會務逐步趨向多元化發展，且成果斐然。憑藉個人的社會關係，李和聲上達中央、港府，旁至名流、紳商，且在新聞媒體中的活躍程度亦然。這對上海總會的名氣起到了“引流”的

---

1 社會關係繼承的非延續性，是指繼任掌權者未能良好的繼承前任手中的社會資源，導致某些重要的人、事、物變成非延續性狀態。

作用，使得會務發展一順百順。然而，如此難得的社會關係並未得到很好的延續。李和聲之所以能有如此廣泛的人脈，除了其為人外，還有一個十分重要的因素，就是愛好京劇。正因其特殊性，導致李和聲卸任之後的繼任者們，很難以相同的方式延續其為會館結下的社會關係。因此，如何保持會館資源並將其擴大，於會館發展而言是一個非常值得研究的課題。

其次，缺乏行業專業人士的參與度。上海總會會員中有不少各行各業的專業人士，如銀行家、法官、律師、工程師、建築師、會計師、醫生、教授、作家、記者、演員等，但他們大多在各項會務中的參與度並不高。雖然上海總會設立醫療中心具有公共性質，並非以盈利為最終目標，但由於其一直處於虧損狀態，只有極少數時期能轉虧為盈，最終只好無奈停擺。若能在一些專業性較強的會務項目中，給予內行人士一定的話語權，或許可更好地助力項目開展和維持。

再次，上海總會會員構成老齡化嚴重，會務創新不足。由於老一輩會員對上海總會有著較高的認同感與歸屬感，大多能積極參與會務工作。然而，其後代多數為土生土長的香港人，對參與傳統的會館興趣不大，且在傳統會館中論資排輩亦是理所當然之事，年輕會員一般不太願意加入。從 20 世紀後期開始，上海總會也出現了與學者謝劍曾研究的香港惠州社團一樣年輕會員短缺的現象，會員年齡結構開始趨向老齡化，導致會務因循守舊，很難與時俱進。

上海總會自成立以來，通過文化交流與經濟支援，架起了香港與內地溝通的橋樑，對內地的發展有著不容忽視的影響。一方面，上海總會通過文化交流的方式開啟了兩地互融的通道；另一方面，內地的改革開放和社會主義現代化建設離不開香港華人會館的資金支持。進入 21 世紀後，內地各方面發展迅速，綜合國力不斷提升。筆者認為現時單純的資金已然不能滿足內地發展的需求，且內地的創新發展程度遠遠刷新了世人的認知，內地與香港開始進入了一個平行的發展期。在此時期中，內地政府應該盡可能為香港各會館提供多元化的機會，以充分發揮香港各會館獨有的優勢；而香港各會館也應該在新發展時期努力尋找自我的位置，以緊跟時代發展的潮流，從而最終實現雙方協同發展、成長共贏。

第十六章

香港工程師學會的歷史發展與貢獻

陸宏廣

香港工程師學會（The Engineering Society of Hong Kong）成立於 1947 年，是第二次世界大戰後香港社會經濟快速發展的產物，目的是團結不同界別的工程師，並為會員謀求福利。學會成立之初，仿效英國分專業學科進行組織，會員多為機器、造船業工程師，後逐步向多專業綜合性工程師組織發展。1972 年，學會與土木、機械、電機等工程師機構合併，成為聯合的香港工程師學會。

1970 年代上半期，世界石油危機重創了英國經濟，致使英國各專業工程師學會單方面切斷了對香港工程師學會的財務支持，停發年度補助金。然而，這也給予了香港工程師學會本地化的機遇。1975 年，港英政府通過《香港工程師學會條例》（第 1105 章），正式賦予香港工程師學會法定地位。香港工程師學會依法重組，英文名改稱 The Hong Kong Institution of Engineers，學會進入快速發展時期。港英政府賦予學會一些新的特殊職能，諸如負責擬定專業工程師培訓及資歷審核標準，規定法定會籍為公務員（具備專業工程師職級）的入職資格，以及成為香港工程師註冊權執行機構等。由此，學會成為目前世界上最獨特、權力高度集中、高效能的工程師專業機構。

伴隨著香港社會經濟的發展，香港工程師學會積極聯繫世界各地工程技術團體，加入多種相關國際協議，開展合作與專業互認，藉以提高香港工程技術標準和培養具有國際水平的高素質工程人才。中國內地實行改革開放之後，尤其是香港回歸之後，學會與內地的聯繫愈加緊密，並憑藉自身優勢，成為內地工程專業機構對外聯繫與溝通的重要樞紐，對內地現代化建設作出了重大貢獻，也為香港工程師提供了更為寬闊的舞臺，這成為香港工程師學會發展的最佳機遇。

本章主要探討香港工程師學會的發展歷史、特點和職能。從 1947 年成立，到 1975 年重組，再到融入中國內地現代化建設，學會歷史大致可以分為三個階段，並在發展中形成了三個重要特徵：由英國人主導逐步轉為本地化和國際化；兼具普通職能與特殊職能，在香港各項工程中發揮諮詢和社會監督作用；對中國內地的現代化建設作出重大貢獻。學會的成長壯大，為香港及內地的工程建設發展貢獻頗多，在國際工程技術團體中也佔據重要位置。

作為一個工程專業技術團體，香港工程師學會的發展成長是香港歷史的一個側面，並且越來越與整個中國的社會經濟發展緊密聯繫在一起。時至今日，香港與內地的發展已經連為一體，就如同一組小齒輪與一組大齒輪的關係。香港憑藉資金、人才、技術、管理、法律、財務等方面的優勢，在內地改革開放之初，助力內地的經濟發展。而內地經濟的快速發展，又推動了香港的進一步發展。兩者互相配合，以達到相互得益的效果。香港工程師學會就是這些小齒輪中的一個，其發展既與香港近代以來的歷史命運緊密相連，前途也必將越來越與中國的整體發展聯繫在一起。

一、香港工程師學會的成立

從香港開埠到太平洋戰爭爆發，旅居香港並從事工程行業的中外人士眾多。他們依循專業劃分組織不同行會。以造船業為例，1891 年，從業人士曾創辦 The Institution of Engineers and Shipbuilders of Hong Kong，由港英總督梅含里（Francis Henry May）擔任名譽會長。梅含里卸任離港後，該會邀請史塔士（Reginald Edward Stubbs）繼任名譽會長，還邀請布政司史雲（Claud Severn，今譯施勳）、繼儀禮（Charles Eliot）等人擔任名譽副會長。筆者查看當時報刊，此會中文名稱被翻譯為“本港機器師會”或“機器師會”等，[1] 都是報刊自行翻譯的名稱，並沒有正式的中文法人團體稱呼。可見，該行會內華人成員不多。

戰前，各行會主要成員都是英國工程師，為英國人交流而設，無需中文名稱。淪陷時期，香港社會秩序被日軍摧毀，大量英人被關進拘留營。儘管戰亂時期，生活困苦，人身安全受到嚴重威脅，但在日軍設置之拘留營內，還是存在一些跨領域工程師交流的機會。其中，約翰・芬尼（John Finnie）每隔兩週便在赤柱營舉辦一次演講，[2] 從 1942 年春天至 1945 年 8 月日本投降，從不間斷。芬尼在一系列的演講中，結識了很多有能力的工程師。他認為，如果在和平到來時組建工程師學會，辦講座時定能夠邀請足夠多的工程師主講，充實力量，為戰後重建作貢獻。[3]

1945 年日本投降，芬尼等人終於迎來了機會。1947 年 7 月 10 日，他們在《德臣西報》工程學版發表了一篇題為〈香港工程師學會：商議中〉（*Engineering Society of Hong Kong Under Discussion*）的未署名文章，表示本地工程師群體已達成共識：需要在香港組織工程師學會，就像多年前上海組織中國工程師學會（Engineering Society of China）一樣。他們認為，組織內的活動不能是業餘性質，也不能僅邀請香港以外的嘉賓宣讀專門技術論文；相反，必須立足香港，運用專業知識，處理將來香港建設中所涉工程學的相關問題。他們還認為，應該公開自己的意見，引起公眾注意本土工程問題，促使港英政府或本地行業及時處理，也讓學會多鑽研工程學知識，讓港外人士瞭解研究進展，達至本地社會和工

1 〈港督允充機器師會名譽會長〉，《香港華字日報》1919 年 10 月 16 日，第 1 張第 3 頁；〈布政司允充機器師會名譽副會長〉，《香港華字日報》，1919 年 10 月 18 日，第 1 張第 3 頁。Hong Kong Institution of Engineers archive. 馮錦榮、劉潤和、陳志明：《篳路藍縷以啟山林——香港工程發展 130 年》，香港：中華書局（香港）有限公司 2011 年版。

2 A.W. Black, “Engineering in Adversity”, (1956) *Proceedings of the Engineering Society of Hong Kong*, Session 1955-1956 Vol.IX, pp.117-129. 有關赤柱拘留營的日常生活，見 Geoffrey Charles Emerson, *Hong Kong Internment 1942 to 1945: Life in the Japanese Civilian Camp at Stanley* (Hong Kong: Hong Kong University Press, 2008).

3 “Plans Going Ahead for Hong Kong Engineering Society”, *The China Mail*, 31 July, 1947, p.8; “The Birth of the Engineering Society. Compiled from Notes Provided by Mr. John Finnie and Mr. A.W. Black, Past Presidents”, (1966) *Proceedings of the Engineering Society of Hong Kong*, Session 1965-1966 Vol.XIX, unpaginated.

程師群體受益之目的。[1]

從港英政府角度看，工程師學會之要求和建議無不可取之處，所以沒有阻撓。1947 年 11 月 26 日，新成立的香港工程學會（Engineering Society of Hong Kong）在渣甸洋行辦事處舉行就職典禮，芬尼作為學會會長致辭，道出其個人願景。[2] 他指出，自 1945 年 8 月 15 日後，在很多場合上，都已有人提議組織工程學會。在這一年較早時間，一群工程師非正式地討論組建學會，並最終商定會章，先行建立各自的分會；又進一步建議如果人數不足以各自組成獨立的學會，可以合併為一。由於戰爭關係，這個建議未來得及實行。本地的工程師明白，本地雖然可以組成一兩個獨立的學會，不過就發展而言，組建一個涵蓋工程學各個分支的學會將會更加有利。英國的土木工程師學會，最初包括不同分支的工程師，隨著科學進步及行業發展，工程學的範圍得到大大擴展，工程師認識到自己必須專門精讀一門工程學，於是便形成了不同範疇的工程師學會。然而，依循現在的發展趨勢，卻促使不同的工程師學會再次走在一起。儘管工程學迅猛進步，各個分支的工程師越來越專精，但這沒有令他們彼此分離，各分支間反倒更加依靠合作去解決問題。香港工程師面臨的情況也一樣，只有將各領域的工程師組織在一起，加強合作，才能帶來更廣闊的視野，提升技術水平。另外，芬尼還提出，應該重視培養工程專業的學生，把年輕工程師的福祉和發展放在重要地位，使工程學會能夠鼓勵和帶領工程界的年輕人。[3] 對此，新學會希望與香港大學工學院和香港工業學院緊密合作，吸納兩所學校的學生為學生會員，讓各階層人士都能對新學會感興趣。[4]

1948 年 4 月，新學會成立的第二年，由芬尼擔任會長的原香港工程師及造船師學會委託律師行 Messrs. Brutton & Co.，向港英政府公司註冊處提交申請，撤銷原來學會的註冊。面對公司註冊處查詢原香港工程師及造船師學會是否仍然運營時，學會名譽秘書辛普森（W.T. Simpson）回覆公司註冊處，表示香港工程師及造船師學會自日據時期結束以來便不再運營。最終於 1948 年 9 月 24 日，

---

1 “Engineering Society of Hong Kong. Under Discussion”, *The China Mail*, 10 July, 1947, p.8.

2 馮錦榮、劉潤和、陳志明：《篳路藍縷以啟山林——香港工程發展 130 年》。

3 “lnaugural Meeting”, (1948) *Proceedings of the Engineering Society of Hong Kong*, Session 1947-1948, Vol.I, pp.1-2.

4 “Plans Going Ahead for Hong Kong Engineering Society”, *The China Mail*, 31 July 1947, p.8.

公司註冊處將“香港工程師及造船師學會”在公司名冊中刪除，並於 10 月 1 日正式解散。[1] 香港工程師學會正式成立。

1947 年 12 月 10 日，香港工程師學會召開會議，討論學會成立的目的。與會者認為，香港工程師將通過學會團結起來，向香港和中國內地提供切實的服務。其中，學會提供交流平臺，讓各種工程師更便捷地交流彼此的專業技術知識，互相獲益。同時，學會負責向非工程師的人士提供技術方面的建議，建立起公眾對工程界的信任，避免出現不久前公眾向自稱合資格人士求教的情況。學會將仿效英國的學會，讓工程師瞭解最新信息，並互相討論。[2] 截至 1975 年，學會舉辦的活動，包括專業知識交流、參考不同行業的生產線等，以讓會員瞭解社會情況。

學會成立的第二年（1948–1949 年），年度會員有 181 名，包括 41 名中國人，其中有 2 名女性會員。1949–1950 年度，學會會員人數繼續增加，達到 242 人，學生會員更是從 2 人增至 16 人。[3]

1948 年的週年晚宴上，第二任會長費伯（S.E. Faber）從現實角度出發，指出香港大學工學院的教育只注重學術方面，實際上優秀的工程師既要掌握這門學科的知識，更要能通過衡量經濟等方面的因素來做決定。[4]

1949 年的週年會議中，希爾（D.S. Hill）建議把講座後剩餘的論文印本裝訂成冊，作為《香港工程師學會會刊》(*Proceedings of the Engineering Society of Hong Kong*）的一部分，以節省開支。會刊編輯委員會（Proceedings Editorial Committee）計劃在會刊裏開設廣告欄，以補貼學會開支。伍德（A.W. Wood）建議學會遊說香港的工程公司贊助學會的發展，費伯會長則認為可以參照學會向

---

1 Hong Kong Public Record Office, Company file No.28, HKRS95-1-2; The Cyber Search Centre of the Integrated Companies Registry Information System, https://www.icris.cr.gov.hk/csci/cns-basic_comp.do, accessed, 7 July 2011.

2 Discussion on "The Aims and Objects of the Society", (1948) *Proceedings of the Engineering Society of Hong Kong*, Session 1947-1948 Vol.I, pp.3-4.

3 "Annual General Meeting", (1950) *Proceedings of the Engineering Society of Hong Kong*, Session 1949-1950 Vol.III, pp.145-146.

4 "First Annual Dinner", (1948) *Proceedings of the Engineering Society of Hong Kong*, Session 1947-1948 Vol.I, pp.110-111.

政府請求資助的方式進行。[1]

1950 年代，香港工程師專業仍然與英國本土的三個學會關係密切。1953 年，英國土木、機械及電機三個工程師學會（Institutionof Civil Engineers，of Mechanical Engineers and of ElectricalEngineers）聯合成立香港海外分會。依照這三個學會的安排，身處香港的會員自動加入本地分會。不過，由於人數不足以組成三個獨立的分會，因此將三個海外分會合併為一，稱為英國土木機械及電機工程師學會香港海外分會（Hong Kong Joint Overseas Group of the Institution of Civil Engineers, the Institution of Mechanical Engineers and the Institution of Electrical Engineers）。該分會於 1953 年 5 月開始運作，創立之初便與工程師學會關係密切，第一任會長由費伯擔任，他同時也是工程師學會的第二任會長。[2]

1965 至 1966 年度，在學會理事會會議上，有成員提議將學會與英國土木、機械及電機工程師學會香港海外分會合併。但由於茲事體大，理事會並沒有實時表決，而是成立了一個特別聯合委員會，以研究合併的可能性。[3]

1968 至 1969 年度，學會召開了 9 次理事會會議，商討有關成立新學會的事宜。經過這 9 次會議，理事會通過了新學會的會章初稿和學會會規，希望新學會在不久的將來成立後，成為代表香港各個專業工程師的組織。[4]

1969 至 1970 年度，兩會屬下商討合併事宜的小組通過了《有關工程師學會和英國土木、機械及電機工程師學會香港海外分會合併事宜》（*Proposed Amalgamation of the Hong Kong Joint Group of the Institutions of Civil, Mechanical and Electrical Engineers with the Engineering Society of Hong Kong*）

---

1 "Annual General Meeting", (1949) *Proceedings of the Engineering Society of Hong Kong,* Session 1948-1949 Vol.II, pp.157-159, 160.

2 P.V. Reveley, Report of the Council for the Session 1952-1953 SessionM, (1953) *Proceedings of the Engineering Society of Hong Kong*, Vol. VI, Session 1952-1953, p.188. 馮錦榮、劉潤和、陳志明：《篳路藍縷以啟山林——香港工程發展 130 年》，第 99 頁。

3 Report of the Council for 1965/66 SessionM, (1966) *Proceedings of the Engineering Society of Hong Kong*, Vol. XIX, Session 1965-1966, p.6.1. 馮錦榮、劉潤和、陳志明：《篳路藍縷以啟山林——香港工程發展 130 年》，第 101 頁。

4 Report of the Council for the 1968/69 Session, (1969) *Proceedings of the Engineering Society of Hong Kong*, Vol. XXII, Session 1968-1969, p.9.1. 馮錦榮、劉潤和、陳志明：《篳路藍縷以啟山林——香港工程發展 130 年》，第 102 頁。

和《香港工程學會章程和規例》(*Regulations and By Laws of the Engineering Society of Hong Kong*)的初稿,並將兩份文件送往英國土木、機械及電機三個工程師學會審議。學會理事會預估,會在 1970 年 7 月至 8 月間會收到三個學會的回覆。[1] 然而,直到 1971 至 1972 年度,理事會才收到英國三個學會的正面回應。雖然兩會合併已是既成事實,但問題接踵而來。英國三個學會逐漸更改了對待海外分會的政策,希望各地分會能夠在財政上自給自足。兩會的現任會長和各個前任會長聯署,期盼三個學會對香港分會予以特別處理,但結果毫無回音。[2]

1971 年,香港的工程師學會和英國土木、機械及電機工程師學會香港海外分會合併為一,會員人數由原來 500 多人增至逾 1,400 人。學會英文名稱繼續沿用"The Engineering Society of Hong Kong",中文名稱則為"香港工程學會"。[3]

1973 年,學會理事會終於收到英國三個學會的回覆,強烈建議學會成為獨立團體。理事會遂決定於 1975 年夏天讓學會成為獨立團體,並期望得到港英政府和海外其他工程師團體的承認,以獲得頒發工程師資格的權力。同時,學會解除與英國學會的隸屬關係。[4]

第二次世界大戰結束後,英國國力逐步衰落。無論是倫敦政府,還是英國本土的不同專業機構,都無足夠的財力支援香港或其他地區的分屬機構。因此,香港工程師學會為要發展,就必須把握時代機遇,進一步加強學會建設,團結未來可能更趨鬆散的同業人員,進一步提高其專業水平,並為日後趁內地地區改革開放之便,把握香港發展良機奠定基礎。

---

1 MReport of the Council for the 1969/70 SessionM, (1970) *Proceedings of the Engineering Society of Hong Kong*, Vol. XXIII, Session 1969-1970, p.9.2.

2 Report of the Council for the 1970/71 SessionM, (1971) *Proceedings of the Engineering Society of Hong Kong*, Vol. XXIV,Session 1970-1971, p.8.2. 馮錦榮、劉潤和、陳志明:《篳路藍縷以啟山林——香港工程發展 130 年》,第 103 頁。

3 S.L. Chen, "Presidential Address: The Role of the Engineer in the Development of Hong Kong M", (1973) *Journal of the Engineering Society of Hong Kong*, Spring 1973, pp.1-14. 馮錦榮、劉潤和、陳志明:《篳路藍縷以啟山林——香港工程發展 130 年》,104 頁。

4 A.T. Armstrong-Wright, "Towards Independence", (1973) *Journal of the Engineering Society of Hong Kong*, Vol.l(3), p.7; M27th Annual General Meeting:Minutes of the Proceedings, (1974) *Journal of the Engineering Society of Hong Kong*, Vol.2(2), p.13. 馮錦榮、劉潤和、陳志明:《篳路藍縷以啟山林——香港工程發展 130 年》,第 105 頁。

1975 年，香港工程師學會重組之前，已經出現了一種趨勢，即會長由純粹英人出任，逐步轉變為由華人或英籍專家輪流擔任。從歷屆會長名單中可見一斑。[1] 從 1947–1948 年度至 1974–1975 年度，香港工程協會 28 屆會長中只有 8 屆是華人或本土香港人，其中前 14 屆僅有 3 位華籍會長，後 14 屆有 5 位，可見有華籍工程師參與協會越來越多、活動越來越頻密的趨勢。

不過，還有另一個特點，即華籍工程師基本上經過英式訓練，即便沒有英國學位，也具有英國專業工程師的資格。在這個時期，香港大學、香港中文大學和香港工業學院（Hong Kong Technical College）都陸續有工程學系的畢業生，他們的香港專業工程師資格和政府的入職資格都是基於英國各個工程專業學會的資格和所關連的特許工程師資格（Chartered Engineer）。所以，畢業生們都會把他們的精力與時間放在考取這些會籍上。但是，隨著香港華籍資深工程師數量的增多，諸如政府工程部門首長、各大學工程系教授、重要顧問工程公司主管、主要工程項目領導等，他們更多且更熱心地參與香港工程協會的事務，也是促使香港工程師學會改組的重要因素。

二、1975 年的重組與發展

1975 年是香港工程師學會發展的關鍵一年。

首先，英國本土的工程師專業行會期望香港工程師學會獨立運營。1970 年

1 歷屆會長及任期分別為：J FINNIE（1947–1948），S E FABER（1948–1949），W L E MILLER（1949–1950），A W BLACK（1950–1951），F C CLEMO（1951–1952），P V REVELERY（1952–1953），J C L WONG（1953–1954），T L BOWRING（1954–1955），R V LEDERHOFFER（1955–1956），A STORRAR（1956–1957），D S HILL（1957–1958），S Y KING（1958–1959），E M JOFFE（1959–1960），S Y CHUNG（1960–1961），J C FABER（1961–1962），W S Y YEH（1962–1963），M A D'Almada REMEDIOS（1963–1964），S MACKEY（1964–1965），E H C TAO（1965–1966），J J ROBSON（1966–1967），S Z SUNG（1967–1968），M C R TALAMO（1968–1969），W MILLER（1969–1970），S G ELLIOTT（1970–1971），Y K CHING（1971–1972），A T ARMSTRONG-WRIGHT（1972–1973），G B O'RORKE（1973-1974）。

代，全球局勢緊張。1973 年和 1979 年分別爆發兩次石油危機，油價上漲，生產成本亦隨之而增加。對此，英國本土也自然受到影響，經濟陷入困難境地，導致英國工業生產量下降。如前所述，二戰前，在香港工作的工程師都受過英國本土的大學工程教育，取得英國本土的相關行業資格，並且在香港分會中成為當然會員。可是，自 1970 年代石油危機以來，英國工程師學會，包括土木、機械和電機三個工程師學會，都不願意再對香港分會提供經費補助，並於 1973 年對香港方面提議，期望香港工程師學會能獨立頒發工程師的資格。於是，香港工程師學會理事會決定於 1975 年脫離英國的組織，成為獨立工程學會。

當時，香港工程師學會脫離英國方面而獨立，是一件非常重大的事情。1975–1976 年的學會會長戴維阿林厄姆（Ir David Allingham）曾經回憶道，倫敦工程師學會與香港工程師學會切斷關係的消息是"重磅炸彈降落下來"（A Bombshell Landed），並把香港工程師學會採取"獨自去闖"的解決方案，形容為"勇敢和積極的決定"。[1] 可見，此消息對香港方面之震撼程度。

自此，英國的各個工程師學會表面上再未在香港正式出現，但實際上仍存在一定的勢力，例如港英政府的歷屆工程首長、回歸前的工務局長與回歸後的工務常任秘書長等，都是英國土木工程師學會的香港本土代表（Hong Kong Local Representative of the Institution of Civil Engineers），至今依舊如此。

1999 年，英國土木工程師學會、英國機械工程師學會和英國電機工程師學會三個學會，在時隔 24 年後再次在香港開設各自的分部。英國土木工程師學會現今在香港的會員有 6,500 多人，是英國在海外擁有最多會員的分會。[2]

1 https://www.facebook.com/HKIEPPC/notes Allingham, Ir David(HKIE President 1975/76), "The day the Governor bent his knee". *The Hong Kong Engineer*, May, 2005.

2 https://www.ice.org.uk/about-ice/near-you/asia-pacific/hong-kong-26-3-2018.

陸宏廣會長與英國土木工程師學會的交流，並陪同他們到內地參加交流活動。

無論如何，英國方面要求香港工程師學會獨立運營，是該會於 1975 年重組的關鍵因素之一。

除此之外，香港工程師學會之重組又與當時港英政府謹慎理財策略及其所面對的困境有關。英國以《殖民地章則》管理其眾多的殖民地政府，在理財方面要求極為嚴格，英國不在殖民地徵稅，也不希望殖民地成為英國的財政負擔。但事實上，英國在香港收取的高額駐軍費用，也是變相徵收稅項之一。第二次世界大戰後，港英政府施政和財務政策趨向更為謹慎，自然需要壓縮支出。一直以來，港英政府審慎理財，推崇預算盈赤與保守的收支估算。[1]

無論如何，在港英政府量入為出、推崇負責政府和大市場的施政方針下，如果香港工程師學會重組，並加強對該會會員資歷和法定地位之認受性，那麼官方便可在當時香港建設黃金時期省掉大量直接規劃、監管的成本開支，這也是香港工程師學會成功重組的主要原因。

總體而言，1975 年香港工程師學會的重組，實際上對英國本土工程師學會、港英政府，乃至香港工程師們均有益處。由此，港英政府通過立法，確定了香港工程師學會的獨立的法定地位，並授予學會發揮專業功能的各項職權。據該年訂立的《香港工程師學會條例》（第 1105 章），香港工程師學會已被授權對執業者審查和委任的權力。

1　鄧樹雄：《香港公共財政史：1949/50–1979/80》，香港：香港浸會大學 2003 年版，第 5 頁。

1975 年 12 月 5 日，港英政府通過立法，制定《香港工程師學會條例》，規定學會宗旨：促進工程學所有界別及分支在學理上與實務上的一般發展；維持工程同業行事持正，維持同業的地位，以及在公眾和政府面前代表同業等。其目的是促進工程學所有界別及分支的發展，培養和鼓勵會員間的友好合作精神，以及促進專業學術討論和交流信息等。這是港英政府對香港工程師學會地位肯定的象徵。

《香港工程師學會條例》所訂定的學會的宗旨和權力，主要仍為專業協會或學會的性質，並非包括工程師資格審訂、政府工程師入職資格與工程師註冊的內容。這些權力都是後來由港英政府方面賦予的，使學會成為世界上獨有的，並具有學術資力評審、專業資格評審、政府入職專業資格評審和專業資格註冊性質等權力的工程師專業學會組織。

1980 年代，中英兩國就香港前途問題展開談判。隨後，中英雙方協定，香港於 1997 年 7 月 1 日回歸祖國。對此，在英國殖民者離開香港之前，港英政府在工程問題上，更進一步依託香港工程師學會，而 1997 年成立的特區政府也同樣依靠學會擔當顧問，這無疑是必然的發展方向。

港英政府在夏鼎基（Charles Philip Haddon-Cave）掌管財政事務時，已奠定量入為出、大財團小政府、積極不干預商業活動的政策。據香港法律條例第 1105 章《香港工程師學會條例》（1975 年）規定，港英政府授與學會有協會的社交聯誼功能、學會的學術研究交流功能、大學工程學位評審功能與工程專業評審功能。

1982 年，學會法定會員成為港英政府公務員任用的資格識別（Recognition of the HKIE Corporate Members by the Government for Civil Service Appointments）。[1] 自此之後，學會的會員不再要求考取英國工程師學會的會籍，也能成為港英政府認可入職政府專業工程師資格的職位。從此，對於與各英國工程師學會的會籍之間的互認，也不再那麼殷切。

此後，1990 年頒佈的《工程師註冊條例》，又授予學會有註冊專業工程師在香港工作的功能。

在一般的國家或地區中，大學工程學位評審功能、工程專業評審功能與註冊專業工程師在當地工作的功能，大多由政府機構處理。在香港，則將這些功能授

1 Hong Kong Institution of Engineers Annual Report 1982-1983.

予學會處理，這就滿足了政府的審慎理財、小政府節省開支的政策，又可以與自由大市場主義相契合，工程界還可以自定標準規條用以自律和規律其他有關人士。但是，此舉給工程師們帶來了很多額外無償且高層次的工作，尤其對在職的專業工程師有失公允。因為政府也不需要僱傭有關機構的員工，尤其是比較資深的工程師，這變相降低了他們的就業機會。

另一方面，這個制度也有它的好處，如政府將諸種功能集中在一個學會，可以十分高效地統籌顧問、意見、支持與信息等項事務。學會本身也容易高效地與不同的有關組織、單位及人士開展溝通與交流活動，從而推動各種不同的與工程和學會有關的活動，包括涉外的交流與互動。總的來說，此舉提升了學會總體的功效與效率，學會及有關工程師們的一些看似無償的付出，對香港而言則是十分有意義的義務社會工作，對香港的經濟建設與發展也有一定的協助和推動作用。

學會會員的相關事務，依《香港工程師學會條例》規定獨立運營，不受政府干預，政府也沒有派官員到學會理事會中任理事或觀察員。此種規定延續港英時代的傳統，香港回歸祖國後，也受到《中華人民共和國香港特別行政區基本法》（第 142 條）的保護。據條例內容描述："香港特別行政區政府在保留原有的專業制度的基礎上，自行制定有關評審各種專業的執業資格的辦法。在香港特別行政區成立前已取得專業和執業資格者，可依據有關規定和專業守則保留原有的資格。香港特別行政區政府繼續承認在特別行政區成立前已承認的專業和專業團體，所承認的專業團體可自行審核和頒授專業資格。香港特別行政區政府可根據社會發展需要並諮詢有關方面的意見，承認新的專業和專業團體。"

同時，學會在政治上是中立的。在香港回歸時，因為政治上的需要，工程界作為是香港特別行政區行政首長選舉委員會和立法會議席十大專業功能組別之一，學會成立了一個附屬性的分支單位"工程匯"（Engineering Forum），以處理各種與政治有關的問題，如立法會的選舉、特別行政區行政首長選舉委員會委員選舉與特別行政區行政首長選舉等，也都是為了保持學會的政治中立地位。

香港工程師學會會長的遴選方法，傳統上參考歐洲羅馬教廷的方法，即在選舉新的教宗時，所有樞機主教（archbishops）選舉人被鎖在一個房間裏，在新教宗選出前，不得離開房間，也不得把投票的理由及結果告知別人。

傳統上，香港工程師學會選會長時，由當年的前會長們在一個密閉的會議內商討，如果不是一致同意，便用不記名投票決定，直至選出候任會長。前會長們都是計劃委員會（Planning Committee）的會員。候選人或被屬意的人選，都是在工程師學會服務多年的資深會員，有時候德高望重與高資力的工程師會員也會被邀請參選。但是，被選中或不被選中者都不會得知具體理由。現在，香港仍有一些社會團體用這個方法選舉候任會長。

可是，1999 年香港工程師學會在選舉會長時，收到了陳清泉教授與時任香港特區政府公務局局長鄺漢生提出的參選申請，他們有意競爭 1999–2000 年度的會長。經過閉門不記名投票的方式，陳清泉教授當選為下一屆會長，鄺漢生落選。雖然沒有對外公佈理由，但可能的原因之一是鄺漢生之前沒有在香港工程師學會內擔任過任何職務；另一個可能的理由則是，那些參加遴選的前會長們有一定的共識、取向與目標。這一結果引起公務員會員與其他會員的不滿，以認為這種選舉方法不公開、不公平、不公正、不民主，是小圈子的選舉，要求改革選舉方法。經過多次的辯論、要求與爭論，最終決定把選舉會長方法轉為由所有法定會員（Corporate Member）的個人會員，包括資深會員（Fellow Member）與會員（Full Member），一人一票的方式選出。這是一項重大的革新與改變，2000–2001 年度的會長，就是用這個方法選出來的。

隨著英國本土工程師學會要求香港工程師學會獨立運營、自負盈虧，加上英國本土專業機構對香港工程師學會的監管進一步淡化。自 1975 年後，華人出任會長的情況更加普遍。[1]

1　香港工程師學會（1975 年 12 月依條例設立）的歷屆會長及任期分別為：D M ALLINGHAM（1975–1976），S Y KING（1976–1977），P S MOLYNEUX（1977–1978），H K CHENG（1978–1979），R K EDGLEY（1979–1980），A J VAIL（1980–1981），L T TAO（1981–1982），D A MORRIS（1982–1983），L R THOMPSON（1983–1984），G J OSBORNE（1984–1985），W S Y CHAN（1985–1986），E H C TAO（1986–1987），R C T HO（1987–1988），N A KRAUNSOE（1988–1989），S P W WONG（1989–1990），J CHIU（1990–1991），R J BLAKE（1991–1992），R M KENNARD（1992–1993），T P LEUNG（1993–1994），M J MATTHEWS（1994–1995），E K H LEUNG（1995–1996），B J STUBBINGS（1996–1997），F S Y BONG（1997–1998），O L T POON（1998–1999），C C CHAN（1999–2000），J W K LUK（2000–2001），J M K CHOW（2001–2002），C K LAU（2002–2003），A S K CHAN（2003–2004），J Y C KWAN（2004–2005），G C Y WONG（2005–2006），K L WONG（2006–2007），W K LO（2007–2008），P Y WONG（2008–2009），A K C CHAN（2009–2010），R P K CHU（2010–2011），F C CHAN（2011–2012），K K CHOY（2012–2013），R K S CHAN（2013–2014），V C K CHEUNG（2014–2015），C C CHAN（2015–2016），J K H CHOI（2016–2017），T K C CHAN（2017–2018），P N K WONG（2018–2018/08），R S M YU（2018/09–2019），R S M YU（2019–2020），P L YUEN（2020–2021），E K F CHUNG（2021–2022），A K M BOK（2022–2023），B C H LEE（2023–2024）。

1975–1985 年的 10 年間，香港工程師學會的 10 位會長中，有 7 位是英國人，其餘 3 位可能是有中國血統的英籍人士。此種情況表明，儘管華人越來越多的參與到學會的工作裏，但英人對香港工程師學會會的控制與影響仍很強大，尤其是當時港英政府任命工程師時，均以英國各專業工程師學會的會員和英國皇家特許工程師（Chartered Engineer）為準則。直到 1982 年，港英政府允許香港工程師學會會員（HKIE Corporate Members） 招聘工程師的資歷，英人的控制與影響才逐漸減退，香港工程師的本地化持續加強。1985–1997 年的 12 年中，香港工程師學會會長只有 5 位是英國人。[1] 在港英政府各部門工作的工程師，頂層領導級別的職位，陸續被本港工程師所取代。1997–2015 年的 18 屆香港工程師學會會长中，已經全部是中國血统的香港人，英國人的影響也減退到極低的程度。當然，英國政府與商人的潛在影響力仍然存在。

自 2000 年以後，很多公務員參加了學會的工作。究其原因，主要是公務員工程師在學會中佔有很多的會員席，保守估計約佔四分一至三分一之多，他們可以利用這個平臺發聲或爭取權益。很多公務員工程師參與了學會各分部的工作，有些人還參選會長。參選會長的公務員工程師，一般都是即將退休的高級公務員，一旦獲選，可能會有三年左右的時間才可以擔任會長，即他們可以等到退休之後才出任。如此，他們會有較多的時間和精力服務學會，減少很多不必要的利益衝突，並可以為公務員工程師爭取更多的權益。另一方面，公務員工程師在學會中的工作職位越來越多，又有可能會左右學會的決策與影響力。

在會員方面，香港工程師學會分為法定會員（Corporate Members）與非法定會員兩種，法定會員又分資深會員（Fellow）和正會員（Full Member），只有這兩種會員才是法定工程師。非法定會員則包括：榮譽資深會員（Honorary Fellow）、聯繫會員（Companion）、仲會員（Associate）、畢業生會員（Graduate）、學生會員（Student）與附屬會員（Affiliates）。[2] 據統計，1975 年學會有法定會員 741 人，非法定會員 1,276 人，會員總數 2,014 人；1997 年香港回歸前，有法定會員 7,545 人，非法定會員 9,237 人，會員總數 16,782 人；

---

1 Hong Kong Institution of Engineers Annual Reports, 1975–1976, 1976–1977, 1977–1978, 1978–1979, 1979–1980, 1980–1981, 1981–1982, 1982–1983, 1983–1984, 1984–1985, 1996–1997.

2 The HKIE Constitution (2015), p.2, 3, 4, 8. 香港工程師學會章程（2015 年），第 2–4 頁。

到 2017 年，有法定會員 15,590 人，非法定會員 18,873 人，會員總數 34,463 人。[1] 經過 40 多年的發展，法定會員人數增加了 17 倍多，會員總數亦增加了近 17 倍。事實上，學會成員真正的快速增長，出現在 1984 年 12 月中英關於香港問題的聯合聲明簽字以後。香港回歸後，則呈現逐年穩定增長的局面。

會員人數每年的穩定增加，也折射出這一時期香港的經濟發展。從會員人數來說，香港工程師學會已是香港第二大專業學會，僅次於會計師學會。由於擁有龐大的會員數量，學會的財務收入也較充裕，會費每年都超過 3,000 萬港元：2013–2014 年 [2] 約為 3,800 萬港元；2014–2015 年 [3] 約為 3,900 萬港元。會費的增加，能夠確保學會開展各項專業活動，推動會員間的交流與合作，擴大學會的影響力。

三、學會功能及對香港的貢獻

整體而言，香港工程師學會是一個聚集各專業工程師與工程人員，利用相關組織機構和研討會，促進彼此交流、研究並分享各種工程的理論、管理與經驗，基本上屬於一個私人專業的組織。

學會設有 19 個專業分部：飛機部、生物醫學分部、建築部、屋宇裝備部、土木部、控制自動化和儀表部、電器部、電子部、環境部、消防部、天然氣和能源部、岩土部、信息技術部、物流運輸部、製造和工業部、材料部、機械部、海洋及海軍建築部、化學部、核子部和結構部，這些分部為工程師專業學術團體（Professional Engineering Learned Societies）。此外，學會還設有準成員委員會、安全專家委員會、青年委員會和替代性爭議解決委員會等 4 個委員會，以及與工程有關的興趣小組（Engineering Related Interest Groups）。各分部和

1 Hong Kong Institution of Engineers archive.

2 Hong Kong Institution of Engineers Annual Report, 2013-2014.

3 Hong Kong Institution of Engineers Annual Report, 2014-2015.

委員會通過出版期刊和技術文件、組織會議和訪問等活動，組織會員進行專業學習、交流技術信息和思想，並鼓勵會員積極參與社會活動，藉以提高會員的專業技術水平和增強與社會的聯繫。

可見，香港工程師學會是一個包含所有香港各工程專業的總團體，在世界上較為少見，習慣上多是各個工程專業擁有各自獨立的工程師學會。香港工程師學會把所有工程專業集中於一個學會也有其長處：第一，可以集中工程信息，方便交流研究；第二，政府在施政中可能遇到的各項工程問題，尤其是關係民生的社會熱點問題，便於政府進行諮詢；第三，工程界也便於與政府聯絡，討論解決各種工程中遇到的問題。而且，此種安排可能使得學會的人才資源與財務資源得到提升，進而對政府與社會提供多種不同的服務。

香港工程師學會依據政府授權，是負責香港審核合格工程師的專業機構，所涉學科有 21 個之多，分別是：飛機、生物醫學、建造、屋宇裝備、化學、控制、自動化儀表、電動、電子、能源、環境、消防、燃氣、岩土工程、信息、物流與運輸、製造業和工業、海洋與海軍建築、物料、機械、結構等專業。在法例上，這些專業都需要有工程師具備專業資格才能提供相關工程服務，並與公眾安全和公共衛生相關事宜緊密關聯。1982 年，香港工程師學會法定會員（Corporate Member）成為工程師入職的條件，學會便具有了專業工程師資歷的審定功能。

學會的另一項資歷評審功能，是認可香港的工程學位和副學位。1995 年，香港工程師學會加入《華盛頓協議》，從而獲得了澳大利亞、加拿大、愛爾蘭、新西蘭、南非、英國和美國等國的認證，具有了工程師學位的審定功能。香港各大學的工程學位要取得《華盛頓協議》成員國的互相承認，最重要的是對香港工程學位課程的審定和認可。為此，香港工程師學會做了大量的工作。例如，2012 年 11 月 15 日，經香港工程師學會工程學位的審定委員會（Hong Kong Insititution Accreditation Committee）認可，首次實施臨時確認狀態下的工程學位課程名單（《華盛頓協議》）的課程清單；2015 年 5 月 22 日，第一次實施的 2012 年度處於臨時確認狀態下的高級文憑和同等項目名單（《悉尼協議》）；10 月 7 日，審定委員會認可高級文憑及相等課程名單（《悉尼協議》）；等等。

1997年，香港法例第409章《工程師註冊條例》規定，設立工程師註冊管理局，負責專業工程師在香港註冊執業事宜。條例又規定，管理局由理事會委任的不少於20名成員組成，除此以外可包括一名由行政長官委任的成員，由理事會委任的管理局成員必須是香港工程師學會會員。因此，在某種程度上，香港工程師學會獲得授權管理工程師註冊管理局，同時，學會會員可成為香港的註冊工程師。這不僅擴大了香港工程師學會的功能，也提升了學會會員的地位。

由此可見，香港工程師學會的地位十分獨特，既不代表政府，也不完全代表民間。學會的地位屬於一種法定地位，即半官方組織（Quasi Governmental Organization），這種情況在世界上並不多見。

此外，香港工程師學會還大量參與香港日常的政務活動，最為常見的方式是在政府各委員會中擔當顧問，在立法會中提供專家意見，以及在立法會選舉和特別行政區行政長官選舉中發揮重要作用。

在香港特區政府及立法會、行政會與區域議會等機構，設有各種諮詢委員會、顧問委員會及有關各專業的行政處分委員會，諸如香港特區政府的城市規劃委員會（Town Planning Board）、創新及科技諮詢委員會（Innovation and Technology Advisory Committee）、註冊承建商紀律委員會（Registered Contractors Disciplinary Board）、升降機及自動梯（安全）條例紀律委員會小組（Lifts and Escalators [Safety] Ordinance Disciplinary Board Panel）、氣體安全條例（第51章）上訴委員團（Gas Safety Ordinance [Cap.51] Appeal Board Panel）、建築物條例上訴審裁處（Building Ordinance Appeal Tribunal）等，以及政府各大工程項目的諮詢委員會，如香港房屋委員會（Hong Kong Housing Authority）、香港機場管理局（Hong Kong Airport Authority）、赤鱲角機場發展諮詢委員會、維多利亞港填海發展諮詢委員會、港珠澳大橋發展諮詢委員會等，這些都需要各種工程人員的專業知識投入。

在很多情況下，香港工程師學會都會邀請合適的會員進行參與。因此，學會會員，尤其是學會各專業分部委員會成員、學會理事會理事與其他高級行政人員，如副會長、高級副會長與會長等，都有可能在各委員會中充當顧問，接受諮詢。擔任這些職務的會員，則憑藉工程師的專業知識與特長為政府提供義務服務，很少作出具有政治性的回應。

以香港維多利亞港填海工程的政府諮詢與學會回應為例，來觀察學會在接受政府諮詢中的作用。2000–2001 年，香港特區政府需要研究通過填海來增加土地與各種設施，向香港工程師學會、香港建築師學會、香港測量師學會、香港城市規劃師學會與香港園藝設計師學會等專業團體諮詢。由於涉及維多利亞港填海問題，引發了很多香港市民的關注，而維多利亞港在港英政府時期就已進行了大片面積的填海，所以很多香港人反對再度填海。早在 1997 年，香港已經立法《保護海港條例》香港法律第五百三十一章（*Protection of the Harbour ordinance cap531*），以保護維多利亞港不再被填（27 June 1997）。香港工程師學會除了提供工程技術的諮詢外，還與其他四個專業學會聯合提出：第一，在香港島北面的填海工程不僅要盡量減少，還要把沿岸的地方作為海景長堤，使市民與遊客能夠享用維多利亞港的景色。第二，對政府諮詢在北角岸邊建造郵輪碼頭一事提出反對，原因是如果那裏變成郵輪碼頭就會影響維多利亞港海上交通的運作，此舉不僅會影響交通的效率，更可能構成危險，導致海上的意外。第三，對九龍南的紅磡灣填海，除了提供工程上的專業意見之外，更提議政府盡量減少填海。第四，針對西九龍新填海區域，政府提議用作商業酒店的發展，如九龍東以前的發展模式，學會對此提出反對意見，認為應該把九龍西那個寶貴的地方，作為公園、文化、旅遊與市民休憩的地方，使其成為城市的“肺部”，讓市民放鬆休息，也讓遊客欣賞維多利亞港，這對香港市民大有裨益，也有利於推動香港的旅遊發展。特區政府最終接納了提議，取消了已經簽訂的基建工程合同，重新整體設計，將九龍西填海區作為文化中心。第五，對啟德機場的發展，提議政府建郵輪碼頭與直升機碼頭，也提議把啟德機場跑道近海的區域開發成旅遊區，仿照悉尼的海港邊的設計，為人們提供餐飲、娛樂和休閒服務。最終，政府在那裏興建了郵輪碼頭。以上表明，工程師學會在應對政府的諮詢工作時，所提供的專業意見和建議，對香港的基建工程和社會發展作出了一定的貢獻。

由於香港的功能界別制度，香港工程師學會在某種程度上也更多地介入到香港政治參與之中。

香港的功能界別制度始於受殖民統治時期，源於 1984 年 7 月 18 日發表的諮詢文件《代議政制綠皮書》，這份文件也被視為港英政府時期的香港政制改革的開端。文件規定，選舉產生的 24 名議員，分別由選舉團和功能組別選出，每類各選 12 名。1991 年《香港人權法案條例》通過後，功能組別制度因可能抵觸人權法而遭到質疑，港英政府則強調功能組別是臨時過渡性質。當時，共有 11 個功能界別議席，工程建築測量及都市規劃界為其中之一。1992 年，時任港督彭定康（Christopher Fracis Patten）在其政制改革中，提出 1995 年香港立法局選舉中新增九個功能組別，即“新九組方案”，並更改功能組別選舉方法，把法團選票改為個人選票，使得功能組別符合選民資格者增加至 270 萬人，實際登記人數 115 萬人，企圖為香港回歸製造麻煩。截至 2008 年，香港共有 28 個功能界別。2012 年起，香港立法會共有 70 席，功能界別議席佔 35 席，其中工程界佔 1 席。

在香港回歸前，1985–1991 年，由港督任命的非官守行政局議員鄭漢鈞出任工程界的立法局議員；1991–1997 年，由黃秉槐任工程專業功能組別之立法局選舉議員。香港回歸後，1997–2012 年，由何鍾泰任工程專業功能組別之立法會選舉議員；2012–2016 年，由盧偉國任工程專業功能組別之立法會選舉議員。

香港選舉委員會（Hong Kong Election Committee）是香港特別行政區根據基本法設立的選舉組織，負責選出行政長官。後來，兼負責選出香港特別行政區的人大代表。2017 年，香港特別行政區選舉委員會委員共 1,200 位，其中工程界佔 30 位。

因此，香港工程師學會也就得以成為參加工程界相關選舉的組織平臺。儘管參加立法會議員、選舉委員會委員選舉的只是少數工程界資深工程師，或是學會的領導成員，但這也擴大了學會的政治參與度，他們運用自己豐富的學歷知識與工程經驗，為香港政務提供意見，特別是有關香港公共工程的意見。例如，可持續發展、粵港澳合作、公營房屋政策、廣深港高速鐵路、復建居屋問題、葵涌貨櫃碼頭興建新市鎮方案、香港人才政策、興建百層高摩天住宅宜採“H” 型設計及土地供應問題等，這些大都關係到香港居民的日常生活及長遠發展。

作為一個專業團體，香港工程師學會的政治參與活動，還是主要體現在發揮公共監督作用。除了在立法會議員、選舉委員會委員選舉時發表政見及專業意見、回應政府相關諮詢之外，學會還以新聞報道、論文、研討會、意見書等形式，在公共傳媒上發表看法，使市民更多地瞭解事態的情況與可能性，並給予政府多些專業意見和可行性的建議。

一方面，對工程師學會及其會員對香港相關工程法規，以及正在擬定中的相關工程法規可能引發的法律問題，在報刊上加以說明，使市民有所瞭解，從而消除他們的疑慮。在 2000–2018 年期間，香港報刊上就有對電子交易條例、建築物條例、強制驗樓立法、升降機及自動電梯工人註冊制度、違例改建問題等多項相關法規的法律問題進行解釋，其中，馬頭圍道塌樓慘劇、大廈石屎外牆塌下事件、土瓜灣塌簷意外，更是引發了強制驗樓立法的討論，改建開放式廚房亦屬違例的解釋，也為社會大眾所關注。

另一方面，對於香港社會經濟建設中的重大工程問題，工程師學會及其會員更是積極通過報刊向公眾報道工程進展及其存在的問題。2000–2018 年間，在涉及填海造地、開拓土地、房屋政策、信息基建、公共設施、創新科技、西部商機、內地與港基建合作、廣深港高速鐵路等多項重大工程，尤其在東南九龍填海、公屋興建及管理、污水排放計劃等問題上，發揮了學會的社會監督作用。此外，由於香港的地理環境和多颱風的氣候條件，工程師學會還很注重危險斜坡問題，極力敦促政府改善。

總之，香港工程師學會在香港社會的各項活動中扮演著多種角色，其中也包括社會責任。學會雖然不是慈善團體，一般不參加慈善活動，但在非常時期及重大災害事件中，也會動用資源，幫助、救濟受災地區及民眾。例如，2008 年四川汶川大地震發生時，香港工程師學會除了組織工程師和工程人員到災區協助賑災，還在工程師學會內募捐籌款用於賑災，因為學會會員眾多，籌集到大量的款項。

四、與國際工程機構的互認

香港在港英政府管治時期，大部分工程都是採用英國標準與制度，包括工程師與技術人員的訓練。至 20 世紀中葉，隨著經濟全球化的推進，更需要一套大家公認並採用的專業技術制度標準與法規等。再者，香港地理空間有限，香港工程師的發展受到很大的局限，要想追求更好的發展，就需要向外發展，同樣需要有一套被外部承認或通用的制度標準與法規。

1975 年，當香港工程師學會正式改組成立時，港英政府聘請工程師的入職條件，還是只聘用英國工程師學會會員，如英國土木工程師學會、英國機械工程師學會、英國電機工程師學會的會員，並不承認香港工程師學會會員的入職資格。因此，英國工程師學會的會員資格就可以作為申請成為香港工程師學會會員的資格；反之，很多香港工程師學會會員為取得在工程設計安全與衛生條件控制下的工作，就要考取英國工程師學會的會籍，否則港英政府不會發給工程師執業執照。

1982 年，港英政府承認香港工程師學會會員資格作為專業公務員的入職條件，這是對學會專業性的肯定，香港工程師學會會員也不再都需要考取英國工程師學會的會籍。而且，有些已經入職政府的工程師職位的香港工程師，為了省去繳納英國工程師學會的會費，甚至放棄了已經獲得的會籍。可事實上，還有不少工程師有其他的考量，或是香港工程師中的外籍人士，或是具有國際視野希望去外國發展的香港工程師，或是對香港回歸抱有疑慮的香港工程師，仍有意願考取外國工程師學會的會籍。譬如，到加拿大、澳洲、中東、澳門、新加坡、東南亞等國家或地區工作，英國工程師學會的會籍還是可以派上用場，其工程師專業資格能夠獲得承認。除了執業問題的考慮外，工程學位的互相承認，對世界各地有關的工程類學生的升學也很重要。互認學位的國家及地區的學生，可以更方便地到其他互認國家及地區的大學升學及參與研究工作。

也就是在 1980 年代，很多國家，尤其是講英語的發達國家，除了希望資金可以自由流動外，還希望人才與服務可以互通交流，以實現經濟貿易國際化的理想。在這個大前提下，很多國際組織都大力推動各種國際化的合作、協議、同盟等，以便將來可以實現互通、交流、合作。

在此種大背景之下，香港工程師學會也積極開展了爭取國際合作、提高相互承認度的工作。這些工作大致可以分成兩類，一是簽署雙邊的合作協議與互認協議，二是加入多邊的國際工程協議。

香港工程師學會先後與美國、澳大利亞、加拿大、中國臺灣、韓國、菲律賓、新加坡等國及地區的相關學會和機構簽署了合作協議，[1] 涉及土木工程、能源、信息產業、航空、汽車、水和環境管理、結構等多個專業領域。此外，還與英國、澳大利亞、加拿大、愛爾蘭、新西蘭等國及地區的許多工程機構 / 當局簽署了《專業資格互認協議》，涉及計算機、建築、公路運輸、水和環境管理、能源、土木工程、海洋、材料、礦產和採礦、測量和控制、化學、消防、燃氣、機械、結構等專業技術資格。

1995 年，香港工程師學會成為《華盛頓協議》（*Washington Accord*）下工程本科學位的評審組織成員，也是學會加入的最重要的多邊國際協議之一。《華盛頓協議》成立於 1989 年，要求各簽署國及地區相互認可由一方確認的方案在實質上具有等同性。即在任何簽署國及地區所認可課程的畢業生，其他簽署國也應確認為滿足學術要求，具備進入工程實踐的資格。《華盛頓協議》的涵蓋範圍為本科工程學位。截至 2014 年，《華盛頓協議》的簽署國及地區有澳大利亞、加拿大、中國臺灣、中國香港、印度、愛爾蘭、日本、韓國、馬來西亞、新西蘭、俄羅斯、新加坡、南非、斯里蘭卡、土耳其、英國和美國等，孟加拉、中國、哥斯達黎加、德國、巴基斯坦、菲律賓、秘魯等已簽署臨時備忘錄，並可能成為未來成員。

2001 年 6 月 25 日，《悉尼協議》（*Sydney Accord*）正式簽署並開始實施，規定相互認可工程技術學歷的實質等同性，即簽署者相互認可高級文憑及副學士學位。《悉尼協議》的完全簽署國及地區包括澳大利亞、加拿大、中國臺灣、中國香港、愛爾蘭、韓國、新西蘭、南非、英國和美國。同時，香港工程師學會還加入了《工程師流動協議》（*Engineers' Mobility Forum, EMF*）、《國際工程技術

---

1 Hong Kong Institution of Engineers archive.

專家協議》（*International Engineering Technologists Agreements, IETA*）等，主旨是要求簽署各方對專業工程師註冊和執照的互認，以及開發、監控、維護和促進各方都能接受的標準和準則，為促進專業工程師的跨界流動。

2009 年，香港工程師學會成為《首爾協議》（*Seoul Accord*）成員，該協議互認簽署機構之間的第三級計算和 IT 資格，也就意味著經學會核准的計算機科學學位均得到其他簽署成員的認可。《首爾協議》的簽署國及地區有澳大利亞、加拿大、中國臺灣、中國香港、日本、韓國、英國和美國等。

此外，香港工程師學會也是世界工程組織聯盟（WFEO）的附屬會員，以及亞洲及太平洋工程師協會聯盟（FEIAP）的會員。

香港的工程設計、用料標準和施工方法，都採用最優的國際標準，提高工程建設的效率，使之達到發達國家的水平，即在資源許可下達到最佳的效果，是香港經濟、社會能夠可持續發展的保障，因而得到政府的大力提倡和支持。另一方面，貿易、資金、人才的自由化和國際化，是香港發展的重要資產。其中，工程技術人員資歷、流動的國際互認，對香港的發展具有重要的意義。

香港工程師學會通過各種雙邊及多邊的國際合作協議的安排，使得香港工程專業教育的學術水平能夠達到發達國家水平，並與國際接軌。註冊專業工程師的資格互認，特別是與英聯邦有關國家的直接互認資格，也為香港工程師從事國際交流及在世界各地執業提供了便利，例如在中東、東南亞、澳門、澳洲、英國甚至歐盟國家等地區。

這種國際化的互認專業課程、學位和專業工程師的註冊、執照，也有利於香港大型工程項目得到外國的幫助。在香港回歸前，大量的基建工程，如飛機場、公路、鐵路、地下鐵路和橋樑等項目，能夠在一個短時期內完成，也都包含著一定的國際因素。

香港回歸後，香港工程師學會的這一優勢得到了充分發揮，並進一步擴大了國際合作、交流的範圍和水平。尤其是在中國內地改革開放後，香港工程師學會憑藉自身的經驗，對內地工程界的對外開放發揮了重要的作用。

五、協助內地工程建設

香港與中國內地之間存在著不可分割的緊密關係。長期以來，儘管兩地的政治制度不同，但仍然維持著大量的經貿、人員往來關係。自中國內地實行改革開放政策以來，強調發展經濟，需要香港提供資金與具備專業技術知識的人才等資源；香港也可以利用內地豐富的土地、原材料與一般勞工人力資源，抓住自身發展的良好機遇，兩地的交往得以大量增加。香港回歸祖國之後，兩地的交往更是得到了中央政府及香港特區政府的大力推動，國家領導人也曾多次發表講話及文章，高度肯定了香港對中國內地改革開放所作出的各種貢獻，尤其體現在對資金的運用及提供專業技術知識兩個方面。其中，工程師學會也有積極參與，並作出了自身的貢獻。

香港工程師學會協助內地工程建設，大致通過三種方式來實現：第一，學會與內地相關機構的交流，內容包括簽署合作協議、舉行研討會、人員互訪、交換信息等，形式可分為學會自行的交流活動和參與官方主導的交流活動兩種。第二，當港商在內地進行大筆投資時，學會提供諮詢、培訓、訓練等方面的服務，在標準化與註冊工程師上提供支持。第三，學會會員，特別是資深會員，對內地重大工程建設項目，提供專業技術等方面的顧問、諮詢、建議。

中國內地在改革開放之前，工程師學會跟內地的交往極少。1978 年 11 月，經過中國科學技術協會的安排，學會第一次派團去內地訪問交流，並獲得政府高層的接見和鼓勵。雙方同意增加互訪交流，並擴大合作範圍，包括培訓和資格互認事項，舉辦工程技術、高層建築會議等。

香港特別行政區西部訪問行程中獲朱鎔基總理接見和鼓勵。

隨後，雙方交往不斷深入。1983 年，香港工程師學會成立了中國事務委員會，合作對象也由中國科協擴展到北京、上海、廣州、福建、江蘇等地方科協。在工程技術方面，在合辦的各種研討會中，高層建築研討會尤為重要，對內地的城市建設發揮了重大作用。另一項重要工作是有關工程師在其他國家及地區的專業資格認可和註冊，這是與國際接軌的一大步，清華大學在交流中也表達了對國際學位認證的渴望。

然而，香港工程師學會跟內地工程師的互認問題比較複雜與困難。首先，香港工程師學會會員是法定的，代表合格專業工程師的資格，可以作為入職的資歷依據，且所有會員統一在香港工程師學會一個機構裏。而中國內地的工程師，則歸屬不同的機構，如建設部、城鄉建設部、鐵路部等，導致互認的對口單位十分分散，難以集中處理。再者，中國科學技術協會的會員資格，並非專業執業的資格，與香港工程師學會的會員資格存在較大差異，二者互不相等。

互認工作自 1993 年開始，確定由中國科協的電機與機械部高級工程師與香港工程師學會的機械工程分部與電機分部高級工程師會員安排互認，結果因執業資格存在差異，未能繼續推進。隨後，由英國特許結構工程師學會會員跟中國內地的結構工程師安排互認。在一个時期內，曾經敲定了互認方式，即双方都不需要工程專業技術的考試，双方合資格的專業結構工程師只需要參加對方有關結構工程的建築法例考試，通過後就可以完成互認。後來又決定添加有關的語言考試，因很多人沒有參加此類考試，最終也沒有繼續推進。最後的安排，是根據 2004 年的《全國註冊工程師管理委員會（結構）與香港工程師學會結構工程師資格互認協議》，香港工程師學會的結構工程師在通過有關的中華人民共和國建築法中地震工程與有關的建築法例的考試，便可以成為中華人民共和國的一級註冊結構工程師。此後，又根據 2013 年的《取得內地一級註冊結構工程師互認資格的香港結構工程師在廣東省註冊執業管理辦法》[1] 規定，參加註冊執業法規測試成績合格的香港工程師學會的結構工程師，可以成為香港广東省住房和城鄉建設廳的註冊執業結構工程師。

至 1995 年，香港工程師學會與內地相關機構的互動交往，較之以往有了明顯增多。香港回歸後，此種交往已經成為一種趨勢，並得到了香港特區政府的大力支持，成為香港與內地加強全面聯繫的一個組成部分。

在香港特區政府的推動之下，香港工程師學會每年都會組織各種訪團訪問內地，與中國科協及地方協會、各相關工程技術學會，以及建設部、城鄉建設部、人事部、科技部、環保部等政府部門展開交流，在內地各大城市舉辦或合辦交流研討會，內容涉及高層建築、氣候變暖、環保問題、廢物處理、路橋工程、發電工程、高科技產業化、規範標準、質量控制、仲裁與法律糾紛的解決等。學會也積極參與由內地相關部門、地方政府主辦的各種研討會，分享香港及國外工程的知識與經驗，提出建議或意見，特別是相關的標準、設計、質量控制管理等問題。同時，學會也可以把內地的工程項目與產品，介紹給香港或國外的投資者，拓寬招商引資的渠道。

在早期，在各種交流、研討活動中，一般都是由港方提供較多的信息。事實上，內地相關機構在早期合作時，希望香港能夠把相關的工程技術輸入轉移到內地，所以每年都在不同的大城市舉辦工程技術交流會，所選擇的探討題目都是最需要或最感興趣的題目。但是，技術轉移是一個複雜且敏感的問題。香港工程師學會為此做了大量工作，除了組織參與各種交流研討活動之外，還邀請會員就各種相關題目寫作技術論文，並以研討會方式傳遞給內地有關組織及同行們，在研

---

1 《取得內地一級註冊結構工程師互認資格的香港結構工程師在廣東省註冊執業管理辦法》，2013 年。

討會中傳遞訊息、交流技術與研討不同方面的問題。

隨著內地的經濟、技術發展，交流、研討活動逐漸變成雙向互動的模式，即轉換為互相交流、互相學習、互相得益的局面，內地的許多工程資料也會傳給香港，對促進香港的發展進步也有所幫助。

此外，香港工程師學會還積極參加了由香港特區政府、中華人民共和國駐香港特別行政區聯絡辦公室（簡稱“中聯辦”）推動的東北振興、西部大開發投資活動，參團訪問，獻計獻策，帶動內地與香港共同發展。

香港工程師學會赴東北訪問團。

香港特別行政區財政司曾蔭權司長領隊進行西部訪問。

在中國內地改革開放的進程中，香港工商界的投資和工程建設項目，無疑對內地經濟的快速發展貢獻巨大。例如，霍英東“第一批響應返回祖國發展旅遊事業興建賓館”，由他投資的白天鵝賓館於 1983 年 2 月 6 日正式在廣州開業，此外還參與了建造南沙港[1]、虎門大橋，帶動了南沙建設；合和實業有限公司董事局主席胡應湘參與了廣深高速公路、廣珠西線高速公路、廣州市中國大酒店和多個火力發電廠的建設；長江集團董事局主席李嘉誠參與了北京東長安街東方廣場項目，這是目前亞洲最大的商業建築群之一，此外還參與了鹽田國際集裝箱碼頭等項目的建設；新鴻基地產發展有限公司參與了上海浦東國際金融中心 Shanghai IFC、北京王府井大街新東安廣場等項目的建設；恒基兆業集團參與了北京建國門恒基中心的建設；恒隆集團[2]參與了上海恒隆廣場、上海港匯恒隆廣場、瀋陽皇城恒隆廣場、濟南恒隆廣場、無錫恒隆廣場、天津恒隆廣場、大連恒隆廣場、昆明恒隆廣場與武漢恒隆廣場的建設；香格里拉酒店集團作為亞洲地區最大的豪華連鎖酒店，參與了內地各大城市豪華連鎖酒店的建設；嘉華集團參與了房地產開發與酒店及建築材料等業務。此外，還有很多實業家在內地建設廠房進行工業生產等業務。

香港工商界代表團於 1977 年應邀到北京考察。

1 冷夏：《霍英東全傳》，北京：中國戲劇出版社 2005 年版。

2 《恒隆集團有限公司各年報》，2010–2015 年。

這些投資者與發展商在內地的工程建設項目，都會大量僱用香港的專業人士，如建築師、工程師與測量師等。同時，不同的製造業與工業的設廠、生產，也會用到很多香港工程師與工程技術人員。此外，一些外商投資的工程項目亦是如此。因此，香港工程師發揮著十分重要的作用，尤其是改革開放早期，帶動了中國內地工程師及其他專業人士與國際標準接軌，甚至輸出專業技術與建築工程服務。究其原因，一是香港工程師執業資格能夠得到國際間認可，有助於增強投資者在工程建設風險和生產程序風險上的信心；二是香港與內地交往的先天優勢，例如，在合和實業有限公司開發的高速公路、火力煤發電廠、地產與酒店等工程建設項目中，僱用的基本都是香港工程師或外國工程師，因外國工程師對中國的社會環境、法律、語言、文化等方面存在一定的溝通障礙，香港工程師能起到一定的中介作用。

由此，香港工程師學會能夠發揮很多間接的作用。其一，通過採用國際通用標準，以及依據合同法的設計、管理、施工和質量監理等方法，提升外來投資者在內地投資各項發展項目的信心，不用擔心來自工程技術、財務或標準上的問題。其次，通過項目的實施過程，增進香港工程師與內地工程界的交流，把國際水平的工程設計、標準、合約、施工、監理等方面的知織、技術與經驗，直接傳入內地工程界，也可以說是一個專業技術方面的培訓或訓練過程。其三，這個過程也是一個相互學習的過程，香港工程師在內地的寶貴工作經驗，可以通過各種交流、研討會活動再次傳播出去，既可以在內地繼續第二次傳播，也能夠讓香港工程師獲益。

另一種協助內地工程建設的方式，是香港工程師學會會員，尤其是資深會員和學會的領導層通過他們的專業知識、廣泛的社會關係及影響力，在內地工程建設中發揮重要的作用。

作為資深會員或高級會員，他們通常是某種工程技術專業領域的權威，或是擁有豐富的工程實踐經驗，在國際工程界建立了良好的聯繫，並具有一定的影響力。也正因為此，他們作為專業技術權威和學會的代表，有更多的機會參與各種訪問、交流和學術研討會，也有更多的機會擔任香港投資商、開發商的工程項目顧問、監理，以及接受內地相關機構及地方政府的諮詢並出任顧問。這些情況隨著兩地交往深入屢見不鮮，內容也越來越廣泛，其中，較多的是通過學習交流、發表論文和擔任顧問，把自己的專業知識引薦到內地，幫助內地的相關產業發展；也有穿針引線，以合作或獨資形式引進國外的高新機電工程設備及產品；再有是擔任港商投資內地的大型工程建設項目的顧問或總監，把標準、施工、監管、質量控制等一整套工程管理方法，直接傳授給內地的相關工程部門和專業技術人員。無論採用何種方式，都對內地的工程技術進步和經濟發展，作出了寶貴的貢獻。

總體而言，內地的發展需要香港，香港的發展更離不開內地。中國內地改革開放以來，特別是香港回歸祖國之後，香港工程師學會與內地的聯繫越來越密切，為內地的快速發展作出了重要的貢獻。

結　語

縱觀香港工程師學會的發展歷史，從 1947 年成立，到 1975 年重組，再到參與中國內地的現代化建設，大致可以分為三個階段。在不同的階段中，學會都發生了巨大的轉變，同時伴隨著自身的成長壯大。其發展過程，可以歸納為有四個重要特徵：

第一，由英國人主導逐步轉為本地化和國際化。作為高級工程技術人員的組織，香港工程師學會的發起、成立，都由英國籍工程師所主導，且英籍工程師擔任會長等重要職務。學會的規章、活動多仿效英國相關組織，日常財務開支也嚴重依賴英國方面。可以説，香港工程師學會就是英國控制的工程技術組織的香港分部。1975 年後，香港工程師學會的本地化進程加快，但英國人對學會的控制與影響仍然巨大。直至 1997–2015 年期間共十八屆香港工程師學會會長，全部由擁有中國血統的香港人擔任。在港英政府部门裏擔任高級領導工作的工程師，也陸續被本地工程師所取代。英國人對香港工程師學會的控制已經結束，其在規章、技術和人員交往等方面的潛在影響，亦有十分明顯的減退。

香港工程師學會由英國人主導的所謂“英國化”逐步向本地化轉變，其歷史過程意義重大，涉及主權、技術、文化多個層面，可謂是香港近代以來政治、經濟、社會、文化發展的一個側面。

在顯露本地化發展趨向的同時，香港工程師學會亦積極發展並擴大對外聯繫，以適應經濟、技術全球化的潮流。可以說，本地化和國際化是香港工程師學會健康發展的兩個方面。

香港工程師學會積極參與相關國際活動，充分展示了香港地位改變的巨大影響，能夠更多地、獨立地走向世界，提升香港工程界的技術水平和活動空間。另一方面，香港工程師學會的國際化，也為中國改革開放後工程界參與世界事務提供了寶貴的先導經驗。

第二，兼有普通職能與特殊職能。香港工程師學會是一個就工程界專業實行領導管理和溝通的組織。在專業方面，實行高效的集權管理，負責統籌處理香港工程專業各種事務，尤其是對內對外的溝通與交流。在組織機構方面，擁有人力資源充足的專業秘書與行政處，有助於加強工作效能和提高工作效率。高級會員與行政人員，如會長、副會長等，均選擇工程界資深工程師中工作能力強、人際關係好者擔任，以達到香港工程專業管理和會員福利保障兩方面的最好效果。

依據 1975 年《香港工程師學會條例》規定，學會具有社交聯誼功能、學術研究交流功能、大學工程學位評審功能與工程專業評審功能等。由此，香港工程師學會扮演著多種角色：諸如確定工程師資歷、制定並監督工程師訓練計劃、審定工程學位、負責工程界國際交流以及與中國內地交流、管理工程師註冊、充當港英政府的工程諮詢顧問、參與管理及監督專業工程師執業等。其中，有些職能為一般學會組織所共有，有些則是港英政府特別授予的特殊職能。

在政府授權的特殊職能中，最重要的有兩方面：一是 1975 年《香港工程師學會條例》中給予學會審核工程師資格的權利；二是 1990 年《工程師註冊條例》中給予學會有註冊專業工程師在香港工作的職能。因此，香港工程師學會實際上承擔了部分政府職能，其活動也就具有了一定的公權力性質，與單純的民間團體存在一定差別。

總體而論，將政府部分職權授予民間學會執行，從港英政府層面講，可以節省大量的人力、物力、財力；從香港工程師學會層面講，專業團體的操作可以提高效率，反過來也可以提高學會的權威性。顯然，香港工程師學會的成功經驗，值得借鑒和推廣。至於由此可能造成的工作崗位的減少及行業自律等問題，則可以在經濟發展中，以及由政府與學會雙方共同制定更嚴格、可行的規則，逐步加以解決。

第三，積極發揮工程諮詢和社會監督作用。香港工程師學會對於香港社會的貢獻，除了會員直接參與香港各項工程建設，以及承擔部分授予的特殊職能外，最重要的還是發揮工程諮詢和社會監督作用。

隨著香港工程建設規模的擴大、專業技術水平的提高，以及香港市民維護自身權利意識的提升，對於工程建設過程中各種問題的諮詢，尤其是大型公共工程及民生工程的諮詢需求隨之大增，更需要獨立的權威專業團體發揮作用。

在工程諮詢方面，回應港英政府方面的諮詢尤為重要。香港工程師學會通過推薦專業工程師參與各種政策委員會、質詢委員會、顧問委員會的工作，在立法會、行政會、區議會等機構中發言，就相關工程項目的設計、技術、環境、財務、法律等方面的問題提供意見。學會部分會員還直接參與香港政治活動，就統籌管理香港工程項目發揮作用。

此外，香港工程師學會會員還通過報刊、廣播、電視等公共傳媒，發表各種工程問題的意見，其中有向政府部門的建議、工程建築知識的宣傳、社會關注的工程建設中的經濟及法律問題，以及更多的是有關工程質量的監督和環境評估。這些舉措既發揮對市民的工程知識普及、解除疑慮等作用，也起到了專業人士的社會良心功能。

第四，對中國內地現代化建設的貢獻。中國內地實行改革開放後，尤其是香港回歸之後，香港工程師學會與內地的聯繫愈加緊密。

前期主要表現為香港工程師學會利用自身優勢，成為內地工程專業機構對外聯繫與溝通的重要樞紐。香港工程師學會是一個綜合性的工程專業團體，人力、財力資源雄厚，已經跟國際工程機構與學會接軌多年，且身兼工程學位、會員資格評審與工程師註冊三大職能，便於充當中國政府機關及工程專業團體對外聯絡的中介。香港工程師學會通過信息諮詢、人員交流、專業培訓等形式，將各種先進的工程技術知識、國際標準和管理經驗，單向地引入內地，成為中國政府機關及工程專業團體便捷地獲取世界各地信息的重要渠道，充當了對外開放“第一站”的角色，有助於內地改革開放的順利開展。

當內地工程專業團體逐步走向世界，工程標準和法規制度逐漸與國際接軌之後，香港工程師學會與內地的交流，便更多的表現為雙向性。一方面，香港工程師學會繼續利用信息和經驗的長處，在人員交流、信息溝通等領域發揮作用，尤其是眾多香港工程師在內地工程建設中充當設計、質量、審計、法律等環節的顧問或監理，對確保工程完成和傳授管理經驗，作出重要貢獻。另一方面，內地的現代化建設，也為香港工程師提供了更為寬闊的舞臺，也是香港工程師學會大發展的最佳機遇，有利於香港與內地在緊密交流中的共同發展。

必須指出的是，由於中國內地與香港在體量上存在巨大差異，對於工程建設的需要和分類也有不同。因此，當內地的現代化建設取得一定成就之後，兩地的交流便面臨新的問題，香港工程師學會亦是如此。

《內地與香港關於建立更緊密經貿關係的安排》（*Mainland and Hong Kong Closer Economic Partnership, CEPA*）對於香港的長期可持續發展，作出了規劃和展望。然而，對香港工程界來說，現階段卻有“大門打開，小門打不開”之感。究其原因，主要有三點：其一，有些內地獨有而香港沒有的工程項目，如軍事工業、航天、大型輪船、大型水壩等，香港工程界沒有參與的機會。其二，香港先有而內地後有的工程項目，如大型集裝箱海港、大型國際機場、地下鐵路等，經過早期的交流和傳授，內地大都可以自行設計、處理與建造。其三，有外商投資或香港投資的工程項目，如大型或高層建築、工業工程、碼頭建設等，外商或港商一般都會任用本地或外國的顧問工程師。

此種情況表明，中國內地的發展，也會反過來促使香港對未來發展的思考。對於香港工程師學會而言，就是如何保持自身優勢，謀求可持續發展的問題。香港工程界應該有所為有所不為，更加積極主動地瞭解內地的工程法例與規範，提高自身競爭力，如此才能夠在更大的空間中取得更大的發展。

第十七章

香港作曲家及作詞家協會的成立與發展（1970–2000 年代）

莫永佳

香港作曲家及作詞家協會（簡稱“CASH”或“協會”）成立於 1977 年 10 月，至今已有 48 年歷史，它是香港為音樂創作人謀求福利之合法且最重要的法人實體，執行管理音樂版權的使用及收費事宜，亦是香港音樂文化與世界各地音樂版權及音樂文化機構的交流平臺。它不僅可以支援香港特別行政區管理音樂版權，亦是領導亞洲的音樂版權機構。香港的音樂文化及音樂產業是香港人日常生活寫照的記錄。過去數十年，由於電臺廣播和電視廣播，收聽樂曲成為香港人的日常生活的一部分，豐富的詞曲內容滲入香港每個家庭，成為朗朗上口的流行曲。這催生了從音樂衍生而來的商機，例如舉辦大型演唱會，商業灌錄音樂光碟及近年的互聯網音樂平臺等商業活動，收益頗豐。說到香港的文化歷史，音樂文化歷史確實值得探討。音樂文化也許是世界各地共有的，但香港的音樂文化及音樂產業卻是能鮮明反映香港人生活的歷史記錄甚至價值觀的獨特地方文化。1950 年代的香港，大量移民從內地湧入香港，普通百姓生活艱苦，娛樂不多；到了 1960 年代，香港繼續發展與擴張製造業，強勁的經濟增長使香港迅速崛起，成為亞洲四小龍之一；1970 年代香港開始經濟起飛，在短短數十年間成為國際大都會。1960–1970 年代的香港人，電視及電臺廣播是一般家庭茶餘飯後的娛樂，電視劇的主題曲等音樂家喻戶曉。協會亦於 1970 年代成立，見證時代變遷，造就了一個新興的香港本土音樂創作行業，誕生眾多作曲家、作詞家，亦造就粵語流行曲的黃金年代。由於電臺廣播和電視廣播，豐富的詞曲內容深入香港每個家庭。此後，更有上萬人的大型演唱會，吸引眾多市民的參與，成為重要的商業活動，對香港本土價值觀及文化影響極為深遠，甚至傳遍中國及世界各地華人社會。香港作曲家及作詞家協會的發展歷史，實為香港歷史、社會文化研究的有趣課題。

香港的作曲家及作詞家協會代表著一群或許不為人熟知的小眾群體，卻是音樂產業中不可或缺的寶貴社會資源。儘管從事這一行業的音樂創作人不多，現時該協會登記的會員僅 5,035 人，對香港這個 750 萬人口的商業城市來說，無疑是一個冷門行業。在保障這些珍貴的音樂創作人及推廣維護音樂版權，香港作曲家及作詞家協會扮演著舉足輕重的角色。過往關於香港音樂發展的研究重點多放在粵語流行曲的發展史上，並未深入探討音樂創作人組織的運作。因此，本章將在已知的香港音樂文化發展的基礎上，圍繞協會成立的目的、不同時期遇到的挑戰以及發展進行深入探討。筆者發現，有關探討香港音樂產業的研究文獻並不多，且主要集中在香港粵語流行曲的歌詞研究、分析與運用，或歌曲評論方面，諸如朱耀偉[1]、黃志華[2]及劉靖之等人的著作，鮮有提及香港作曲家及作詞家協會。除了協會的官網及於 2008 年出版的三十週年特刊[3]對於該協會有較為詳盡地介紹外，梁寶耳收錄於《香港音樂發展概論》的一文，就香港音樂作品的版權制度做過探討；近期關於香港音樂產業介紹的著作，僅有劉靖之的著作《香港音樂史論——粵語流行曲．嚴肅音樂．粵劇》，[4]論述了從 19 世紀中到 21 世紀初的香港百年的音樂活動及其演變歷程，其重點並不是在評介該協會的成立及發展等議題。其他對香港音樂產業的研究多聚焦於粵語流行曲的發展歷程，例如香港大學碩士研究生劉文俊於 2003 年的碩士論文《1930–2000 年間香港流行音樂的變遷》[5]、已故香港著名的音樂創作人黃霑於 2003 年發表的博士論文《粵語流行曲的發展與興衰：香港流行音樂研究 1949–1997》[6]等。要搜尋近十年曾發表

1 朱耀偉：香港學者，本地樂壇研究者，著作包括《香港流行歌詞研究》、《光輝歲月：香港流行樂隊組合研究》、《音樂敢言：香港〈中文歌運動〉研究》、《香港文學文化研究》（與張美君合編）、《本土神話：全球化年代的論述生產》、《音樂敢言之二：香港〈原創歌運動〉研究》等。

2 黃志華，香港著名樂評人，在 1980 年代曾以李謨如、許雲封、周慕瑜等筆名填詞和撰寫樂評，後研究香港流行音樂文化，與朱耀偉同為少數的本地樂壇研究者。著有多本評論專書：《早期香港粵語流行曲（50–74）》、《粵語歌詞創作談》、《香港詞人詞話》、《被遺忘的瑰寶——香港流行曲裏的中國風格旋律》等。

3 《香港作曲家及作詞家協會三十週年特刊》，香港作曲家及作詞家協會，2008 年。

4 劉靖之：《香港音樂史論——粵語流行曲．嚴肅音樂．粵劇》，香港：商務印書館（香港）有限公司 2013 年版。

5 劉文俊：《1930–2000 年間香港流行音樂的變遷》，香港大學碩士論文，2003 年。

6 黃霑：《粵語流行曲的發展與興衰：香港流行音樂研究 1949–1997》，香港大學博士論文，2003 年。

的以香港作曲家及作詞家協會為題材的文獻，則尚付之闕如。筆者花費了大量時間翻查 CASH 的年報資料，亦廣泛搜集了過去 30 年（1985–2015 年）在香港、澳門及中國內地相關報章雜誌的報導，發現對於協會的評價褒貶不一，既有激烈批評及不滿，也有堅定支持的聲音，這為本章提供了頗為豐富的資料來源。

筆者對音樂創作有著濃厚興趣，曾跟隨香港著名作詞人鄭國江學習作詞。在鄭老師的指導下，發表填詞作品《恩愛》，並輯錄於 2011 年《掀起西方風民謠經典西方民謠唱片》公開發售，取得 24K 金碟的佳績，因此認識了不少香港作曲家及作詞家協會會員。這些會員中，有的早在 1970–1980 年代就已登上香港樂壇，還有的是近期才加入協會。此外，筆者亦聯繫並會見了數名與協會相關的人物進行口述採訪，這些記錄也成為本章的資料。香港作曲家及作詞家協會為本人這一研究提供了富有價值的資料，協會亦協助本人聯繫了一些作曲家和作詞家，使筆者可以通過電話或電郵形式訪問他們，進一步補充口述史料。

作者曾跟隨香港著名作詞家鄭國江老師學習作詞。

本章共分四部分：第一部分是對 1970 年代協會成立之探討，主要介紹創會理事背景、協會之工作範疇、價值和代表性，以及組織架構；第二、三部分是有關 CASH 發展歷程之研究，它可劃分為兩個不同時期，分別為回歸前英治時期（1977–1997 年）及回歸後的全華人管理層時代（1998 年至 2000 年代），內容包括該時期協會發展的概述、收益概覽、遇到的挑戰及問題解決等；第四部分是對協會的成功與面對的挑戰的探討。

一、香港音樂文化與香港作曲家及作詞家協會的誕生

香港作曲家及作詞家協會最初目的是保障本土的作曲家及作詞家的作品版權收益。這此，我們有必要先追溯自 1950 年代以來的香港音樂文化發展歷程，繼而探討為什麼 1970 年代香港會成立香港作曲家及作詞家協會。

1842 年香港割讓給英國後，雖只有一百多年的歷史，與中國悠久的歷史相比，只是一個很短的歷史時期，但這百年的內涵和層次卻十分複雜、豐富。香港從漁村發展為華洋共處的國際都會，香港的音樂文化生態亦經歷了脫胎換骨的變化。從音樂作品的風格上看，香港本土作曲家大多接受的是西式教育，因此他們更多的是創作無標題的現代風格作品。[1] 近 60 年來，香港音樂文化發展的情況，大致可分為五個階段：（1）1950 年代：當時的香港，大多為說粵語的廣東人，民間流行的音樂是粵曲。由於大量人口於 1949 年前後由內地湧入香港，新移民中亦有長江流域居民及北方人士，其中協會會員林聲翕和韋瀚章都是 1950 年代初來港定居，當時香港主要流行國語時代的歌曲。（2）1960 年代：本土創作並不活躍，香港人受外國文化影響，開始流行聽英文歌曲，湧現英國披頭四樂隊熱潮。1960 年代也是香港粵語電影流行的年代，不少香港電影在東南亞上映也頗受歡迎。（3）1970 年代：隨著香港經濟的迅速發展，粵語流行曲初露頭角。

1 高洪波：《移居香港的內地作曲家研究（20 世紀：30–80 年代）》，中國音樂學院博士論文，2009 年 4 月。

創作人撰寫的歌詞多反映社會民生現實，非常受普羅大眾歡迎。當時社會的娛樂不多，一般人就是回家看電視和聽電臺節目。粵語流行曲聲勢浩大，而且電視廠播的覆蓋面，在短短時間內就已經進入了全港 90% 的家庭，觀眾達 300 萬之多。[1]（4）1980–1990 年代：粵語流行曲的黃金期，經典電視的金曲年代造就了很多作曲家、作詞家。1980 年代盛極一時的作曲家顧嘉煇，作詞家黃霑、盧國沾和鄭國江，他們的作品無數，當中不乏家喻戶曉的作品；到了 1990 年代，著名作詞人包括潘源良、潘偉源、向雪懷、林振強、BEYOND、Albert Leung 等。港人的娛樂熱點卡拉 OK，也是以唱廣東歌為主。（5）2000 年以後：香港社會信息網絡一日千里，進入名副其實的 E 世代。本土作曲家和作詞家大量湧現，他們通過電子媒體發表作品，創作人、唱作人成為了音樂界的新力軍。音樂娛樂已經跳出傳統的電視、電臺範疇，走到了電子媒體，例如 MOOV、Youtube、iTunes、Sportify 等，發表作品的平臺劇增。

版權的概念最早在二百多年前已經出現。版權（又稱“著作權”）旨在保障每一名創作人的智力創作成果，可以通過法律受到尊重，避免被人盜用。1997 年以前，香港對版權的保護是通過直接適用英國版權法來實現的。英國於 1956 年頒佈新的《版權法》，為了使英國版權法在香港實施，英國樞密院於 1972 年專門頒佈了《版權（香港）令》，使英國版權法的效力延伸至香港。為了英國版權法的具體實施，香港於 1973 年制定了《版權條例》。1997 年回歸中國之後，英國本土版權法不能直接或間接適用於香港，為了實現英國版權法本地化，香港立法機關於 1997 年 7 月 1 日前制定了相關版權法例，名為《版權條例》，即現在的《香港法例》第 528 章。該條例保護的作品包括九大類：文學作品、戲劇作品、藝術作品、音樂作品、聲音記錄、影片、廣播節目（包括聲音和影像）、有線傳播節目及文學作品、戲劇作品和音樂作品的出版版本等。此外，計算機程序作為文學作品也在被保護之列。香港版權法針對不同的作品，規定了不同的保護期。（1）文學、戲劇和藝術作品的保護期自作品完成創作時起直至作者死後 50 年。如果作者身份不詳，則自作品完成創作或首次公開的那年年終起計算，保護期為 50 年。（2）聲音記錄（sound recording）的保護期為 50

---

1 根據香港政府 1975 年報（Hong Kong Ann ual Report 1975），1974 年全港已有電視機 78 萬部，電視觀眾達 260 萬。到 1979 年電視劇《網中人》和《上海灘》的觀眾收視已達 300 萬。

年，自作品製成或發行那年年終起算。（3）影片保護期直至著作人中最後一人死亡那年年終起算，50 年終止。如果影片著作權人身份不詳，則自影片製作或首次向公眾提供的那年年終起算，保護期為 50 年。（4）廣播或有線傳播節目的保護期，自節目製成或輸入有線節目系統的那年年終起算，保護期為 50 年。應該注意的是，對文學、戲劇和音樂作品出版版本的排印版權（typographical arrangement of published edition）的保護期為 25 年，自出版物首次出版的那年年終起算。[1]

公開表演、播放或放映版權作品，均涉及《版權條例》。版權擁有人的“公開表演、播放或放映版權作品”權利，歌曲的旋律、歌詞、聲音和視像記錄，同為條例保護的版權作品。各版權特許機構針對不同的公眾場所，例如購物商場、零售商店、食肆等地方的公開表演、播放或放映歌曲或音樂設有標準收費，相關費用一般以年費方式收取，涵蓋版權特許機構代為管理的版權作品。香港音樂業界的版權特許機構包括：（1）香港作曲家及作詞家協會（CASH）：代表作曲家和作詞家，批出有關公開表演已發表音樂作品的特許；（2）香港音像聯盟有限公司（HKRIA）及香港音像版權有限公司（PPSEAL）：代表不同的音樂記錄的版權擁有人 / 唱片公司，批出有關公開播放 / 放映其聲音和視像記錄的特許。根據香港《版權條例》第 528 章第 17 條，音樂作品一經完成，就自動獲得版權，而版權歸該作品的創作者所有。音樂作品之版權自作品完成日起至該作品的創作者死後五十年內有效。至於古典音樂作品，由於其作者大多已去世超過 50 年，因此，原曲可被視為喪失版權的作品，惟作品業經重新編曲後，該作品的新編版本將重獲版權，但版權則歸編曲者所有。若公開演奏或播放此類作品，必須獲取該特定版本的編曲者同意。[2]

音樂版權是指基於詞、曲家的智力創作成果依法產生的特殊民事權利。音樂是表演的藝術，必須通過演唱、演奏，才能為聽眾所感受，進而產生藝術效果。權利源於利益。由於音樂版權人能夠通過對音樂作品的商業性利用來獲取

1 李雪菁：〈知識產權法〉，載陳弘毅、張增平等著：《香港法概論》（第三版），香港：三聯書店（香港）有限公司 2015 年版，第 521 頁。

2 中華人民共和國香港特區政府律政師雙語法例，香港版權條例，參考網址：www.legislation.gov.hk（最後訪問時間：2016 年 2 月 1 日）。

獨佔性的利益，因此，音樂版權也是一種私有財產，應該受到法律保護。版權和版權法的出現，保障了作者在藝術和經濟上的合法權益。《版權條例》對版權的保護採取“開放資格制度”，任何音樂人創作的或在世界任何地方出版的獨創性音樂版權作品，都應當獲得香港法律的保護。根據該條例，音樂版權於作者創作時自動存在於音樂作品中，不需要特地註冊。音樂作品（即歌曲）或文學作品（即歌詞）的版權可以保留到創作人逝世後 50 年。[1] 1970 年代，當時的香港尚在英國殖民統治之下，備受西方的流行音樂文化影響，英國披頭四樂隊熱潮席捲全球，香港也不例外。當時英國的音樂版權組織英國音樂版權協會（Performing Right Society，簡稱 PRS）早於 1914 年就已成立，為英國的作曲家、作詞家管理他們的公開播放音樂版權。然而，在香港《版權條例》保障下的香港，卻沒有一個像英國那樣的音樂版權協會。雖然香港當時的音樂產業十分繁榮，但直到 1970 年代後期，作曲家及作詞家依然缺乏直接且合法的渠道為他們的作品收取版權費，這使他們容易受到唱片公司、電視臺及電影公司的剝削。

其實早在 1946 年，英國的演奏權益社就已在香港成立了一個機構，專責保護其會員和海外聯會的會員的音樂版權，為他們徵收演奏版權費。到了 1960 年代，在林聲翕、林樂培、紀戴維、陳健華等香港嚴肅音樂創作人的鼓吹下，音樂版權觀念開始引起人們的關注。[2] 1970 年代初，香港首個版權組織“亞太區文藝及音樂家服務中心”（簡稱 ASPAC）成立，但因執行方式不得其法而未能有所發展，未能起到應有作用，成為曇花一現的組織。1975–1976 年度，代表亞太區 50 位作曲家的 ASPAC 協會，嘗試給本地廣播電視臺及電臺發牌照，授權播放他們的作品，結果，官營電臺“香港電臺”對其會員作出全面禁播的限制。因為禁播風波，一群香港作曲家受到 PRS 派來處理這件事的凱瑟琳・鄧肯（Kathleen Duncan）的激勵，於 1977 年達成一致，解散 ASPAC，重新建立一個代表作曲家及作詞家的本地協會，這便是今天的香港作曲家及作詞家協會。

協會的成立，還不得不提及一位當時在香港生活的英國人彭納德（Macolm

---

1 〈香港的音樂版權保護策略〉，《中國文化報》2005 年 4 月 30 日。

2 畢系丹：〈香港作曲家與作詞家協會年收過億〉，《香港新晚報》1994 年 10 月 16 日。

Barnette）。熱愛音樂的彭納德於 1968 年來到香港，此時正值 25 歲，就被一群古典音樂家所發現。他們喜歡不時在家中演奏室樂，或以鋼琴伴奏唱歌。因此，彭納德開始了在大會堂、電視臺及電臺的音樂會中擔任男中音獨唱。基於對音樂的愛好，彭納德對本地作曲、作詞家深感同情。他特別關注推廣音樂知識產權的重要性，確保音樂家的創作成果，能以版權費的形式獲得應有的尊重，所以他與數位音樂愛好者牽頭與 PRS 商討成立協會。於是，他在 CASH 成立之時被邀請出任首屆主席，自 1977 年起一共當了 25 年，現在為 CASH 的榮譽主席。一個音樂組織的誕生，最受惠的莫過於本地的作曲家、作詞家。當時，一群活躍且熱心的本地作曲家、作詞家先鋒派的支持造就了這個保護音樂版權的組織。他們深知版權法例的執行是一項別具挑戰性的任務，因此僅靠個別創作者獨自執行並不可行。在此種背景下，借鑒海外協會的成功經驗，香港一群音樂愛好者與 PRS 在 1977 年達成協議，於 1997 年 9 月 23 日以擔保形式成立有限公司建立 CASH，協會根據香港公司條例成立為一間註冊有限公司，不擁有資本。CASH 於 1977 年 10 月 1 日起開始運作，並於 1977 年 10 月 20 日在文華酒店舉行記者招待會，宣佈正式成立。作為版權持有人的代表，CASH 負責執行由香港《版權法例》賦予作曲家、作詞家的權利。與海外協會一樣，協會負責收集公開播放版權費，並管理音樂版權及版權事務的發展。

PRS 為在英國註冊成立並受法律保護的有限公司，代表版權持有人管理及執行《版權條例》賦予他們的權利，並通過給音樂用戶發放牌照的方式，讓他們可以合法地使用音樂作品。截至 2023 年，PRS 會員人數逾 175,000 人，其中包括作曲家、作詞家及出版人。根據 PRS 在其網頁上公佈 2023 年度包括 PRS 以及其附屬的 MCPS（音樂再錄製版權保護協會）的收入，總共為 9.64 億英鎊。根據統計數字，PRS 現時管理的音樂作品數量高達 1.47 億首。

協會的成立全靠一群熱心的創作人及領導，這群領導都是香港音樂界中別具代表性的人。CASH 於 1977 年創會時，共有 8 位創會理事及 22 位創會會員。

創會理事一覽[1] （# 已歿 / * 同時為創會會員）	創會會員一覽[2] （# 已歿 / * 同時為創會理事）
Malcolm Barnett（彭納德）——主席 Stanley Frank Bailey（白懿禮） *Gwilt David（紀大衡） John Sturman（司徒文） John Whyte（韋彼德） #* 林樂培 # Vincente Cristobal（韋基保） #* 黃湛森（筆名黃霑）	*Gwilt David（紀大衡） Bautista Andy Leandro Kleyn Howard Theodore Nelsson Anders Gustav Sonia Archer #* 林樂培 鍾肇峯 陳健義 # 陳能濟 馮添枝 # 顧嘉煇 羅永暉 梁明 曾葉發 翁家齊 # 徐德明 # 黃奇智 # 楊瑞庭 # 吳大江 # 施金波 #* 黃湛森（筆名黃霑） #* Vincente Cristobal（韋基保）

協會成立的目是集體管理及執行香港版權法所賦予音樂作品作者之版權及有關事宜，並代理世界各地海外聯會的版權事務。所以，除了服務 CASH 之本地會員，現時還有超過 200 萬位來自香港及 80 多個海外聯會的作曲家、作詞家委託協會管理其音樂作品的版權，而協會代收的版權費，在扣除行政費後，將會全數分派予音樂作品的版權持有人。協會通過海外聯會，在世界 190 多個國家 / 地區，根據當地版權法保障會員的權益；推動版權意識，加強公眾對音樂創作人的尊重，確保他們的心血作品得到適當的報酬；推廣、贊助音樂活動，鼓勵香港本地創作及設立音樂獎學金，以提高香港的音樂水平。[3]

香港的音樂版權保護主要是通過民間機構 CASH 來進行的。依據有關版權法律，協會在香港特別行政區政府註冊的"特許版權機構"，也是全港音樂版權

1 《香港作曲家及作詞家協會三十週年特刊》，香港作曲家及作詞家協會，2008 年。

2 《CASHFLOW》，香港作曲家及作詞家協會，1998 年 5 月號，第 24 頁。

3 香港作曲家及作詞家協會，參考網址：www.cash.org.hk（最後訪問時間：2015 年 12 月 1 日）。

業的行業自律團體。根據 CASH 的公告，該會有八大工作範疇：（1）通過牌照合約方式，執行香港會員及海外聯會的權益，其中包括演奏、廣播、有線傳播和灌錄等權益；（2）以準確、公平和經濟為分派版稅的大原則，將收取得到的版稅分發給會員及海外聯會會員；（3）代表亞太區與世界各地，針對國際間儲存音樂作品數據的問題展開磋商交流；（4）就版權法例的執行，向例如特區政府知識產權署等有關部門提出建議；（5）向音樂用戶、大眾及會員灌輸版權觀念，以及提供有關版權的顧問服務；（6）管理香港音樂基金，以提高音樂水平為宗旨，贊助本地音樂活動和培育人才；（7）為會員提供會員服務；（8）向海外聯會提供如培訓等協助。

從協會所列出可發之版權牌照，主要包括以下四個範圍：公開演奏牌照、廣播牌照、卡拉 OK 服務器複製權牌照及數碼網絡牌照。

（1）公開演奏牌照。根據《版權條例》，任何人士在公共場所公開播放或演奏版權音樂，須先得到版權持有人的允許。如該版權持有人是 CASH 或 CASH 海外屬會會員，音樂用戶須先向 CASH 申請牌照及繳付版權費，才可正式合法地公開播放或演奏該等音樂作品。公共場所指“非作住家用途之場所”，例如：零售店、髮型屋、餐廳、商場、室內或室外表演場地等。

（2）廣播牌照。此牌照適用於本地電臺及電視臺於所有平臺的音樂廣播。

（3）卡拉 OK 服務器複製權牌照。隨著科技進步，不少商戶如卡拉 OK 場所或提供類似設施的行業，在營運過程中把音樂、歌詞複製或重新製作至計算機服務器或其他數碼儲存媒體。

（4）數碼網絡牌照。數碼網絡牌照授權持牌者以網絡或無線形式傳送音樂作品給本地的公眾人士。數碼網絡牌照適合各種網上及流動音樂服務，其中包括：音樂下載及串流、智能手機及平板計算機之音樂應用程序、收費音樂服務、以廣告收入營運的音樂服務及網上廣告。網站營運者、電訊商、智能手機及平板計算機應用程序開發商等如在其網絡平臺上提供含有音樂的服務，不論該服務是否以音樂為主要元素，均需要向 CASH 申請數碼網絡牌照。如廣告含有背景音樂，廣告商在上載廣告前亦須向 CASH 申請牌照。此外，亦有從海外收取到公開播放版權費，此為從海外聯會負責收取，並運用他們的版權費分配系統進行版權費分配。

版權管理可採取各種不同的形式，CASH 前總經理楊展威先生於 1988 年 9 月在北京舉行的版權培訓班演講上，就曾作出以下兩個分類。第一種是個人管理。作曲家、作詞家和藝術家可自己或由專業經理或代理人，在個人的基礎上推廣或利用他們的作品，服務由出版商、文學代理人、文藝演出主持人提供，以幫助作家、作曲家充分發揮其作品的商業潛力。另一種是集體管理。集體管理一詞用來說明一個機構或一個組織，通常以全國作家協會的形式出現，其主要職能是充當結算中心。一方面，有許多使用者想獲得利用有版權作品的權利；另一方面，有一批版權所有者已經將他們權利轉讓給這個中心機構來管理。因此，作曲家或作詞家只要成為會員，協會就會代表他們在全世界範圍管理作品的公開播放版權，無論是在演唱會、飛機、電視節目、電影，還是在 iTunes 等電子媒體平臺，CASH 均會代為向音樂用戶收取版權費，在扣除行政費用後全數發放給相關的作曲家及作詞家。協會通過集體管理，全力為音樂創作人爭取權益，讓他們可以專心創作。至於音樂版權費的分派，可分為三個類別：（1）演奏版權費：來自媒體、音樂會、商店等；（2）複製版權費：來自唱片公司及卡拉 OK 伺服器；（3）數碼網路版權費：來自數碼音樂平臺（音樂下載及音樂串流）。除了在香港收到版權費外，全世界都有像 CASH 的音樂版權組織。CASH 與全世界 80 多個同類型協會簽訂互惠協議，涵蓋近 200 個地區，承諾相互保障對方會員的權益，集體管理及執行香港版權法所賦予音樂作品作者之版權及有關事宜。截至目前，共有超過 200 萬位來自香港及 80 多個海外聯會，涵蓋近 200 個地區的作曲家及作詞家委託了本協會管理其音樂作品的版權。[1]

作曲家、作詞家成為會員後，協會將通過集體管理，代表他們管理其公開播放版權。簡單的說，就是只要音樂用戶在香港公開場地公開播放音樂，就要向創作人工會領取音樂播放牌照，這樣的運作一直不變。版權可存在不同類別的作品：原創的文學作品、戲劇作品、音樂作品或藝術作品、聲音記錄、影片、廣播或有線傳播節目，以及已發表版本的排印編排。與音樂有關的版權作品包括：（1）旋律，香港版權法稱之為“音樂作品”；（2）歌詞，香港版權法稱之為“文學作品”；（3）錄音帶、激光唱片、迷你光盤及類似的發聲產品，香港版權法稱

1 《CASHFLOW》，香港作曲家及作詞家協會，1989 年 3 月號，第 16 頁。

之為“聲音記錄”。

然而，很多歐美國家都早已經成立了音樂版權協會。

音樂版權組織	成立年份	會員人數	網址
英國音樂版權協會 The Performing Right Society（PRS）	1914	175,000[1]	www.prsformusic.com
美國音樂版權協會 The American Society of Composers, Authors and Publishers（ASCAP）	1914	975,000[2]	www.ascap.com
加拿大音樂版權協會 The Society of Composers, Authors and Music Publishers of Canada（SOCAN）	1925	175,000[3]	www.socan.ca
澳洲音樂版權協會 The Australasian Performing Right Association Ltd.（APRA）	1926	119,000[4]	http://apraamcos.com.au/

由於版權法例的執行是一項十分困難的任務，加上音樂在國際間之流通量，要執行就更加複雜。因此，僅靠個別創作者無法進行此項工作。基於上述原因，很多國家都成立了收集版權費的協會，為版權持有人執行由該國家所訂定之版權法例中所賦予他們經濟上的權利。這些負責收集版權費的協會，支配著管理音樂版權及版權事務的發展。[5] 在不同國家的協會之間，國際創藝家聯會亞洲區委員會主席司徒文曾表示，國際創藝家聯會（簡稱 CISAC）的會籍就是這個問題的答案。該聯會成立於 1926 年，由當時在不同國家的協會聯合組成，作為一個國際機構，有多達百餘個國家的版權協會加入成為會員。CISAC 創立的主要目標是鼓吹成立一個國際性的體系，使所有屬該聯會從事文學及藝術創作事業的人士，其權利能獲得認可及保障。CISAC 作為一個資訊中心，將各國版權法例，根據各國不同環境及其本身特質進行合理的推廣，希望通過這種交流對作曲作詞人及從事創作藝術工作者給予道義上及經濟上的保障。[6]

CASH 之日常運作由理事會委任的兩位聯席總經理全權處理，CASH 主要部門如下：

---

1 英國音樂版權協會，參考網址：www.prsformusic.com（最後訪問時間：2024 年 5 月 16 日）。

2 美國音樂版權協會，參考網址：www.ascap.com（最後訪問時間：2014 年 5 月 11 日）。

3 加拿大音樂版權協會，參考網址：www.socan.ca（最後訪問時間：2024 年 5 月 16 日）。

4 澳洲音樂版權協會，參考網址：http://apraamcos.com.au（最後訪問時間：2024 年 5 月 16 日）。

5 《CASHFLOW》，香港作曲家及作詞家協會，1984 年 11 月號，第 3 頁。

6 李雪菁：〈知識產權法〉，載陳弘毅、張增平等著：《香港法概論》（第三版），第 521 頁。

（1）公開演奏版權部：負責一切公開表演的發牌工作，包括釐定牌照收費準則及向使用版權音樂之公眾人士灌輸版權意識，無論是演唱會、連鎖店舖、商場，甚至是於飛機客艙內公開播放音樂，均需要向協會領取音樂播放牌照。

（2）媒體及國際業務部：負責電臺、電視臺以及新科技衍生的音樂使用媒體的發牌工作。據協會透露，現時的一些流行電子平臺，如 iTunes、Spotify、Apple Music 等均是其客戶。

（3）資訊科技部：管理及發展協會之計算機系統，並在國際音樂作品數據儲存的研究上提供意見及支持。其中，由協會研發的資料處理系統名為 DIVA。

（4）資料及版權費分配部：統籌本地會員及海外聯會授權代理之作品數據登記工作，並將收取到的版權費定時發放予其會員。

（5）會員、人力資源部及 CASH 音樂基金：處理一切有關會員的事務，包括審核入會申請和處理與會員聯繫之工作；管理協會內的人力資源，包括職員的招聘、僱用、薪酬、福利、培訓及聯誼活動等。CASH 音樂基金負責管理音樂相關資助申請及批核。

CASH 的會員種類分別為作家會員、出版人會員及繼承人會員，入會資格如下：

會員種類	入會資格
作家會員資格（作曲家或作詞家）	香港身份證持有人； 為原作曲家及 / 或作詞家；及 ① 擁有至少一首曾經商業灌錄的原創作品（例如曾於香港出版的 CD/DVD，遞交申請時起計兩年內須符合以下其中一項條件：並可於香港的零售商購買）；或 ② 作品有三次公開表演、廣播，或向公眾提供的記錄，作品數目不限，唯公開表演、廣播、或向公眾提供的平臺必須為協會承認的。
出版人會員資格	在香港註冊的出版公司，並以音樂出版為其主要業務；於申請入會前兩年內擁有至少 5 首由本地作家創作的音樂作品。
繼承人會員資格	根據香港版權條例，原創人去世後 50 年直至該年年底，其原創作品依然受有關版權條例保障。因此，作家會員的繼承人是符合資格申請成為繼承人會員。申請人必須出示由香港最高法院發出之有效遺產認證 / 遺產管理人證書以茲證明。

（6）企業傳訊部：負責傳訊工作，包括制訂及推行公共關係之工作計劃、舉辦音樂創作交流活動、向公眾推廣音樂版權的訊息、出版面向 CASH 會員的協會刊物《CASHFLOW》，以及籌劃義工隊服務社會。

（7）後勤部：處理有關財務工作，制訂及推行投資計劃，並統籌協會內部之行政工作。

CASH 成立於 1977 年 10 月，基於集體管理版權收益的概念，協助作曲家及作詞家向音樂用戶收取演奏版權費。協會的前身也曾有類似組織——ASPAC，但是運營並不成功，後來通過 PRS 啟蒙，再由幾位英國人及本地著名音樂創作人推動成立 CASH。

1970–1980 年代，香港既有政府營業的電臺，也有以廣告收入來運作的電視臺，音樂通過電臺及電視臺普遍傳播和推廣，音樂成為休閒的媒體及商品，成為公眾茶餘飯後的娛樂。香港本地音樂文化因此得以突飛猛進，成就了 CASH 業務的迅速發展。CASH 主要負責音樂旋律及歌詞相關的公開播放版權、廣播權或有線傳播權。

二、回歸前英治時期的 CASH（1977–1997 年）

（一）發展概況

CASH 成立於 1977 年，當時香港還處於英國殖民統治之下，協會的管理層猶如一個社會的縮影，主要成員是英國人，員工則均是本地香港人。彭納德從創立至 1997 年一直擔任主席一職。在此時期，協會一直是英國 PRS 的影子協會，無論架構、章程大綱、收發版權費的模式、招收會員加入的條件等方面，都跟隨英國協會的指引。

協會成立初期面對的一大挑戰是公眾並不知道它的存在，甚至連活躍在香港行業內的作曲家、作詞家，瞭解它的也不多。因此，當務之急是招攬作曲家、作詞家及音樂出版公司加入協會。通過艱苦的工作，會員人數由成立首年的 22 位，增至 1985 年的 414 名；[1] 協會最初在香港灣仔藝術中心租 650 平方

1 《CASHFLOW》，香港作曲家及作詞家協會，1986 年 5 月號，第 7 頁。

呎的地方作為辦事處，至 1983 年已經有自立的工作間，面積達 4,000 平方呎，規模亦由最初的 4 個職員發展到 4 個部門，分別為常務部、版稅部、分發部和會計部，職員增至 21 位。[1] 協會成立初期，部分本地音樂家因為某些誤解對加入協會甚為抵觸。然而，ASPAC 解散後，他們立即紛紛加入，使協會的會員迅速增長。當協會成為 CISAC 會員後，在國際互惠協議的庇護下，電臺及電視臺廣播意識到 CASH 不僅是本地發牌機構，也是國際性的組織及擁有海外音樂發牌權。此後，協會逐步與本地電臺及其他音樂使用者商討年度牌照事宜，播放及演奏本地與海外音樂作品，並分發版權費給作曲家及作詞家。[2] 踏入 1990 年代，會員人數持續上升，逐年遞增至 1994 年的 1,328 名。活躍於 1970–1980 年代的作曲家、作詞家都已經加入協會，為協會建立公信力。在音樂出版人會員方面，亦包攬了活躍的國際及本地音樂公司成為會員，成為執行集體管理發牌時的最強條件。協會在音樂圈中漸漸廣為人知，其後加入音樂創作行業的音樂人也聞風而入，減輕了協會招募會員的壓力。隨著協會業務的持續發展，內部行政管理亦需要增聘人手，第一代的灣仔辦公室已不敷應用，於是遷址至面積更大的九龍尖沙咀會址，員工人數亦躍升至 20 逾人。1993 年，協會再次搬遷到港島中環環貿中心，以應付當時發展需要，這亦是協會現時的會址。隨著音樂的普及，社會對音樂的使用需求增多，協會成功發牌的數量增加，更於 1994 年創下逾億元收入。CASH 的業績持續上升，會員數目持續增長，反映出社會對其認知與日俱增。1980 年代對會員及對外的宣傳工作漸見成效，雖然向音樂使用者發牌依然有很大的挑戰，但至少已經累積了一定的經驗。

---

1 《香港的音樂版權保護策略》，香港作曲家及作詞家協會，1984 年 4 月第 1 期，第 2 頁。

2 《香港作曲家及作詞家協會三十週年特刊》，香港作曲家及作詞家協會，2008 年。

1977 年 4 月 20 日，CASH 首次舉行週年大會（相片提供：CASH）。

除了為會員管理音樂版權外，協會還開始積極推動音樂創作。1990 年代，活躍於香港的創作人陳少琪、倫永亮、譚詠麟、張國榮、林敏怡、林敏聰、潘源良、陳輝陽等，都先後加入 CASH 成為作家會員，他們的經典作品不勝枚舉，是香港市民生活的一部分，電視廣告、電影、卡式帶、演唱會無處不在，佔據香港主要音樂市場。他們的作品的廣泛播放，從而收取到的較為可觀的法定版權收入，也是協會的重要收入來源。鑒於流行音樂的強勁發展態勢，CASH 於 1989 年起舉辦“CASH 流行曲創作大賽”，旨在推動及鼓勵本地原創作品，培養更多音樂創作人，吸引了很多香港居民及協會會員參加。這項大賽設有“最佳歌曲”冠、亞及季軍。自第一屆起，決賽音樂會亦會由電臺直播或錄播。第十屆（1998 年）決賽的音樂會更首次由無線電視翡翠臺進行現場直播。此比賽為音樂創作人提供平臺，助其進入音樂行業。大賽共舉辦了 25 年，至 2013 年才停辦。[1] 多年來，有不少音樂創作人通過這個比賽獲得音樂出版人及唱片公司的賞識，當中不

1　畢系丹：〈香港作曲家與作詞家協會年收過億〉，《香港新晚報》1994 年 10 月 16 日。

乏現在音樂創作行業的中流砥柱，例如作曲家王婉之、伍仲衡。

另一方面，協會對嚴肅音樂創作人也十分關注。協會成立音樂基金，廣泛贊助本地音樂活動及培育音樂人才，旨在提高本地音樂創作水平。當中通過贊助音樂會、委約作品、特別項目等資助作曲家出席國際音樂盛會，讓本地作曲家與世界作曲家交流學習。基金於 1994 年成立了 CASH 音樂獎學金，[1] 頒予有志負笈海外攻讀作曲課程人士。協會已從初期的急切吸納會員，轉變得更多樣化。在開拓會員及商機市場的同時，憑藉其獨特的代表性翻開新的一頁。這 20 年裏，協會經歷了重大發展。1978 年錄得演奏版權費總收益為 400 萬港元，1978 年 10 月 18 日首次分發公開播放版權費予其作家會員；1982 年，公開播放版權費總收益突破 1,000 萬港元；1985 年，增至近 1,800 萬港元，增幅理想；直到 1994 年，收益已經超越一億港元。

（二）遇到的難題

協會成立時並非一帆風順。1980–1990 年代，雖然香港社會正處於急速發展的進程中，但公眾對音樂版權的認識十分有限。以作曲及作詞為職業的創作人，從事的是一份非主流的工作，難怪公眾會質疑協會的代表性。尤其協會向音樂使用者發出音樂牌照、收取音樂的公開播放版權費，在當時保守的社會環境下，尚沒有足夠的公信力。由於協會成立歷史尚淺，不但對外難以收取音樂牌照費，就連招攬創作人加入協會也不容易。1977 年，協會成立時只有 22 位會員，當中已經包括嚴肅音樂和流行音樂兩大陣容。初期為了廣收會員、壯大會員數目，入會條件比較容易。協會表示，初期個人會員的資格是只要有一首作品在協會認可的平臺公開播放，且是香港身份證持有人，便符合會員資格。然而，入會者依然很少，主要原因是經濟效益不高，創作人只能將此視為兼職。直至 1980 年代，粵語流行曲唱片銷量急升，唱片工業提高了創作人酬勞，版權費收入開始增多，會員收入漸高，粵語流行曲創作人知名度隨之鵲起，這才逐漸吸引了新人加入。[2] 當時不少創作人可能只聽過這個組織的名字，卻不知道這是一個

1 “CASH 音樂獎學金”頒予有志負笈海外進修的傑出學生，提供財政援助予其於海外的大學或其他認可學術機構修讀研究生（主修作曲）課程之用。得獎者最多可獲獎學金合共 20 萬港元，為期一學年。

2 黃霑：《粵語流行曲的發展與興衰：香港流行音樂研究 1949–1997》，香港大學博士論文，2003 年。

怎樣的協會或工會，因而質疑其代表性。創作人根本不理解，原來他們的作品還可以從公開播放平臺中取得公開版權費，所以沒有想過加入協會。

對此，協會一方面積極招募新會員，吸引當時活躍的創作人及音樂出版人加入；另一方面，向音樂使用者收取公開播放牌照費用，如此才能真正保護到會員的權益，否則，即便會員規模多大也無濟於事。雖說協會是於港英政府註冊的“特許版權機構”，但要讓音樂使用者認識並自願繳付牌照費用，對當時還未被公眾廣泛認識的起步機構來說，談何容易。說到面對會員生計的問題，從 1977 年到 1997 年，不同時代要解決及專注的問題都不同。1990 年代，協會吸納了上千位會員，會員對協會的期望與日俱增。作為會員，當然期望收到應得的歌曲作品公開播放版權費，這是每位創作人加入協會的初衷。以作曲、作詞為職業，在社會上畢竟是少數人。即使有才華，也未必能得到給予發表作品的機會。面對會員的期望，協會在發展歷程上作出相應的配合。

一方面，在流行音樂領域舉辦“CASH 流行曲創作大賽”。另一方面，也沒有忽視嚴肅音樂會員。同為創作人的嚴肅音樂創作人，在香港尚屬非主流的派別，他們的音樂未廣泛地在電視臺、電臺播放，亦非劇集主題曲，版權收益相對較少。協會成立的音樂基金，以嚴肅音樂創作人為主要受惠者。其中包括贊助委約費，讓他們創作的樂曲可以在世界各地首演，如此每年獲委約創作的新作品達 50 首之多；協會每年贊助香港作曲家聯會（Hong Kong Composers Guild）舉辦多項活動，而該聯會是重要嚴肅音樂創作人的代表組織，著名音樂樂評人周凡夫曾表示，CASH 音樂基金成為推動香港音樂創作發展的重要資源，既為香港作曲聯會“獨立”發展提供資源上的支持，亦成為聯會日後推動各項活動的一股重要力量，可以說是聯會長期以來的重要搭檔。[1] 香港作曲家聯會成立於 1983 年，其正式會員必須是 CASH 的會員，是本地嚴肅音樂作曲家為培育及推介音樂創作而成立的專業組織。自 2010 年 7 月起，香港作曲家聯會正式成為香港藝術發展局年度資助的藝團。[2] 通過多方面的持續發展，協會在會員的音樂創作領域提供更多機會，以建立他們對協會的信任。

協會成立最初的 10 年，發展十分困難。在此，我們引述兩位 1980 年代入

1 《香港作曲家聯會三十週年紀念刊物》，香港作曲家聯會，2013 年。

2 香港作曲家聯會，參考網址：www.hkcg.org.hk（最後訪問時間：2015 年 12 月 2 日）。

會的會員的回憶。

第一位是香港著名作詞家鄭國江。鄭國江本職教師，很多人稱他為鄭老師，他熱愛填詞，詞作逾 2,000 首。在 1970 年代中後期至 1980 年代初期的香港詞壇，他和黃霑、盧國沾三足鼎立。鄭國江的作品內容十分廣泛，除情歌外，亦有勵志歌、兒歌等，作品包括《坭路上》、《似水流年》、《偏偏喜歡你》、《漫漫前路》、《分分鐘需要你》、《風繼續吹》等，廣受歡迎，作品風格多開朗正面。除填詞外，亦熱愛美術、粵劇等藝術，近年積極編寫兒童粵劇及繪畫國畫等，更開設填詞工作坊，延續其教師工作生涯。亞洲電視新聞部的節目《香港百人》亦選了兩位協會的資深會員——鄭國江和顧家煇，作為代表香港文化藝術界有貢獻的人物。鄭國江曾獲諸多重要獎項：香港電臺十大中文金曲頒獎音樂會“金針獎”（1993）、香港作曲家及作詞家協會頒贈“CASH 音樂成就大獎”（2002）、香港戲劇協會頒贈“傑出填詞獎”等。

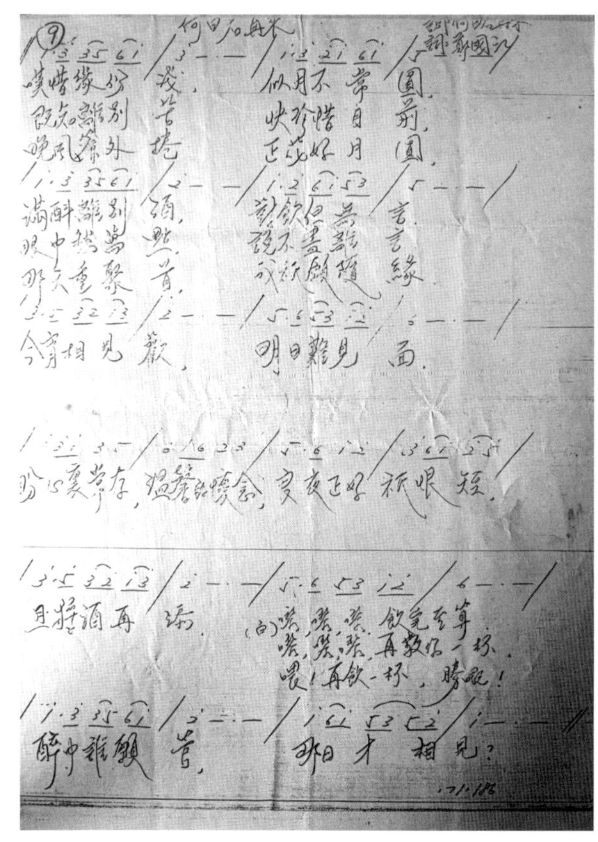

鄭國江先生手稿。

1970 年代時，CASH 還沒有成立，鄭國江已是一位十分活躍的作詞家。回憶起當年如何加入成為會員，坦言當初聽到這個協會時，根本沒有概念，表示能成為會員，真的要多謝創會理事黃霑。1979 年，鄭老師在香港的娛樂唱片公司遇見黃霑，言談之間，黃霑才知道他是鄭國江，自此一見如故。有一次，鄭老師在娛樂唱片公司辦事後，跟黃霑在車上閒談，黃霑把一疊文件交給他，原來是 CASH 的入會表格，黃霑還向他詳述如何辦妥入會手續、為什麼要加入協會、如何可以保障他的創作及收取公開播放版權費等事宜。當時，鄭老師收到那些申請表格並沒有放在心上，也沒有跟進。不知過了多久，二人再次相遇，黃霑還惦記著入會的事，料到鄭老師可能忘記了，連忙二話不說又給他一份入會表格，並看著他實時填妥，並代交到協會。由此可見，當時創會理事曾積極推動招募會員之工作（訪問日期：2015 年 8 月 19 日）。

筆者夫婦與鄭國江老師。

另一位是香港著名作曲家陳蝶衣。陳蝶衣原名陳元棟，1907 年生於中國江蘇，是中國著名出版家、作家、填詞家。1952 年舉家移居香港，2007 年去世，享年 99 歲。他一生為 5,000 餘首歌曲填詞，作品多與上海著名作曲家姚敏合作。2015 年 8 月，香港中央圖書館文獻閱讀室的香港音樂特藏 [1] 系列展覽，展示

1　自 2001 年起，通過香港音樂文獻徵集行動，藝術資源中心內建立的“香港音樂特藏”共收藏了超過 88,000 項本地音樂文獻，包括樂譜、歌詞及戲曲劇本手稿、影音資料、照片、節目單張、場刊、海報及剪報資料等，旨在推動保存本地音樂文獻的意識和促進有關香港音樂的研究工作。

了不少他的作品手稿。陳蝶衣的第一首作品是《鳳凰于飛》，其他代表作有《南屏晚鐘》、《情人的眼淚》、《春風吻上我的臉》等，姚莉、鄧麗君等有名歌手均有演唱過他的作品。他曾榮獲的重要獎項包括：香港電臺的十大中文金曲金針獎（1988）、香港作曲家及作詞家協會的終身成就獎（1996）等。

據陳蝶衣的兒子陳聯陽回憶：

> 老爸當年也沒有意思加入協會，一來不知道這是什麼一回事，而且覺得人家都已經給您酬金創作，只要專注的創作，準時交功課就是了，還要參加什麼協會！協會的職員自 1981 年起花了一年多的時間，親自造訪老爸很多次遊說他加入協會。由於爸爸不接受，協會職員於是跟媽媽介紹解釋，並出示種種資料先來說服媽媽，再由媽媽慢慢解釋給爸爸聽，最後才於 1983 年加入協會。爸爸成為會員後也挺開心，更曾對他表示"久不久又給我一些版權費，也不錯呀！"（訪問日期：2015 年 8 月 20 日）

協會本身是一個經營音樂版權管理的機構，並沒有什麼實質的產物。憑藉其會員加入並將他們的音樂作品交予協會管理，才形成一個強大的音樂資料庫，從而向音樂使用者收取音樂版權牌照費用。音樂出版人為協會的會員之一，所代理的作品來自世界各地，為協會衍生音樂版權費的重要資產，當中不乏國際龍頭音樂出版人在香港設立的公司。音樂出版人之所以有著舉足輕重的地位，主要因為香港主要的詞曲創作人，如 Albert Leung（香港最多產的作詞家）、顧嘉煇（香港最多產的作曲家，共創作了 3,000 多首作品），與不同的音樂出版人簽訂合約，其中當然還包括來自全球的詞曲創作人。這些音樂創作人一旦成為協會的會員，也實時壯大了協會代表的音樂作品庫，可代他們集體管理，收取公開播放版權費。

貴為音樂出版人，代理作曲家及作詞家的音樂作品，並代他們推廣音樂作品，讓作品獲得出版及商業使用的機會，從而獲取利益。作詞家、作曲家與出版公司的關係明列在出版合同上。出版公司為他們預支未來的收入，以換取最高可達 50% 的分成，分成因不同的版稅而各異。音樂出版人要分享這收益，必須成為協會會員。一首簽訂出版合同，音樂出版人的音樂作品的分配比例一般為：作曲家 25%、作詞家 25%、音樂出版人 50%。

在理事會中，亦分別由個人會員及出版人會員組成，其重要性不言而喻。現屆的音樂出版人理事代表包括來自 FUJIPACIFIC MUSIC（S. E. ASIA）Ltd.、SONY Music Publishing（Hong Kong）Limited 及 Warner Chappell Music, H.K. Ltd.。音樂出版人也深知自己在業界的重要地位，同時也瞭解通過 CASH 平臺可以賺取公開播放的版權費用，故此對協會的服務會有要求。

1980–1990 年代的香港正值經濟騰飛期，商業急速發展，然而市民大眾的生活仍十分簡單，並不關注音樂版權這些新概念。以上兩位在當時有名的作詞家與作曲家，同樣在協會成立之初對之抱有懷疑態度。由此可見，當時要招攬新會員是何等困難！假如沒有作詞家和作曲家的加入，協會又如何能替他們收取公開播放版權費呢？正是由於創會理事的大力推廣及推薦，加上協會運作後創作人之間的相互推薦，會員人數才日漸增長。隨著社會對協會認知度的提升，會員人數及收入上升，隨之而來也要面對會員的期望，與公眾及音樂使用者指控的雙重壓力，1980 年代付出的努力遭遇前所未有的挑戰。傳媒廣泛報導各種反對聲音，協會遇上重大的考驗。但協會憑藉其強硬的處理手法，最後化險為夷。然而，亦將協會打造成了一個無情發牌機器的負面形象。

（三）面對的爭議

香港各行各業的公共場所播放音樂的情況越來越普遍，認識協會的人多了，各方的反對聲音也隨之而來。翻查過去 25 年的媒體報導，發覺 1990 年代關於協會的報導特別多。雖然協會已經運作了一段時間，也取得了會員的認同，但外界對協會還是一知半解。縱觀 1990 年紙媒的報道，均離不開音樂使用者對協會的發牌控訴。香港《版權條例》賦予 CASH 合法機構的地位，即只要音樂使用者在公眾地方公開使用其管理的音樂，便需要向協會申領公開播放音樂牌照，這是協會收入的來源。公眾地方類型非常廣泛，連鎖店舖、餐廳、演唱會等，統統都是潛力客戶。翻查 1990 年至 1999 年這 10 年的香港報章雜誌，內容圍繞音樂用戶的各種控訴，包括來自小商戶、學界、電臺媒體、卡拉 OK 營運商、民間對音樂牌照的爭議等。最嚴峻的是，有多個行業聯手群起抵制 CASH。1997–1998 年，在香港回歸後，音樂使用發牌在播放國歌議題上更多了一些爭議。現歸類成以下五個方面概述：

1. 小商戶要繳付音樂牌費心存不服

小餐廳老闆在自己的餐廳裏放了一個小收音機，用以收聽電臺節目和新聞等節目。餐廳面積不大，才十來個座位，所以當餐廳員工打開收音機，調大音量的時候，整家餐廳的食客都會聽到。結果，此舉被追索版權費。老闆認為版權法過於苛刻，應予修改。[1] 假如他是在餐廳內播放錄音帶以娛樂食客，被協會罰款也無可厚非，但現在他只是收聽收音機，而這些音樂是通過電臺節目間接播放出來的。這種情況發生後，餐廳老闆先是收到協會發出的警告信，被指令要向該會申請"版權音樂演奏牌照"，每年 2,000 港元。老闆認為這樣執法過於苛刻，協會應考慮向有關方面建議修改版權法，豁免那些純收聽收音機廣播而無意侵犯版權者，使他們不為法例所管制。協會追討版權費的做法，也被形容為無孔不入，只要是住宅以外的任何場合，收聽音樂都要付錢。[2] 可見，當時公眾對協會的做法並不認同。更強烈的罵聲也有，直指"刁悍"CASH 惹人厭煩，"四處鑽錢甚於稅吏"。[3] 協會未能讓公眾信服，商戶感到不服氣，有的更表示寧願不播放音樂，也不交費。[4]

2. 收錢手法不被認同——秘密警察

1990 年代，協會在執行職務的方法引發社會關注，就連本地權威英文報紙《南華早報》在 1992 年都曾以全版篇幅加以探討。文中詳述一位協會負責音樂版權牌照職員（名叫"Yolanda"）的日常工作狀況，就是到大街小巷的店舖，查看店內是否有播放音樂，如果播放又未在協會領取公開播放音樂牌照的話，她會假裝對店內貨品有興趣，盡量拖延逗留在店內的時間，爭取時間進行更詳細的觀察，從而取得更多資料。回到公司後，她就會向有關商店發出信件，通知商舖負責人必須要向協會領取音樂公開播放牌照，才可合法地播放音樂。如果商舖不予理會卻又繼續播放音樂的話，協會會將有關個案提交至法庭處理。1994 年的一則訪問中，也有提及 CASH 的"另類特務生涯"：CASH 派職員每天走上街頭，鬼鬼祟祟地潛入店內，進行記錄和跟進。這些另類特務的待遇也不差，底薪

1 〈小餐廳播放收音機，店東被追索版權費〉，《成報》1994 年 10 月 10 日。
2 〈追討版權費無孔不入，住宅以外任何場地收聽音樂都要付錢〉，《東方日報》1993 年 11 月 22 日。
3 〈刁悍 CASH 惹人煩厭，四處鑽錢甚於稅吏〉，《東方日報》1994 年 1 月 22 日。
4 〈寧願不播放音樂也不交費〉，《香港經濟日報》1994 年 5 月 26 日。

6,000 港元，另加分佣，平均可以得到第一年牌費的 9%，月入一萬至兩萬港元不成問題。由於以“鬼鬼祟祟”來形容 CASH 的日常發牌工作，致使公眾對協會的印象極差。

3. 學校使用音樂也要領取牌照

協會引發的爭議不僅來自商業的音樂用戶，更波及教育界。1994 年 10 月，協會向全港中小學發出通知書，要求學校領取版權牌照。協會表示，向學校徵收版權費主要針對學校舉辦課外活動期間，因有家長在場參與，所以會場內播放流行音樂都要繳付版權費。以往每間學校在舉辦活動之前都會向協會申請領取短期版權使用許可，部分校長反映申請手續非常麻煩，所以協會就計劃用年牌代替。[1] 此舉引發學界群起反對，指責協會向學校開刀。學界普遍認為，當時香港音樂版權收費，學校應可豁免。協會則堅決表明，一定不會因為學校播放歌曲非商業用途而給予豁免，因為有很多團體基於慈善用途而公開播放音樂，也需要繳交版權費。如果豁免學校，則對其他團體不公平，而且重點在於音樂用戶應遵守相關法則，而非僅關注播放歌曲的用途。[2] 學界與協會之間的分歧，一直未有達成共識。此爭議事件自 1994 年持續至 1996 年 5 月才出現轉機。協會與香港津貼中學議會首次簽署協議，不僅將牌費由每年 2,000 港元下降到 20 港元，雙方亦同意成立工作委員會，在學校推廣版權知識活動。對於其他尚未向協會領取音樂播放牌照的學校，協會表示將循這個模式與其進行商討。[3]

4. 公眾平臺播放國歌也要領取牌照

1997 年回歸前後的時期，一些音樂播放的事情也變得富有爭議性，這在 1998 年播放國歌的版權費收取上引起了一些迴響。知名專欄作家石琪首先公開表明立場。他指出，《義勇軍進行曲》是國歌，但在香港公開播放卻要交版權費，實屬奇聞。雖說“一國兩制”，但“兩制”到這樣簡直離譜。CASH 一向精於打算盤，是追收費用的專家，不過連國歌也“算死草”，[4] 未免太過火了。國歌跟一

---

1 〈全港中小學接通知，聽唱片要收版權費。估計每年為協會帶來一百萬〉，《成報》1994 年 11 月 30 日。

2 〈向中小學徵音樂版權稅　作曲協會稱不施豁免教署表示不再額外撥款給學校支付此開銷〉，《香港商報》1994 年 11 月 16 日。

3 〈作曲作詞家協會與津中議會協議　津中音樂版權年費二十元〉，《明報》1996 年 5 月 30 日。

4 “算死草”是廣東話俗語，意思是沒有情面，處處計算。

般歌曲不同，具有超乎商業性的意義，沒有理由斤斤計較，次次都要講錢。[1] 一個月後，專欄作家太子森亦通過其在《天天日報》的專欄宣洩，表達其極度的不滿，在文章中直指“有無搞錯！”他認為：“若論國歌之版權，為中央人民政府，或為聶耳及田漢所擁有，什麼時候由這個什麼協會代收版權費？”[2]

5. 協會遭遇八大行業聯手抵制

1990 年代末，協會四面受敵，最嚴峻的莫過於八大行業的聯手抵制。1999 年，協會首次遭遇多個行業聯合抵制，指責其壟斷市場，在計算音樂牌照費用上欠缺標準。由酒樓、戲院、餐廳、酒店、卡拉 OK（即 KTV）、醫院及私家應診診所等代表組成的音樂版權關注小組，與立法會議員會面。身兼小組召集人的香港酒店業聯會總幹事李漢城批評，香港只有香港作曲家及作詞家協會和錄音製品播放版權有限公司，收取音樂版稅，有壟斷之嫌，未能公平釐定收費。[3] 小組強烈表達對現行音樂版稅徵收機制的不滿，批評有關制度欠缺透明度及存有主觀成分，故要求收費組織清楚制定及交代有關機制，同時促請當局檢討《版權條例》，豁免一些並非音樂作為商業用途的機構繳交音樂版稅。[4]

（四）協會的初期規劃

1980 年代初期，不論公眾、客戶或音樂創作人，均對協會認識不足。於是，協會對內有招募新會員的急切需求，對外則要加強公眾對其的認識。從鄭老師及陳聯陽的訪問中可見，招募新會員的重任由幾位創會理事負責，他們在音樂行內積極推廣，正如黃霑力邀鄭國江老師的個案。流行音樂創作人方面由黃霑負責，嚴肅音樂創作人方面則由林樂培承擔。成為會員後，保持良好溝通也十分重要。翻查資料可知，協會於 1984 年 4 月正式印製會刊《CASHFLOW》，以此作為會員和協會間一座新的溝通橋樑。會刊內容包括一切與會員有直接關係的事項，例如理事會成員簡介、公佈新加會員的資料、協會最新會員人數、收益以及音樂版權知識等。[5] 一方面可以維繫會員與協會的歸屬感，另一方面也增加了

1 石琪：〈播國歌不應收費〉，《明報》1998 年 2 月 16 日，D5 版。

2 太子森：〈播奏國歌要磅水〉，《天天日報》1998 年 4 月 3 日，D7 版。

3 〈音樂版稅被指有壟斷嫌〉，《蘋果日報》1999 年 9 月 16，A6 版。

4 〈八大行業投訴音樂版權組織壟斷及欠標準〉，《香港經濟日報》1999 年 9 月 16 日，第 10 頁。

5 《CASHFLOW》，香港作曲家及作詞家協會，1984 年 4 月號，第 1 頁。

協會的透明度，加深音樂使用者對協會的認識，讓發牌工作更順利。會員除了當時主流的流行音樂創作人外，亦包括一些嚴肅音樂創作人。1987 年，協會成立 10 週年之際，特別委託作曲家創作了 6 首作品，並贊助香港小交響樂團演奏灌錄了作品唱片。這個慶祝活動，被選為 1987 年香港電臺的十大樂聞之一；[1] 1989 年，協會舉辦"CASH 流行曲創作大賽"，以搭建更多平臺，讓公眾認識 CASH。

1987 年，CASH 慶祝成立 10 週年（相片提供：CASH）。

此外，協會在管理策劃方面制定了長遠計劃，尤其是在版權費分發的流程上面。儘管協會當時已經投入了大量人力、物力在資料儲存及記錄的工作上，但在處理版權費的分發時，依然要依賴 PRS 的幫助。回顧 CASH 首次獨立分發版權費，該任版權費分配及資料總員表示，這項工作壓力大到瘋狂的艱巨工程，足足花了 14 個月的時間才完成。[2] 因此，隨著協會的日漸發展，在資料統籌及會員事務的工作越來越繁複之際，協會早於 1981 年已擬定一個長遠的計劃，以便自行處理分發之事。[3] 面對各方面的指控，以及傳媒的負面報道，只能歸咎於香港人對協會一知半解，充滿誤解與懷疑。音樂使用者對協會的誤解，使協會在跟進中難以得到投訴人的接納，且態度也較為強硬。例如協會工作人員被指為"秘密警察"，可見使用的方法不夠光明正大，令人反感；更有甚者，如果店鋪不繳付音樂牌照費用，協會即採取法律途徑解決，此舉破壞彼此關係。

---

1 香港電臺十大樂聞，參考網址：www.rthk.org.hk/channel/radio4/pdf/r4_p2.pdf（最後訪問時間：2015 年 12 月 2 日）。

2 《CASHFLOW》，香港作曲家及作詞家協會，1984 年 4 月號，第 1 頁。

3 同上，第 6 頁。

筆者認為，協會在 1980 年代的成長與發展，同電視廣播有著密切關係，要瞭解這段關係，就不能不先瞭解香港的電視廣播的簡史。香港的電視廣播始於 1957 年。當年，“麗的呼聲”獲港英政府發出開辦有線電視牌照，並於 5 月 29 日正式啟播。“麗的呼聲”創辦“麗的映聲”（後改名為亞洲電視，簡稱“ATV”），正式掀開了香港電視廣播的歷史第一頁。1967 年 11 月 19 日，邵逸夫先生創建了電視廣播有限公司（無線電視，簡稱“TVB”）。其後，佳藝電視（簡稱“佳視”）於 1975 年 9 月 7 日加入，開啟電視的“三國時代”。為爭取觀眾，TVB 推出夜晚綜藝節目《歡樂今宵》及劇集。1970 年，香港電臺成立公共事務電視部，製作電視節目通過商營電視臺播出，《塞拉利昂下》便是其中的代表作。而無線推出免費電視服務後，“麗的映聲”於 1973 年提供免費的電視廣播服務，並改名為“麗的電視”。1972 年，“麗的電視”使用無線全彩色廣播，TVB 也於 1973 年全面改用彩色播映，並引入香港小姐競選節目；佳視於 1975 年 9 月 7 日啟播，加入市場競爭，成為香港第三家免費電視臺，免費電視臺的主要收入來自商品廣告。然而，佳視只持續了不到 3 年時間，便於 1978 年 8 月 22 日倒閉，從此開始了 ATV 與 TVB 長達 30 年的“收視之戰”。

TVB 在開臺初期就已推出的電視劇。1974 年，根據張恨水的同名小說改篇的《啼笑因緣》播出，全劇共 25 集，每集片長 30 分鐘。劇集每 10–15 分鐘會暫停，播出 1–2 分鐘的商品廣告，之後再繼續播出劇集。該電視劇主題曲《啼笑因緣》由顧嘉煇作曲兼編曲、葉紹德填詞、仙杜拉主唱。主題曲是在劇集播出前或播出後的主題音樂，《啼笑因緣》劇中插曲《送郎》、《想郎》、《我和你》以及《賣唱姑娘》皆是由仙杜拉主唱。此《啼笑因緣》主題曲優美悅耳，在免費電視臺廣播後，大受香港市民歡迎。由於 TVB 製作班底是舞臺劇工作者出身，故劇集以舞臺劇元素居多，亦一直配以主題曲。例如以香港酒店為背景的百集長劇《狂潮》，該劇使香港引起了追看電視劇的熱潮。此後，無線製作《家變》、《強人》、《大亨》等百集長劇，均配上主題曲，TVB 被譽為眾臺之冠。《歡樂今宵》是香港無線電視的長壽綜藝節目，於 1967 年 11 月 20 日開播，一直至 1994 年 10 月 7 日為止共播映 6,613 次，27 年內每週有 5 晚現場直播，1980 年代一段時期更每週 6 晚直播，製作集數之多被列入世界紀錄，成為全世界最長壽的綜藝節目。直至今日，即使香港人的娛樂模式變得多樣化了，例如互聯網資訊娛樂、電子平臺等，但免費的電視節目依然是不少人茶餘飯後的娛樂節目。相對地，電視臺與向協會購買的公開播放音樂牌照依然是重要的收入來源。

三、回歸後全華人管理層時代的 CASH（1998 年至 2000 年代）

走過成立的前 20 年，協會在本土積累了一定的聲譽：從正面看，會員人數上升了，業績也逐年遞增；然而，1980–1997 年度的傳媒報道卻充滿了對 CASH 的控訴。2001 年，協會的業績進一步增長，本年度總收益達 12,200 萬港元，即便在經濟下行的大環境下仍能創新紀錄。[1] 在經歷了 1990 年代兩次的辦公室搬遷後，CASH 的會址一直沿用至今，職員人數攀升至 50 人，會員人數及業務收入也持續穩步上揚，截至 2007 年會員人數已接近 3,000 人。協會在這時亦調整了入會條件，作家會員的門檻由原來的曾公開播放 1 首作品增至 3 首。然而，這個改變並未減少會員數目的穩步上升。截至 2017 年 4 月，會員總數約 4,038 人。另外，以 2016 年 6 月執行的分配版權費統計，參與分派音樂作品的總數目達 406,872 萬首之多。

經歷了 1990 年代前期公眾對協會的誤解與懷疑後，協會決心改變形象。首先，管理層方面發生重大改變。“九七”回歸後不久，對於由英國人主導創立的 CASH 而言，在企業文化上產生一定衝擊，於是理事會希望由英國人主導的管理層轉變為以全華人班底。2001 年，協會委任了三位高級管理人員加入，包括主席陳永華教授、副主席陳劍和及行政總裁楊子衡。新任正、副主席分別為嚴肅音樂與流行音樂的資深業內人士，其中主席陳永華教授為作曲家及指揮

1 《香港作曲家及作詞家協會年報》，香港作曲家及作詞家協會，2001 年。

家，活躍於香港音樂界，是一位嚴肅音樂的音樂家，[1] 曾任中文大學音樂系系主任及文學院副院長。1980 年至 1985 年，連續五年獲英聯邦獎學金赴加拿大多倫多大學深造，獲音樂碩士及博士學位；陳永華教授於 1994 年成為 CASH 理事，2001 年 4 月 1 日獲委任為理事會主席。行政總裁楊子衡則來自銀行界，他曾在銀行界具有豐富的市場推廣及管理經驗。因從小在澳門長大，所以亦有瞭解澳門政府的音樂文化政策，他憶述當年英國歌手在澳門大受歡迎，所以他亦情傾 Elton John 的音樂，在機緣巧合下加入協會擔任行政總裁這一職業。楊氏曾表示，人到中年毅然轉職，放棄銀行的高薪厚職，為的是實現自小以來的音樂夢。薪金較前有雙位數字百分比的跌幅，但他很清楚，如果錯過這個機會，老了一定後悔。在就職會上，他期望在 CASH 大展拳腳，認為首要工作是為會員覓生計。他任內曾主力舉辦“金帆音樂獎”，並與香港中央圖書館及香港藝術發展局設立“香港音樂特藏”徵集活動，在加強與海外聯會的聯繫之餘，亦盡力推動音樂版權以及本地的音樂創作。[2] 楊子衡於 2021 年正式退休。2021 年 6 月，陳家欣及韋正禮接任管理 CASH 的重任，他們分別掌管會員及營運，和業務及國際事務兩大範疇。兩位都是協會的資深員工，對於音樂版權業務管理有豐富經驗。

CASH 已經成功吸引眾多國際性大機構成為會員，鞏固了其在行內的領導地位。再加上協會高級領導層的轉變，這個組合為協會發展揭開新的一頁，管理風格一改往日的保守態度，積極提升協會形象。無論面向公眾還是面向會員，均推行創新的改革。

為了建立良好的社會形象，協會還積極參與社會公益活動，關懷有需要的社群。2002 年 5 月，協會首次參與香港公益金主辦的“公益林植樹日”慈善活動。協會隊伍在活動中不僅合力種植樹苗、推廣綠化環境，更為大會籌得總共 28,000 元善款，捐助公益金屬下提供兒童及青年服務之社會機構。[3] 此外，協會聘請殘障人士工作，支持他們進入社區就業。2004 年，協會成立一支由會員及員工組成的義工隊，多年來服務了不少機構。同年，協會首獲香港社會服務聯會

1 〈陳永華任港曲詞作協主席〉，《星島日報》2001 年 5 月 20 日，A25 版。

2 《CASHFLOW》，香港作曲家及作詞家協會，2001 年 5 月號，第 20 頁。

3 〈CASH 參與公益林植樹日慈善活動〉，《星島日報》2002 年 5 月 12 日，B02 版。

頒發的“商界顯關懷”獎狀。“商界顯關懷計劃”旨在鼓勵工商機構參與社會服務，培養關懷社會的精神。鑒於 CASH 對殘障人士就業的熱心及支持，行政總裁楊子衡獲社會福利局邀請，加入支持殘障人士就業的顧問委員會。[1] 此後，協會又獲社會福利處頒發的“熱心之聲”獎項，楊氏擔任此社會公益角色亦令協會得益。

協會對外積極建立正面形象，成效顯著。截至 2024 年，協會連續 20 年獲得香港社會福利署頒發的“同心展關懷”嘉許狀，以表揚其對社會公益的付出及貢獻。從這方面看，CASH 擺脫了一直被視為只是發牌機構的形象。

自 2001 年起，協會創辦大型音樂獎“CASH 金帆音樂獎”於週年晚會上頒發，目的是希望提高大眾對香港音樂藝術素質的認識。獎項包括最佳歌曲大獎、最佳旋律、最佳歌詞、最佳男歌手演繹、最佳女歌手演繹、最佳樂隊演繹。獎項由業內音樂人提名及投票，得獎者必須為香港作曲家及作詞家協會成員。最受人關注的是“CASH 音樂成就大獎”。此大獎自 1996 年創辦，目的為是表揚具傑出音樂才華及對香港樂壇有重大貢獻的音樂家。歷年獲獎者如下：

年份	得獎者
1997	陳蝶衣
1997	顧嘉煇
1998	林聲翕、韋瀚章、王福齡
1999	林樂培
2000	黃霑
2001	盧國沾
2002	鄭國江
2003	林子祥
2004	林振強
2005	許冠傑
2006	黎小田
2007	譚詠麟
2008	黎彼得
2009	葉紹德

1 《香港作曲家及作詞家協會年報》，香港作曲家及作詞家協會，2004 年。

（續表）

年份	得獎者
2010	于麟
2011	關維鵬（泰迪羅賓）
2012	Albert Leung
2013	倫永亮
2014	向雪懷
2015	陳能濟
2016	鍾鎮濤
2017	葉惠康
2018	盧冠廷
2019	潘源良
2020–2022	協會因疫情未有舉辦週年晚宴
2024	Gwilt David（紀大衛）及潘偉源

1990 年代遭遇的種種誤解逐漸得到消除，協會遂進一步提高其透明度，設立了“創意不斷，維護版權”的全新口號，在努力培養及發掘音樂創作人才的同時，亦繼續加強對外宣傳尊重音樂版權的意識，教育大眾收取版權費是符合社會公眾利益的，並舉辦各式各樣的公益活動，令香港的創意工業在健康的環境中蓬勃發展。協會於 2002 年自願向香港特別行政區政府登記為香港《版權條例》下的“註冊特許機構”（Registered Licensing Body），朝著進一步提高協會透明度的方向發展。[1] 此外，為方便會員於在網上登記新作品，協會於 2002 年 5 月開設了全新網頁，網址為 www.cash.org.hk，並新增了一系列的實用功能，例如音樂作品搜尋器，方便不論是協會會員還是公眾人士的音樂使用者，均可以搜尋 CASH 管理的音樂作品資料；訪客亦可以瀏覽標準牌照收費表，收費表全文以及演奏版權音樂的牌照申請表都可以在網上下載。

在業務發展方面，協會同樣有新突破。要確保業務收入能穩步上升，首先要挽留住會員，協會才能代表集體管理，向音樂使用者收取音樂版權費。協會已經擁有國際性音樂出版人等為會員，香港音樂出版人協會旗下的 24 個音樂出版人均為協會會員，此等音樂出版人代理的音樂作品佔據全球主要音樂市場。最後，

1 《香港作曲家及作詞家協會年刊》，香港作曲家及作詞家協會，2002 年。

隨著電子媒體及智能電話的普及化，商業音樂平臺如雨後春筍般湧現，市民大眾對音樂的訴求及使用有了重大改變。協會在維護會員權益及面對音樂客戶的挑戰與日俱增。

協會雖在英國協會的協助下成立，但在其發展的歷程中，特別是在回歸後，與內地的交流變得更為緊密。在此，我們概述香港音樂人與內地的交流情況，包括協會與中國音樂著作權協會的關係、協會與內地作曲家的交流情況、移居香港的內地作曲家，以及不遺餘力推動中樂的香港中樂團。

中國音樂著作權協會（簡稱 "MCSC"）為內地音樂版權組織，成立於 1992 年 12 月 17 日，是非營利性的民間組織，截稿時有會員 12,798 人，包括作曲家作詞家及出版人會員。按照協會章程，其宗旨是保護音樂著作權、維護音樂著作權人的合法權益、推動音樂創作和使用，以及促進中國音樂的繁榮。[1] 該協會是音樂著作權集體管理機構，由中國音樂家協會和國家版權局共同發起，經國家民政部登記為自主經營的社團法人。凡是中國的音樂著作權人，包括曲作者、詞作者、音樂改編者、歌曲譯配者、音樂作者的繼承人以及其他通過合法方式獲得音樂著作權的人，都可以成為 MCSC 會員。[2] 根據 MCSC 官網顯示，2015 年共收取音樂作品著作權許可使用費 1.7 億人民幣，較 2014 年增長 24%，自成立以來，為音樂著作權人收取使用費總額突破 10 億人民幣大關，達到 10.6 億人民幣。收取的著作權使用費按權利內容劃分，共涉及複製權、表演權、廣播權和信息網絡傳播權四項。2015 年的使用費中，比例為複製權 5%、表演權 41%、廣播權 23% 和信息網絡傳播權 27%，其餘 4% 為海外協會收轉而來。[3] CASH 與 MCSC 是聯繫協會，簽訂了互惠協議，互為代理人的關係，均是 CISAC 旗下的組織。CASH 由 2002 年 4 月開始研發 DIVA 系統，至 2003 年 8 月正式全面投入服務，由於中國內地處理的音樂作品亦以中文歌曲為主，故 MCSC 採用 CASH 的 DIVA 系統處理資料統籌及版權費分配的工作。MCSC 的 DIVA 系統於 2003 年底全面投入運作，亦於 2003 年 12 月與 CASH 簽訂備忘錄安裝 DIVA 系統。[4] MCSC

1 〈內地集體管理制度的立法運作現況與未來〉，《臺灣智慧財產季刊》第 64 期，第 41 頁。

2 《中國音樂著作權協會會員手冊》，中國音樂著作權協會，2003 年，第 22 頁。

3 中國音樂著作權協會，參考網址：www.mcsc.com.cn（最後訪問時間：2017 年 2 月 1 日）。

4 《香港作曲家及作詞家協會年報》，香港作曲家及作詞家協會，2014 年，第 10 頁。

今天依然是 DIVA 的使用者，CASH 會根據 MCSC 的要求，量身定制系統的要求。兩個協會的日常交流日益密切，為了便於相互瞭解彼此面對的問題、解決方法及日常運作，CASH 與 MCSC 於 2000 年代先後 3 次互派代表團訪問對方協會。2017 年 2 月，DIVA 會議在港舉行，[1] MCSC 跟其他 DIVA 使用協會於香港聚首一堂，共商未來合作及發展方向。2023 年 6 月，CASH 與 MCSC 和澳門作曲家、作家及出版社協會（MACA）共同主辦的第一屆"粵港澳大灣區音樂作品著作權集體管理高峰論壇"，並簽署合作備忘錄。此次高峰論壇的成功舉辦，使內地、香港和澳門三地音樂作品著作權集體管理組織之間的合作更加緊密，擴大並深化粵港澳大灣區甚至國際交流。

協會的會員當中，亦有不少來自中國內地，他們均受過內地國家級音樂學院的培訓，因不同原因在不同時代移居香港，進而輾轉加入 CASH。他們拉近了兩地的音樂創作交流距離，在適應新生活的同時，也努力付出創出一番新成就。例如嚴肅音樂作曲家吳大江，他是香港作曲家協會的創會理事之一，對香港音樂界作出巨大貢獻；陳能濟於 2016 年榮獲"金帆音樂獎"；王強女士於 1998 年在香港成立華女作曲家協會，推動全球華女作曲家的創作交流；國家級古箏演奏家徐能強於 1997 年在香港開設古箏藝術學院，在港推動古箏音樂傳承；二胡大師王國潼、中國藝術歌曲演唱家李遠蓉夫妻二人也在港教學，與其子二胡演奏家王惠一起，積極在香港推廣二胡音樂教育。這些資深的音樂家均曾接受國家級的訓練，他們將寶貴的經驗與知識帶進香港，在不同領域促進兩地交流。

部分移居香港的內地作曲家 [2]

作曲家	籍貫 / 出生地	生年	畢業院校 / 時間	抵港時間
黎草田	廣東中山縣	1921	廣東省立藝術專科學校（1943）	1946
林聲翕	廣東新會縣	1914	上海國立音專（1931）	1938–1941
黃友棣	廣東高要縣	1911	廣州國立中山大學（1934）	1949
吳大江	廣東海豐	1943	私學	1962
施金波	廣東新會縣	1933	上海音樂學院（1933）	1963

1 《CASHFLOW》，香港作曲家及作詞家協會，1998 年 5 月號，第 24 頁。

2 高洪波：《移居香港的內地作曲家研究（20 世紀：30–80 年代）》，中國音樂學院博士論文，2009 年 4 月。

（續表）

作曲家	籍貫 / 出生地	生年	畢業院校 / 時間	抵港時間
關勝佑	廣東	1944	/	1968
陳能濟	印度尼西亞（雅加達）華僑	1940	中央音樂學院（1965）	1973
屈文中	四川榮昌縣 / 廣西桂林	1942	中央音樂學院（1966）	1975
符任之	海南文昌縣 / 越南華僑	1930	中央音樂學院（1957）	1976
王強	山東煙臺	1935	上海音樂學院（1960）	1979
徐能強	不祥	1951	上海音樂學院	1997

與內地緊密聯繫的機構中，不得不提香港中樂團，協會與香港中樂團關係一直密切，是其不少音樂活動的支持機構，多年來贊助中樂團委約作曲家創作新作品，在音樂會中進行世界首演。香港中樂團於 1977 年成立，是香港唯一擁有 91 位專業演奏家編制的大型職業中樂團，享有“民樂翹楚”及“香港文化大使”之美譽，經常獲邀於國際著名音樂廳及藝術節演出，足跡遍及歐洲、美洲、亞洲、澳洲、北極圈的多個國家及地區。演出編制分拉弦、彈撥、吹管及敲擊四個樂器組別，其中包括傳統和新改革的多種樂器。樂團的拉弦聲部於 2009 年全面使用由樂團研發的環保胡琴系列。香港中樂團廣泛招募來自世界各地的頂尖中樂演奏家，因為演奏的是中國樂器，不少加入的演奏家均來自內地，既然是香港中樂團，成員當然包括香港本地培養的優秀演奏家。從其組成來看，樂團本身就是內地與香港頻密交流的產物。

然而，這段時期的香港也曾面臨震顫全球的挑戰。2003 年，香港經歷沙士疫情風暴，人流大幅減少，香港經濟跌至低谷，很多食肆、商店的生意額銳減，甚至關門大吉。這個時刻，協會在收取版權費上存在一定的困難，也給協會的版權費收益帶來重大損失。而此時民眾怨聲四起以及傳媒的扭曲報道，讓協會形象再度受損。這是繼 1990 年代八大行業聯手抵制後又降臨的一大考驗。理事會最後作出了一個體恤民生的方法，暫時停止收取版權費，與客戶共度難關。這個決定讓 CASH 的企業形象得到提升。[1]

1 《香港作曲家及作詞家協會三十週年特刊》，香作曲家及作詞家協會，2008 年。

2011 年，香港特區政府將《2011 年版權（修訂）條例草案》刊登憲報，其中草案將網民惡搞等屬於二次創作[1]的作品列入侵權範圍，於是引起網民爭議，認為是剝奪網民的言論及創作的自由，嚴重違反了基本法。大量網民和二創者表示不滿，群起反對。CASH 身份並非版權擁有者（正式的音樂版權擁有者是其作曲家、作詞家及出版人會員），然而作為一個音樂版權組織，在這個風波中也被捲入。風波過後，協會如今要面對的是瞬息萬變的數碼時代，無論是客戶、音樂作品形式還是發放平臺等均與過往完全不同。如何面對音樂使用者，怎樣為作曲家、作詞家爭取權益，協會如何作出內部整頓以面向挑戰，都是確確實實要面對的挑戰。

與 1977–1997 年的英治時期相比，回歸後的這一時期，媒體報道公眾對協會的控訴大為減少。翻查 2000–2016 年的報導，主要是介紹協會舉辦的各種社會公益及音樂活動，多為正面報道。再也看不到“秘密警察”的形容，取而代之的協會樂意面向公眾，與客戶維持良好關係。不斷提高協會透明度的努力已漸見成效。

四、CASH 的成功及挑戰

假如要客觀地評價 CASH 的表現，筆者會從兩方面加以評估：一是業績，二是會員人數。根據協會提供的數據顯示，這兩個數字都一直呈增長態勢。2022 年的總收益逾 4.1 億港元，較 2021 年的 3.7 億港元稍有上升。然而，與對八年前的 2014 年的 2 億總收益相比，已經是雙倍的增長，與 1978 年的 400

1 二次創作是“進行第二次的創作活動”的意思。許多二次創作並不涉及商業利益，可能只屬於個人愛好或同人創作，不過亦有部分二次創作存在於商業作品之中，包括樂曲、電影、電視劇、小說、漫畫、電子遊戲及動畫等。二次創作的範圍很廣，例如電影中所謂的致敬、論壇術語中的引用、外文書籍的翻譯、神話故事的改寫、金句的押韻食字創作等，都屬於二次創作。在音樂範圍方面，多指舊曲新詞的做法。由於二次創作涉及原創人版權利益，又影響使用者的方便及應用，這個議題於 2010 年的香港社會一時引發不少社會爭議。

萬總收益相比更是有 100 倍的增加。會員人數方面也同步增長，從創會時的 20 餘人至 2024 年的 5,035 人。這足反映協會的努力獲得了認同。究其成功之道，與管理層對持續發展的執著追求不無關係。

協會的主要工作就是將收到的版稅分發給相關的詞曲作家，那是一項專業而複雜的工作。協會明白其重要性，故此早於 2001 年已經開發一套專門的管理系統；此外，會員永遠是協會的首要服務對象，得到他們的認同才能營運下去。試想，如果有會員不滿，甚至要求退回版稅另起爐灶，這種情況也是可能發生的。所以，協會多次與會員溝通交流，並為他們創造更多亮相及發表作品的平臺，又設立音樂基金，照顧嚴肅音樂家。對內，協會對員工投放大量培訓資源，給他們提供增值機會。

CASH 自 2001 年起便努力發展電腦系統。2002 年，協會決定研發一款名為"DIVA"的全新歌曲資料及版稅分配系統，並於 9 月與中國內地的音樂版權組織"中國著作權協會"聯合開發 DIVA 數據庫系統。該系統當時為全球最大的中文音樂作品數據庫，建設總投資達數百萬元人民幣。[1] 這個數據庫系統作為當時全球最大的中文音樂作品數據庫，有力保障了中國音樂著作權人合法權益。祖國與香港特區兩地音樂著作權集體管理組織聯合開發的 DIVA 數據庫系統，應用了國際標準局最新制訂的信息數據系統—— CIS 標準，這一標準使原本獨立的國際藝創家聯會（CISAC）、國際唱片業聯盟（IFPI）、音樂出版人協會（MPA）三方信息編碼系統整合為一個可以共享的信息平臺。其信息資源豐富、數據處理便捷的特點滿足了當今迅猛發展的世界音樂產業市場的深度需求，從而使音樂著作權集體管理組織在信息網絡環境裏更為有效地為音樂著作權人維護權益。[2] DIVA 數據庫系統極大地便利中文音樂作品在全球範圍內的使用和管理，加快中國音樂著作權保護事業與國際社會接軌的步伐，成為推動中國乃至世界音樂產業市場的重要力量。DIVA 系統從 2002 年 4 月開始研發，至 2003 年 8 月正式全面投入服務。[3] 這套國際標準的計算機系統，引領協會進入一個全新紀元，使得歌曲的處理更具效率及版權費的分配工作更加準確。DIVA 系統的啟用，亦造就了中國

---

1 〈數據庫系統研發項目在京簽約〉，《法制日報》2002 年 9 月 26 日，第 6 頁。

2 周一舟、田宏：〈DIVA 為音樂著作權人服務〉，《中國知識產權報》2002 年 9 月 25 日，綜合新聞。

3 《香港作曲家及作詞家協會年報》，香港作曲家及作詞家協會，2003 年，第 11 頁。

內地的“中國音樂著作權協會”（MCSC）及中國臺灣的“中華音樂著作權協會”（MUST）採用 DIVA 系統處理資料統籌及版權費分配的工作。“中國音樂著作權協會”的 DIVA 系統於 2003 年底全面投入運作，“中華音樂著作權協會”亦於 2003 年 12 月與協會簽訂合約裝設 DIVA 系統。[1] 海峽兩岸暨香港的音樂界從此更緊密。

協會是音樂界創作人才的交流平臺，與會員建立緊密關係是 CASH 的重要任務，從利益方面看，這是確保能保留管理其音樂作品版權以向音樂使用者發牌的條件。2000 年開始，在新管理層的管理指導下，協會形象鮮明開放，舉辦了一系列活動以拉近跟會員的關係。例如一年一度的週年晚宴是每年 CASH 的重點活動，此外 CASH 也舉辦不同形式的活動，鼓勵會員之間相互交流。從會訊的報道可知活動多姿多彩，例如年度會員音樂聚會、音樂人創作分享講座、舊曲新詞創作比賽、義工活動、暑期音樂習作等。

筆者曾訪問 CASH 年輕會員李俊文，他熱衷鋼琴，於 2000 年加入協會成為作曲家會員，現從事與音樂出版相關的工作，是一名業餘音樂創作人。他回憶當初加入協會也沒有什麼特別的期望，只知道自己認識的不少創作人都已加入，自己也從事音樂相關工作，既然符合資格，就湊熱鬧加入了。他在加入的初期，應邀出席了協會專為新會員而設的會員迎新會，加深了對協會的認識，同時認識了幾位同期加入的年輕作曲家。李氏表示，除了在辦理入會手續時跟協會有接觸外，平時就只收到協會季刊，他的朋友均形容協會為一個發牌機構。直至 2002 年，他收到協會舉辦公益活動的邀請宣傳頁，首次參加了有關活動，更於 2007 年正式加入了協會的義工隊。現凡協會舉辦義工活動，他都一定支持。2017 年 5 月 21 日舉行的 CASH 會員四十週年音樂派對，筆者有幸出席，喜見李俊文由過往參與者身份成為是次活動的表演嘉賓之一，與著名音樂人泰迪羅賓在臺上合作表演，可見 CASH 對孕育年輕音樂創作人所播下的種子，是有收成的。

1 《香港作曲家及作詞家協會年報》，香港作曲家及作詞家協會，2014 年，第 10 頁。

筆者與顧家煇老師及著名歌手泰迪羅賓。

員工是公司的重要資產，這點是毋庸置疑的。行政總裁楊子衡上任後，將培訓這一重要項目引入機構內，深信會員通過優良專業的培訓，定可為會員及客戶提供更佳的服務，有助於業務發展。協會於 2002 年開始持續外聘培訓顧問，為員工提供有關指導，這些培訓課程成效顯著，不僅提升了員工與企業、零售客戶之間的溝通效率，使商議更順利，更令彼此的業務關係更具生產力。

展望未來，CASH 應回顧過往的經驗，繼續推廣音樂版權的公眾教育，建立更加正面的形象，從業界及學界全方位吸引新會員，向如香港演藝學院等音樂教育機構及大學的音樂系畢業生招手，讓協會人數持續增長。另一方面，新媒體的世界已經來臨，音樂平臺也已迎來重大轉型。幾十年間，卡式帶、CD 機等已成歷史，智能電話已經成為普羅大眾收聽音樂的主要工具。瞬息萬變的科技，隱藏著無限商機，未來音樂版稅的收益，相信也離不開新媒體。

結　語

總體而言，按世界各地的經驗，作曲家及作詞家以個人身份向使用音樂作品的機構及場所收取演奏版稅是極為困難的，所以成立機構代表音樂界向音樂用戶收取演奏版稅，再分發給會員，是極為必要的。英國 PRS 在香港籌辦成立 CASH，就是基於此目標。CASH 於 1977 年創辦後即展開工作，為本港音樂創作家爭取權益。

協會至今已有 47 年歷史，是香港為音樂創作人謀求福利之合法工會實體，在音樂版權成為有價商品中的執行機構，亦是香港音樂文化與世界各地音樂版權及音樂文化機構交流的平臺。它不僅代表香港特別行政區對外進行音樂文化交流，更是領導亞洲的音樂版權機構。香港的音樂文化及音樂產業是反映香港人生活寫照的記錄。過去數十年，得益於電臺廣播和電視廣播，收聽流行樂曲成為香港人每天生活的一部分，豐富的詞曲內容融入香港的每個家庭。後來更有過萬人的大型演唱會。這類商業活動，對香港本土價值觀及文化影響極為深遠，甚至傳遍中國及世界各地華人社會。

在 CASH 未成立之前，曾經一段較長的時期，港英政府、傳媒及音樂界都缺少一個專門處理音樂作品版權及版稅收益的機構，作曲家的作品只受到普通法的保護。香港各類音樂演奏團體及演奏場所，沒有採用歐美先進地區的慣例，將作品資料記錄及向版權持有人支付演奏版稅；香港電臺播放香港作曲家的作品，也無需支付版稅；香港電臺及電視臺，也沒有依照國際慣例主動向英國或美國的代收演奏版稅機構報告所播放的樂曲。協會成立後，音樂作品版稅的徵收及分配才逐漸步入正軌，香港音樂創作的發展環境得以改善，從事音樂創作活動的作曲家、作詞家的權益才受到充足的保護，他們因而可以從其作品中獲得合理及持續性的報酬。

香港回歸祖國後，實行“一國兩制”，與音樂作品的版權及演奏版稅有關的問題，已不能像回歸前依賴英國普通法處理。換言之，協會主要的工作發展方向之一，是與中央政府管理音樂作品版權註冊組織，建立良好而有效的合作關係，共同保護內地和香港版權擁有人的權益，特別是在收取演奏版稅收入的工作上需要展開協商及聯絡。協會的成立對作曲家及作詞家來說具有重大意義，它有效提升了香港對知識版權的維護，促使其走上符合國際慣例的軌道。

過去 47 年，CASH 獲得了巨大發展，並成功化解了其經歷的一些危機。CASH 持續發展的計劃及行動與科技密切相關，科技與音樂的關係可以說是“水能載舟，亦能覆舟”，音樂數碼化所帶來的挑戰不可忽視。可以預料，音樂版權管理的業務在未來仍將面臨不少困難及機遇。

經濟運作篇

第十八章

香港遠東交易所之歷史見證

陳洪齡

香港自第二次世界大戰後經濟開始騰飛，國共內戰又使許多內地中產人士紛紛選擇南下到港再謀發展，加上當時來港的大量難民，為日後 1950 年代的輕工業發展提供了資金與勞動力。實業發展到一定程度後，自然對資金增加有更大的需求，而“上市”集資就是有效途徑之一，即一所公司把其股份公開發售並予在公眾平臺進行買賣。當時申請上市與“掛牌”交易，只能通過英國人壟斷的獨家平臺“香港證券交易所”進行，想要申請新的上市公司並獲得批准極為不易。1969 年 10 月 31 日，有“香港股壇教父”之稱的華人李福兆（Ronald Li），向政府登記成立一家新的交易所，打破了百年來英人壟斷的局面。遠東交易所於 1969 年 12 月 17 日正式營業，在短短一年後成交額竟超越其對手。

筆者曾於 1973 年進入遠東交易所工作，並一直服務於證券界。憑著自身的經歷、對證券界的認知，輔以搜集到的業內各種檔案，如已開放公眾查閱的大量遠東交易所的公司文件、香港股票市場檔案及文物收藏等專業資料，加上有關股票市場資深人士的口述歷史，抽絲剝繭，去蕪存菁後，為遠東交易所的發展留下這份歷史記錄。從學術的視角看，這可能亦為首篇較為系統、深入探討本港人士開展證券交易所這一專題的研究成果。

本章聚焦論述遠東交易所敢於打破傳統、勇於創新，這可能是其本身取得成功的原因，它給香港華資公司提供集資機會，助力其拓展業務與發展，甚至促使其成為多元化的集团。蓬勃發展的香港証券市場，逐步拓展成為更大、更成熟的資本市場。而香港投資者對股票市場有較深入的認識，在區內亦屬比較成熟，這些都對香港經濟的发展確實作出了重要貢獻，從而也為香港成為一个真正的國际金融中心提供了有利條件。

一、遠東交易所成立前的香港金融環境

香港開埠之初，因各種天時地利的因素，華洋商人已開始迅速發展，逐漸形成各自的商業網絡，香港亦成為中國與外國資金網絡中重要的匯合點。1865年，香港立法局通過《公司法》，[1] 直接助力香港的經濟增長，因為健全的法規能讓更多有意投資者安心投放資金，從而為商業籌集資金減少阻力，買賣公司股權的交易開始蓬勃發展。承襲英國做法，香港公司的股份制規條化，其中最重要的是將股東的債務責任限制在他們的投資金額內，因此不會像從前那樣，因一次投資錯誤，就要動用股東的私有財產，甚至導致傾家蕩產。此外，市面上存在過多的剩餘資金，設置一個公眾平臺，可以讓資金更自由流轉，這便是股票市場的由來。當時，利用新公司法成立或轉型的幾家有名企業包括：香港上海滙豐銀行、聯合船塢公司（Union Dock Company）、香港黃埔船塢有限公司、省港澳輪船公司等。而一些沒能好好利用 1865 年所訂立《公司法》的私人貿易公司，因為投資錯誤，最終都走上了破產的道路，例如當年非常著名的寶順洋行（Dent & Company）。

另一方面，當時的股票市場體制尚未完善，投資失利的人士有時損失慘重。1899 年，香港股票因為過度炒賣，加上"拋空"行為，[2] 最終造成股災。在股災中，"拋空"了的投機者和經紀人並不能及時兌現承諾，導致有人破產，甚至有人因此自殺。除了股票經紀存在缺少制度化、專業化的問題外，還涉及銀行過度提供信貸透支額給股票經紀的問題。當抵押品（股票）因為市場價格大幅貶值，銀行突然收緊信貸，衍生出連鎖效應，最終導致股市崩潰。

股災過後，一個新組織"香港經紀協會"（The Association of Stockbrokers in Hong Kong）於 1891 年誕生，稍作控制這個經常過熱、炒賣過盛的市場。首先，成員答允制訂一套守則，讓股票買賣交易在這套守則內有秩序的運作，買賣亦限於會員之間。這樣，股票經紀之間可以保證交易的完成，投資者亦可以申請

1 1865 年第 01 號法令。

2 "拋空"為股票術語，指在沒有股票的情況下口頭拋售股票，並在股票價格跌低的時候再度口頭買回，以賺取其中的差價，阻止對交貨時間的長短進行討價還價的動議。

成為會員，並有信心與會員進行股票的買賣交易。這套守則出臺後，香港的股票"市場"雛形大致出現。接下來，由於一宗於 1891 年鬧上法庭的經紀糾紛，實體的交易場所也隨之產生。當時的法官詢問其中一個經紀有關交易的地點，經紀的答案是在"市場"。在法官一再追問下，得悉當時的股票交易實際上可以發生在任何地方，並沒有一個特定的場所，這種形式所進行的交易當然是危險的。由此衍生了香港需要設置一個正式的股票交易所，即替這個市場決定交易用的聚集場地。一開始，香港經紀協會於每天早上 10 點及下午 2 點 30 分都會在"香港會"，或是在皇后大道中和雲咸街的交界點集結，讀一遍股票的價格，稱為"唱價"。"唱價"後，成員會分小組討論一下交易行情，然後各自離去會客或是辦理私務。1914 年，香港經紀協會改名為香港經紀商會（Hong Kong Stock Exchange），並於 1934 年買下了雪廠街 10 號的地段，建起了交易所大廈。交易所大廈會址一直沿用至 1974 年才搬進了中環的和記大廈。

在實際股票交易運作方面，1891 年，立法局議員、怡和洋行凱瑟克（Keswick），發起了一條要杜絕"股票拋空"的動議，[1] 明顯是針對 1889 年股災中過度的炒賣行為。7 月 30 日，新法例終於通過，雖然目的是保障大眾投資者的利益以及促進股票市場的健康發展，然而討論期間也不乏反對動議之士，因為他們賺快錢的機會即將被剝奪。1925–1926 年間，因為省港大罷工，股票市場幾近崩潰，經紀與客戶均受到影響。當時，交易的成交時間是一個月，而股票卻可以提前三個月進行買賣，這使得股票變成了可供賭博的工具。當市場崩潰之後幾個月，經紀們仍然在努力地變賣他們之前的資產，或是為他人安排變賣資產。有鑒於此，交易自此之後轉變為現金的方式。後來，即便股票市場再度恢復，並也無法再回到之前的勢頭。1933 年，股票交易變為需在 24 小時內交易，再次杜絕了炒賣之風。

19 世紀末期，香港的上市股票種類大致分為以下幾大類：銀行、海上保險、火險、航運、煉油、礦業、地產、酒店物業、其他項目（包括香港的公共事業，如煤氣公司、電力公司、渡海小輪、山頂纜車等）。此外，滙豐銀行更曾充當中介，為兩筆特別的債務在港籌資，還有幾家公司發行的公債亦上市了。

---

1 Papers laid before the Legislative Council of Hong Kong 1891, Item 29, No.29/91, 2 September 1890.

直到20世紀，究竟有多少華人資金投資於洋人管理的公司，迄今尚未見統計。不過，當時已有一些華人全資的公司，這是可以確定的。1905年前，在3,306位滙豐銀行的股東之中，只有59位是華人。[1] 值得注意的是，香港華人的人口比例一直佔全港人口超過95%，但是於二戰前，華人在港英政府的管治下，一直處於次等居民的地位。在19世紀，華人彼此間的交流並不多，除了極少數華人外（何啟是典型例子），華人英國化的也極少，正是這個緣故。但從20世紀始，隨著英文教育漸趨普及，在英國商行任職的華人漸多，尤以洋行多聘有華人買辦，"部分華人逐漸濡染了英國人的生活習尚，在衣、食、住、行方面皆以洋化為時尚。"[2] 當華人與洋人開始有交流時，華人需要學習洋人才能融入他們的圈子中，而這種情況適用於所有行業，包括證券行業。1921年，香港股份商會（Hong Kong Sharebrokers' Association）註冊成立，這個組織與香港經紀商會是不相伯仲的。

到了1911年，辛亥革命帶來的政治動盪，使投資者擔心香港的投資前景，股票市場亦因此受到了牽連。第一次世界大戰後，香港經濟開始再度復甦，一家全華資的銀行——東亞銀行，於1918年11月14日註冊，並於1919年1月4日開始營業，由李冠春、李子芳、簡東浦、簡英浦、周壽臣等華商翹楚創辦，"法定資本為二百萬元，分成二萬股，每股一百元……九名創辦人每人負責集資二十萬元，所餘股份在市場上發行，數週內資本額已集足，遂以二百萬元資本開業"。[3] 在東亞銀行成立前，當時香港的銀行業幾乎全操控在英資商賈之手，在市場佔有率上，華商的銀號與錢莊根本不能與英資的銀行相提並論，為了針對當時華資銀號與錢莊的服務水平未達社會期望，東亞銀行希望仿效外國銀行營運模式，為香港社會提供信用穩健的銀行服務。然而，儘管東亞銀行基於市場需要，利用公眾資本創辦，但其管治核心仍離不開中國傳統的經營模式，由個別家族主導。[4] 1935年，東亞銀行曾經發展到對滙豐銀行的業務有所威脅的程度。

---

1 1923年，滙豐銀行的華人股東，已由1905年的59名增至197名，佔總股東的3%。

2 丁新豹、盧淑櫻：《非我族類：戰前香港的外族族群》，香港：三聯書店（香港）有限公司2014年版，第34頁。

3 冼玉儀：《與香港並肩邁進：東亞銀行1919–1994》，第10–11頁，轉載自鄭宏泰、黃紹倫：《商城記——香港家族企業縱橫談》，香港：中華書局（香港）有限公司2014年，第144頁。

4 鄭宏泰、黃紹倫：《商城記——香港家族企業縱橫談》，第143–160頁。

二戰前，大部分可在市場自由買賣的“有限公司”股票，大都是歐美商賈創辦的公司，鮮有華資企業以“有限公司”註冊，再讓股份在市場上自由轉賣。[1] 這跟當時華人企業往往以家庭、家族為核心，對外人的信任度比較低有關係。他們覺得企業管治權應該由自家成員掌管，企業的重要職位都是由家庭、家族成員擔任，甚少會把權力下放；而通過自身的商業或通婚網絡，這個族群亦慢慢向外擴散，若要籌集資金，則會先從家族或人脈網絡中集資，故戰前的華人企業大多為私人公司。而在證券公開集資上，雖然當時市民對投資感興趣，但交易所並未接納華人的成員。

1941 年，日軍佔領香港，香港度過了最黑暗的三年零八個月。抗戰勝利後，當時的香港市民眾志成城，齊心協力，市內重修的工程日以繼夜地進行，而戰後的香港金融亦翻開一個新的歷史篇章。香港股票市場於 1947 年重新開放，新的交易所把以前兩個組織——香港經紀商會與香港股份商會合併在一起，名字依然沿用“香港證券交易所”，簡稱為“香港會”。根據當時一位原本是香港經紀商會會員的說法，兩個組織的合併，既是當時政府的要求，亦確實有必要，最大理由是兩個組織的會員只有少數在戰後回港。[2] 新的交易所初期只有 22 個會員，守則上大致沿用戰前的。當時，交易所收的手續費相當昂貴，經紀費用是 2%。而且，當時股票買賣的工序亦非常繁複：賣方經紀首先要到相關公司裏證實其股票的擁有權，接著需要到高等法院的登記處登記及取得交易的批准，而且要在買賣合同上打“釐印”，並付印花稅才能達成買賣。到了後來，有時候股票經紀還要自掏腰包去成全客戶的買賣要求。例如，一個客戶想要賣 10,000 股，但是市場上只有 7,500 股的需求，那麼經紀會考慮自己買下那 2,500 股去達成這次的交易。

第二次世界大戰後，上海的棉紗廠老闆把他們的資金南移至香港。這是因為國共內戰開始，內地的貨幣貶值得太快，外匯率從最初的 1 美元兌換 30 萬港元，短短一個月內跌至 1 美元兌 200 萬港元。加上商家考慮到政治因素和自身安全，若將公司搬離內地，首選大多為香港。雖然香港並不完美，但將商業因

1 同上第 134–140 頁。

2 莫應基（Mok, Ying-kie/Witts, Richard A.）口述歷史記錄，Hong Kong Stock Market Archives and Artifacts Collection Oral History interviews, Call No:OH/021.

素與政治因素合併考慮，至少香港是一個自由港，對商業沒有什麼限制。與此同時，大量難民南逃至香港，使香港驟然湧進了超過 100 萬的移民人口，且大多都是由廣東一帶而來，當中不乏有經驗的技術工人。所以，發展輕工業的要素——資金與勞力，在這裏匯合了，可以說為香港工業化發展提供了極大的便利條件。當初的輕工業發展，主要只是作為填補香港在轉口港上失利的缺憾，對輕工業本身的定位仍然模糊不清。

然而，從一開始，輕工業的發展並沒有為股市帶來發展的契機。雖然這些工業需要財政支持，但是他們大多靠銀行貸款或自備資金，因為有些上海的工業家們不相信從股票市場上集資，認為此舉可能會使公司的控制權落入外人手中。當然，亦有人相信一旦公司上市，更容易取信於銀行，從而取得貸款。第一家在香港上市的棉紗廠是南洋棉紗廠，它於 1954 年上市。這家公司成立於 1947 年，是第一家來香港的上海企業。1980 年，南洋棉紗廠把業務擴展至香港及海外的物業投資，並於 1984 年改革開放後重新回到內地，在深圳經營了一家合資公司——南方針織公司，並於 1985 年開始投產。

然而，香港的工業化並不全靠上海來的實業家發展起來，許多從南方來的移民也開始投身製造業，這些大都是較小型的工廠，有些甚至是家庭式的小作坊經營，生產比較低價的棉產成衣及簡單的電器用品。

1950 年，香港的本地出口總值是 4.2 億港元，到 1966 年已上升至 57 億港元；1950 年登記在冊的工廠只有 1,753 家，到 1966 年時已經上升至 1 萬家；工人數量方面，1950 年只有 9.2 萬人，到 1966 年發展到 42.2 萬名工人。此外，其他的外來因素也導致香港轉口港的地位發生很大改變：1950 年朝鮮戰爭的爆發，美國以及聯合國敦促其他國家對中國實施禁運與貿易制裁。香港當時處於英國的殖民統治下，也須嚴格遵守這些政策，這就嚴重影響以中國貿易為主的出口數量。然而，這些都迫使香港自行另謀出路，從而使工業得到新的發展空間。1953 年，美國放鬆對美元貨品的管制，但仍禁止與中國有關的貿易。香港當時的工業財政由於獲得家族財力和銀行貸款的支持，市面上的流動資金仍然充足，加上投資因素，使 1950 年代的香港興起地產熱潮。與此同時，當時大部分的上市公司都與地產行業有關。

二、香港交易所對股市的壟斷及四會的產生

（一）香港會（香港證券交易所）

當時的交易所，並沒有想到把香港市面上盈餘的流動資金引至股票市場上，股票市場仍然是富人專有。市場上的股票一直都由幾位人士控制，其中一位叫馬登（George Marden），他是九龍倉的始創人兼主席；另一位叫裘槎（Noel Croucher），他是香港交易所主席，也是一位頗有實力的經紀人與投資者。

1961 年 6 月，有報導稱當時一個交易所的會員價格需要 20 萬港元，比起一年前的價格上漲了 4 倍。新會員還需要支付 3,000 港元的申請費用及 100 港元的月費。[1] 這在當時是一筆巨額的款項。但是同時，每次新股上市的超額認購，還有 1950 年代末至 1960 年代初的股票買賣呈現過熱狀態，也都是因為流動資金過剩的象徵。當時，《南華早報》曾有一則報導，一名經紀表示市場上有過多錢在追逐過少的股票，因此股票市場宛如一家大型的賭場，報道建議政府應該發行 6%的中期免稅債券，以吸收部分的流動資金，並稱有信心至少可募集到 2 億的資金，用以投放在建造低成本房屋、興建水塘、開展填海工程製造工業用地等。同時，政府還可以規定，本地銀行必須要認購部分債券，以阻止他們的資金大多投機在房地產及股票市場上，銀行應常備有 30%的流動資金。[2] 這篇報導還指出，當時的股票市場上只有 20 種股票，但大部分牌價都沒有反映真實股價，市場的需求難以得到滿足，除非增加上市的公司，甚至建議大型的棉紗製衣公司把 25%的股份公開上市。最後，這位經紀警告，若當時的情況繼續下去，遲早會出問題。

1960 年代後，香港會設於中環雪廠街公爵行頂樓，共有會員經紀行 53 家，會員經紀人 59 名。由於該會規範非常嚴格，會員人數上限僅為 60 人，外人自行申請或經由買賣方式獲得會員資格都不容易，多是由父傳子的繼承方式取

---

1 Barrie, Robin, *Shares in Hong Kong: One hundred years of stock exchange trading* (Hong Kong: The Stock Exchange of Hong Kong Ltd., 1991).

2 Ibid.

得，而這 60 名會員的限制一直沒有放開。每個經紀會員在市場中只能有一人為代表，經紀本人以外的其他人就要登記為出市代表（Floor Trader）。無論如何，都只能有一人（經紀本人或出市代表）出現在市場中。直到遠東會成立以後，這一狀況才有改變。因當時未有計算機自動搓合，一切都是以人工操作，而經紀或出市代表只能利用黑板和粉筆做交易。交易大堂內設有一塊大黑板，俗稱“報價板”，每隻股票都有買入和賣出兩個檔位，上面寫著買賣盤價錢。經紀或出市代表在大堂收到客戶買盤電話後，會立即跑至報價板前，在要買入字段上寫上價錢及股票代號，買賣雙方同意便可成交。那時的買賣都是先口頭承諾，然後才交換正式買賣單據，該單據一式三份（俗稱“飛仔”），成交後由賣家負責填寫並送給對手買家簽名確認，這樣交易才算完成。一式三份的飛仔，第一張由賣方保存，中間那張是由買方保存，最末張則放進交易所的收集箱，交由交易所保存。在市場獨佔的年代，加上每個經紀會員在市場中只能有一個代表，缺乏競爭的情況下，交投自然不會熱烈，成交量也不會有太突出的表現。

遠東交易所內，出市代表交易實況。

1969 年，香港股票市場發展蓬勃。

戰後香港股市每年的成交額（單位：港元）[1]

年份	全年成交額	年份	全年成交額
1948	158,963,298	1958	149,694,548
1949	88,198,190	1959	359,598,698
1950	60,108,912	1960	875,775,613
1951	140,671,899	1961	1,414,197,699
1952	142,309,007	1962	701,386,919
1953	150,766,890	1963	520,727,896
1954	251,976,029	1964	747,614,814
1955	333,189,500	1965	389,457,744
1956	211,002,275	1966	349,742,769
1957	147,621,871	1967	297,745,038

當時的輿論對交易所的評語是：它只是幾個有影響力的大戶的遊樂場，由這幾個人控制了整個股票市場，它並沒有適時地把當時香港市民的流動資金引進市場內，用以發展新的資本市場。另一方面，它把股票的票價擬定過高。最早想打破香港會壟斷局面的是十分有遠見的遠東交易所創辦人李福兆。1968 年，他曾就香港會 60 名會員限制之事找過當時交易所的主席洽談，希望把交易所的成員增加至 80 位，李福兆還答應去招募這新增的 20 名會員，並每人繳交 5 萬港元的會費，但是此舉並沒有成功。[2] 故此，李福兆決定自己籌組一家新的交易所，這就是後來的遠東交易所。

（二）遠東會（遠東交易所）

遠東交易所由香港望族後李福兆等人所創立，其父為東亞銀行創辦人李冠春。李福兆曾留學美國，擁有英國特許會計師資格，卻被香港證券交易所拒絕入會申請。這並沒有阻擋他在香港證券業務大展拳腳的決心，反而促使他打破常規。1969 年 12 月 17 日，遠東會正式開業，設址於皇后大道中華人行 201 室，

1 馮邦彥：《香港金融業百年》，香港：三聯書店（香港）有限公司 2002 年版，第 107 頁。

2 Barrie, Robin, *Shares in Hong Kong: One hundred years of stock exchange trading* (Hong Kong: The Stock Exchange of Hong Kong Ltd., 1991).

剛開業時有會員經紀行 35 家，會員經紀人 46 名。遠東會打破了香港會的諸多運作模式，為日後的成功奠定了基礎。[1] 例如：以粵語進行交易，容許每家股票行派出多於一個交易員在場內替客戶進行交易，接受女性會員申請入會，開設“金魚缸”等。[2] 如果沒有經紀資格，則只要繳付 8 萬港元的牌照費及 50 萬港元的擔保費就可以成為會員。同時，交易所亦與時俱進，與電話公司合作，推出一項收費廣播服務，直線電話服務中，有雙語廣播員將最新的市場消息報導給客戶，得到了客戶的大力讚許。遠東會的業務發展很快，開業第一年成交額就高達 29.96 億港元，佔 1970 年股市成交總額的 49.5%，其後更是迅速趕超香港會成為香港成交量最高的交易所。

（三）金銀會（金銀證券交易所）

遠東交易所的成功，帶動了其他交易所的成立。1971 年 3 月 15 日，原本經營金銀業貿易場的理事長胡漢輝等人成立金銀證券交易所（俗稱“金銀會”）。成立初期，金銀會設立於德輔道中大生銀行大廈，會員約 100 人，後來遷往康樂大廈（今怡和大廈），此時會員已增至 300 多人。本來金銀會曾和遠東會洽談，希望加入遠東會而不另行開業，但後來未能談成，故金銀會就自行開業了。金銀會開業初期，在徵收會員方面必須是原在金銀業貿易場的會員，不可徵收其他會員，但後來發現這有很大的局限性，後來修改章程容許非貿易場的會員參加，故有金銀業貿易場會員的入會費 5 萬港元，而非貿易場成員 8 萬港元的規定。[3] 也因為廣收會員，使得該會業務發展很快，成交額在成立第 3 年（1973 年）即已超過香港會，緊隨在遠東會之後。

（四）九龍會（九龍證券交易所）

九龍會於 1972 年 1 月 5 日由資深會計師陳普芬牽頭成立，地點設在中環皇后大道中萬邦大廈。雖然九龍會是四所交易所中規模最小、成交額也最少的，但卻

1 馮邦彥：《香港金融業百年》，第 111–116 頁。

2 英語是“Public Gallery”，即交易大堂外設一層玻璃，可以讓股民透過玻璃一窺股票的落盤過程，交易透明度比之前提高了很多。此舉大受市場歡迎，吸引了很多居民參與股票買賣，這種情形被稱為“金魚缸”。此後，以“金魚缸”形容股票市場。

3 馮邦彥：《香港金融業百年》，第 116–118 頁。

是第一家有計算機設備的交易所。從 1972 年 1 月 13 日《華僑日報》的報道中，[1] 可以看出開業僅一個星期的九龍會業績良好，深受各界支持。因其設有計算機設備，故投資者認為九龍會對香港整個股票市場有酵母作用，能夠刺激股票投資市場，提高股票從業員的服務素質。但後來因競爭激烈，上市標準要求較低，所以後期陳普芬先生把"天線"這類"蚊股"也安排上市。[2] 由此可見，在這掛牌的公司等同於今日的創業板，在此交易所上市的公司主要是新企業，並具有較高風險。

1970–1985 年全港證券交易所成交總額

年份	年度總交易日	遠東交易所		香港證券交易所		金銀證券交易所		九龍證券交易所		總合（百萬元）
		金額（百萬元）	佔總和百分率	金額（百萬元）	佔總和百分率	金額（百萬元）	佔總和百分率	金額（百萬元）	佔總和百分率	
1970	294	2,996.15	49.47%	3,059.98	50.53%	–	–	–	–	6,056.13
1971	276	7,833.72	52.91%	4,752.56	32.10%	2,219.93	14.99%	–	–	14,806.21
1972	247	18,130.07	42.25%	10,633.15	24.78%	7,739.01	18.04%	6,405.31	14.93%	42,907.54
1973	245	15,937.31	32.60%	12,326.76	25.22%	12,412.42	25.39%	8,203.95	16.78%	48,880.44
1974	245	5,050.79	44.16%	2,449.15	21.41%	3,048.91	26.66%	887.85	7.76%	11,436.70
1975	246	4,724.90	45.61%	2,513.10	24.26%	2,807.73	27.10%	314.18	3.03%	10,359.91
1976	248	6,018.18	45.65%	3,194.75	24.23%	3,754.49	28.48%	215.89	1.64%	13,183.31
1977	248	2,898.79	47.27%	1,620.10	26.42%	1,575.49	25.69%	38.05	0.62%	6,132.43
1978	244	13,728.25	50.02%	5,352.03	19.50%	8,242.10	30.03%	123.48	0.45%	27,445.86
1979	246	11,747.42	45.83%	5,607.10	21.88%	8,215.84	32.05%	61.85	0.24%	25,632.21
1980	246	43,595.49	45.57%	19,371.85	20.25%	32,481.03	33.95%	222.17	0.23%	95,670.54
1981	244	50,804.39	47.94%	17,450.84	16.47%	37,545.42	35.43%	170.25	0.16%	105,970.90
1982	247	21,109.52	45.67%	9,852.92	21.32%	15,191.75	32.87%	67.06	0.15%	46,221.25
1983	247	15,658.14	42.13%	7,238.17	19.48%	14,207.93	38.23%	62.02	0.17%	37,166.26
1984	248	19,882.08	40.73%	11,214.46	22.98%	17,634.70	36.13%	77.46	0.16%	48,808.70
1985	184	23,784.63	40.16%	16,069.51	27.13%	19,277.69	32.55%	91.78	0.16%	59,223.61

* 數據來源：遠東交易所 1985 年年報（截至 1985 年 9 月 30 日）。

1 《華僑日報》1972 年 1 月 13 日，第 5 張第 4 版。

2 馮邦彥：《香港金融業百年》，第 118 頁。

（五）聯交所（香港聯合交易所）

1986 年 3 月 27 日，香港四所股票交易所——香港證券交易所、遠東交易所、金銀證券交易所及九龍證券交易所，在當天收市後同時宣佈停業。同年 4 月 2 日，香港聯合交易所（“聯交所”）開業。經過半年運作，香港聯合交易所於 10 月 6 日正式開幕。時任港督尤德爵士（Edward Youde）在《香港聯合交易所開幕典禮獻辭》中表示，聯交所的成立“標誌著香港證券業開創新紀元，更表徵著香港成為地區與國際金融中心過程中一個重要里程碑”。[1] 香港聯合交易所的成立確實是香港股壇發展的重要事件。在此之前，香港的股票市場由 1891 年成立的香港證券交易所（前身為香港股票經紀會）、1969 年成立的遠東交易所、1971 年成立的金銀證券交易所和 1972 年成立的九龍證券交易所形成鼎足之勢，也就是當時所謂的“四會時代”。從四所交易所的成立日期，不難發現 1891 年成立的香港證券交易所壟斷了整個香港股票市場超過四分之三個世紀。隨著遠東交易所的首開先河，三所在 1970 年代成立的華人交易所打開了原本封閉的股票市場，為當時香港社會經濟發展的客觀需要，提供更多的集資場所給予工商企業，更把一直是上層社會玩意的股票買賣推廣，讓普羅大眾都可參與，[2] 直接造就了之後香港金融市場的蓬勃發展。

讓更多投資者參與股票市場的買賣活動本是好意，然而卻有不少好事之徒利用市民不熟悉股票市場運作的機會圖利。一直以來，港英政府對香港股票市場的態度都是不干預的政策，但在 1970 年代初期，香港相繼冒出多家良莠不齊的證券公司，投機活動十分猖獗，港英政府不得不於 1973 年 2 月 23 日頒佈《證券交易所管制條例》（*The Stock Exchange Control Ordinance*，1973），規管證券交易所的成立。1973 年，香港經歷股災，港英政府又草擬《證券條例》（*The Securities Ordinance*，1974），並於 1974 年 2 月 13 日在立法會三讀通過，目的為監察上市公司的財務狀況和交易活動，保障投資者的利益。

---

1 《香港聯合交易所開幕典禮獻辭》，香港：香港聯合交易所，1986 年。

2 區志堅、彭淑敏、蔡思行：《改變香港歷史的 60 篇文獻》，香港：中華書局（香港）有限公司 2011 年版，第 335 頁；馮邦彥：《香港金融與貨幣制度》，第 110–111 頁。

三、遠東交易所的成立

1969 年 12 月 7 日，《華僑日報》報導〈本港第二家證券交易　遠東證券交易所　已定期正式開業〉，並言：“……決定於本月十七日（星期三）開業……該交易所有會員席五十名，凡在香港證券交易會登記之各公司股份，該新交易所亦可以買賣。查遠東證券交易所乃本港第二家經營股份買賣生意者”。[1]

本港第二家證券交易
遠東證券交易所
已定期正式開業

（本港訊）新近組成之遠東證券交易所，決定於本月十七日（星期三）開業。據該交易所負責人李福兆談稱：該所初擬於十一月下旬開業，但因裝修傢俬等未能依時完成，故須延到本月十七日然後正式開業。李氏並稱：該交易所有會員席五十個，凡在香港證券交易會登記之各公司股份，該新交易所亦可以買賣。查遠東證券交易所乃本港第二家經營股份買賣生意者。

1969 年 12 月 7 日，《華僑日報》首次披露遠東交易所將成立的新聞。

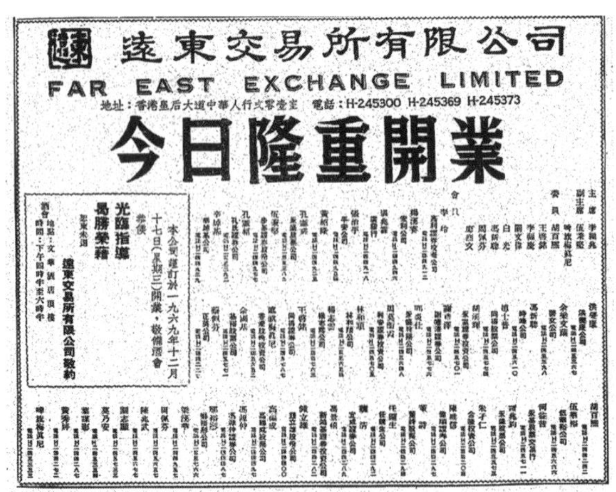

1969 年 12 月 17 日，遠東交易所開業廣告。

1 〈本港第二家證券交易　遠東證券交易所　已定期正式開業〉，《華僑日報》1969 年 12 月 7 日，第 5 張第 2 版。

10 天以後，《華僑日報》於 12 月 17 日刊登了遠東交易所有限公司隆重開業的半頁廣告，其中列出了主席、副主席、委員與會員的名單及所屬公司，並公佈了成立酒會的時間、地點。[1] 遠東交易所的創辦人為李福兆，他是東亞銀行創辦人之一李冠春的兒子，副主席為伍秉堅與印度商人嗶旗梅真尼（Bhagwandas Kewalram Murjani），委會有胡百熙、王啟銘、李福慶、關文偉、白光、馮新聰、周佩芬與廖烈文。當時香港的股票市場，是由歷史悠久的香港交易所長期經營，李福兆與他的理事們有這樣的決心和信心，建立一所新的交易所，背後當然一定有著莫大的理由。

遠東交易所董事會。

據說，當時李福兆觀察並走訪考察了多國的證券交易所，覺得菲律賓的證券市場與當時的香港情況相似。菲律賓也有一間歷史較長的交易所，後來又成立了一間新交易所，這兩間並不對立。雖然兩家所經營的股票完全相同，但是他們並沒有就市場佔有問題產生爭執，反而彼此合作無間，對於促進菲律賓的證券交易具有相當積極的影響。從菲律賓的交易所的發展經驗中，李福兆觀察到雙方從最初的互相觀望，到後來發展迅速，出乎公眾的意料。而新交易所的會員牌照市值由最初的 4,000 披索激增至 500,000 披索。這一數據給李福兆和其他遠東交易所的原始股東帶來極大的鼓舞與信心。因此，在創立遠東交易所前，李亦曾就開放香港交易所的會籍事宜與香港交易所的主席進行過溝通，只不

---

1 〈廣告　遠東交易所有限公司　今日隆重開業〉，《華僑日報》1969 年 12 月 17 日，第 2 張第 1 版。

過未被答允，這才決心另創一間交易所。因此，李福兆原本的希望是通過與香港交易所的緊密交流與合作，藉以達到其促進香港股市買賣和繁榮香港經濟的最終目的。

不過，遠東交易所在其成立過程中並不是一帆風順的。報紙上最先報導李福兆等人在籌辦交易所是在 1969 年 11 月 8 日，[1] 報道稱李福兆、王啟銘等人已根據《公司法》於 1969 年 10 月 31 日向政府登記，創辦一家全新的交易所。此消息一出，社會上有巨大反響，香港會的股票經紀擔心生意會被搶走而顯得大為緊張。當時，西文報《南華早報》（*South China Morning Post*）對新交易所的成立，進行了一系列的訪問及專題報導，大部分被訪者的態度都比較保守，要不就是對香港股票市場能否容納另一家交易所表示質疑，要不就抨擊新交易所可能會助長炒風，更甚者還曾嚴厲地批評遠東交易所創辦人背後的動機，純粹是為了一己私念而已，並沒有考慮社會整體利益。

至於其他立場沒有這麼明顯的西文報紙，如《虎報》、《中國郵報》等，亦有訪問相關人士。總的來說，都是反對聲音居多，看好前景並支持的人不多。當然，反對聲音之中表現最強烈的，一定是直接受到影響的香港交易所。當時，香港交易所的主席接受訪問時這樣說過："成立新交易所是完全沒有必要的，我們已經是一家很好的交易所，就是在最近交投十分激烈的環境下，我們也是運作暢順。"[2] 而其他香港交易所的經紀，除了在報紙上猛烈抨擊外，更有人要求政府馬上叫停新交易所的出現。

在 1969 年 11 月 10 日的西文《星報》（*Star*）上，一位香港交易所的經紀致函，質詢遠東交易所成立的動機。該函提出三大問題：（1）新交易所成立目的何在？全世界的交易所都是非牟利的，這間交易所也是一樣嗎？（2）是否創辦人自己也想做股票經紀，所以籌辦交易所？（3）是否會讓已經在香港交易所掛牌的股票進行買賣？抑或是會自行引進新股票以供買賣？

對於尖銳而辛辣的質疑，李福兆正面響應，並給出清晰的解答。他解釋成立遠東交易所是從公眾利益出發，香港需要更多金融設施以支持工業發展，他們希望看到較小規模的企業也有機會獲得資金，從而能夠平衡及降低籌集資金

1 *South China Morning Post*, 8 November 1969, p.3.

2 *The China Mail*, 10 November 1969. p.4.

的成本。他指出，當時只有大公司才能公開集資，香港交易所往往會把規模較小的公司拒之門外。在交易所開始運作時，他們把當時已掛牌的股票進行交易。此後，逐漸引入新的股票。最後，這家交易所和其他交易所一樣，都是非牟利性質的組織。[1]

另一方面，在華人社會中，除了關注不應助長炒風之外，一般的輿論都對遠東交易所的成立抱持正面的支持態度。《華僑日報》於1969年12月19日就曾發表社論，表態認同遠東交易所："……引導市民的資金投向股票市場，分擔發展工商專業的最好保證。遠東交易所能夠做到這一點，對香港之貢獻甚大，其獲得各界人士讚揚，絕非偶然的……遠東交易所三項計劃，充分表現其求進步，求革新的精神與對香港前途之責任感……我們認為政府有關當局及市民應全力支持，這是對香港有利，對市民有利……事實證明，他們已在廣大市民之前，顯現了偉大的志向與無匹之活力了。他們一定可以對促進香港經濟繁榮，發展工商各業盡最大貢獻的。"[2]由於這份社論是觀察了遠東交易所實際投入交易兩天後才出的，其可靠性與認知性很高。除了上述軟性的支持外，社論更提出了實體的優點。例如，在每天編印的交易情況報告中，遠東交易所採用了"開市、最高、最低、收市與成交總數"等比較數據，勝過原有香港交易所的報告方式。還有，與前不同的是，只要守秩序規矩，即便沒有參與交易的人士，也可以在場外觀察交易過程。社論認為，這將大大提升香港市民的投資興趣，並表示其在組織上、法規上以及對交易的各種制約，均能防止經紀的舞弊行為，避免股票交易像過去黃金交易般流於買空賣空，混亂市場，最後禍害市民。

1 《華僑日報》1969年12月11日，第5張第1版；鄭宏泰、黃紹倫：《香港股史1841–1997》，上海：東方出版中心2007年版，第5–8頁。

2 〈社論　打開股票交易的大門〉，《華僑日報》1969年12月19日，第1張第2版。

社論

打開股票交易的大門

蘇聯一九七〇年度的「和平預算」

1969 年 12 月 19 日，《華僑日報》社論評遠東交易所首幾日表現良好。

確實，李福兆等人公開的發言都保持一種謙虛、善意、開放及負責任的態度。遠東開業的第一天，交投量達到了 211 萬港元，而香港交易所當天的交投量也只不過 456 萬港元而已。雖然這個成績比不上香港交易所，但是多少反映了香港交易所的經營和運作，其實是亟需改變以往獨大為尊、固步自封的態度。自 1969 年 12 月 17 日以後的香港股票市場，亦因遠東交易所的出現，另有一番新的景象。

遠東交易所主席李福兆開市前對交易員訓話。

在政府方面，雖然一直看到香港交易所的會員們公開在不同的場合都立場鮮明地反對新交易所的成立，但是，香港是以自由經濟體系為基礎的，法律上也沒有規定其他人不能開辦交易所，而英資們在此之前亦有自己開辦交易所的先例，因此政府對此並沒有作出干預。

開業前幾天，李福兆接受《華僑日報》的訪問，被問及新交易所以後的經營方針及前途展望時，李氏回應："遠東交易所的服務宗旨與世界各個主要證券交易所大致相同，但是為了要適合本港之形勢及需要，公司把側重對一般中小戶服務，鼓勵及方便碎股投資，原因是有些是真正希望把其多餘資金進行股票投資的，但苦於資金有限，無法進行買賣。故遠東交易所之一般交易方式雖然基本上與舊證券市場相同，對於大戶小戶的買賣一視同仁，但為方便小額投資者，該公司把會另設一個部門處理碎股的供銷。例如：其中有些股票其交投額是以 500 股為一單位，有些小額投資者可不能一次購買 500 股之數，遠東交易所或把會先購入一整批的有關股票，然後再拆散售予顧客，這是一種新的嘗試。"另一方面，李福兆亦指出，交易所決心協助中型工商機構股票之上市，他們可以吸納生產資金，同時成為公眾化之事業，最後促進社會之繁榮。[1]

根據後來李福兆的回憶，當年為了增加新交易所的交投量，他和其他幾個理事不惜蝕賣股票；因為當時買家眾多，但是市場缺貨，他們就自己拿錢先購買 500 股的股票，包括香港電燈公司、香港電車、香港電訊及滙豐銀行等公司的股票，放在遠東交易所拆散並同價賣出。如此一來，不僅沒有賺到佣金，還要貼上印花稅的錢。

遠東交易所有限公司是在於 1969 年 10 月 31 日根據香港《公司法》成立的，成立公司時，總共有 11 位的原始股東，分別為：（1）李福兆，職業註冊會計師；（2）馮新聰，職業商人；（3）王啟銘，職業董事長；（4）Murjani Bhagwandas Kewalram，印度籍，職業商人；（5）李福慶，職業航海建築師；（6）胡百熙，職業律師；（7）伍秉堅，職業建築師 / 結構工程師；（8）周佩芬，職業已婚女士；（9）關文偉，職業註冊會計師；（10）廖烈文，職業銀行家；（11）白光，職業建築師。

---

1 《華僑日報》1969 年 12 月 11 日，第 5 張第 1 版。

從上述原始股東，已能立刻看出新的交易所不同於香港原有香港交易所的風格。其中有一位周佩芬女士在《職業報》上被稱為“已婚女士”，但她不僅可以成為原始股東，還出任交易所的理事，相比之下，香港交易所卻連女性會員都沒有。遠東交易所的會員開放女性加入，是受英殖民統治的地區中首家允許女會員加入的交易所，在當時可以說是一大突破。

甫成立時，理事們每人投放了 5 萬港元，作為交易所最初的籌辦費用。這些理事，可以參加任何的委員會，但若想在委員會中擔任職務並具有投票權，就一定要經過選舉產生，獲得其他理事的同意。當出現空缺的時候，理事們可以推薦另一位補上。除了上述理事外，遠東交易所在上市當天已經招收了 35 家會員經紀行，共 46 位經紀。

至於主席李福兆，其家族背景是非常顯赫的。他出生於香港四大家族中的李家，祖籍廣東鶴山。祖父於 1880 年代從廣州來港，經營船務生意，父親李冠春繼承租船公司的家族生意之後，生意越做越大，與胞弟李子方於 1918 年聯同其他華人精英成立了東亞銀行。李福兆生於 1929 年，是李冠春 12 個兒女中排行最小的，他 17 歲的時候，曾就讀於香港大學，但一年後退學，帶著李冠春給他的 5 萬美元轉到美國讀書。21 歲時，他從費城的賓夕法尼亞大學華盛頓商學院取得工商管理碩士學位。由於當時的香港受英國殖民統治，並不承認美國的畢業資格，故李福兆再赴英國考取了專業資格。他於 1958 年回港，時年 29 歲，獲得了英國特許會計師的資格，並開設了一家小型的投資公司和會計師事務所。但是，相比起會計，他最大的興趣還是在股票市場上。因此，他於 1969 年成立了遠東交易所。

新的交易所打破了倫敦交易所原有的慣例，設立了比較適合華人經紀及華商的規則。交易由慣用的英語改為粵語，很多不懂英語的商人因此亦能成為經紀。若要成為遠東交易所的會員，除了會員費 50 萬之外，不需要其他的條件。許多新的公司因獲遠東交易所批准上市，且一手股票的數量比較少，使得一般投資者都可以參與其中，間接讓股票投資普遍化。

遠東交易所原址設在皇后大道中華人行，交易大堂外設一層玻璃，可以讓股民透過玻璃一窺股票的落盤過程，交易透明度比之前提高了很多。此舉大受市場歡迎，吸引了很多居民參與股票買賣，這種場面被稱為“金魚缸”。以“金魚缸”

形容股票市場，此後就在香港流行起來。當時，《華僑日報》曾以社論讚揚認同遠東交易所的安排："遠東交易所在進行交易中並無'門禁森嚴'之感，只要能守秩序，則可在交易場外觀察交易之情況，這對於本港市民投資之興趣，會有很大的刺激力量。"[1] 遠東交易所開業時，就已安裝電子交易，被讚譽為"一流現代化"。在運作上，基本可以把即場交易的情形直接轉播到一家會員開設的股票公司內，用電子交易迅速提供公司服務，給予市民投資股票的便利。

遠東交易所內的"金魚缸"，讓投資者觀看現場交易情況。

在交易時間方面，當時香港交易所每個星期三下午及週末都休息，但是遠東交易所除了剛開業試業時之外，每週的交易時間達 5 天半，星期六也進行半天交易，[2] 盡量方便投資人士買賣。

根據遠東交易所最初的公司章程，有關會員部分的內容，大概有以下幾點：（1）總會員人數不多於 500 人；（2）會員一定是出生於香港的人士或在成為會員前 7 年中有 5 年在港居住；（3）銀行董事或任職銀行人士不可以成為會員；（4）會員必須以個人身份，不能以公司身份申請；（5）凡 21 歲以上，有志從事證券經紀行業人士均可成為會員；（6）交易所委會員保留拒絕任何對交易所或其會員有不良影響的人士成為會員，委員會也沒有責任披露拒絕的原因，委員會的決定

1 〈社論　打開股票交易的大門〉，《華僑日報》1969 年 12 月 19 日，第 1 張第 2 版。

2 〈遠東交易所　延長營業時間　星期六仍開市〉，《工商日報》1969 年 12 月 27 日，第 6 版。

就是最終的決定；（7）申請成為會員人士需要一人推舉、一人和議，只有會員才有資格推舉；（8）委員會可以批准海外聯席會員，即非港出生，亦不能滿足居港條件之人士；（9）海外聯席會員可以與會員組織合夥關係，但不能以其名義在交易所內進行股票證券買賣，必須通過會員或會員代表；（10）海外聯席會員不能被選為委員會成員，不能參加或投票於任何交易所；（11）委員會有權更改對於海外聯席會員的規則。

此外，章程裏還有一部分是涉及交易所的席位（Seat），交易所的會員都可以在交易大堂擁有一張"枱"，用以進行交易。如前文所述，交易所只是一個場所，把買家和賣家聚在一起，進行股票買賣。由於交易所提供此種便利，因此必須通過該交易所的經紀，才能在交易所內進行買賣，經紀則從中抽取佣金。關於交易所的席位，有兩點是值得留意的：其一，根據章程第 13 與 19 條，凡有會員被開除會籍的，席位與相關的福利都須歸還交易所，會籍則變成懸空狀態，前會員沒有任何索償權利。其二，按照章程 17 條，假如會員死亡或是破產，他的會籍因此停止，會籍亦變為懸空狀態，這種情形下懸空的會籍，前會員的代表（即遺產代理人或破產信託人）有權可以推薦代替人，再經委員會投票決定會籍歸屬。這兩種不同的處理方法，曾發生在一位資深的理事身上，差點令交易所發生法律糾紛。

同時，有關授權人及交易代表的規定，章程 22 至 26 條中寫明：每個會員都可以聘請一個授權人，代表會員自由出入交易所及代替會員議價交易。另外，每個會員都可以聘請一個出市會，但這位出市會如沒有委員會的批准，是不可以自由進出交易所的，也不可以代替會員進行議價。授權人及出市員都需要以書面形式向交易所申請登記，而且需要付出相關費用。但是，容許會員派出隨員共同出市的做法，在當時亦是一種新的嘗試，這能提高經營效率及準確性；[1] 並且，由於有些會員年紀已大，身兼數職時會忙不過來，故此舉確屬比較理智的安排，可以推高成交量。[2]

1 Far East Exchange Ltd., Memorandum and Articles of Association of Far East Exchange Limited: Incorporated the 31st day of October, 1969, amended by special resolution dated 20th day of January 1975, Hong Kong, Reprinted by the Standard Press Ltd, 1977.

2 Wong, Kai-ming, Kenneth（王啟銘）, Oral history interviews, 1996, Call No: OH/009 & OH/017.

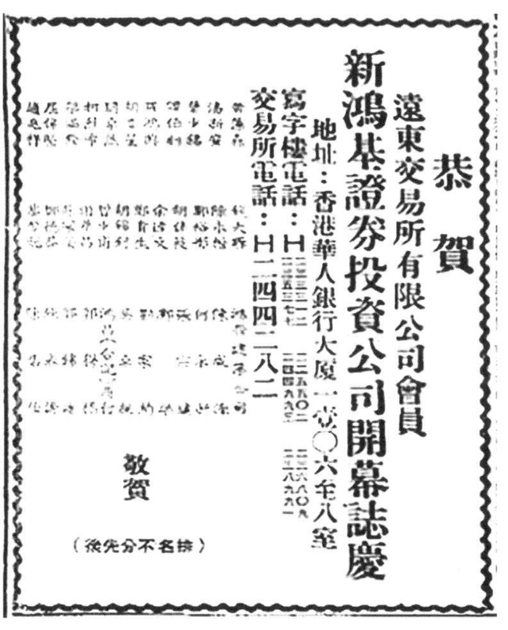

1969 年，遠東交易所會員華資證券行開業廣告。

四、遠東交易所的組織架構

根據遠東交易所有限公司的公司章程第 29 條，[1] 交易所的管理以及控制權都在總務委員會（General Committee）的手中，總務委員會由 15 名成員組成，在股東大會中選出，其成員必須是在交易所中佔有一個席位的人。總務委員會從公開選舉中選出成員後，再自行選出一位主席及兩位副主席，而總務委員會有權增選不多於三位交易所成員，成為總務委員會的成員。對於總務委員會中，如有暫時離港的委員，總務委員會也可以增選另一位會員補替，直至離港的成員回港。公司章程第 30 條列明第一屆主席是李福兆，兩位副主席分別是 BK Murjani 與伍秉堅先生。總務委員會的成員可以按照交易所在股東大會上的決定收受薪俸，當有三位或以上的總務委員會成員要求時，就可以召開總務委員會的會議。

1 《遠東交易所章程》，香港大學圖書館藏，索書號：HKU Special Collection HK332.642。

總務委員會的權力在公司章程 40 條與 41 條有明確列明。41 條（c）項表明，總務委員會可以將權力分至其他小組委員會，根據這條條文，衍生了下列十數個小組委員會：[1]（1）財務小組委員會；（2）交易程序小組委員會；（3）公共關係小組委員會；（4）管理小組委員會；（5）慈善捐助小組委員會；（6）會員關係小組委員會；（7）業務推廣小組委員會；（8）紀律執行小組委員會；（9）招收會員小組委員會；（10）上市小組委員會（後加）；（11）計算機系統小組委員會（後加）；（12）會所小組委員會（後加）。

所有小組委員會的決定，都交由交易所的受薪總務經理執行。管理小組委員會與紀律執行委員會由交易所的助理經理協助運作。至於交易程序小組委員會下設研究部門，專門負責股票與其他證券商品的交易程序，慈善捐助小組委員會則有一位公關職員負責。總務委員會跟其他部門的關係如下圖所示：[2]

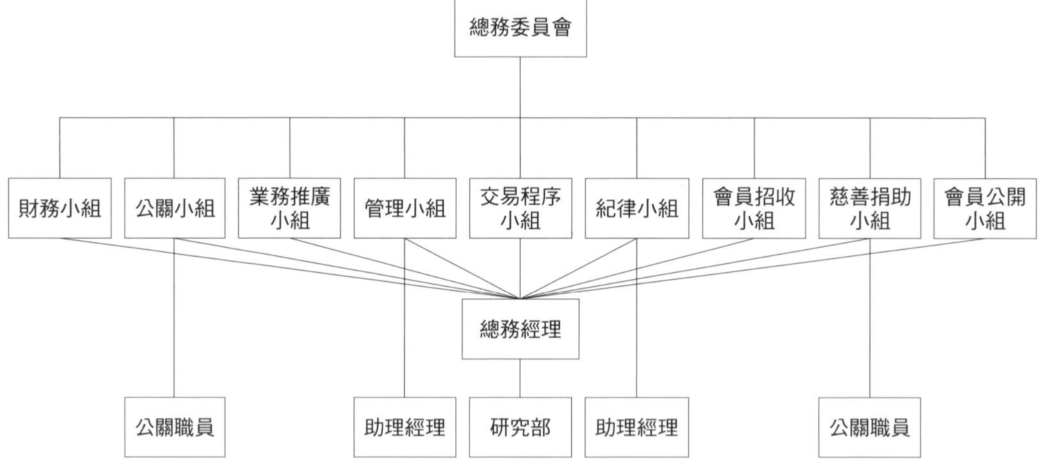

另一方面，以下幾位受薪的高層職員：總務經理、助理經理、上市經理、公關職員與研究部的助理經理，需向總務委員會裏的管理小組委員會直接報告。其中，上市經理的工作職責有：（1）所有在該交易所上市或掛牌的公司；（2）回應所有有關上市或掛牌公司的查詢；（3）執行總務委員會之其他指令；（4）對場所的管理；（5）其他子公司的秘書工作，與會計部中核對所有發票及核准單

1 Hong Kong University Special Collection, Far East Exchange Ltd., Minutes of the General Meeting, Call. No: 17.7.

2 Hong Kong University Special Collection, Far East Exchange Ltd., Organization Charts of Committees and Sub-committees, Call. No: 134.16.

據，並檢查零錢；(6) 負責年度報表與利得稅報表事宜。研究部助理經理的工作職責有：(1) 遠東指數（後文會進一步介紹）；(2) 每日報價；(3) 每週報告、月刊、年報的編寫與發佈；(4) 收集與保存上市公司資料；(5) 收集與保存其他交易所的數據。

前文提及，所有小組委員會的決定，都會交由總務經理去執行，在此大前提下，總務經理的工作範圍中，來自小組委員會的主要職務大致如下：[1] (1) 財務小組委員會：執行及告知司庫於這小組中的決議；(2) 公關小組委員會：如有需要，指令公關職員執行與公關有關事宜；(3) 業務推廣小組委員會：鑒於此小組委員會的性質，此工種上亦是所有小組委員會中最多的，簡單而言包括管理交易所內職員的工作範圍、管理交易大堂及交易所場所內的各種問題、負責監督每天發出的雙語市場報導、監督研究部對於研究成績及數據的表達方式等；(4) 交易程序小組委員會：除了執行該小組委員會的決定外，隨時向新會員解釋大堂交易守則等事務；(5) 紀律執行小組委員會：接獲針對會員的投訴後，作出初步調查，並作出合理、正確並可行的解決方案，或是把事件提交到小組委員會討論；(6) 招收會員小組委員會：接受及跟進會員申請，對申請進行審核，然後提交小組委員會並安排會面；(7) 慈善捐助小組委員會：制定捐助方針及執行小組委員會的決定，並處理相關文件；(8) 會員關係小組委員會：執行小組委員會的決定與指令。

此外，還會有一位經理負責上市公司的事，這位經理的工作職責為：[2] (1) 處理所有關於在遠東交易所上市或掛牌的公司事宜，包括 ① 新股發行；② 開會通知；③ 公司欲增加資本；④ 提供任何可以協助股東對公司的情形作出評核的資料，並避免對證券製造虛假市場；⑤ 關注任何公司的重大收購及資產折現的情況；⑥ 公司董事更改；⑦ 任何公司基本業務上的變更；⑧ 公司頒佈的印刷函件；⑨ 公司的年度會計報告；⑩ 向交易所遞交的文件；(2) 負責遠東交易所與其子公司的每年年度報表及利得稅報表；(3) 回應公眾、報章、會員與上市公司的詢問；(4) 執行總務委員會的其他指令。

---

1 Hong Kong University Special Collection, Far East Exchange Ltd., General Committee Meeting, Call. No: 58.13.

2 Hong Kong University Special Collection, Far East Exchange Ltd., Organization Charts of Committees and Sub-committees, Call. No:134.16

在問責機制方面，秘書向上市經理問責，而上市經理向上市小組委員會問責。助理經理亦屬於高層職員範疇，他的職務包括處理投訴，尤其值得注意的有：（1）每天處理會員之間對於遲到交收而產生的投訴，及會員之間其他的交收糾紛；（2）處理在交易大堂關於不遵守交易守則的糾紛；（3）於交易大堂監控會員與出市員是否遵守交易守則；（4）排解會員之間對於股票的擁有權上的糾紛，及處理有關交易所場所租務的問題；（5）製作會員數據記錄。

關於上市公司數據方面，遠東交易所亦有員工進行以下處理：（1）成交記錄：每日由專人記錄買賣情況，計算有關所有上市公司每天的股價變動、成交股數和金額，並每天抄送一份到證券監管專員辦事處；（2）派息與盈利：設有專門用於記錄派息及盈利之記錄卡，另有數據櫃存放有關數據及計算每股之盈利；（3）年報：有專人負責收集並保存所有上市公司出版之年報，如逾時未見出版，則需向有關公司查詢；（4）其他數據：有關所有上市公司之註冊地址、過戶處、董事名錄、上牌單位等數據均有項目記錄。

同時，遠東交易所也有收集其他交易所的數據，1971 年與 1972 年，香港分別成立了金銀證券交易所與九龍證券交易所，遠東交易所通常彙集其他三家交易所的三日報表及其他定期性刊物，以作參考之用。

報表方面，遠東交易所每天出版日報表，內容包括有遠東指數及當天最活躍股票，並由專門的資料室保管。同時，遠東交易所亦於每週六的中午出版週報，週報共兩頁，主要是介紹最活躍之上市公司。其出版程序包括：計算、打字、校對、修正、付印。除打字跟付印，其他均由數據室負責。

遠東交易所亦有出版年刊及月刊，月刊逢月中出版。從記錄中可見，遠東交易所就以下事件作過考慮：（1）封面問題：考慮封面有否需要更新，以及每月更換顏色以便識別；（2）訂閱問題：考慮免費送給會員閱讀，並歡迎代客戶訂閱，同時考慮代銷商是否合適；（3）出版問題：考慮月刊文字中是否有抵觸證券法例，亦考慮出資另組公司以出版各種刊物。（4）資料問題：交易所只提供上市公司資料，其他經濟金融之報導文章，由出版公司負責。

上文提及的“遠東指數”，在論述這個在遠東交易出現後衍生的指數之前，有必要對現今已成為國際股票市場觀察香港股票表現的重要指標“恒生指數”作簡短介紹。首先，股票指數在一個成熟的股票市場作用重大。指數能幫助投資者利用以前的股票價格比較現實股價，從而計算或估量整體市場的表現。恒生指數原是由香港恒生銀行內部用於參考香港股市每日變動的參考數據，故在香港交易所中選取了 30 隻股票作為成分股，以 1969 年 7 月 31 日為基期，基期點設為 100 點，日後也就是把這 30 隻股票按每天的收盤價與發行股數計算出當日的市值，再與基期的市值相比較，乘以 100 就是當天旳股票價格指數，成分股及後增加到 33 隻。選擇這一天的原因是：（1）1964 年整年的股市"交投【量】"比較以前或以後數年都穩定，較少急劇起跌；（2）通常較少公司在 7 月份宣佈開股或派息，當時的市場心理較為正常，[1] 恒生指數於 1969 年 11 月 24 日首次對外發表，發表的第一天指數以 158.05 收盤。由於恒生指數所選擇的成分股適當，代表了當時香港交易所所有上市公司市值最大、最活躍的公司，故恒生指數基本上能反映整個股市活動的狀況。

遠東交易所亦設有遠東指數，在遠東交易所開業一週年（1971 年）的慶祝酒會場刊裏，[2] 主席李福兆曾介紹："本交易所自本年 4 月 22 日起，開始發表'遠東指數'，以 1971 年 4 月 1 日之市價為一千點。此外又把各股份按其性質分為九類：即銀行類、地產類、倉塢類、公用類、投資類、工商類、紡織類、酒店類及橡膠類等，編纂分類指數顯示各類股票在遠東股市走勢。"[3] 遠東交易所開業前的股票市場，以恒生指數為指標，供所有投資者參考，由於當時只有一家交易所，初始上市的股票不多，因此沒有特別需要把股票分類來計算指數，一直以來都是報導一個綜合性指數而已。1970 年 2 月，遠東交易所董事伍秉堅致函恒生銀行利國偉，詢問了恒生指數的計算及操作情況，並表達想把遠東交易所內交易的數據，加進恒生指數中："眼看近日香港股票市場蓬勃，我們的交易所成交量一直增加，想知道可否把本交易所的股票買賣價錢及數據，包括在你們的指數裏，好讓對我們感興趣的還有公眾人士，都可以對香港股票的趨勢能有準備的把握。"[4]

這封信的內容，其中有幾個值得注意的地方：首先，遠東交易所只要求將其數據加進恒生指數裏，並無意喧賓奪主，以取締恒生指數；其次，遠東的要求也

1 Hong Kong Stock Report, January 1970.

2 Hong Kong University Special Collection, Far Fast Exchange Ltd., First Anniversary, Call. No: 3.4.

3 《遠東交易所開業一週年慶祝酒會場刊》，遠東交易所出版，1971 年，第 2 頁。

4 Hong Kong University Special Collection: Far East Exchange Ltd., Miscellaneous II–Untitled Letters, Call. No: 10.13.

是合理的，因為交易所從一家變成了兩家，而遠東的成交量並非微不足道，可以忽略。故此，把遠東交易所的數據加進恒生指數，增加公眾知情權是好事。最後，因為股票種類不多，恒生指數當時並沒有以成分來分類。隨著遠東交易所的開業，上市公司的數量增加，故成立成分分類就變得有必要了。

恒生方面的響應亦是十分積極的。3 月中旬，恒生銀行的研究部主管已代利國偉主席回覆伍秉堅："就閣下之要求，我們答應會計算一個指數，這指數是利用在你們交易所掛牌交易的股票收市價計算出來的，為了出版和辨認起見，這個指數在週一至週五會叫作'下午四時恒生指數'，在週六會叫作'中午恒生指數'，你們可以考慮把指數印在每天日報表上，以供你們的會員，訂閱者及出版業參考。"[1]

當時香港交易所發佈的恒生指數是在另一個時間，所以公眾就可以辨認出"下午四時恒生指數"就是遠東交易所的交易情況了。從這封回信中可以看出恒生銀行很樂意為遠東每天多開一次指數，恒生銀行認同伍秉堅提出的理由，即需要更準確地反映出香港股市的實際情況，若沒有遠東的交易情況，那恒生指數的參考價值會大打折扣。按照當時這個回覆來看，遠東交易所和恒生銀行的合作是很有誠意的。到此為止，仍沒有出現遠東指數，因為多報的恒生指數已經如實反映出遠東交易所的交易數據。

數據顯示，這樣的合作關係到 1971 年 4 月忽然出現了變化。1971 年 4 月 1 日，恒生銀行研究部的負責人發函給遠東交易所的一位經理，內容提及當時香港股票交易所已增加至 3 家（金銀交易所是於 1971 年 3 月 5 日開業的），如果要在恒生指數中反映那麼多家交易所的交易情況，恐怕會造成太多混亂，所以恒生銀行決定從 4 月 1 日起，恢復到從前那樣，恒生指數只用香港交易所的收市價。這個突然的變化，真實的原因尚不得而知，但兩家機構和諧的合作關係就這樣結束了。此外，一份遠東會 1971 年 2 月的內部文件顯示，有一位遠東經理級的職員曾經向英文《虎報》（*The Standard*）透露，遠東會有意籌備自家指數，以代替恒生指數。[2] 消息一出，立即引起恒生的極度不滿，並表示可能會停止替遠

---

1 Hong Kong University Special Collection: Far East Exchange Ltd., Miscellaneous II–Untitled Letters, Call. No: 10.13.

2 Far East Exchange Ltd., Miscellaneous II–Minutes of General Committee Meeting on 19th May 1972, Call. No: 10.14

東交易所編制指數。不久之後，遠東交易所就接獲恒生銀行的通知，要求停止兩家的合作。

面對合作的突然停止，遠東交易所別無選擇，只好迅速出臺自家指數。遠東指數最終於 1971 年 4 月 22 日出臺，最初是每天計算兩次，後增為三次，就是每天上午十一時正、上午及下午收市，並把指數向有關機構報導，同時把各股份按其性質分為九類，至 1977 年 4 月 1 日以航業類取代原本的橡膠類分類指數。

直至四家交易所合併前一年（1985 年），各類股的成分股分別為：（1）銀行類：東亞銀行、恒生銀行、滙豐銀行、友聯銀行、永隆銀行；（2）公用事業類：中華電力、香港隧道、港燈集團、中華煤氣、電話公司、九龍巴士；（3）地產建築類：長江實業、恒隆、恒基地產、置地、信託、合和、新昌集團、希慎廣場、國際城市、新世界、保華、聯邦地產、新鴻基地產、大昌地產、大生地產、華光地產；（4）工商企業類：青洲英坭、香港電視、和記黃埔、怡和、立興、生力啤酒、寶光實業、太古洋行、仁孚；（5）倉塢類：九龍倉；（6）酒店類：富麗華酒店、海港企業、大酒店、美麗華酒店；（7）投資類：怡和證券、泰盛發展；（8）航業類：亞洲航業、東方海外、華光航業；（9）紡織業：鱷魚恤、南豐紗廠、南洋紗廠、南海紗廠、南聯實業、長江製衣。

據報載，商品交易所研究設立指數期貨買賣的時候，曾經考慮以遠東指數作為買賣合約。惟遠東指數未普及，最後決定仍以恒生指數為交易對象。[1] 可見，遠東指數在當時股票投資市場中確實有一定地位。該指數最終未被投資人所關注的主要原因大概如下：（1）遠東指數設立歷史短，與恒生指數比較，後者佔優勢；（2）遠東成分股多，其中有些成分股並不活躍。加上因在香港交易所掛牌的大多是英資老牌公司和部分華商大公司，而恒生指數所採用的就是這交易所內的公司，它幾乎囊括了當時龍頭產業，如地產、金融、工業、航運和公用事業等，一般投資人覺得用這些公司股價作為指數指標是比較中立且客觀的，也較值得參考。

最後，1986 年四會合併，開啟了香港股票市場的新紀元，當然也要推出新的指數——香港指數，以宣告它的唯一性。它是由合併後的香港聯合交易所上

1 《工商晚報》，1984 年 7 月 2 日，第 7 版。

市股票中選出 45 種成分股組成，分為金融、公用、地產、綜合企業、工業及酒店等六大業，以 1986 年 4 月 2 日為基期 1,000 點開始計算。但由於香港指數中的 45 檔成分股中近三分之二的公司與恒生指數的成分股相同，而且其成立時間太短，缺乏長期性的連續數據，故投資人仍偏愛使用恒生指數作為香港股市的行情指標。直至今日，恒生指數已成市場大眾心目中香港股票指數的代表。

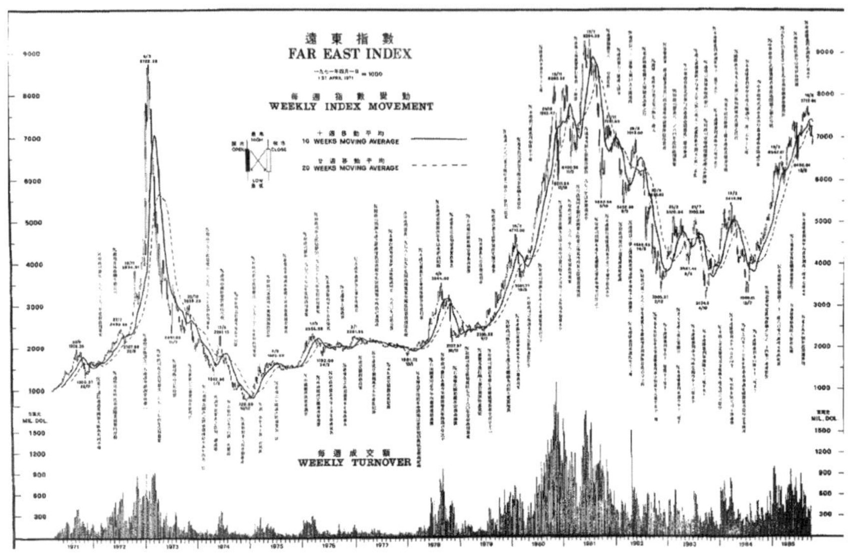

數據來源：遠東交易所 1985 年年報

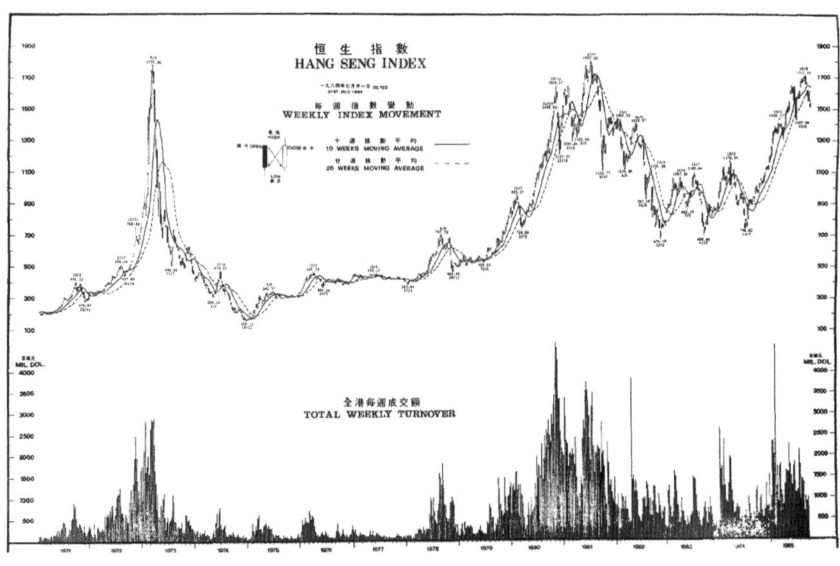

數據來源：恒生指數

五、遠東交易所的運營

（一）遠東經紀運作模式

從一份遠東交易所聘請專人所做的研究報告中，可以知道當時股票經紀的運作模式。

當時，香港四所交易所的交易方法完全一樣。在交易的大堂，有一塊黑板，用粉筆在黑板上記錄買賣意向的記錄（Bid and ask），[1] 買方或賣方的經紀，以這樣一種模式去進行交易。這種模式與馬尼亞所用的模式是一樣的。這種手動的模式雖然看似古老，但是必須指出，這種模式一個很重要的優點，就是經紀們在交易大堂用如此方式議價，可以替他們的客人眼看八方，最後達到一個最好的價錢。

每天收市前，成員們必須以書面形式確認當天成交的交易。賣方的經紀需要預備妥賣貨的發票，發票一式三份，一份供交易大堂給買方經紀或代表人簽收，一份由賣方經紀人留作記錄，最後一份存交易所以作為正式記錄。至於交易所的交易方法，每一家都不一樣，但是這些規則都大同小異，主要是為了方便交易所監管會員的交易行為。

遠東交易所規定，交易後的翌日下午三時四十五分前，一定要完成所有交易股票的買賣手續，同時相關款項亦需完成過戶。若股票買賣手續需要延遲，而這一延遲並不因為經紀想從中牟利，而是由於不可控的情況，那麼買賣手續可以延遲一個工作日。但就算延遲了一個工作日，也必須在那個工作日的下午三點四十五分前完成所有買賣手續。至於雙方經紀處理買賣的手續，都是有法律監管的。[2]

這份研究報告大約於 1975 年完工，當時已有四間交易所。而有關模式的敘述亦於 1974 年或 1975 年完成，大概可以從當中得知成熟後的規則。遠東交易所剛成立時用的規則如下：

1 筆者懷疑這件文件記錄錯誤，慣用術語應為 Bid and ask，而非 Bit and ask。

2 Hong Kong University Special Collection, Far East Exchange Ltd., Miscellaneous papers III–A Survey of Hong Kong Stock Market and Other Major Markets in the World, Call No: 58.16.

交易時間方面，遠東交易所法定的交易時間為週一至週五，上午十時至中午十二時三十分，下午二時三十分至三時三十分。

開盤價方面，買價可以按照不高於上一次交易價錢的 4 個價位，或是過去最高的價錢出錢；而賣價就可以按照不高於上一次交易價錢的 4 個價位或是過去最低的價錢出價。但亦有例外，橡膠股的規定是 8 個價位而不是 4 個。

交易開始時，會在上午十時鳴鐘，十時前不准上板開盤價。至於每天上下午市的中間時段，即中午十二時三十分至下午二時三十分，除了撤消交易外，不准做任何的修改。每位會員一次可以上板進行買或賣的 6 宗交易，之後的交易就需再排隊等候。假如在板上正在出售的股票多於一位買家，排第一的買家收到已作出請求的貨物時（縱使可能貨源是從其他特定組別過來的，並已超過板上掛牌的貨），仍然必須從板上下來讓給排在第二的買家。

交易板規定，牌上所有買價和賣價的報價都是實盤，而且板上的每一個出價都代表至少一手的股票，上板的每一手股票都必須有實物股票和交易契約，這規定於買賣雙方私下同意時可以例外。買家需在賣家提供的賣家保存執行合同上簽署以落實交易，只有買家簽字後的合同才算有效力。同時，所有交易都需按照板上情況買賣，而且交易需在板上進行，不得私下定價。

當一位會員在臺上改動價錢時，臺下任何一位會員都可以表示有意以最新定的價錢買賣，在這種情況下，第一位發出聲音示意的會員，會被認定是成交所得者。而更改牌價的時候，舊的價錢一定要徹底抹去，改價之前已有的名字要寫在板上的某些地方。

當買賣價掛牌一段時間後，會員不能再喊出“我要”或是“我出”，而是必須走到板前去進行交易。當一位會員在板前進行交易時，不可以把賣家的名字從板上公司一欄抹去，直至買家已經完成交易並離開板前。同樣，亦不可以把買家名字從板上公司欄抹去，直至賣家已經完成交易並離開板前。

至於成交了的價格，可以在板上記錄賣價或買價，但是若不是按照以上程序進行的成交，是不會被交易所放進事務歷史記錄的，違規者可能會受罰。板上牌價如有過更改，則不能馬上刪除，交易大堂內的經紀要有足夠時間表示“我要”或“我出”。但是，如果交易是通過“直接商議”的，則不受這項條例所約束。

“直接商議”交易，是指一名會員或屬於會員的公司，為兩位非會員的買家與賣家進行交易，又或是一名會員為了自己利益目的而與一名非會員之間的交易。所有直接商議的交易，經紀的發條必須下單，且要支付過印花稅。而直接商議的交易，規定只可以在以下條件下進行：（1）當股票的買賣差價只有一個價位時，交易可以進行，並以買或賣價來記錄交易；（2）當股票的買賣差價是兩個價位時，交易可以進行，以中價來記錄交易；（3）當股票的買賣差價是超出兩個價位時，又或是沒有買或賣價時，會員一定要製造出一個問價，然後寫到板上並等待一段合理時間，以便能夠讓會員有足夠時間表示意願，然後才讓交易進行及記錄。

直接商議交易在板上以"X"符號表示，而經紀在板上為了"X"交易劃定買賣價後，要行步離開及再次返回板前。

至於"零星股"方面，[1] 假如超出板上資源，賣家應首先向買家提供主板上按名字次序排列的一批股票。如果板上的買家都不願接受這些股票，賣家才可以登上特別板並明確兩點：要求的股票公司名字與數量，以及該批要出貨股票的每股價錢。如果符合直接商議交易的條件，那麼會員可以不按照板上的買家賣家，自行進行交易。如果主板上的賣家與特別板上的賣家都同時叫出相同價錢，那麼主板的賣家有優先權。假如少於板上資源，那交易可以由兩名會員自行進行商議，但價位上還是依照"當零星股超出板上資源時，要實行價位"的規則。

現時通用的價位方面則如下圖：[2]

From	$ .01	To	$ 0.25		$ .0025
Over	0.25		0.50	–	.005
Over	0.50		2.00	–	.01
Over	2.00		5.00	–	.025
Over	5.00		10.00	–	.05
Over	10.00		30.00	–	.10
Over	30.00		50.00	–	.30
Over	40.00		100.00	–	.50
Over	100.00		200.00	–	1.00

1 零星在粵語中表示很少，或是非完整的意思，股票行業現稱其為"碎股"或"散股"。

2 Hong Kong university special collection: Far East exchange Ltd: board trading rules and by-laws, Call. No: 140.7

（續表）

From	$ .01	To	$ 0.25		$ .0025
Over	200.00		500.00	–	2.00
Over	500.00		1,000.00	–	2.50
Over	1,000.00				3.00

至於有關延遲出價方面，是在鳴鐘後最多五分鐘內，交易仍然可以被報告，但需要符合以下的條件：（1）如果是直接商議交易，價錢是需按照直接商議交易的條例規定定下的；（2）如果是會員之間的交易，價錢一定是收市買價或收市賣價；（3）如果是零星股交易，報告價錢一定要按零星股的規定定出，在任何情況之下，在鐘響起了之後，板上的買賣價錢都不能因方便延遲出價而再改。

如有違反交易規則而引發糾紛，都應立即向在場的小組委員會會員報告，並向秘書處繳交 25 港元的押金。小組委員會在宣佈審議結果時，可以同時建議退回押金或是沒收押金。這項權利由委會員成員行使，但是不符合改價，成立價錢改動和直接商議交易的規定，交易可能不會被確認。假如有人挑戰交易，那麼該批股票也許會被分配到當天因違規事件而不能交易的買家或賣家，而有糾紛的股票交易會被凍結，直至小組委員會作出決定為止。當有會員違反規則時，遠東交易所會嚴格的執行交易所章程。

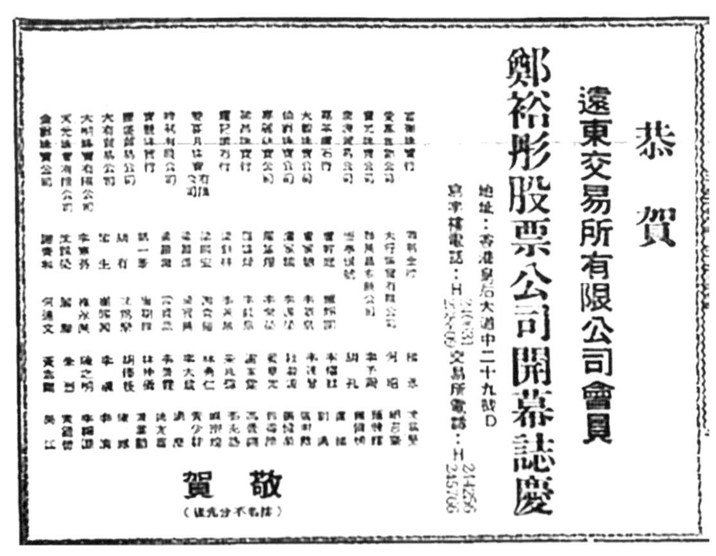

1969 年，遠東交易所會員開業廣告。

（二）遠東交易所公司申請上市守則

今天，若有公司要在香港的交易所上市，首先，這家準備上市的公司及其業務，必須通過交易所的審核，確定為適宜上市。一般而言，全部或大部分資產為現金或短期證券的公司都不會被視為適宜上市，投資公司例外。而在香港上市的股票，全是嚴格按照香港聯合交易所有限公司的證券上市規則。同時，申請上市的公司必須符合以下三項中的其中一項測試：

（1）盈利測試：申請方必須具備不少於三個財政年度的營業記錄，其間管理層沒有較大的變更，而最近一個經審計的財政年度內，公司擁有權和控制權維持不變。申請時的最近一年的股東應佔盈利不得少於 2,000 萬港元，在之前兩年累計的股東應佔盈利不得低於 3,000 萬港元；

（2）市價 / 收益 / 現金流量測試：申請方必須具備不少於三個財政年度的營業記錄，其間管理層必須沒有較大的變更，而最近一個經審計的財政年度內，公司擁有權和控制權維持不變。其上市市值至少為 20 億港元，經審核的最近一個財政年度收益最少為 5 億港元，及在過去三個財政年度中，從其擬申請上市之營業活動，所產生的淨現金收益合計最少為 1 億港元；

（3）市值 / 收益測試：申請方必須具備不少於三個財政年度的營業記錄，其間管理層沒有較大的變更，而最近一個經審計的財政年度內，公司擁有權和控制權維持不變（或交易所可根據有關規定轄免），其上市市值至少為 40 億港元，經審核的最近一個財政年度收益最少為 5 億港元。

然而，在 1960–1970 年代，香港並沒有統一的上市規則。在不同的交易所上市，規則乃是根據各交易所自行訂立的。遠東交易所亦有自己的一套上市規則，其重點如下：第二條：申請公司一定要是一所“公眾”的公司，而且要滿足上市委員會，讓其同意公眾應會對該公司的股票有興趣的；第三條：該公司一定在香港要有辦事處，讓其公司的股票可以在該處寄存；第四條：該公司一定要把公司不少於 25% 的發行資本，以委員會批准的價格於申請當日提供給公眾，而現行股東既不可以參與購股，亦不能把名下或授權人名下的股票出售。

當時香港交易所的上市規則中，亦列明了一些對申請上市公司的普遍性要求。除了包括上列那三條條款，卻額外有以下三條較特別的條款：（f）項：假如一家公司的管治權或控制權是掌控在總經理、公司秘書或代理人手中，而此等人士的委任是永久性的，那上市申請將不會被接受。另外，縱使這家公司的總經理、公司秘書或代理人的委任不屬永久性，但一旦委任被終止而能享受賠償的話，其上市申請亦不會被接受。（g）項：假如一家公司的資本金額包括原始股份，其上市申請把不會被接受。（h）項：假如一家公司的章程中包括了主席或／與董事永久性的委任，其上市申請亦不會被接受。

筆者認為，這三項額外的要求，可能就是當時阻止大部分華資公司上市的最大原因，即大部分華資公司因上述三項要求而喪失了申請上市的資格。事實上，香港交易所這些要求，是沿用已久的，並不是針對華資公司而設，而且出發點亦是按照公司法的精神而設計，主要是保障小股東的權益。然而，按照當時一般華資公司的架構，這些要求無疑會對他們的上市計劃構成極大的阻力。至於三條條款的要求，筆者認為亦是合理的：（f）項的要求，本意是要確保公司的控制權不會總是掌控於一小撮人的手裏，從而減低對小股東利益的損害。但是，當時一般華資公司，都是家族性生意。他們理所當然地把控制權通過永久委任制度保留在家族成員手裏，因此就喪失了上市的資格。而後面一節，則是想阻止意興闌珊的掌控者把公司掏空的情況發生。如果華資公司要保存公司控制權，而把願意賠償的條文放在公司法規中，那上市亦是無望的。（g）項的要求，若以今天的角度去看，雖然作用不大，但仍是有意義的。這項要求本意是不想原始股東，即公司業務的核心人物，在公司上市與集資後，就立即離開公司，令公司運作陷入困境。但是在當時的環境下，絕大部分的華資公司均為創業者擁有，資本說不能包括原始股份是不可能的事。時至今天，處理這種情況變成通過限制原始股東在上市後某一段時間內不可以把股份賣出，以達到不會對核心業務運作產生影響的效果。（h）的要求，其實跟（f）項相似，當時華資公司的掌權人，十有八九是創業人或是家族的長老，他們當然會佔據公司中最重要的職位，以保障家族在公司中的控制權不會落入外來者之手。今天，要達到這個目的，簡單地通過控制在董事會中佔有的席位即可。但是當時的華資公司在運作上是比較保守的，對董事會的操作也並不抱信心。最安全的做法，就是在公司章程中對控制權的規定不設彈性，沒有可供利用的餘地，而且在規定章程時也沒有想到上市的事宜。

從以上的分析可以看出，這幾條的限制會令大部分華資公司都不合乎在香港交易所上市的資格，而遠東交易所沒有把這些限制寫進規則中，並不代表它不注重公司法的精神，只不過選擇了利用其他方法達到保障小股東權益的目的。這樣一來，華資公司在遠東交易所上市的可能性就大大增加，而且這也是獲得認同的方式。另外，規例中有關從未上市公司的股本總值，遠東交易所跟香港交易所的規定亦不一。遠東交易所規定申請公司或申請證券至少市值要達 500 萬，而香港交易所的要求是至少市值 2,000 萬。遠東的規例中，亦規範了申請程序．首先要通過初步評核，評核審批完畢後，再呈交易所的上市小組委員會審議。在初步評核階段，申請公司要在刊登報章前 14 天就遞交以下文件：4 份招股書、4 份臨時擁有權文件、2 份發行股票樣本與 2 份公司章程。至於公開招股，假如要通過初步宣告，需要在初稿提早 4 天遞交 4 份文件初稿。到了上市小組委員會審核的階段，還要在聽審前兩天遞交相關的申請表，繳交申請上市所需費用，文件方面有 4 份招股書、公開文告初稿、公司成立文件、公司開業批准書、公司章程等。另外，還需要提交在招股書中提及過的信件、報告、資產負債表、估價報告、合同等。

至於在香港交易所的上市規則中，申請程序與遠東交易所的大同小異，同樣是一個初步評核，完成評核審批後，再呈交香港交易所的委員會審議。跟遠東交易所不同之處是，遠東交易所設有上市小組委員會負責相關審議。在提交文件時，初步評核階段，申請公司需要在刊登前 14 天遞交以下文件，包括 12 份招股書、2 份公司章程、2 份資產負債表，其中資產負責表需要 6 個年份，需要最近一年的再加上之前連續 5 年的，除非公司是新成立的。公開招股如需通過初步宣告的話，要在初稿前 4 天遞交 4 份文件初稿，到了上市委員會審核的階段，還需要在聽審兩天前遞交相關的申請表，繳交上市需要的費用、1 份招股書、公開文告初稿、公司成立文件、公司開業批准書、公司章程等，還需要提交在招股書中提及過的信件、報告、資產負債表、估價報告、合同等。

有兩條款項只有出現在香港交易所規則中，內容大致是這樣的：第 3 條（n）項——在招股當天，如果原來證券的賣家還沒有完全付清公司某些債務，那賣家需要簽下一項“不能推翻的權利”賦予相關銀行，讓銀行可以對此等證券在這次招股中能收到的價錢作出記認，並在原來賣家應付款的日子把未付清的款項付清，然後相關銀行再確認相關賦予的權利。第 3 條（o）項——要求發行商或是包銷商發一份公文，證明他們對招股書中談及該申請公司有足夠的營運資金，是經過詳細審核後而且認同的。公文中還要提到發行商或是包銷商已經從可以提供該申請公司財政來源的相關人士處獲得書面確認。值得注意的是，兩家交易所對房地產公司，都有要求申請公司遞交估價報告，只是兩家所提要求不同：香港交易所方面，估價一定要由獨立的測量師來進行，而且資格需要獲得交易所委員會認可；但遠東交易所當時的規則並沒有這樣的要求。此外，遠東交易所表明，假如申請公司自己設有合資格的估價部門，委員會把同意轄免需要獨立估價書的要求。

至於重要文件“會計報告”上，兩家交易所亦有不同的要求：香港交易所要求招股書內必須包括一份由專業會計師準備的會計報告，這位專業會計師必須是按照香港專業會計師法例註冊的，並擁有執業文憑。遠東交易所則只要求招股書內包括一份由合資格會計師準備的會計報告，即任何在香港公司法下能替公司核數的會計師均可。在遠東交易所的上市規則中，有好幾處都允許申請公司加上解釋，比如對數字調整的解釋，對公司折舊、分攤等會計基礎的解釋，對於某種公司，例如建築公司把長期合約收入攤分到利潤表的基礎解釋等，委員會亦會要求會計師確認這些解釋。然而，從以上種種規定可以看到，遠東交易所對上市的規定比香港交易所更人性化。另外，在遠東交易所的上市程序中，有一項不公開的初步審核資格程序。這項程序是當接到上市的申請要求時，交易所會樂意進行一次非正式又不公開的資格審核，這項程序在該公司對外界公開有意申請上市之前實已完成，這樣其實對保持申請公司的正常運作有一定的保證。

至於這個資格審核，所需文件大概包括：（1）公司憲章 / 章程；（2）股票或證券的樣本；（3）公司過去 5 年的年報，最近的那一年要兩份；（4）最近一次根據 1933 年證券法例公開招股的招股書，最近遞交證券交易專員公處的 Form 10-K；（5）最近一次股東大會的授權書；（6）交易所特定關於公司股票種類的表格；（7）額外可以讓交易所進一步瞭解公司股票種類與及公眾持有股票的資料，包括：① 10 名持有股份最多的股東身份（包括代理人持有股份背後受益人）；②持有 1,000 股或以上的交易所成員機構；③最近兩年股票轉讓次數與數量，但僅限在場外交易的股票；④一篇關於擁有和控制 10%或以上股票的公司職員、董事，或他們家人的簡介；⑤估計在非公司高層職員手中的股票數量以及這些職員的數量；⑥公司其他對高層或職員福利有關的組織或機構裏擁有的股票數目（包括盈利分享、公積金與其他信託等），而且必須提供這些股票投票權的代理權形式。

從上述可以體會到，在一家關係緊密的公司內，公司裏一些核心股東，或高層或董事的個人利益，在有些情形下是有好處及可以帶來方便的。但當這家公司要擴大擁有權至公眾時，可能需要重新考慮這些個人利益和關係。因此，交易所會在審核過程中，需要詢問關於這些關係的數據。例如：公司租用或放租對象時；在子公司的股份或期權；在其他可能是業務競爭對手公司，或貨源公司，或客戶公司的股份等。

筆者認為，以上考慮充分體現遠東交易所能夠理解到華資公司的結構與組織，在許多情況下和家族或家族的掌控人密切相關。基於華人的風俗習慣，有可能與公開上市集資的理念在某些方面未能完全契合。但是，在這些條件的限制下，遠東交易所仍能盡力去嘗試協助上市公司，希望其打破傳統的那一層隔膜，讓兩種不同而不敵對的理念能夠嘗試結合，達至雙贏的局面，這是遠東交易所在短期內成功的重要因素之一，亦是遠東交易所為香港股票市場帶來的重要新嘗試。

通過介紹遠東交易所上市前的規定，以及進行交易時要遵守的規定，可見遠東交易所是嘗試改變舊有的傳統，在增加人性化因素的同時，亦可保障各方面的權益。這種新的改變，的確為香港股市帶來了轉機，使更多人可以在股市中各取所需。

結語

遠東交易所於 1969 年成立，實為香港股市開創一個新紀元。無論是買賣透明度、自由度、制度彈性，還是信息回饋等方面，都可以看出遠東交易所的創新之處。這些創新並非只為盲目增加成交量，而是對香港股市的發展起到了很大的推動作用。

遠東交易所開業初期，雖然成交量逐漸增加，卻處處受到原本主導香港股市的香港交易所的針鋒相對。由於缺乏底蘊，遠東交易所無法立即還擊，只能暫時吞聲忍氣，並加快改善與各上市公司的關係，力求使業務運作更暢順。

當然，遠東交易所集中自身發展的做法是有回報的。在短短開業一年後，其成交量居然超越了香港交易所。隨後遠東指數的出現，正是遠東交易所對香港股市的影響已發展到一定程度而衍生的結果。遠東交易所的創新，包括降低上市限制、開放市場讓更多人能參與等做法，為香港股市注入新的資金與力量，改變了香港交易所獨大的年代，股市不再只是某些人士的遊樂場。香港金融體系以後逐漸成熟，遠東交易所的成立可以說是一個至關重要的轉折點。

由於遠東交易所的"成功"，鼓舞了其他有志於開辦交易所的人：金銀證券交易所與九龍證券交易所相繼在 1971 年和 1972 年成立，香港股市正式進入了"四所"年代，這是香港股市的百花齊放年代。可惜股民的盲目投資，於 1973 年釀發了股災。當時的港英政府亦感交易所的氾濫對香港股市並非明智之舉，故立法干預交易所的成立。此舉使交易所的數量又受到了限制。1986 年 3 月 27 日，四所時代劃上句號，合併後的"聯合交易所"於 1986 年 4 月 2 日開始運作，而香港金融體系亦於摸索中繼續成長。

遠東交易所在其苦心經營的 18 年光陰中，推動了香港股市的發展進程，促進了香港經濟的繁榮，使更多企業在香港獲得集資機會，有力地促使香港在 20 世紀末成功登上"國際金融中心"的寶座。

第十九章

香港房地產業的歷史演變（1945–1997 年）

李健強

2023 年初，香港已連續 12 年蟬聯全球私人住宅房價最高的城市。香港高房價問題由來已久，不過此問題在歷史上並非一成不變。房價的起伏是房地產業演變的重要表徵。而房地產業的演變，往往是內外各種政治、經濟、社會等因素綜合作用的結果。本章試圖勾勒香港自二戰後至回歸祖國前，房地產業所經歷之演變軌跡，並解析演變背後的各種制約、關聯及影響。

日本投降後，英國軍隊迅速重新佔領香港，發現"港元"竟能恢復流通，香港經濟瞬間恢復正常，房地產市場隨之復甦。但隨著國共內戰自北而南愈演愈烈，大量難民湧入香港，導致樓荒乍現，租金倍升。對此，港英政府除實施租金管制外，更開始實行身份證制度及封鎖邊境等舉措。藉此在政治上增加對華人的掌控，並限制人口增長過速。

隨後為安置湧入的難民，港英政府默許難民於山邊、天臺等地搭建簡陋住房以供棲身，香港頓時遍地寮屋。1953 年底，石硤尾寮屋區大火，災民約達五萬人。港英政府嘗試在火災現場興建公營房屋，以最短時間安置無家可歸之災民，這可視為港英政府大規模介入香港房地產業的開端。同期，在私人住宅方面，霍英東等企業家認定市民對住房有強烈需求。為迎合大眾，除發明大廈分層出售外，更開創分期付款與賣樓花等商業模式，打破了資本家對香港房地產的壟斷，平民不再只是租客，也可成為業主。於是，在社會龐大的置業需求下，私人房地產業欣欣向榮，香港房地產業從此走上公營與私營兩條不同的發展道路。

1960 年代初期，大量內地新鋭勞動力非法進入香港，港英政府採取"抵壘政策”，即來者不拒。三年間，香港勞動人口劇增 15% 以上，住房需求急增，大批華資房地產商隨之產生。港英政府為遏制華資迅猛崛起，間接引發香港金融與房地產危機，華資遭受重創。就在此時，中國試爆核彈成功，輿論揣測中國會迅即收回香港。其後爆發“反英抗暴”運動，大量外資撤離，移民海外人口急增，房價暴跌至無人問津的地步。與此同時，英鎊繼 1949 年貶值 30.5% 後再度貶值 14.3%，輿論譁然，重挫了全港中外商家投資。本以為香港立即回歸中國之際，中國卻反其道而行之，除表明會繼續維持香港現狀外，更將東江水輸港，解決了香港長期以來的嚴重缺水問題，使香港步上可持續發展之路。

1969 年底，遠東交易所成立，打破英資對香港證券市場的壟斷。股市昌旺，大量華資房地產商上市集資，用以買地建樓。1971 年 8 月 15 日，美國取消美元金本位制，引發全球惡性通脹。不久，中華人民共和國恢復聯合國合法席位，並使香港與澳門在殖民地名單中得以剔除。未幾，英鎊與美元脫鉤，港元隨即與英鎊脫鉤轉掛美元。加上中美建交，外資開始進入香港投資市場，股市、房價大升。

1972 年底，港英政府改變以往高壓統治模式，推出“十年建屋計劃”與“居者有其屋計劃”等惠民措施，企圖籠絡討好香港中下階層市民，以達到繼續管治香港之目的。此舉使上百萬市民得以安居，但也嚴重影響和衝擊香港房地產市場，使許多房地產商由主力興建平民住房轉向投資興建中高檔豪宅。

及至“七三股災”，美元持續貶值，導致 1974 年港元與美元脫鉤，改為自由浮動，外匯管制隨之撤銷，香港遂成為國際金融體系中的獨立小型金融個體，開始自主制定貨幣政策，當時的港匯曾升至 1 美元兌 4.6 港元左右。隨後，中國內地改革開放，大量新銳勞動力再次湧入香港，香港短時間內人口激增 30 萬，住房需求再度飆升，促使港英政府取消“抵壘政策”以控制人口劇增。同期地下鐵路通車，電廠續建，香港基建設施大致完備，經濟一片繁榮景象。然而，緊接著的中英談判，香港政治前景不明朗，房價、股市在高通脹環境下不升反跌，港匯更一度急挫至 1 美元兌 10 港元現鈔的低位。最終，港元再次與美元掛鈎，香港聯繫匯率貨幣政策正式確立。

1984 年，中英簽署《聯合聲明》，限制香港回歸前土地供應每年 50 公頃，為香港回歸前缺乏足夠土地供應與高地價政策埋下隱患。加上聯繫匯率制度與高通脹關係，香港資產價值出現大幅折讓，外資靜觀香港變化後大舉湧入，並利用香港作為進軍中國內地的跳板，房地產市場連帶升溫。

1986年聯交所成立，大量海外資金湧入香港，華資地產商不斷供股集資，實力大增。誰料美國引發的“八七股災”，令原本香港聯交所領導層被更替，並促使香港成為與國際接軌的金融證券中心。隨後，北京發生政治風波，引致香港股市與樓市陷入低迷狀態。數月後，港英政府推出“玫瑰園計劃”與“資助公務員置業計劃”，對樓市起了一定的穩定作用。之後，中東爆發波斯灣戰爭，引發世界能源危機，誰知聯軍在極短時間內大勝伊拉克軍，引發全球股市大漲。香港在重大利好消息與高通脹環境的驅使下，市民為求保值而引發全民炒樓熱潮。當時中資亦大舉進入香港房地產市場，帶動工商物業飆升。

1992年，港英政府在長期輿論壓力與新機場融資方案未得中方首肯的情況下，突然公佈了一直近乎香港最高機密的外匯基金數據，其中顯示“港元”確實具有非常高的貨幣信譽。翌年，金管局成立，外匯基金安全回歸香港，促使外資對投資香港的信心倍增。香港逐漸成為國際金融中心格局，外資持續湧入，股市不斷創新高，利好消息不絕，繼而引發香港回歸前後，史無前例的樓市狂潮。

儘管風雨不斷，但並不妨礙香港順利回歸祖國。自此以後，“港元”在外匯基金保障下，香港所有資產基本成為美元計價資產。香港亦逐漸成為繼紐約、倫敦之後的世界第三大金融中心，香港房地產市場更趨國際化，成為國際房地產投資者重要的投資地方之一。

一、新中國成立前後香港房地產業之蛻變（1945–1950年）

香港經歷日本侵佔三年零八個月後，令許多人受盡折磨，香港陷入一片荒涼、頹垣敗瓦的境況。但沒想到，戰後香港竟然在數月間，開始繁榮起來。原來，香港在日本政府統治下，“港元”竟然沒有失去其貨幣信譽，在黑市交易中繼續成為通用貨幣，並在澳門與華南地區繼續流通，原因是支撐“港元”貨幣信譽的“外匯基金”仍在倫敦繼續運作。由於英國在二戰中僥倖沒有戰敗，所以“外匯基金”仍能存在。故此，“港元”的貨幣信譽得以保持。之後，再加上英國軍政府的強制管理，例如廢軍票、使用港元、發放救濟飯、限物價、售平米等措施，使戰後香港社會得以較快恢復。但想不到在數個月間，回港人數竟數以十萬計，使香港的房屋不堪負荷，“屋荒”現象乍現，租金不斷上漲。有鑒於此，港英政府推出業主與住客法例，以應對市民被迫遷的社會現象。

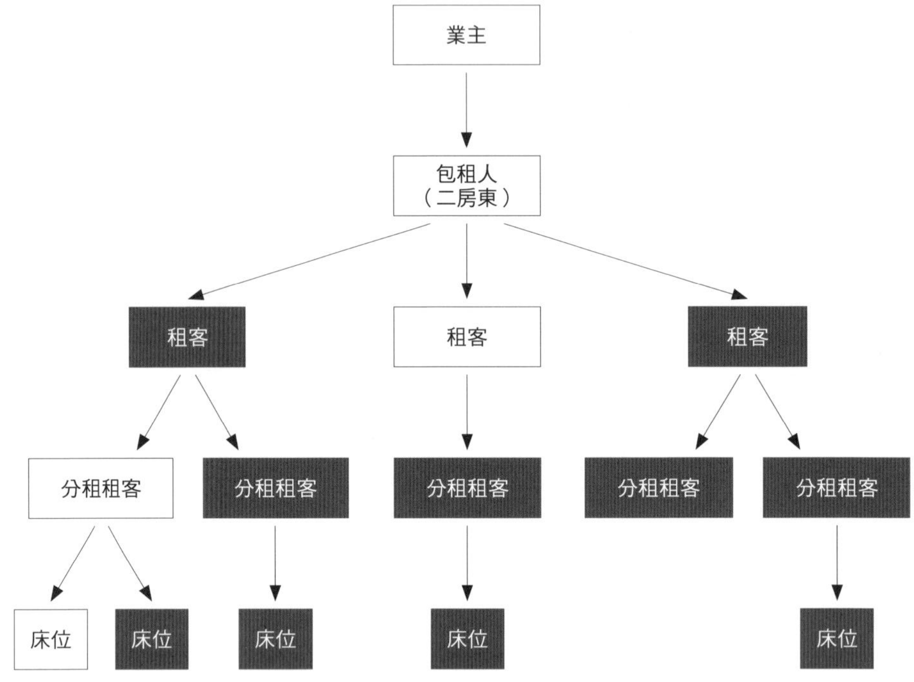

圖 1　業主與租客租賃關係圖

戰前香港城區的房地產，主要由富豪商賈所擁有。當時香港的樓宇轉讓，是以每幢為買賣單位的，而全幢樓宇一般是三層至五層不等。其時房地產業的經營方式主要是以置業收租為主（參看圖 1）。一般來說，許多富豪商賈會成立地產公司，相當部分是通過自用資金，或地產按揭籌得的貨款，購買地皮或物業，在地皮上興建樓宇，或將舊樓拆卸改建，然後向外出租，以收取租金支付貸款利息及賺取利潤。地產發展並未成為整個行業的主流，地皮房屋的買賣並不多。而二手市場更不發達，地皮和房屋的買賣尚未形成規模。[1]

1　馮邦彥：《香港地產業百年》，香港：三聯書店（香港）有限公司 2001 版，第 59 頁。

獨特的“二房東”房地產業經營模式。戰前，香港房地產業為什麼會流行業主先將全幢物業出租給“二房東”（參見圖 1）的收租經營模式呢？根據筆者長期對香港房地產業的觀察，主要原因如下：

其一，業主身處海外。戰前，許多置業收租業主，包括華人買辦、上環南北行的行商、中國內地富戶、東南亞華僑，甚至遠在美洲或澳洲經營百貨的華僑，[1] 因他們常年身處海外，所以先將物業出租給“包租人”代其收租，這確實是一種高效的收租營運模式。

其二，物業維修保養。戰前的樓房，尤其是“唐樓”，主要建築材料仍是以木材、磚石和瓦片為主。以當時的樓房建築水平，加上香港夏季潮濕的天氣，長期進行維修保養在所難免。因為，當業主把物業出租時，一般業主必須要負責該物業的結構正常，並必須維修與跟進如物業滲水、石屎剝落、水管爆裂、門窗損壞之類的問題。[2] 另一方面，如該物業有自來水和擁有電力等設施的話，一般正常情況下，業主必須提供正常的維修保養。可見，作為“包租人”，在物業維修保養方面，所費的時間與維修成本也不少。

其三，減省管理問題。當時的唐樓一般沒有間隔，所以“二房東”要僱請木工在單位內興建一些木板隔間房。租客以低下階層為主，如單身人士與小家庭，一般租住一間板間房或房內的床位之類（參見圖 1）。因為當時的租客，很多都是“日薪制”的散工，正如廣府話的一句俗語：“餐搵餐食餐餐清”，就是形容他們。所以，如果他們運氣不佳，甚至可能隨時身無分文，連吃飯的錢也沒有，又哪來錢支付租金呢？所以可以相信，當時“能夠按月清租”的人應該不多。此外，還有一個最重要又常被一般人忽視的問題，就是租客“臥病”。試想在戰前，衛生環境並不好，許多租客都是單身租住床位，過著“餐搵餐食餐餐清”的生活，在香港也舉目無親。假如租客不幸“臥病”，不僅代表他暫時失去工作能力，更有很大可能沒有租金可交，那就遑論看醫生了。而照顧“臥病”租客的責任，自然非“二房東”莫屬。如果萬一租客不幸臥病不起而殆，那些身後事亦只

---

1 馮邦彥：《香港地產業百年》，香港：三聯書店（香港）有限公司 2001 版，第 50 頁。

2 2021 年的香港，業主把物業出租，一般必須維修跟進物業的結構。此外，業主必須保持物業內的基本設備正常運作，如通水、通電、排污管道暢通、天然氣供應（如有）等。若業主提供空調機、電或氣體熱水爐、電或氣體煮食爐具、抽氣扇、抽油煙機等電器，除非業主有言在先不包保養，否則亦需要負責維修與保養所提供的一切電氣用品。

有"二房東"負責了。換句話說,"二房東"的責任其實就像現今"青年旅舍"的舍監,但其責任之大,卻不知要比舍監多出多少倍。所以"二房東"招租時,會希望租客有介紹人或親屬關係,這就可以盡量減輕"二房東"的責任。所以,用介紹人方式找租客,確實是有其道理。

除上述所言,作為"二房東",必須要有文化根底或最少能"識字"。因為在當時,據稱 80% 以上的華人都是"文盲",[1] 所以既要與業主和租客訂立租約,又要懂得交付政府差餉、地租、水費、電費等基本賬單,在當時確實有一定難度。至於還要向每位租客追收租金及懂得如何計算水、電費等事項,其複雜與麻煩程度,真是不為外人所道也。

其四,業主可以逃避法律刑責。眾所周知,戰前,港英政府曾有過一段時期,將妓院、賭場、煙館 [2] 視為商業的一種類別。只要有商人向政府繳費領取牌照,就可以合法經營此等生意。即是說戰前港英政府曾允許"黃賭毒"合法化。須知"黃賭毒"合法化,往往能為該地方帶來巨大商機。然而,開設妓院、賭場、煙館等場所的人,在傳統名流商賈中地位甚低,甚至為傳統商人所不齒。撇開道德問題之外,開設這些場所,確實能支付較高昂的租金。所以,在權衡輕重下,將物業租給"二房東"也是較為明智的選擇。因為如果日後在出租物業內發生任何違法勾當的話,均與大業主無關,一切問題均由"二房東"承擔。

其五,降低損失風險。必須指出,戰前大部分樓房建築材料仍是以木材、磚石和瓦片為主。當時的建築工藝水平,仍然很難抵禦香港的颶風,尤其是那些地基沒有基柱的舊式"唐樓"。例如 1874 年發生的"甲戌風災",據《光緒廣州府志》記載:"香港死者數千。"[3] 又如 1906 年發生的"丙午風災",導致約一萬人喪生,[4] 三十幢樓被颱風吹倒。此外,1926 年內的暴雨及風災、1937 年的"丁丑風災"等,均使市區大量樓宇嚴重受損甚至倒塌,人命死傷不計其數。[5] 可見在戰前,一個颱風就可以把數十幢甚至上百幢的樓宇摧毀乃至倒塌,而損毀的樓宇更

---

1 丁雅誦、劉羨編:〈教育事業 70 年:從文盲率 80% 到義務教育鞏固率 94.2%〉,https://www.chinanews.com.cn/gn/2019/10-25/8988854.shtml(最後訪問時間:2022 年 5 月 10 日)。

2 吸食鴉片煙的地方。

3 蔡思行、梁榮武:《香港颱風故事》,香港:中華書局(香港)有限公司 2014 年版,第 50–52 頁。

4 同上,第 75 頁。

5 何佩然:《築景思城——香港建造業發展史(1840–2010)》,香港:商務印書館(香港)有限公司 2010 年版,第 178–179 頁。

是不勝枚舉。所以當時進行置業收租，回報率看似可觀，但業主要冒的風險也不低。因此，業主把整幢物業租給"二房東"，其實就是降低持有物業風險的有效策略。

人口激增。據統計，1945 年戰後至 1949 年間，香港人口竟由約 50 萬激增至約 186 萬，而在 1950 年這一年間，人口更激增 38 萬。其實，以當時香港的承載能力，戰前的 160 萬人口已達到飽和狀態。可是當時人口已超過 210 萬，居住問題變得異常嚴峻。

早在 1949 年初，國民黨軍隊在內戰中敗象漸成，時任國民政府行政院秘書長陳克文在年中已到廣州。6 月中旬，他曾往香港數天，除探親會朋外，還想瞭解香港的狀況，以備家人將來逃難之用。他在日記中有如下記述：

> 熊瑞兄自己開汽車，經過十九公里的青山公路。許多新建的絲廠和其他工廠正在日夕趕工，有些已經開工，有些將近完成，有些正在著手建築。這些都是經上海或其他地方逃避來港的資本，因為國內戰亂頻仍，都來託庇於洋人勢力之下…… 舊朋友中有些做生意發了財，有些潦倒貧窮無以為生。曾經教我地理的李景先生既貧且病。去看他的時候，病臥在一間貧民窟的樓上，尤令人酸鼻。本來打算預租房屋，備家人逃難之用，但屋租之昂貴，和每月生活費之高，不能不令人卻步。[1]

從陳克文先生的日記中可見，在 1949 年左右有大量"上海或內地其他地方逃避來港的資本"，在香港投資建廠，繼續營運生意。所以，他們能為港英政府帶來一定的經濟利益。至於作者在探訪往昔地理老師李景先生時，發現李先生正"病臥在一間貧民窟的樓上，尤令人酸鼻"。可見當時作為作者的老師，應該是高級知識分子，亦只能棲身於貧民窟的樓上，這已然反映出當時香港居住環境的惡劣情況。因此"本來打算預租房屋，備家人逃難之用"的陳克文先生，在香港屋租昂貴和生活費高的情況下，不能不重新作考慮。及後，隨著時局的發展，解放軍已渡過長江，解放南京並揮軍南下，國民黨軍隊兵敗如山倒。就在此時，陳克

1 陳克文、陳方正校訂：《陳克文日記（1937–1952）》（下冊），臺北："中央研究院近代史研究所" 2012 年版，第 1234–1235 頁。

文先生在 1949 年 8 月 12 日的日記中有如下記述：

> 到石澳[1]準備一個寓所，給振姊他們逃難居住。石澳雖然是香港的名勝之一，有錢人的避暑地方，可是我所能夠準備的那一層小樓實在太可憐了，真是像蘇東坡所說的畹丘先生的小屋一樣，站起來可以碰到屋瓦，縱橫不過一丈。[2]只因為那裏魚蝦便宜，租屋無須頂費，租金也很廉【宜】，所以便決定把寓所安置在那裏。[3]

從上述的日記中，可見當時的陳克文先生，雖然貴為當時國民政府行政院總秘書長，但在當時的香港，亦只可以租住到石澳的小屋。即便是現在，筆者仍覺得石澳是非常偏遠的地方。不過在當時兵荒馬亂的時局下，這也是無可奈何的選擇，畢竟比露宿街頭要好。所以，相比陳先生這種前國民政府高官，其他逃難到香港的難民，其生活與居住情況就更可不言而喻了。

中華人民共和國成立前後對香港的影響。中華人民共和國正式成立前，解放軍成功渡過長江。1949 年 6 月 1 日，港英當局已因應國民黨軍隊失勢，對香港的邊境及軍事用地施以戒嚴。[4]隨著解放軍挺進湖南，兵鋒直指廣州，這使英國人也慌了。除派遣大軍來港外，更於 8 月 17 日在立法會火速通過《1949 年人口登記條例》，並於 8 月 31 日通過《1949 年驅逐不必要分子條例》及《再度修正 1922 年緊急條例》。[5]這就賦予警察有更大權力搜查民居，以及拘捕和遞解“不受歡迎人士”出境，[6]其目的在於限制華人的出入境與“滲透”。

與此同時，英鎊於 1949 年 9 月 18 日突然宣佈大幅貶值 30.5%，[7]挫傷了整體香港經濟，並促使中外商人對港元產生了一定的戒心。接著，中華人民共和國

---

1 石澳至今仍然是香港島內距離市區比較偏遠的地方，因為交通的問題，所以人口稀疏。

2 1 丈約等於 3.3 米，即陳先生所租的小屋大約只有 11 平方米而已。

3 陳克文、陳方正校訂：《陳克文日記（1937–1952）》（下冊），第 1238 頁。

4 阮志：《入境問禁：香港邊境禁區史》，香港：三聯書店（香港）有限公司 2012 年版，第 31–32、39–40 頁。

5 〈驅逐居民出境　必須審慎調查　新條例完成立法程序　律政司重申立例目的〉，《工商日報》1949 年 9 月 1 日，第 5 頁。

6 高馬可著，林立偉譯：《香港簡史》，香港：中華書局（香港）有限公司 2013 年版，第 170–171 頁。

7 當時港元是與英鎊掛鈎的，1 英鎊兌 16 港元。

正式成立。據曾參加過中共遊擊隊的蓮麻坑原居民葉瑞山先生憶述："親眼目睹英軍在 10 月 1 日內地解放的那一天，在一夜間建成了邊界鐵絲網，從此便正式有一道分隔內地與香港兩地的人為圍牆。"[1] 中英關係隨即變得更為緊張。

誰知，英國突然於 1950 年 1 月 6 日宣佈承認中華人民共和國為中國的合法政權，並成為第一個與新中國建交的西方國家。亦因此，當時的中英關係得以緩和。可惜不久後，朝鮮戰爭爆發，中英關係再度緊張起來。港英政府隨即開始設立邊境禁區並加以封閉，使香港與內地分隔開來。自此，內地與香港的華人，再也無法像以往那樣自由進出香港。

就這樣，香港在偶然的誤打誤撞中，進入了初步現代化社會。因為人口登記與邊境封關，使政府可以較容易地掌握更多準確的數據，促使政府在管控與施政方面變得更為有效。再加上這次來港的華人與以往的大為不同，因為他們大部分都是真正的難民，歷經過軍閥混戰、日本侵華與中國內戰，在走投無路的情況下被迫逃到香港。於是，這批難民逐漸放棄了"過客"的身份並開始以香港為家，這股建設家園的力量，成為推動香港房地產業演變的重要因素，促使香港踏上一個嶄新的時代階梯。

二、朝鮮戰爭與亞洲反殖運動下之香港房地產業（1951–1957 年）

二戰剛結束後不久，在歐洲方面，1946 年 3 月 5 日，英國首相丘吉爾在美國發表了鐵幕演說。從此之後，以美國為首的西方資本主義國家與以蘇聯為首的東方社會主義國家進入了冷戰時代，東西雙方壁壘分明。首先是歐洲國家成立了北大西洋公約組織。為此，東歐國家亦成立華沙公約組織與之抗衡。雙方在歐洲均駐紮重兵，形成軍事對峙局面。此時，第三次世界大戰有一觸即發的可能。在

1 阮志：《"中港"邊界的百年變遷：從沙頭角蓮蔴坑邨說起》，香港：三聯書店（香港）有限公司 2012 年版，第 267–268 頁。

亞洲方面，中國爆發內戰，全球許多殖民地群起反抗西方殖民者統治，反殖戰爭此起彼伏。

自 1949 至 1950 年間，因為大量難民的湧入，香港人口由約 180 萬激增至 220 餘萬，這是引致人口爆炸的最主要原因。然而，因香港大部分土地都是山巒起伏，嚴重缺乏適合發展的土地，加上之前已出現屋荒，而突然增加的大量人口，使居住問題更為嚴峻。至於這次從內地逃到香港的難民，性質與以往大有不同。其中有一批數萬仍忠心於舊政權的國民黨軍政人員與家眷，被安排到調景嶺一隅開荒，以待臺灣地區接收。

大量難民湧入後，數量已超過香港房屋的承載能力，為了解決難民居住問題，在港英政府的默許下，寮屋區如雨後春筍般瞬間在香港不同區域，如天臺、山邊、海傍等地方建立起來。

"寮屋" 泛指用最簡單的建材，如鐵皮、木板或紙皮之類搭建的臨時性簡陋產物或房屋，是隨時可被拆毀的非法僭建物。"寮屋居民" 泛指那些經常居住和生活於非法僭建物的人士。"寮屋區" 又稱 "木屋區"，多是自發和隨意搭建的產物聚集區域，缺乏基本生活和家居設施。由於有關的土地運用複雜，交通不便，經常發生火災和疫症。所以，"寮屋區" 在當時的香港社會，就是 "貧民窟" 的代名詞。當時，香港成為了一個寮屋滿佈，並接受聯合國求助的難民城市。

香港首創私人住宅分層出售。戰前與戰後初期，香港的樓宇交易是以每一幢連地皮做買賣單位的。1947 年 2 月，港英政府為遏止日趨猛烈加租迫遷風潮，除鼓勵業主修復被戰火毀壞的樓宇外，並制定及頒佈了新的租務管制法例。新法例對戰後樓宇租金實施管制，規定不得超過戰前的租金水平，但有兩種情況不在管制之列，一是戰後新建的樓宇，二是業主以戰前該區租金 100 倍的資金重新修建的房屋，這兩類樓房都可按當時的市值收租。新法例的實施，大大促進了戰後舊樓宇的維修重建和新樓宇的興建工程。較富有的業主會主動斥資修復樓宇，以便獲得高額租金；而有些在戰爭中變得一貧如洗的業主，則將樓宇變賣出售，給地產發展商拆卸重建，此舉有助於地產業的交易市場。據統計，1950 年香港房地產交易已達 6,600 餘宗，其中大部分是房屋買賣，交易宗數是戰前 1938 年的 1.8 倍。

戰後 1950 年代初期，房價每方呎僅為 20–30 港元（約等同 2022 年

1,070–1,600 港元一平方呎的黃金購買力）。因為當時買賣物業是整幢樓宇，所以能購買的人只有富有的資本家，故此物業交投並不活躍。直至 1948 年，銀行業開始同意貸款給地產發展商建造樓宇。1950 年以後，更開始向房屋買主貸款，使之可分期付款購買住宅。當時從事這類業務的銀行，主要有恒生、廣安、廖創興等華資銀行商號。[1]

就在此時，地產商吳多泰先生[2]以"居者有其屋"為概念，開始構思一幢樓宇在法律上能否"分層出售"。於是，吳先生找到高露雲律師行的周建勳師爺，[3]分析其"分層出售"的計劃構思。具體方法是，在同一幢樓宇內，各層業主均有業權，譬如樓宇有 4 層，每層業主就有四分之一的地權，5 層便有五分之一的地權，另作分層契，購買者擁有居住權，並可進行買賣與按揭。及後，周師爺向地政署申請"分層出售"，最終獲當局答允。自此，分層樓宇可以利用上述方式進行分層註冊及買賣。

自從"分層出售"的售樓方式在香港出現後，房地產市場開始有了起色，並吸引不少投資者進入房地產業，其中一位傳奇人物，就是已故愛國商人霍英東先生。1953 年 6 月，霍先生創立並註冊了"霍興業堂置業有限公司"。霍先生除像以往的富豪般購入銅鑼灣的使館大廈作收租與自用外，並計劃大量興建樓宇，向市民出售。

因為當時霍先生發現，雖然"分層出售"確實"解決了分層出售的法律問題。但是，那時的分層出售也僅僅局限於一些唐樓式的樓宇，即一些最高不超過五層，每層只有一個面積一千呎（約 100 平方米）左右單位的舊式樓房"。雖然購買樓宇的市民多了，但還是局限於一些富裕人家。更重要的是，霍英東先生對當時香港房地產市場有以下獨到的見解：

---

1 馮邦彥：《香港地產業百年》，第 59、61–62 頁。

2 吳多泰先生（1911–2005），原籍海南省文昌市，柬埔寨華僑。曾就讀廣東省立工業專門學院、廣東省立勷勤大學工學院，專攻土木工程。1938 年移居香港成為地產發展商，並以香港為家。

3 "師爺"是指一些任職於律師行的華人，他們富有法律知識與經驗，並能向客戶初步解釋法律文件或向客戶提供初步法律意見；但他們並不是律師，只是律師的助手，因為他們沒有在大學修畢法律學位。所以，香港一般稱這些人為"師爺"。筆者相信在戰前及戰後的香港，華人律師不多，加上所有法律文件均為英文，所以律師行必須要聘請一些有法律知識而又通曉中、英文的華人，以幫助律師向客戶解釋法律文件或提供初步法律意見。

當時的樓宇，每層約一千呎，每呎約二十元，總價約為兩萬港元。但那時普通的打工仔，每月的工資約為二百元，一下子拿出兩萬元來的人畢竟不算很多，故五十年代初期的香港地產市場，仍然不算活躍。我籌建油麻地四方街樓宇時，就決定採用分層出售的方法，出售所有樓房。那時租房要交一筆頂手費，我們叫作"七千頂手，月租兩百"，即頂手費一般要七千元，每月還要交兩百多元的租金。但相同面積的一層樓，售價一般在一萬四千至二萬元之間。也就是說，一個出得起頂手費的租客，再支付與頂手費差不多的錢，就能買到一層屬於自己的樓房。兩者比較，自然買樓比租房合算得多。況且，分層出售樓宇，資金周轉快，回收快。[1]

從上述霍先生的口述中，可瞭解到當時香港真實情況的其中一面。為什麼會出現"七千頂手，月租兩百"的情況呢？其實問題出自之前港英政府所制定的"租金管制法例"——因當時租金的可加幅不多，而通貨又不斷膨脹（參見表4），再加上需要租住的人實在太多，所以業主或二房東採用"頂手費"這方法，已增加他們的租金收入。還有的是因霍先生有經營雜貨舖經驗，所以對商品流通的意識非常強。

售樓說明書、分期付款、賣樓花。如前所述，據筆者瞭解，吳多泰先生發明了分層出售，並印製了買賣樓房說明書，該說明書應該是包含單位的平面間隔圖及其他樓房說明。吳先生所出售的應該是即將完成或已完成的物業，所以"見樓買樓"，即買家可先實地查看該層樓房後再作購買決定。

至於霍先生，為了將樓宇迅速推銷出去，想到了一個促銷方法：編印樓盤說明書，上面有詳盡的樓盤情況、價格、交樓日期等數據，並廣泛派發。印發售樓說明書在當時確實是一個創舉。因為霍先生所賣的，是仍然在建築中的樓房，買家能看見的，就只有在建築中的樓房地盤而已。換句話說，其實買家所買的，就是一張合約，亦可以說就是"一張紙"。因此，如果發展商不履行合約，買家便會血本無歸。所以，在當時港英政府缺乏相關監管的情況下，買家要承擔極大的風險。

---

1 霍英東口述，冷夏執筆：《世紀回眸　霍英東回憶錄》，香港：名流出版社 2010 年版，第 42–45 頁。

1953 年底，霍先生與高露雲律師樓的律師及職員商量推銷四方街新樓。霍先生認為只靠分層出售，不能活躍樓市，吸引不了廣大市民買樓，因為能一下子拿出一大筆錢出來買樓的人畢竟不多。[1] 於是，霍先生建議在新樓正式動工興建前，公司可以先收取買家的一部分訂金，餘款分期支付，像交租那樣，到新樓落成時，收齊買家的餘款，買家就擁有了自己的物業，真正成為業主。這就是"用買家的錢起樓。"至於買家已交付的錢，"可以通過律師或銀行方面來保障買家利益，給他們信心"。律師亦認同此為好主意。接著，四方街還沒動土，霍先生"就在售樓說明書上向市民推介分期付款的買樓新方法：第一期先交訂金百分之五十，第二期落成二樓樓面交百分之十……第六期餘款百分之十於領到入住許可證時清繳"。結果非常成功，樓宇隨即售罄。之後，霍先生又不斷完善這種售樓方法，把第一期的訂金降低到總房價的 10%–30%，以吸引更多的市民前來買樓。

當時，香港人把正在興建或還沒有動工興建的樓宇或其中的單元，形象地喻為"樓花"。霍先生提出預售樓花，即"賣樓花"。之後，全球地產行業都使用"賣樓花"作為其中的一種經營銷售手法，而立信公司則是最早推行此方法的公司。"賣樓花"是香港地產行業經營手法的一次革命性突破。

正如馮邦彥博士所形容：這是"香港地產業的一場革命"。[2] 這場革命，打破了以往除官紳商賈與富有人士才可以當上"業主"的定律。使香港房地產不再只屬於資本家所有，平民百姓也可以成為"業主"，正式打破了資本家對香港房地產業的壟斷。香港在這一方面的創新，對日後國際房地產業的發展，實應記一功。

東南亞排華導致華僑資金湧港。1950 年朝鮮戰爭爆發後，以美國為首的聯合國對中國實施貿易禁運，港英政府跟隨英國執行"禁運"政策，使轉口貿易及各種商業普遍蕭條，五金、洋紙、化工原料、西藥等生意均大受影響，許多外資經營的傳統洋行被迫收縮業務甚至結業，商業資金沒有出路，社會上充斥著大量游資。

據估計，僅 1953 年 6 月到 1954 年 5 月這一年間，從東南亞流入香港的資

---

1 同上，第 45–47 頁。

2 馮邦彥：《香港地產業百年》，第 59 頁。

金就超過 6 億元（約等同 2022 年 300 億港元的黃金購買力）。其中，來自菲律賓的約 2 億，泰國約 1.5 億，印度尼西亞約 1 億、馬來西亞、越南及緬甸總共約 1.5 億。[1]

其時社會上充斥大量游資，除了部分外移至英國倫敦套息，或部分轉向投資工業以外，絕大部分游資湧入地產與股票市場，尤以房地產市場為甚。這時期，正值"分層出售"模式開始盛行，只要動用兩萬港元左右（約等同 2022 年 100 萬港元的黃金購買力）就可成為業主。因此，促使許多海外華僑赴香港買樓，除可用作安頓家眷之外，亦可以將資金分散，將香港當作安身避難之所，為日後僑居地可能發生的政治動盪作保障。正所謂"狡兔三窟"，對當時富裕的華僑而言，能在香港進行購買物業的舉措確實是難得的機會。結果，香港因禁運而造成百業蕭條之際，唯獨房地產業卻呈現反常的繁榮景象。

公營房屋的出現——石硤尾邨大火災。在戰後至 1953 年期間，大量中國移民進入香港，加上當時國際政治氣氛不明朗，使得港英政府厭於為快速增加的人口提供任何適當的居所。唐樓極度擠迫的狀況和非法寮屋在市區外圍的廣泛擴散，嚴重暴露出當時急劇惡化的房屋問題。當時的房屋市場，大體建基於相對自由的供求互動中，港英政府干預甚少，只限於建築和衛生的監管。儘管當時港英政府並不直接介入房屋的供應，但它仍於 1951 年為香港房屋協會（簡稱房協）提供了一項 250 萬港元的貸款和數幅建築用地。不過，這些有限的努力對於當時極為嚴重的房屋問題而言，只是杯水車薪。[2] 就在 1953 年底，港英政府考慮未來如何發展之際，石硤尾邨的大火災，改變了港英政府對公營房屋的介入程度。[3]

1953 年 12 月 25 日晚上 9 時 10 分，位於石硤尾邨和白田上邨交界的藤廠首先發生火警。該地的防火會迅即受到火勢波及，之後火勢蔓延至白田上、下邨及白田邨中約三區。但由於現場接駁滅火水喉困難，加上火乘風勢，以致大火一發不可收拾。繼之，大火波及窩仔下邨、九龍仔邨。結果，整場石硤尾邨陷於大

---

1 馮邦彥：《香港地產業百年》，第 59–60 頁。

2 楊汝萬、王家英合編：《香港公營房屋五十年：金禧回顧與前瞻》，香港：中文大學出版社 2003 年版，第 20 頁。轉參引自 Drakakis-Smith, 1979, pp.39-43; Fong and Yeh, 1987, p.19。

3 Keith Hopkins, "Public and private housing in Hong Kong", ed. D.J. Dwyer, *The City as A Centre of Change in Asia*, Hong Kong University Press, 1972, p.200.

火之中，共焚毀木屋、石屋約 2,600 間，另有數百間商店與工廠被焚。[1] 據當時災區防火會的統計，受災戶數達 11,495 戶，災民 44,166 人。其後，香港社會局登記的災民數目為 57,151 人，當中 3 人喪生，6 人送院救治，45 人輕傷敷藥。這次是香港史上最嚴重的寮屋區火災，因為災民數量過於龐大，使港英政府及社會各界需要進行緊急救災工作。5 萬多名災民的居住問題，成為當時港英政府需要解決的最重要難題。[2]

港英政府興建大型公營屋邨。1953 年 12 月 29 日，港英政府通過緊急法例，授權政府收回災區內共八畝半的私人土地，並清除所有違法建築物。港英政府相信興建大型公營房屋計劃，是為了盡快在石硤尾原址安置大部分的災民。接著，港英政府將石硤尾附近山丘填平，添設馬路以防未來火災蔓延，並興建兩層樓高的磚屋、石屋或水泥房區，以作為 3.5 萬至 4 萬名災民最低標準的安全住宅。其餘未能原址安置的災民，則被安排至各區指定的徙置住宅區安置。

1954 年 2 月 16 日，第一批 60 戶在街頭暫住的災民遷入政府新興建的徙置屋邨。一般單位面積為 120 平方呎，可讓 5 人家庭居住（成人平均居住面積為 2.2 平方米），[3] 月租 14 港元（約等同 2022 年 1,000 港元的黃金購買力）; 稍細單位面積為 86 平方呎，月租 10 港元；有些單位只佔半間房，則月租 5 港元。單位內只有四方形的石屎牆，沒有廚房和廁所，煮食需要在外面狹窄的走廊使用自設的火水爐。若要使用廁所或洗澡，則需要到位於每層中央的公眾廁所和浴室，由於沒有大門掩蓋，當時居住在這些暫住房的女性居民，均需要結伴前往浴室，以免被人偷窺。

1954 年，港英政府成立徙置事務署（Resettlement Office），專責處理清拆違例木屋，並改建為徙置屋邨。1955 年建成的大坑東和李鄭屋徙置屋邨，亦是為當時石硤尾災民而建。此後，港英政府不斷投放資源興建大型公營屋邨，數量達數十計之多。[4] 直至 2020 年的第三季度，香港特別行政區政府擁有 832,547

1 〈繞行災區需一小時　六邨毀屋逾五千間　其中包括數百間小工廠商店　白田中約幾全毀損失最慘重〉，《大公報》，1953 年 12 月 27 日，第 4 版。及參看〈各界群起救災　成立石硤尾六邨火災急賑會　深水埗會三院廠聯主持賑事　請助現金百米衣被勿送食物〉，《華僑日報》1953 年 12 月 27 日，第 2 張第 1 頁。

2 〈中西合力救災〉，《華僑日報》1953 年 12 月 27 日，第 2 張第 1 頁。

3 楊汝萬、王家英合編：《香港公營房屋五十年：金禧回顧與前瞻》，第 20 頁。

4 蔡思行：《香港歷史上的 100 個事件（下）》，香港：中華書局（香港）有限公司 2013 年版，第 61–62 頁。

個公營房屋單位，有大約 2,188,657 人居住，[1] 約佔全港人口的 30% 左右。可見，無論是港英政府還是香港特別行政區政府，對公營房屋都是相當重視的。其實這就是以政府的力量干預房地產市場的開端，不過亦成功使逃難來港的受災人群有了安身之所。

另一方面，以吳多泰先生和霍英東先生為首的企業家，為世界創造了私人住宅"分層出售"、"分期付款"與"賣樓花"這種富有革命性的樓宇銷售方法，打破了傳統資本家對房地產的壟斷。港英政府從當時的情況判斷，發現原來在香港，許多人是有能力購置房地產的。港英政府大量興建公營房屋，當中一個重要原因是要將租金的"話語權歸於政府"，這一意圖是顯然易見的。

"雙十暴動"與樓市危機。1956 年 10 月 10 日爆發的"雙十暴動"，從政治角度考慮，相信是臺灣國民黨當局有意阻礙華僑與港商對香港的投資。因此，他們策動暴徒在荃灣殺人放火，焚燒搗毀寶星紗廠及其他親中公會設施，並在九龍大肆破壞及焚燒嘉頓麵包廠等華商投資項目，其目的很大可能就是給華僑與港商一個"下馬威"。因為如果華僑與港商寧願投資在香港而不願意投資在臺灣地區，就大大削弱了當時臺灣地區國民黨對華僑社群的影響力，這是無從置疑的。

根據港英政府《一九五六年十月十日至十二日　九龍及荃灣　暴動報告書》顯示，在"荃灣血案"中，共有 6 人死亡，63 人重傷。在整個"雙十暴動"中，共有 59 人死亡，164 人受傷。其中致死原因包括：防暴槍 33 人、實彈槍 8 人，煙彈 3 人，消防車失事 3 人、鈍器所傷 8 人，火傷 3 人，多種受傷 1 人。警察則有 107 人受傷，1 人留醫。英軍有 17 人受傷，4 人留醫。[2] 有不少人在動亂中趁火打劫。在隨後的審判中，有 4 人被判謀殺罪遭處決。[3] 據報道，港英政府於 1955 年在警察部門中已設立"反黑組"，在這次暴動中大約逮捕三合會分子 1,100 餘人，其中超過 500 人被遞解出境。[4]"雙十暴動"使香港社會付出了沉重

1　香港特別行政區政府統計署：《香港統計月刊 2021 年 1 月》，第 144–146 頁。

2　香港政府：《一九五六年十月十日至十二日　九龍及荃灣　暴動報告書》，香港：香港政府，1956 年 12 月，第 30–31 頁。

3　〔英〕弗蘭克・韋爾什著，王皖強、黃亞紅譯：《香港史》，北京：中央編譯出版社 2007 年版，第 511 頁。

4　程夜：〈三合會組織實際以瓦解　飛仔代之而興　此輩毫無組織市民不必畏懼　反黑組反飛組經常密切對付〉，《華僑日報》1964 年 10 月 21 日，第 2 張第 1 版。據稱當時港英政府使用英軍之登陸艦，將逮解出境人士載至香港水域以外的公海荒島上，給予他們數天食水和食物後便離開。翌日，臺灣地區派出船隻將該批人士接往臺灣。

代價，但也促使港英政府對兩岸政治問題的平衡拿捏，以及重視黑社會對香港社會的影響。

其實，自朝鮮戰爭結束後，香港房地產業便迅速繁榮起來，投資大幅增加，大批新建樓宇相繼落成。這時期，香港的房地產業發展是非常特別的——地價上漲，房價也跟隨上漲，但升幅卻遠在地價之後。因為當時香港市民一般生活水平仍然偏低，能購買樓宇的主要是香港的富裕人家、中產階級和海外華僑的眷屬等。至於一般低收入或居住於寮屋的居民，則偏向等待政府的廉租屋安置。如果買入私人住宅，低收入或寮屋居民便失去了平價租住公營房屋的好處。亦因此，當時有許多人私自轉讓寮屋，價格由數百至數千港元不等。結果，引致私人樓宇銷售出現一定的困難，尤其是非繁盛地點的新建樓宇。及至"雙十暴動"後，私人樓宇入夥期正好進入高峰，大量新樓盤落成，租售更見困難。

因港英政府的一系列法例鼓勵業主將舊樓拆卸重建，故此時期地產業的一個顯著特點，就是拆建成風。當時，房價升幅遠低於地價升幅，購買地皮建樓成本太高，投資者便紛紛轉向購買舊樓進行拆卸重建。如戰後灣仔海旁一帶四層高的商住樓宇，日後多被拆卸重建。加上港府的租務法例規定，業主不得迫遷租客，所以投資者最初收購的往往是"交吉"[1]舊樓，後來連"不交吉"[2]舊樓也受歡迎起來。因為投資者給租客補貼搬遷費，仍比購買地皮划算。一時間，港九各繁華商業住宅區拆建成風，香港城區規模進一步擴大。[3]

當時很多中等規模的置業公司，向中小型華資銀行與銀號借貸。地產繁榮期間，按揭貸款可達到物業地皮市值的六至七成。如此一來，地產按揭貸款逐漸成為銀行業的一項重要業務。從 1950 年代初起步的地產景氣循環，在"雙十暴動"後形勢開始逆轉。因為，"雙十暴動"導致派駐香港的瑞士副領事妻女慘遭燒死，這無疑令海外投資者警惕，要重新考量香港前景。

另一方面，當時地產發展商均熱衷於售賣樓花，借買家資金籌資建樓。但港英政府好像為保障買家的利益，突然在 1957 年制訂新條例，對售賣樓花進行限制。例如，規定發展商需要投資一定數額的資金於發展中的樓盤，才可向買家售

1 在香港，沒人住的樓房均稱為"吉宅"，因廣東話"空"與"凶"同音，所以約定俗成，"交吉"就是指該單位已清空，沒有人居住的意思。

2 "不交吉"就是形容該物業仍有人居住的意思，行內一般是指該物業有租約。

3 馮邦彥：《香港地產史 1841–2020》，香港：三聯書店（香港）有限公司 2021 年版，第 69–71 頁。

賣樓花；至於售賣樓花所收到的資金必須專款專用，不得挪用其他用途等。這些新規定對那些資金不足的發展商而言，確實是嚴重的打擊。[1]

1957 年底，地產市道開始從高峰下跌，儘管繁華地區的地價尚能維持，但邊緣地區的地價及房價已開始下跌，樓花尤為滯銷。新落成的樓宇門前貼滿招客租屋的廣告，甚至中區一些新落成的大廈，也有超過一半未能租出，底層地舖亦只好租給"夜冷"攤販售賣舊貨。造成此現象的主要原因是早幾年前動工的樓宇大量落成，但香港市民購買力仍然有限，加上港英政府大建公屋與"雙十暴動"，導致一度充斥社會的游資在畸形的物業繁榮中走到了盡頭。

"雙十暴動"與"售賣樓花限制"，促使投資者重新審視和觀察香港的政治形勢變化，然後再作出投資部署。因為作為投資者，必定是"小心駛得萬年船"，資金的走向都是以"趨吉避凶"為原則。然而，資金是可以流動的，不投資這裏，便可以投資其他地方。相信經歷過二戰的混亂情況和國共內戰，以及東南亞的反殖鬥爭，均會使當時的投資者產生許多不同的考量。所以當時的樓市危機出現，也是再正常不過的現象。

三、華資逐起之香港房地產業（1958–1968 年）

自"雙十暴動"發生後，加上港英政府對售賣樓花作出限制，香港房地產業陷入一片低迷。其實，港英政府為何要打壓房地產業？究其原因，主要是房地產業與金融業是息息相關的。自從私人住宅可以分層出售、分期付款與售賣樓花後，一般購買樓宇的買家大多是華人。至於華人做物業按揭，大多數亦會偏向選擇華資的銀行與銀號，取其"同聲同氣"之便。亦因此，若房地產業興旺，華資金融機構便能迅速壯大，這是港英政府與英資商人不樂意見到的現象。因為如果華資興起，除會使傳統英資商人的壟斷地位受到挑戰外，更甚者可能會動搖港英

1 馮邦彥：《香港地產業百年》，第 69–73 頁。

政府對香港的統治。

自 1951 年港英政府封閉邊境後，仍不斷有非法移民從內地進入香港，這種情況其實從來沒有停止過。港英政府一直採取"抵壘政策"，基本上等同於來者不拒。及至 1960 年 6 月，港英政府宣佈要為全港市民更換身份證，並按原本身份證編號排先後次序，分批換領。就在此時，香港邊界地區開始陸續出現大量內地的非法移民。起初，港英政府對此抱有一定戒心，並且一再通過英國外交部向中方提出約束人民進入香港的要求，但情況卻一直未見改善。

表 1　1901-2019 年香港人口統計表 [1]

年份	人口	年份	人口
1901	300,660	1952	2,126,000
1906	329,038	1953	2,242,200
1911	456,739	1956	2,615,000
1916	528,010	1961	3,129,648
1921	625,166	1966	3,708,920
1926	710,000	1971	3,936,630
1931	840,473	1976	4,402,990
1936	988,190	1981	5,109,812
1941	1,639,337	1986	5,495,488
1945	600,000	1991	5,674,114
1946	1,600,000	1996	6,217,556
1947	1,750,000	2001	6,714,300
1948	1,800,000	2006	6,857,100
1949	1,857,000	2009	6,972,800
1950	2,237,000	2014	7,229,500
1951	2,015,300	2019	7,291,300

資料來源：參考自胡阿祥：〈5000 年來香港人口的變遷〉，《南京史志》1997 年 01 期，第 12 頁。

1　香港在 1911 年、1921 年、1931 年、1961 年、1971 年、1981 年、1991 年進行人口普查，而在 1966 年、1976 年、1986 年進行中期小型普查；1911–1976 年的人口普查不包括暫時離開香港的居民；1981 年、1986 年、1991 年普查數字包括暫時離港居民，分別為 123,252 人、99,491 人、151,833 人；1996 年、2001 年、2006 年、2009 年、2014 年、2019 年數據是來自香港政府統計署。

1961 年 3 月，港英政府規定對新入境者申請身份證的手續作出規定，新入境者須經 3 個月觀察期，才可獲發身份證。這種做法，無疑令新來港者有了獲取香港居民身份證的機會。1962 年初，也即中國農曆新年後不久，大批內地非法移民湧入香港。直至該年 5 月底，內地嚴格限制人民離境，問題才稍為緩和。[1]

香港人口自 1956 年的約 2,615,000 人躍升至 1961 年的約 3,129,648 人，至 1966 年人口達至約 400 萬左右（參見表 1），其中新增人口大部分是在 1958 年至 1961 年期間來港，據估計，單在 1962 年就有約 15 萬新移民湧入。及至 1962 年 5 月，雖然一個月內約 6 萬人被捕和遭遣返，但仍有約 6–10 萬內地非法移民進入香港市區。當時，港英警察和英軍在香港邊境界線後修築了許多鐵絲網與圍欄，但仍然有大批非法移民成功進入香港市區。至 1964 年，全港有約 50 萬人住在山邊木屋或天臺小屋。[2]

因此，香港房地產業經過短暫調整後，於 1960 年代中上旬再度繁榮起來。當時，香港的工業化正快速發展。從 1956–1966 年，香港製造業廠家從 2,944 家增加到 8,941 家，僱用工人從 12.9 萬增加到 34.7 萬，出口加工業的興起推動了香港經濟起飛，帶動百業繁榮。

表 2　1950-2009 年扎鐵工人薪金表（單位：港元）[3]

年代	工資（日薪）	備注
1950 年代中後期	6	
1960	10	
1961	14	
1964	20–30	際遇良好熟手技工，月薪約 1,000 元
1966	23	
1967	16–20	
1971	40–60	
1976	78	

1　鄭宏泰、黃紹倫：《香港身份證透視（第二版）》，香港：三聯書店（香港）有限公司 2018 年版，第 170–172 頁。

2　高馬可著，林立偉譯：《香港簡史》，香港：中華書局（香港）有限公司 2013 年版，第 186 頁。

3　注：因工人有熟手技工與普通技工之分，所以數據只是平均數，只能作參考之用。

（續表）

年代	工資（日薪）	備注
1981	184	
1982	206	
1986	251	
1991	613	
1996	996	
1997	1,200	
2001	1,268	
2006	1,143	
2007	800	實際工人所得約 600 元
2008	950–1,066	
2009	1,101	

資料來源：劉智鵬：《鐵漢柔情：香港建築扎鐵業發展史》，香港：中華書局（香港）有限公司 2018 年版，第 51–53、104、108 頁；何佩然：《築景思城——香港建造業發展史（1840–2010）》，香港：商務印書館（香港）有限公司 2010 年版，第 245 頁。

60 年代初，香港人口激增至超過 300 萬（參見表 1），加上港英政府大力興建公營房屋，其低廉的租金加上大量建築工程，使普通市民的收入開始提高（參見表 2），尤其是專業人士的收入激增，刺激了他們對自置住房的需求。這一時期，歐美資金開始流入香港，投資設廠、開辦公司，而印尼等地掀起的排華浪潮，又導致大量南洋華僑資金湧入香港，其中相當部分投入了利潤較高的房地產市場。從 1960 年起，港英政府又先後修定建築條例，制定管制加租法案，實施土地批約徵稅新辦法。種種因素直接或間接地刺激了房地產業的繁榮。

當時，數十萬新銳勞動力從內地非法進入香港，使香港出現一種畸形的繁榮。因人口大量湧入，加上之前政府修改建築條例，使大量資金投放在拆卸舊樓與興建樓宇方面。再加上東南亞不斷排華，越南戰爭發展越來越激烈，使大量南洋華僑為逃避戰火而選擇在香港置業已安頓家人，加上中國內地對香港的投資也不斷增加，因而促使房地產業蒸蒸日上。

當中最使人眼前一亮的，就是華資銀行不斷配合華資地產發展商推出的“分期付款”、“樓宇按揭”與“賣樓花”之售樓方式，使華資銀行與華資地產發展商迅速壯大。可是就在此時，港英政府在未諮詢地產業界的情況下，突然發出樓花《備忘錄》，表面上好像是為了保障樓花的買家，但實際上是對華資房地產商的當頭一棒。加上當時“水荒”已令房地產業大受打擊，及後政府推出《1964 年建築（修訂）條例》，差不多使整個房地產業陷入停頓，促使許多欠缺實力的華資地產發展商結業及破產，香港房地產業遭受沉重打擊。

1964 年 5 月 30 日，港英政府新聞署發佈消息，土地登記官針對“賣樓花”制度發表了一項《備忘錄》，[1] 提醒市民在購買分層樓宇的樓花時，必須注意以下幾點：第一，於官地拍賣中投得地皮的地產商，在售買樓花時必須得到土地登記官批准；第二，凡經法庭批准拆建的舊樓，在售賣樓花時亦須得到土地登記官批准；第三，土地登記官雖然批准前兩類樓宇出售樓花，但並非絕對保證地產商有能力完成其計劃。[2]

上述《備忘錄》實際上是提醒市民要重視地產商所售賣的樓花素質，以壓抑日漸熾熱的炒樓花風氣。但另一方面，《備忘錄》第二點提到“在售賣樓花時亦須得到土地登記官批准”，即是“售賣樓花”已受到土地登記官管制。第三點提到“並非絕對保證地產商有能力完成其計劃”，這一點確實會令市民對購買樓花產生一定的猶豫與考慮。至於房地產發展公司，當中肯定是良莠不齊的。因為當年霍英東先生的實力比較雄厚，所以就算買家不足，他也可以獨力發展，但其他的地產發展商就很難說了。

1964 年 10 月 16 日，新中國成功試爆原子彈，這意味著中國已成為擁有核子武器的國家。本來國家富強是令全體中國人民欣喜的消息，但在香港卻變成負面新聞，並且不斷有謠言說中國會立即收回香港。另一方面，之前從內地逃難來港的舊國民政府要人、富豪，以及歐美與傳統英資財團等均明白，中國已擁有足夠實力，可以隨時把香港這片英國用武力侵佔的土地收回，這是顯而易見的。所以可以理解，那批有實力的資本家必然會考慮撤資、分散投資，或準備移民，而非繼續在香港置業投資。亦因此，加速了樓市下跌的整體趨勢。

---

1 華僑日報編輯部：《1968 香港年鑑》（第二十一回，第二篇），香港：華僑日報出版社 1968 年版，第 71 頁。

2 馮邦彥：《香港地產業百年》，第 97–98 頁。

當時，由於華資銀行與銀號大量借貸予華資地產商以供房地產發展，而港英政府對售賣樓花予以打壓，並大加限制拆卸舊樓，使房地產業頓時陷入停頓，房地產發展商大受打擊，促使樓市大幅下滑。其後，針對華資銀行的謠言四起，進而出現銀行擠提風潮，許多小型華資銀行與銀號遭受重創，更有甚者被收購、結業或破產。最後，原本最有可能挑戰滙豐銀行一哥地位的華資銀行——恒生銀行，亦在這次銀行風潮中被滙豐銀行以 5,100 萬港元的賤價收購其 51% 股份，使其成為附庸。

據 1965 年的數據，當時香港只發行了 15.47 億港元貨幣，而倫敦的外匯基金儲備卻擁有 19.37 億等值港元的外幣資產。[1] 港英政府雖然在 1965–1966 年度有 1.37 億港元的財政赤字，但累計財政儲備竟然還有 8.26 億港元，可見當年港英政府偏袒英資的行為，確實有其一套手段。正如馮邦彥教授所言："最大的贏家無疑是滙豐銀行，它不僅以極低廉的價格購入最寶貴的資產和業務，而且一舉消弭了香港銀行業中最有威脅的競爭對手，奠定滙豐在香港銀行零售業中的壟斷優勢。"[2]

說實話，當時只要港英政府願意作出擔保承諾，根本就沒有可能救不到恒生銀行與其他華資中小型銀行。因為那些存戶從華資銀行提取港元後，也要尋找其他銀行儲蓄收息。加上身懷大量現金在當時是一件非常危險的事，有隨時被盜賊趁虛而入的可能。不過，當時是港英政府時代，即英國人的天下，所謂"寄人屋簷下，不得不低頭"。

起初，可能港英政府沒有把華資商家放在眼內。但隨著華資的迅速崛起，而有機會挑戰滙豐銀行在香港的金融統治地位時，"槍打出頭鳥"就變得勢在必行。試想港英政府怎會讓華人在英國強佔的土地上，挑戰傳統英資的領導地位呢？這就是"華洋有別"的真諦。自此以後，除了回歸前的中銀集團能發展成為一線發鈔銀行外，其他華資銀行就只可以淪為二、三線銀行或成為被收購對象而已。試問，見識過這種銀行風潮之後，有錢的華商又怎會願意投入資本發展銀行生意呢？

1 武為群：《香港貨幣（1841–1997）》，北京：中國金融出版社 2006 年版，第 106–108 頁。

2 馮邦彥：《香港金融史 1841–2017》，香港：三聯書店（香港）有限公司 2019 年版，第 95 頁。

正當銀行風潮剛結束不久，1967 年 5 月初，香港發生了“反英抗暴”事件，這就更把香港的整體局勢推向極端。相信當時絕大部分人都認為中國政府會立即收回香港。再加上 1967 年 6 月 17 日中國試爆氫彈成功，在不少人看來，中國收回香港就是易如反掌的事。當時大部分富商與有能力人士均賤賣資產、移民他鄉。

及後，在“反英抗暴”運動中，群眾開始提出“打倒港英”等激進口號，促使英美國家派出軍船艦與航母進入維多利亞港，為撤僑行動作好準備。就在這千鈞一髮之際，中國領導人出於穩定香港局勢的考慮，約束激進行為，最終促使局勢緩和。但在此時，英鎊突然於 1967 年 11 月 20 日再度貶值 14.3%，又一次重挫整個香港的中外投資者，當中亦包括傳統英資。然而，誰想到在短短 3 日間，“港元”戲劇性地回升 10%，使港匯由 1 英鎊兑 16 港元升至兑 14.4 港元。這一舉措使全世界的投資者認識到，原來“港元”的貨幣信譽在這試煉中是顯然易見的“強”。可以肯定，當時中國政府在背後給予了香港不少的支持。自此，香港在金融與經濟方面，已開始擁有自主制定制度的能力，不再需要百分百聽命於英國政府的貨幣政策。

就在此時，香港的地價普遍下跌 50% 左右，港英政府的賣地收入進一步萎縮至 4,379 萬港元，僅及 1962 年度最高峰 2.34 億港元的 18.7%。這一年，以公開拍賣方式售出的幾塊地皮，均以空前低價成交。值得指出的是，在這次地產低潮中，一批新興的華資地產商，如李嘉誠、郭得勝、李兆基、鄭裕彤、王德輝等，在這次地產危機中及時把握機會，大量吸納賤價拋售的地產物業。正是通過這次財富重大轉移的危機，一舉奠定了他們日後在香港房地產業大展鴻圖的基礎。[1]

1 馮邦彥：《香港地產史 1841–2020》，第 103 頁。

四、中英角力下之香港房地產業（1969–1984 年）

1967 年與 1968 年是改變香港命運的年代轉折點。中國試爆氫彈成功，代表中國已具備超級核武打擊力量；"反英抗暴"之時，致使所有對內地持有負面思想與政見的人士移民海外。雖然，香港房價暴跌五成以上亦乏人問津，銀行存款被大量提走，物價飛漲，香港如走到末日一般。但奇怪的是，"港元"非但沒有貶值，反而在短時間內有大量資金湧入香港。最出乎人意料的，就是內地沒有立即收回香港，還開始對香港輸送東江水，解決了香港長期缺水的問題。這一演變，無疑使香港變成了一個不一樣的香港，因為香港終於擁有足夠的水資源，成為可持續發展的城市。

香港經歷"反英抗暴"後，許多富有或中產階層對香港前途失去信心，所以均把資金調離香港並移民他鄉。但在這極度混亂的情況下，"港元"先貶後升，使國際金融業界對"港元"的貨幣價值另眼相看，大大增加了香港成為金融中心的機率。

另一方面，以往港英政府只重視英國政府的利益、漠視香港市民大眾死活的施政方針開始有所改變。雖然，港英政府自開埠以來，絕大部分年度的財政收入均有盈餘，但運用於公共建設上卻少之又少。所以，港英政府開始投入資源，以改善香港的勞工福利與市民生活。其原因主要是當時英國政府設想，如能討好香港市民，令市民生活得到改善，港英政府便有可能在香港市民的支持下繼續管治香港，使英國政府能夠繼續從香港中獲得巨大的經濟利益。

香港股市進入"四會時代"，打破英資對股票市場的壟斷。香港的股票市場，一直被香港證券交易所有限公司（簡稱"香港會"）壟斷，該會會員大部分是外籍人士和少數通曉英語的華人富商，上市公司則主要是外資大行。1960 年代後期，許多新興華資公司已初具規模，對在股票市場掛牌上市籌集資金的需求殷切。然而，當時"香港會"規定的上市條件極為嚴格，不少規模頗大的華資公司，上市申請均被拒之門外。

"反英抗暴"後，大量英資公司欲藉上市套回現金，準備金蟬脫殼。於是，港英政府開始允許華資成立證券交易所。在這種背景下，1969 年 12 月 17 日，李福兆聯合多位財經界名人，創辦了遠東證券交易所有限公司，俗稱“遠東會”。“遠東會”打破了“香港會”的壟斷，並吸納大批華資公司掛牌上市。結果開業僅一年，成交額已高達 29 億港元，佔當時香港股市總成交額的 49%。其後，“遠東會”更超過“香港會”成為香港最大的股票市場，大部分成交活躍的上市公司均在“遠東會”掛牌買賣。“遠東會”的成功，刺激了華商在證券業的蓬勃發展。

1971 年 3 月和 1972 年 1 月，由胡漢輝、陳普芬分別倡導的金銀證券交易所有限公司和九龍證券交易所有限公司相繼成立，形成所謂“四會並存”的局面。四會的成立，一方面順應社會潮流，滿足新興工商企業對上市的殷切需求；另一方面亦刺激了公眾人士投資股票的興趣。加上當時政治環境已趨穩定，外資金融機構相繼進駐及大量海外熱錢湧入，形成了 1970 年代初期的香港股市狂潮。

1971 年 10 月 25 日，第 26 屆聯合國大會第 2758 號決議，承認中華人民共和國政府是代表中國在聯合國組織的唯一合法代表。其後，中華人民共和國外交代表團於聯合國大會中重申否定不平等條約。1972 年 11 月 2 日，聯合國大會議決通過將香港和澳門從殖民地名單上剔除，英國並未對中國的聲明表示反對。

麥理浩推行“十年建屋計劃”。早在 1971 年 11 月 19 日，英國政府派遣曾任外交官、並曾駐丹麥與越南大使出身的麥理浩（Murray MacLehose，1917–2000）接替戴麟趾出任港英政府總督，以改善港英政府在香港的施政及與中國的關係。就在 1971 年 10 月 27 日，即將就任的麥理浩致函衛爾福，提出香港 1997 年後將成為“特別行政區”（special administrative district）的構思。麥理浩寫道：

> 我認為香港的最佳出路是保持特殊地位，在“歸還主權”給中國的情況下、被界定為“特別行政區”，讓外國人繼續在香港居住。他相信如果香港發展得越好，香港作為“特殊體制”的構思對中國領導層越有吸引力……在香港的目標是確保香港在所有領域的情況比中國（內地）優越，令中國政

府在處理香港問題有所猶豫。[1]

從麥理浩致函衛爾福的內容中，已清楚表明其管治香港，將會推出許多惠民政策，目的是"確保香港在所有領域的情況比中國優越"，從而"令中國政府在處理香港問題有所猶豫"。1972年5月5日，麥理浩向霍姆拍發電文，提出與北京討論香港前途問題的策略。麥理浩估計，踏入1980年代，隨著新界租約即將屆滿，英國政府將面對與中國政府商討香港前途問題的壓力。麥理浩認為：

> 我們的策略將是拖延時間，例如拖10至15年，以配合我設想的"香港本地策略"（domestic strategy for Hong Kong）——就是未來十年積極處理"殖民地"的本地問題，直至以西方國家標準也無可非議，按中國人的標準更足以營造公民自豪感及成就感。[2]

上述麥理浩向霍姆拍發的電文中，可見其嘗試利用"拖延時間"作為策略，以配合他達成"香港本地策略"的設想方案。其策略目標，就是要使香港市民在生活上得到提升後，在未來基於自身利益而繼續支持英國人統治香港的"民意"。

麥理浩相信，10至15年後的中國領導人，可能認為香港只要在名義上移除"殖民地"等字眼，同時又能為中國保留經濟及政治利益的話，中國政府可能會賦予香港"特殊地位"，同時也能為外國人保留香港這個對華貿易的重要基地。所以麥理浩相信，香港越先進，他所提出的香港回歸折衷方案對中國領導層就越具有吸引力。

在此期間，1972年2月，美國總統尼克松打破外交常規突然訪問北京，中美關係改善，外資大量進入香港金融市場，刺激香港股市步入高潮。當時，港英政府開始籌備興建地下鐵路、九廣鐵路電氣化及"十年建屋計劃"等大型建築項目，以改善香港市民的交通與居住環境。但之後港英政府實施的"居者有

---

1 TNA, FCO 40/331, Murray MacLehose's letter to Michael Wilford, October 27, 1971，轉引自張家偉：《英國檔案中的香港前途問題》，香港：香港城市大學出版社 2022 年版，第 7 頁。

2 TNA, FCO 21/1023, Murray MacLehose's telegram to Alec Douglas-Home, "*Hong Kong in new Sino-British dialogue*", May 5, 1972，轉引自張家偉：《英國檔案中的香港前途問題》，第 7 頁。

其屋計劃”與《租金管制條例》，[1] 實屬過度介入房地產市場，對房地產業發展產生了重大影響，結果促使一般市民降低購買私人住宅的意願。因為購買私人住宅後，一般市民便會失去機會入住政府興建的公營房屋與購買政府資助的“居者有其屋”資格，所以令小型樓宇滯銷。結果導致大部分地產發展商大幅減少建造平民住宅，轉移偏向投資興建中、高檔豪宅，使投資者可以逃避租金管制的監管。

風起雲湧的經濟金融演變。美國因越戰支出巨大而大量印刷美鈔，促使美元不斷貶值。最終於 1971 年 8 月 15 日，美國宣佈美元與黃金脫鉤，1 盎司黃金兌 38 美元的官價正式取消，允許黃金在自由市場上交易，金本位制正式完結，繼而引發全球性通貨膨脹。1972 年 7 月 6 日，英國宣佈英鎊與美元脫鉤，港英政府則宣佈港元與英鎊脫鉤並與美元掛鉤。然而，香港因進口建築材料成本不斷攀升，導致房價急劇上漲。

香港股市進入“四會時代”後，歐美資金陸續湧入香港，股市大旺。恒生指數由 1969 年 11 月 24 日的 150 點，一直升至 1973 年 3 月 19 日高見 1,774.96 點。其間，大量華資房地產商上市集資買地建樓，房地產業蒸蒸日上。但之後發生“七三股災”，恒生指數不斷走低，香港經濟亦迅速下滑，直至 1974 年 12 月 10 日恒生指數低見 150.11 點，跌幅超過 93%，使大量股票投資者破產，公司相繼倒閉。經過“七三股災”一役，使大部分普通市民對投資股票失去信心。另一方面，房價在這時非但沒有下跌，還持續有一定的升幅。可以說，“七三股災”奠定了樓房在香港市民心中作為對抗通脹保值的重要地位，亦加深了普通市民對置業的熱情。

接著，因恒生指數過分低迷，大量外資再度湧入香港股市，促使股票價格急升，港元需求大增而不斷升值。結果，港英政府於 1974 年 11 月 26 日宣佈港元與美元脫鉤，實行自由浮動匯率。之後，港匯曾高見 4.6 港元兌 1 美元，之後一直在 5 港元兌 1 美元之間浮動。香港赫然成為在國際上一個獨立的小型金融體。

---

1 港英政府於 1970 年 6 月頒佈《租金管制條例》，除限定加租幅度最高 15% 外，更重要的是在收回樓宇方面有所規定。業主或“二房東”必須以其本人、父母或十八歲以上之子女居住，或業主意欲改建樓宇。否則，租客可以繼續租住該物業而無需搬遷。該條例只針對年租 15,000 港元以下的物業才生效。

表 3　1970-1981 年香港人口規模與結構表（以千人為單位）

年份	人口	出生人口	死亡人口	移民人口
1970–71	3,959.0	80.3	20.0	25.9
1971–72	4,045.3	79.5	21.0	11.9
1972–73	4,115.7	81.9	20.9	35.9
1973–74	4212.6	82.5	22.6	47.1
1974–75	4,319.6	83.0	20.8	14.0
1975–76	4,395.8	77.7	22.6	−7.1
1976–77	4,443.8	80.2	23.2	8.9
1977–78	4,509.8	79.2	23.2	31.2
1978–79	4,597.0	82.2	24.2	164.4
1979–80	4,819.4	83.3	25.9	123.0
1980–81	4,999.8	85.5	24.1	72.6
1981–82	5,133.8			

資料來源：Census and Statistics Department, *Demographic Trends in Hong Kong 1971-82* (Hong Kong: The Hong Kong Government Printer, 1984), p.3.

人口再次激增。自港匯自由浮動後，差不多同一時期，中國的“文化大革命”亦結束，鄧小平重新執政，中國走上改革開放之路，並於深圳等地成立經濟特區。隨之而來的，又再次有數十萬內地新鋭勞動力非法來港。

從（表 3）中可發現，在 1975–1976 年間，移民人口曾出現負增長，但由 1978–1981 年間，移民人口超過 35 萬。可見當時這批新鋭勞動力，為香港帶來了重要的建設力量。但另一方面，當時香港已經承受不了這些持續不斷的大批外來移民。最終，促使港英政府取消“抵壘政策”。在大量人口的需求下，香港房價再次急升，房地產業迅即增長。正當香港經濟欣欣向榮之際，中英談判香港前途問題開始。

中英談判。1964 年 10 月 16 日，中國成功試爆核彈。其實早在 1961 年春夏間，英國認為中國有可能會動用武力收回香港。所以英國為保留香港作為在遠東的立足點，曾聯手美國，制定了一項對華進行核打擊的秘密計劃。不過，當中國試爆核彈成功後，此項計劃唯有偃旗息鼓了。[1] 1967 年 6 月 17 日，中國成功

1　陳敦德：《香港問題談判始末》，香港：中華書局（香港）有限公司 2009 年版，第 12 頁。

試爆氫彈。當時的情況，相信就如英國歷史學者法蘭克・韋爾許（Frank Welsh）所言：

> 不管雙方達成了何種解決方案，英國政府都有理由感到滿意，他們在談判桌上沒有多少牌可打。英國再也不可能派出一個師的兵力來保衛香港，實際上這樣做毫無意義。1967 年的騷亂表明，中國只要切斷供應，就可以很容易地收回這個地區。還有一個更簡單的辦法，中國只需開放內地與香港的邊界就能夠達到目的。一位不願透露姓名的文職人員簡潔地評論說："他們只需送 200 萬人過來⋯⋯ 我們就得和這個地方吻別了。"[1]

根據英國防衛及海外政策委員會（Defence and Overseas Policy Committee）於 1968 年 4 月提交的報告，英國承認北京不可能商討延續 1997 年屆滿的新界租約。報告指出："不存在任何不涉及中國收回香港主權的解決方案。"[2]

1978 年底起，英國政府開始探討如何解決新界租約年期問題，以增強投資者的信心。因為根據 1898 年英國與清廷簽訂的《拓展香港界址專條》，英國向中國租借新界為期 99 年，租約至 1997 年 6 月 30 日屆滿。所以，1978 年 11 月，時任港督麥理浩宴請剛到任的新華社香港分社社長王匡，並試探中方對新界租約屆滿問題的態度。這可以說是英方首度就新界租約問題向中國政府提出解決方案，但當時中方並沒有表態。[3]

1979 年 2 月 17 日至 3 月 16 日，中國展開對越自衛還擊戰。同年 3 月 29 日，時任副總理的鄧小平在接見首度來訪北京的港督麥理浩時表示，恢復對香港行使主權本來是中國主權範圍內的事情，中國作為主權國家，有權隨時以任何方式收回自己的領土。但是，考慮到中英兩國之間的友好關係，同時為了保持香港的穩定和繁榮。所以，中國政府決定與英國政府通過和平談判解決香港

---

1 〔英〕弗蘭克・韋爾什著，王皖強、黃亞紅譯：《香港史》，第 527 頁。

2 TNA, FCO 40/79, Britain's Defence and Overseas Policy Committee, *Hong Kong:Long Term Study*, 23 April 1968. 轉參自張家偉：《英國檔案中的香港前途問題》，第 3 頁。

3 張家偉：《英國檔案中的香港前途問題》，第 13–17 頁。

問題。[1]

1982 年 4 月 2 日至 6 月 14 日，英國與阿根廷爆發馬爾維納斯群島戰爭，最終英國獲勝。同年 9 月 22 日，英國首相撒切爾夫人訪華，揭開了中英會談的序幕。就在 9 月 24 日上午，撒切爾夫人在北京會見了時任中共中央顧問委員會主任、中國軍委會主席鄧小平，並與時任中國總理趙紫陽就香港問題舉行會談。當時，撒切爾夫人正式表態，認為“三個條約”[2] 在國際上仍然有效。

因當時會談是閉門保密的，所以除了參加會談的工作人員外，沒有其他人知道兩國領導人的會談內容。會談結束後，撒切爾夫人在走出人民大會堂大門臺階的時候，不慎滑倒，手提包亦甩落在地，柯利達和隨行軍官迅速將撒切爾夫人攙扶起來。此刻，香港與英國等地的媒體就此大作文章。接著，香港股市大跌，港元急挫，這也是意料中的事情。

1997 年，撒切爾夫人受邀到香港出席交接儀式，在接受記者採訪時，撒切爾夫人回憶起初見鄧小平的情景。她表示曾經要求鄧小平允許英國繼續租借新界，鄧小平立即回答說：“不可以。”還說：“中國可以在當天下午就收回香港！”鄧小平的回答令撒切爾夫人深感震撼。[3]

當時，英國政府曾希望利用製造香港金融動盪危機，來脅迫中國答應以“主權換治權”的策略方案，但最終均不得逞。雖然，港匯曾低見 10 港元兌 1 美元現鈔，但中國政府不為所動。最終促使港英政府於 1983 年 10 月 17 日再次實施聯繫匯率制度，將港元與美元掛鉤，以穩定港元匯價，官價為 7.8 港元兌 1 美元。在這次金融危機中，促使中英雙方成立了一個“保密的財政金融小組”。[4] 無形之中使中方可以插手香港回歸前的金融政策與外匯基金運作，對香港平穩過渡起了至關重要的作用。

及後，雖然 1984 年 3 月 28 日正值中英談判的關鍵時刻，英資巨企“怡和公司”突然宣佈將公司註冊地從香港遷移到英屬自治區百慕達，這無疑對香港前

---

1 陳敦德：《香港問題談判始末》，第 35 頁。

2 英國政府先後強迫滿清政府於 1842 年簽訂《南京條約》割讓香港島、1860 年簽訂《北京條約》割讓九龍半島界限街以南地區、1898 年簽訂《展拓香港界址專條》強租新界 99 年，以上一般統稱為“三個條約”。

3 陳敦德：《香港問題談判始末》，第 113–114 頁。

4 魯平口述， 亦蕉整理：《魯平口述香港回歸》，香港：三聯書店（香港）有限公司 2009 年版，第 43–44 頁。

景產生不利影響。不過，在中國領導人的睿智與英國政府的努力配合協調下，中英雙方最終於 1984 年 10 月 19 日在北京簽訂了中英《聯合聲明》，兩國政府向世界宣告，1997 年 7 月 1 日，中國政府恢復對香港行使主權。以“和平談判”和“一國兩制”方式解決歷史遺留下來的問題，這亦是世界上的創舉典範。

至於麥理浩推出的“十年建屋計劃”與“居者有其屋計劃”，雖然最終未能完全成功，但這亦使超過 100 萬的香港中下階層市民住上了公營房屋，改善了居住環境，使香港房地產業演變成“公私互存”的社會結構。

不過在《聯合聲明》中，限制港英政府在回歸前每年批出土地不可超過 50 公頃，加上在聯繫匯率制度的影響下，香港所受的影響確實不少。首先，因美元貶值引發的惡性通脹，使香港金融資產與房地產等出現大幅折讓，從根本上扭轉了香港樓市跌勢，並為香港高地價政策創造了條件。其次，在中英談判期間，“香港”被國際新聞媒體廣泛報道，提高了香港在國際上的知名度。最後，香港政治前景變得明朗化，聯繫匯率制度使香港房地產無形中具有美元資產的屬性，再加上香港的基建設施陸續完成，使香港市面整體脫胎換骨、煥然一新。香港逐漸成為亞洲較先進的城市之一，並進一步向國際金融中心邁進。

五、趨向國際化之香港房地產業（1985–1997 年）

中英簽訂《聯合聲明》後，香港前途基本已經明朗化。早前因港元大跌，港英政府開始實行聯繫匯率制度，使港元與美元掛鈎。因此，香港的資產無形中具有美元資產的屬性，再加上香港經濟一直良好，1980 年代初的港元貨幣匯價一直偏強，普遍在 1 美元兌 5 港元左右徘徊。實施聯繫匯率制度後，香港資產實質出現大幅折讓。因此，無形中對外資產生了強大的吸引力。然而，當 1985 年 5 月 27 日中英《聯合聲明》正式生效後，因每年限制賣地 50 公頃，所以造成香港在回歸祖國前，樓市呈現求大於供的局面，再加上聯繫匯率制度的關係，香港惡性通脹持續（參看表 4）。

外資在觀察香港的聯繫匯率制度運作順暢後，便開始大舉進軍香港投資市場。除了英美資金外，還有日本、東南亞、澳洲與歐洲各地的資金。這批外資湧入香港後，除涉足金融與房地產市場外，並投資各行各業。他們主要的目的是把香港當作跳板，從而進軍中國內地市場。

香港在龐大國際資金匯聚下，市面呈現一片繁華景象，嶄新的商廈在商業區陸續拔地而起，物業市道昌旺，大手物業買賣交易不絕。雖然，因美元貶值導致的惡性通脹率以每年兩位數攀升，但一般工資升幅亦以每年 10–15% 上升（參看表 2、表 4），以彌補市民因通脹而損失的貨幣購買力。

1986 年 3 月 27 日香港股市收市後，香港會、遠東會、金銀會、九龍會四會宣佈正式停業，當日收市恒生指數為 1,625.94 點。同年 4 月 2 日，香港聯合交易所正式成立，標誌著香港證券市場更趨現代化。當時，上市公司不斷增加，股票成交異常活躍，短短一年間成交額已達至數倍增長。大量華資公司上市，許多華資地產發展商不斷在股市供股集資，形成樓市、股市皆旺的現象。可惜，好景不常。

1987 年 10 月 19 日，由美國引發的環球股災蔓延至香港，港股急挫。翌日，聯交所竟然在開市前決定停市四天。結果，聯交所除受到國際多方面譴責外，更於 26 日重開股市時，大市急挫超過一半，許多證券公司因而破產倒閉，聯交所舊有的"四會時代"管理層基本被更換一空。自此，港英政府對香港聯合交易所進行大幅改革。

表 4　1965-1998 年消費物價指數與通脹率表

年份	消費物價指數	通脹率（%）[1]	累計通脹率（%）
1965	10.0	–	–
1966	10.4	–	–
1967	11.1	–	–
1968	11.1	–	100
1969	11.8	6.25	106.25
1970	12.5	5.88	112.50

1　注：1975 年至 1998 年通脹率是由甲類消費物價指數計算所得。

（續表）

年份	消費物價指數	通脹率（%）[1]	累計通脹率（%）
1971	13.0	3.97	117.00
1972	14.2	9.16	127.72
1973	16.9	18.88	151.83
1974	18.6	10.00	167.01
1975	18.8	1.2	169.01
1976	19.5	3.44	174.82
1977	20.6	5.85	185.05
1978	21.8	5.95	196.06
1979	24.3	11.63	218.86
1980	28.1	15.52	252.83
1981	33.1	17.80	297.83
1982	36.6	10.61	329.43
1983	40.3	9.90	362.04
1984	43.6	8.17	391.62
1985	44.9	3.16	404.00
1986	46.6	3.70	418.95
1987	49.1	5.50	439.90
1988	54.2	7.40	472.45
1989	58.1	10.13	520.31
1990	63.8	9.74	570.99
1991	73.0	14.50	653.78
1992	79.9	9.34	714.84
1993	86.7	8.55	775.96
1994	93.7	8.09	838.74
1995	101.8	8.60	910.87
1996	107.9	6.00	965.52
1997	114.1	5.70	1,020.55
1998	117.1	2.60	1,047.09

數據來源：參看〈1969–1974 年通脹率〉，《信報財經月刊》1988 年 1 月總 130 期，第 111 頁；〈1969–1974 年消費物價指數〉，《信報財經月刊》第六卷第 12 期，第 81 頁；《香港特區政府統計年刊》，1998 年，第 191 頁；蔡克：《香港經濟與金融》，香港：香港中文大學出版社 2001 年版，第 68、145 頁；綜合製作而成的。

1989 年，港英政府正式成立證券及期貨事務監察委員會（證監會）以監督股市正常運作，香港遂成為一個能與世界接軌的國際化證券市場。這次“八七股災”對香港經濟影響並不算太大，加上美元持續貶值，樓市仍然向好，“炒賣樓花”之風極盛。

1989 年，內地出現政治風波，房價隨即急挫 20% 左右後回穩。同年 10 月，港英政府在未經中方同意下，發表“玫瑰園計劃”，並在翌年推出公務員“居所資助計劃”。正當樓市開始恢復活躍之際，中東戰亂又起，市民置業信心仍處於冷卻狀態。

接著，1991 年第一季度，中東戰爭結束，美元息口急跌，股市回升，通貨膨脹持續（參看表 4），長時間積累的市場購買力集中爆發。同年 3 月，房價在一個月內暴升三成，許多市民為求保值而加入“炒樓花”行列，“炒樓”之風極盛，排隊買樓的景象蔚為大觀。之後，港英政府推出抑壓樓市政策，主要針對樓花買賣，並促使銀行將住宅按揭成數由九成減至七成，炒風因而有所收斂。

踏入 1992 年第一季度，鄧小平南巡講話，肯定中國改革開放繼續推進，股市大幅上漲，內地資金逐漸涉足香港房地產市場。及至年中，中區甲級寫字樓皇后大道中 9 號，被一間內地縣級背景的中資公司以 38 億港元購入並分拆出售，使市場對中資刮目相看。及後，港英政府因新機場方案融資未能得到中方首肯，突然於 1992 年 7 月 15 日的立法會中，由財政司麥高樂公佈一直被英國政府視為“國家機密”的外匯基金數據，總額竟達 2,360 億港元（約等同 2022 年 1.15 萬億港元的黃金購買力）。翌年，金管局正式成立，外匯基金終於回歸香港，回到中國人的手中。這一舉措，直接增強了外資對投資香港的信心，豪宅持續受到追捧，升幅迅猛，全年有個別地區豪宅大升超過五成以上。有鑒於此，港英政府於 1994 年中推出“打擊房價政策”。

1995–1996 年，香港出現了一個奇景——股市不斷創新高，通貨膨脹繼續，豪宅價格不斷攀升，商業樓宇炒賣頻繁，排隊買樓、“炒籌”現象盛行，唯獨是中小型住宅房價停滯不前。及至 1996 年第三季度，美元開始大幅減息，香港回歸進入倒數階段，大量資金湧入香港，股市繼續大升。1996 年 12 月 11 日，董建華當選香港首任特首，全港市民開始陷入“九七回歸亢奮”的情緒中，持續抑壓樓市的購買力再次大爆發，整體樓市在半年間暴漲六成至一倍以上，香港進入了一去不復返的"樓瘋"時代，香港回歸祖國後依然持續了一段時間，直至亞洲金融風暴出現為止。此後，香港房價在數年間下跌超近七成，但始終無法阻止香港成為世界第三大金融中心的地位，香港房地產業漸趨國際化。香港的房地產仍然是國際房地產投資公司的重要投資地區之一。

結　語

二戰後至回歸前，香港房價起伏不定，進而演變成"公私互存"的房地產業架構。綜觀其發展軌跡，乃諸多獨特的政治、經濟、社會等內外各種因素互相交迭、制約與影響的結果。及至香港回歸後，香港已逐漸成為一個重要的國際金融城市。因此，香港能匯聚國際金融業機構、投資者與眾多國際精英於一堂，繼而形成房價高昂的格局。

日本投降後，港英政府迅速重佔香港，發現"港元"竟能恢復流通，經濟瞬間恢復正常，房地產市場隨之復甦。但隨著國共內戰自北而南愈演愈烈，大量難民湧入香港，樓荒乍現，租金倍升。港英政府作出對應，除實施租金管制外，還開始實行身份證制度及封鎖邊境等舉措。一方面在政治上增加對華人的掌控，限制人口過速增長，之後英鎊大幅貶值 30.5%，港元跟隨貶值，大量華僑資金轉移到香港購買房地產，使房地產業一片興旺；另一方面，港英政府默許難民於山邊、天臺等地搭建簡陋住房以供棲身，香港頓時遍地寮屋，成為接受聯合國救濟的難民城市。

1953 年底，石硤尾寮屋區大火，災民約 5 萬人，港英政府嘗試在火災現場附近大建公營房屋，以最短時間安置無家可歸之災民。此舉可視為港英政府大規模介入香港房地產業之始。此舉除使港英政府在輿論上得到正面的評價與大眾的支持外，更可以同時掌握香港中小型住宅的租金話語權。

同期，私人住宅方面，吳多泰與霍英東等企業家認定市民對住房有強烈需求。為迎合大眾，除發明分層出售外，更開創分期付款與賣樓花等商業銷售模式，打破以往豪門巨戶等資本家對香港房地產的壟斷，平民不再只是租客，也可成為房產業主。當時國際局勢動盪，朝鮮戰爭爆發，東南亞反殖運動不斷，排華浪潮此起彼伏，許多富有的東南亞華僑為逃避戰亂與分散投資，將部分資金轉移投資到香港房地產市場。龐大的置業需求，帶動私人房地產業欣欣向榮。之後的"雙十暴動"，無疑阻礙了港商與華僑對香港的投資意向。至此，香港房地產業走上了公營與私營兩條不同的發展道路。

1960 年代初期，大量內地新銳勞動力非法進入香港，港英政府採取"抵壘政策"，實際是來者不拒。之後三數年間，香港勞動人口劇增 30 萬以上，住房需求激增，大量華資房地產商隨之而起。在華資銀行不斷融資與房地產發展商的相互促進下，華資銀行迅速冒起，其中尤以恒生銀行為甚，其規模迅速擴張到威脅滙豐銀行在香港金融界的一哥地位。結果，在銀行風潮中被滙豐銀行以賤價收購 51% 控股權而成為其附屬，促使除中國銀行外的其他華資銀行在回歸前只能扮演二、三流的角色。

其實一直以來，港英政府從沒有停止過打壓華資冒起過速的舉措，以防華資壯大會影響其統治關係。因此打擊對象必然是從房地產業開始，繼而波及銀行信貸。為此，港英政府除突然宣佈對樓花進行一定的監管外，並對拆建舊樓作出規管，因為這些措施的受害者主要是華資，外資鮮有參於其中。結果導致全港建築地盤大部分停工，許多華資房地產商因資金出現周轉不靈而倒閉，可見政府的行政干預對房地產業影響之巨。

1964 年，中國試爆核彈成功，當時香港輿論推測中國會隨即收回香港，樓市更趨淡靜。之後爆發"反英抗暴"，香港整體情況異常混亂，大量富人與中產階層移民海外，房價急挫五成亦乏人問津。維多利亞港停泊大量英、美軍船艦與航母，準備撤僑之用。就在人們認為香港將立即回歸中國之際，中國政府卻反其道而行，除宣佈繼續維持香港現狀外，更將東江水輸港，解決了香港長期嚴重缺水問題，使香港步上可持續發展城市階梯。至此，香港社會逐漸恢復平穩，房價迅即回升，可見內外政治因素對香港影響之巨大，尤以房地產為甚。而更重要的，是自"反英抗暴"後，香港英資與其他商人增加了對維持香港安定繁榮的決心。因為"港元"在此期間雖被大量匯出，但匯價並無顯著改變。及後英國宣佈英鎊再次貶值，但三日後"港元"先跌後回升，香港此刻驟然成為一個半獨立自主的經濟體系。因此，所有香港商人，尤其是英資商人明白，香港的安定繁榮，最大的得益者首先就是他們。

1969年底，遠東交易所成立，打破了英資對香港證券市場的壟斷。如果不是“反英抗暴”，促使大量英資公司欲藉上市套回現金，準備金蟬脫殼，相信港英政府並不願意在證券市場上給華人分一杯羹。之後，華資的金銀會與九龍會相繼成立，與舊有的英資香港會合稱為“四會時代”。稍後，中美關係緩和，股市昌旺，大量華資上市買地建樓，華資地產商實力大漲，並降低了他們對銀行融資的依賴。

1971年，中國正式加入聯合國，使香港與澳門在聯合國殖民地名單中被剔除。不久，美元取消金本位制，使全球金融體制受到巨大衝擊。各國主要貨幣在世界貨幣基金會給予的貨幣含金量突然失去了認可比值，“港元”也未能倖免。之後，美元貶值引發全球惡性通脹，引致英鎊與美元脫鉤，港元隨即與英鎊脫鉤轉掛美元。其後，外資開始進入香港，股市與房價因而大升。

在“反英抗暴”前，港英政府雖然擁有大量盈餘，但在公共事務上的投資並不多。然而，自從中華人民共和國加入聯合國後，英國開始改變對香港的統治策略，並試圖籠絡討好香港中下階層市民，期望利用民意支持，以延續英國對香港的統治。於是特別派遣曾任外交官的麥理浩出任港督，並大量使用港英政府的儲備，重點推出“十年建屋計劃”，使逾百萬人口被安置到市區以外的公營房屋居住，香港中下階層大受其利。但之後推出的“居者有其屋”計劃與租務管制等政策，卻嚴重干擾了香港房地產市場的正常發展。因為居屋的售價與私人房價掛鉤，一般為私樓的6–7折。因此，普通私人住宅因缺乏買家承接而滯銷，促使大部分興建平民住宅的房地產商轉而投資興建中高檔豪宅。香港房地產業“公私互存”的格局漸次形成。

同期爆發的“七三股災”，恒生指數由高位下跌幅度超過九成，大量股民破產。另一方面房價卻反而有一定的漲幅。可以說，“七三股災”奠定了樓房在香港市民心中作為對抗通脹保值的重要手段。及後，美元持續貶值，引發1974年港元與美元脫鉤以至自由浮動，外匯管制從此被撤銷，香港遂成為國際間一個獨立的小型金融個體，香港開始自訂貨幣政策，港匯曾升至1美元兌4.6港元左右的高位。

隨著中國改革開放，大量新銳勞動力再次非法湧港，短時間內香港人口激增 30 萬以上，住房需求再度大增，促使港英政府取消“抵壘政策”以控制人口劇增。同期地鐵通車、電廠續建，香港基建設施大致完備，經濟一片好景。

但接著中英談判，政治前景不明，房價、股市在高通脹環境下不升反跌。英國首相撒切爾夫人妄圖利用香港出現金融危機的機會，脅逼中國達至其“主權換治權”的要求，促使港匯曾急挫至 1 美元兌 10 港元現鈔之歷史低位，但中方不為所動。最終，港英政府於 1983 年 10 月 17 日宣佈港元再次與美元掛鉤，香港聯繫匯率貨幣政策正式確立，官價為 1 美元兌 7.8 港元。在這次嚴重的金融政治危機中，中英雙方在香港秘密成立了一個“金融協調小組”，為香港平穩回歸作出了重大貢獻。聯繫匯率本意是使香港市民對港元恢復信心，防止港元匯價繼續下跌。誰知，港元與美元掛鉤後，港元在某種程度上成為美元的代替品。香港就在這種特殊的內外因素相互作用下，漸次成為國際重要的金融中心。

1984 年，中英在北京簽署《聯合聲明》，限制香港回歸前土地供應每年 50 公頃，使香港回歸前缺乏足夠土地供應，為高地價埋下隱患。加上聯繫匯率制度與高通脹關係，香港資產價值出現大幅折讓，外資靜觀香港變化後大舉湧入。毫無疑問，他們大舉投資香港的目的，主要是把香港作為開拓中國市場的跳板與前哨基地。房地產連帶升溫，物業大手成交不絕。於是，香港幸運地成為國際資金投資的寵兒，尤其是受到國際房地產商的青睞。

1986 年，聯交所成立，華資地產商不斷供股集資，實力大漲。誰料美國引發的“八七股災”，使香港股市遭受重創，舊有聯交所管理層亦因此被逼辭職，港英政府對聯交所進行大幅改革，使香港證券交易與國際接軌，香港證券市場頓時漸趨國際化。

隨後的 1989 年春夏之交，北京發生政治風波，香港移民海外人數急升，樓市迅速趨淡。豪宅價格竟比市區的中小型住宅便宜 20%–40%，可見當時移民海外的人士中，應該以富人與中產階級為主。就在樓市如此低迷之際，港英政府突然於 1989 年 10 月推出“玫瑰園計劃”與之後的“資助公務員置業計劃”，再加上海灣戰爭結束與高通脹的驅使，積累已久的市場購買力終於在 1991 年第一季度爆發，房價在一個月間急漲三成，市民為求保值引發全民炒樓熱潮。其時中資亦大舉進入香港房地產市場，帶動工商物業價格飆升。

1992 年，港英政府在新機場融資未得中方首肯的大前提下，突然將重要的外匯基金數據公之於世，基金竟擁有約等同 2,361 億港元（約等同 2022 年 1.15 萬億黃金購買力）的外匯資產。須知，港英政府在 1935 年幣改後，只在 1936 至 1940 年間公開發佈過有關外匯基金的投資數據。之後，英國政府視香港外匯基金數據為“國家機密”，停止公開發佈。外匯基金數據在時隔 50 餘年後再度公開，使全世界的投資者瞭解到香港的實力。原來“港元”有如此雄厚的外匯基金作為貨幣保障，使外資變得更加放膽將資金轉移到香港進行融資、投資與投機。

1993 年，金管局正式成立，外匯基金安全回歸香港。誰想到，外匯基金從公佈數據至回歸金管局掌握這短短一年間，竟增加約 400 億港元外匯資產，促使外資對投資香港信心大增。香港漸次成為國際金融中心格局，外資繼續湧入，股市不斷創出新高，利好消息不絕，繼而引發香港回歸前絕無僅有的“九七樓瘋”，房價在回歸前後一年間，整體暴漲了 60% 至 1 倍以上不等。

雖然風雨不斷，但無礙香港平穩回歸祖國。自此以後，“港元”在外匯基金保障下，香港所有資產基本變為美元計價資產。許多國際級專業房地產投資者，視購買香港房地產為其國際房地產投資組合的重要部分之一。

綜觀二戰結束後 50 餘年香港房地產業的演變，可歸納出兩個鮮明的特點：一是市場波動幅度極大，變化節奏極快；二是影響房地產業的因素很多，也極為複雜，但在諸多複雜的因素中，仍可見內地對香港房地產業的演變起了至關重要的作用。

第二十章

香港大埔工業邨的歷史考察（1978–1998 年）

陳嘉明

在分析香港經濟時，許多人抱有這樣一種成見：由於港英政府在 20 世紀仍對工業發展採取放任自流態度，才使得香港工業日漸衰落。例如，香港學者何耀生就認為，港英政府在 20 世紀陶醉於泡沫經濟，對工業轉型升級不聞不問，最終錯過了 1980 年代將香港製造業升級轉型的黃金歲月。[1] 其實，這是基於後來香港工業衰落的事實而產生的一個認識誤區。本章的寫作目的就是要試圖打破這一誤區，說明香港一直以來都是有發展工業的相關政策的。直到 1960–1970 年代，在香港仍然沒有人會想到香港的工業會逐漸式微，因為當時的香港工業正發展得如日中天，也已提出發展香港工業邨 [2] 的政策。香港工業邨發展計劃正是這時期香港工業政策的集中體現。

薛鳳旋曾對香港工業發展策略做過較為系統的分析，顯示港英政府及其領導下的半官方機構，對改善出口導向工業的宏觀及中觀經營環境方面，作出過或多或少的貢獻。[3] 港英政府在這方面的努力主要表現在兩個方面，一是成立了香港生

---

1 何耀生：《香港製造，製造香港，香港工業過去、現在、未來》，香港：明報出版社有限公司 2009 年版，第 90–91、114–116 頁。

2 工業邨的 "邨" 字，在香港是用 "邨" 字。因為香港本身有許多鄉村，英文為 "Village"，中文仍叫 "村"。直至港英政府需要發展現代化的屋邨，為免和原有的 "村" 混淆，不稱為 "Village" 而改稱為 "Estate"。但由於兩者的法律意義不同，適用政策也不同，當時港英政府便要尋找一個不是 "村" 的中文字來作對應翻譯，於是便在這個特殊的環境下使用了古字 "邨"。在《說文 · 邑部》中，"邨，地名。從邑屯聲。臣弦等曰：今俗作邨，非是。此尊切。" 這些以 "邨" 字命名的樓房，都是經香港政府規劃和建造的，有別於一般的鄉村。例如房屋署所興建的石硤尾邨、白田邨；而 "村" 則多是指新界舊式的鄉鎮，如白田壩村、北圍村。反映了當時的香港政府對文字和法律的講究。

3 薛鳳旋：《香港工業：政策、企業特點及前景》，香港：香港大學出版社 1989 年版，第 xi 頁。

產力促進局和香港貿易發展局，二是推行香港工業邨建設計劃。所以，本章將集中探討建設香港工業邨計劃提出的背景、建設經過和取得的成果，以揭示這時期港英政府的工業政策，從而說明香港並不奉行絕對的自由貿易式的工業政策。

一、工業邨建設計劃的提出

1960年代，香港工業開始快速發展，卻很少有現代廠房。在新界地區，出現不少分散的小型山寨式廠房。同時，還有許多任務廠設於廠廈。由於工業用地緊張，自1969年到1970年，工業地價上漲，廠廈的租金一直維持在高水平。1969年9月10日，《華僑日報》社論甚至擔心工業地價高漲會阻礙香港工業的發展，影響香港工業生產力的提升。[1] 由於平整廠廈的租金維持在較高水平，地產商也開始熱衷於投資興建商業性多層工業大廈。

但是，商業性多層工業大廈並不能滿足高科技企業的需求。受土地條件限制，許多很有發展潛力的高科技企業放棄了香港，選擇在香港鄰近國家或地區設廠。然而，到1970年代末，香港工業一方面受到歐美經濟衰退的影響，另一方面由於勞工成本日漸高昂，與韓國、新加坡和中國臺灣相比，競爭力減弱，發展趨勢放緩，廠廈租金也呈下降趨勢，於是，房地產商不願投資興建廠廈，轉而熱衷於興建住宅和商業大廈，廠房供應減少，為工業企業提供工業用地的任務便主要落在了港英政府身上。

當時，香港工業企業多為中小企業，廠房面積狹小。直到1987年，香港有34.1%的中小工業企業，廠房面積在1,000平方呎以下。中小工業企業不僅廠房面積較小，而且廠房多設於商業性多層工業大廈和多層式住宅樓宇之中。根據1987年對中小工業企業的調查顯示，有65.3%的中小工業企業將廠房設於商業性多層工業大廈，17.5%的中小工業企業將廠房設於多層式住宅樓宇單位。住

1 "LAND–INDUSTRIAL LAND AND ESTATES"，香港政府檔案處案卷，HKRS70-3-229。

宅與工業用途混合的樓宇在當時的香港十分流行。設於多層式住宅樓宇單位的廠房，被稱為"家庭式廠房"。這種"家庭式廠房"工作環境十分惡劣，受到了國際輿論的批評。如英國商會就認為香港工廠的工作環境非常不人道，認為港貨是以剝削勞工來維持其在市場上的競爭力。該商會甚至揚言，如果港英政府不對相關條件進行改善的話，便會禁止從香港進口貨物。[1] 在香港本地，設在非工業大廈的"家庭式廠房"也受到社會輿論的嚴厲批評，認為工業區應與住宅區徹底分開。[2]

再者，香港工業長期以生產技術要求不太高的輕工業為主，但隨著時間的推移，政府和有識之士皆認為香港工業有升級轉型的需要。1973 年底，港督麥理浩爵士宣佈政府要設法引進科技產業，並表示要為需要廣闊土地的先進工業企業提供工業用地。麥理浩的意見發表後，立即獲得香港工業總會的擁護，認為香港確實需要有較高科技水平的工業企業。總會的發言人指出，香港工業過去主要集中在技術門檻比較低的消費品生產領域，因此多層工業大廈基本上可以滿足工業界對廠房的需求。但是，香港工業不能滿足於生產低端消費品，需要發展技術水平要求比較高的先進工業，所以有關土地使用的規定和工業用地政策必須作出相應的調整。因為新型工業企業需要橫式的，而不是直式的生產流程，需要具有堅實地面的廠房，而不是多層工業大廈的一層樓面。[3] 因此，香港需要有一個新的工業發展計劃，使這些先進技術工業企業可以獲得所需土地。

在麥理浩提出意見之後，各有關政府部門，如布政司署、工商處及新界民政處等迅速修訂工業用地政策，促使這一目標的實現。[4] 在這種情況下，香港立法局提出在非傳統多層工業大廈設廠的議案，由於這一方案可以減少環境污染，獲得普遍支持。於是，港英政府決心興建專門提供工業用地的工業邨。

早在 1960 年代，港英政府內部已有人提議在新界地區建立工業邨，但因內

---

1 "Wu: Charges against our factories baseless", HONG KONG STANDARD, 23.2.1970; "Hong Kong factories 'inhumane'–London claim", South China Morning Post, 25.2.1970. "FACTORIES & INDUSTRIAL ESTATES 1970-1983 , 05.01.1970-24.11.1983"，香港政府檔案處案卷，HKRS545-1-140-1。

2 "Home factories under attack", South China Morning Post, 22.1.1976. "FACTORIES & INDUSTRIAL ESTATES 1970-1983 , 05.01.1970-24.11.1983"，香港政府檔案處案卷，HKRS545-1-140-1。

3 《新聞稿：香港工業總會歡迎港督工業用地建議》，香港工業總會，1972 年 12 月 13 日。

4 《新聞公佈：政府實施新工業用地政策推動本港工業進入新領域》，香港政府新聞處，1974 年 5 月 12 日，第 1 頁。

部意見不統一而未果。[1] 1976 年，香港工業邨公司正式成立，專門負責為製造業提供平整且基礎設施完善的工業用地。1977 年 2 月，審議中的《香港工業邨公司條例》也獲得香港各界的廣泛支持。香港工業邨公司是根據《香港工業邨公司條例》成立的，目的是在香港發展及管理工業邨。《香港工業邨公司條例》（第 209 章）於 1977 年 3 月 1 日頒佈施行，條例旨在為在香港建造與管理工業邨，以及香港工業邨臨時管理局發揮管理職能等提供法律依據。[2]

香港工業邨公司以整體收支平衡為經營目標，興建工業邨的盈虧，需要等所有地盤售罄後才會計算。[3] 工業邨是以實際成本計算，即有關建築的所有直接成本 [4] 加上其他直接及間接費用，[5] 減去批售土地所得地價及典型廠房建築地盤的指定價值。典型廠房建築地盤的指定價值是根據典型廠房佔地面積及香港工業邨公司在興建典型廠房時收取的地價來計算。而每個工業邨的成本包括：土地的成本及與工業邨中心有關的一些建築費用。[6] 在發展成本日增之際，香港工業邨公司提供之廠地價格亦依發展成本之增幅予以調整。[7] 1977–1978 年度，當時估計興建大埔工業邨所需成本約 1.9 億港元。而建築費及香港工業邨公司之財務與行政開支，概由香港立法局財務委員會通過“發展貸款基金”以有息貸款方式提供。自 1993 年 4 月以來，香港工業邨公司已毋須動用政府“發展貸款基金”的款項，並把盈餘撥作興建將軍澳工業邨的資金。[8]

至於工業邨的選址，香港工業總會認為荃灣、葵涌、青衣、沙田和青山等地

1 Copy of memo of 11th February 1964 from Commissioner for Resettlement to Hon. D. C. & others; Memo of 3rd March 1964 from District Commissioner, N.T.; Copy of memo of 10th April 1964 from Supt. Of Crown Lands & Survey to Commissioner for Resettlement. “TEMPORARY INDUSTRIAL ESTATES , 04.02.1964-10.04.1964”，香港政府檔案處案卷，HKRS156-2-1741；Extract of N.T.A. Lands Meeting Decisions of 10.8.1965, “NEW INDUSTRIAL ESTATES IN THE NEW TERRITORIES - GENERAL QUESTION ON..., 10.08.1965”，香港政府檔案處案卷，HKRS835-1-105。

2 香港法律資訊中心，http://www.hklii.org/c_index.shtml（最後訪問時間：2011 年 4 月 1 日）。

3 《香港工業邨公司 1977–1978 年年報》，第 9–10 頁，香港政府檔案處期刊，X1000591。

4 直接成本包括已付及應付而未付予承租商的費用。這些費用是根據各合約的付款條件，按照在結算日或以前已獲證明的建築工程價值計算，承租商於最後一次建築工程價值或證明的日期至結算日期間進行的工程（經測量及證明）。

5 直接和間接費用指行政、財政及宣傳方面的支出，減去有關收入及已獲付還的開支後的淨額。間接行政費用是按年內每項工程的建築成本在年內建築成本總額所佔的比例，分配給在進行中的個別工程。財政及宣傳方面的開支、收入，以及開支的付還，則根據其實際支出。

6 《香港工業邨公司 1992–1993 年年報》，第 36 頁，香港政府檔案處期刊，X1000591。

7 《香港工業邨公司 1977–1978 年年報》，第 4 頁，香港政府檔案處期刊，X1000591。

8 《香港工業邨公司 1994–1995 年年報》，第 7 頁，香港政府檔案處期刊，X1000591。

都有大量已開闢的土地可供工業使用，希望政府能將其中一些土地限作為工業用地出售。[1] 而港英政府的高層工作小組經過與社會各界反覆磋商後，決定選址大埔。之所以首先選擇在大埔建設工業邨，是因為這裏有比較優越的條件：新界土地價格便宜，大埔還有填海造地的優勢。最初要在大埔建設一個新市鎮，以解決不斷增長的人口安置問題。大埔新市鎮規劃是要將這裏建成高密度居住區，把大量市區人口引入該區，營造一個以外來人口為主的全新社區。但是，新市鎮建成初期，居民要忍受嚴重的交通困難問題。由於交通不便，如何安排大埔居民的生計，尤其是如何讓大埔居民能就近就業，又成為一個迫切需要解決的問題。1972 年，大埔鄉事委員會向理民府建議，在大埔發展工業生產，將大埔發展成為工業衛星城市，以幫助區內居民能就近就業。[2] 於是，1974 年又在大埔鳳園南面 [3] 進行填海工程，[4] 以獲得大片平地，用作工業用地。[5]

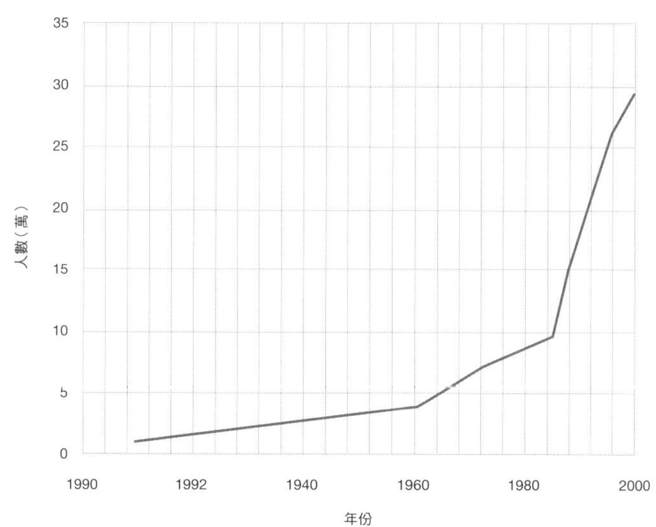

大埔區人口發展

---

1 《新聞稿：香港工業總會歡迎港督工業用地建議》，香港工業總會，1972 年 12 月 13 日。

2 "LAND–INDUSTRIAL LAND AND ESTATES"，香港政府檔案處案卷，HKRS70-3-229。

3 位於大埔東北與汀角路毗鄰。

4 〈歡迎進入大埔區議會網頁，地區摘要〉，大埔區議會，http://www.districtcouncils.gov.hk/tp/chinese/welcome.htm（最後訪問時間：2011 年 4 月 1 日）。

5 "Landscape and Recreation Study: Interim Report Tai Po," Hong Kong Public Works Department, New Territories Development Department, File No. BK007347, p.98.

1975 年，港英當局著手研究在元朗附近及新界其他地方興建工業邨之可能性。[1] 最後之所以選定大埔，也是因為香港工業的原材料主要來自內地，選擇在大埔設廠能更接近原料供應地。而且，大埔擁有方便的運輸條件和較好的基礎設施，大埔工業邨位於主要交通幹線上，乘港鐵東鐵線路或沿吐露港高速公路可以迅速通往市區，而往葵涌貨櫃碼頭的交通亦極為便捷，離大埔新市鎮亦只約 1.5 公里。[2] 此外，這裏有香港教育學院（即香港教育大學），又毗鄰香港中文大學，可以得到知識和技術上的支持。

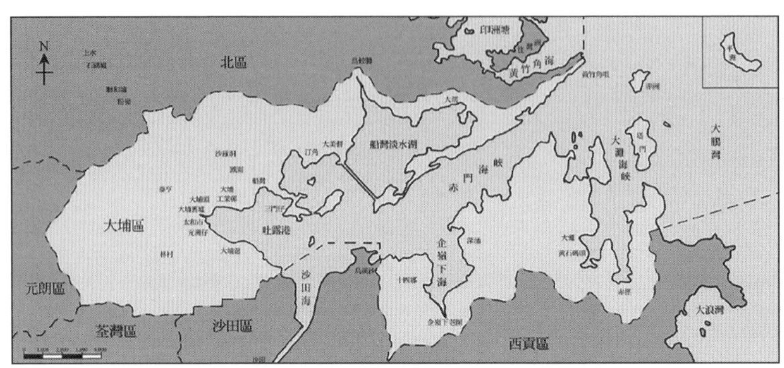

大埔區地圖。

1964 年的大埔空中攝影圖（編號 2697）。[3]

1 《新聞公佈：工業邨統籌小組由沈弼出任主席》，香港政府新聞處，1975 年 10 月 15 日。

2 〈香港科技園——大埔工業邨〉，http://www.hkstp.org/HKSTPC/b5_html/b5_corporation3_2.jsp（最後訪問時間：2011 年 4 月 1 日）。

3 卜永堅、危丁明、呂永升、張兆和、張瑞威、游子安、黃永豪、鄒興華、廖迪生、潘淑華、蔡志祥、鄭肇祺、蕭麗娟：《大埔傳統與文物》，香港：大埔區議會、漁農工商、旅遊及文娛康體委員會、推動大埔區本土經濟發展工作小組 2008 年版。

二、大埔工業邨的建設

大埔工業邨之首期工程，擬整備土地60畝，並提供必需之基礎設施，包括一座污水處理廠與自來水設施。財務委員會同意從發展貸款基金中借出6,000萬元，作為該項計劃之用。[1]在開展大規模建設之際，首先要改善由汀角道通往大埔工業邨之道路，以滿足交通需要。之後再建一條通道，穿過位於大埔工業邨以南的一幅新填地，[2]設法在大埔工業邨帶來該地區交通量大增之前，完成獅子山到大埔的道路改造工程。[3]

當時，工務司署擬在大埔填海造地約25公頃，以供大埔工業區首期發展工業之需。此項填海及開墾工程，是由工務司署之拓展及機場工程部設計與監管，於1976年1月動工。整個工程預計需要26個月左右，由此而獲得的土地，除供建築廠房之用外，部分用作建築道路及污水處理系統。[4] 1977年至1978年，大埔工業邨之各項工程均按原定計劃進行。至1978年3月31日，完成首期填海造地21公頃（226萬平方呎），主要排水工程也均已完竣。

第二期工程包括地盤開拓、防波堤修築、總水管鋪設和蓄水庫建設等，這些工程及第一期剩下的污水處理廠工程也均按原定計劃進行。香港工業邨公司董事局於1978–1980年間還開始考慮實施大埔工業邨第三期擴展計劃。[5]鑒於元朗工業邨之發展一度受阻，[6]擴展大埔工業邨在當時尤顯重要。[7]

第一期填海造地工程所得21公頃土地中，約有15公頃（161萬平方呎）闢作工業用地，其餘則用於鋪設道路及其他用途。到1980年底第二期工程竣工

1 《新聞公佈：工業邨統籌小組由沈弼出任主席》，香港政府新聞處，1975年10月15日。

2 同上。

3 同上。

4 《新聞公佈：新界填海約二十五公頃供大埔工業區首期發展》，香港政府新聞處，1975年11月23日。

5 《香港工業邨公司1978–1979年年報》，第2頁，香港政府檔案處期刊，X1000591。

6 元朗工業邨之填土工程由於惡劣天氣影響以及缺乏適用填土之軟泥而受到延誤；另外，因附近鄉民反對，工程曾多次被迫停頓。另因取泥區之石層遠較探土時所預測者為多，及為避免破壞風水而縮減採泥區之面積，加上又未能找到其他來源供應適合填土之軟泥，故完成之土地遠較原定計劃為少。截至1980年3月31日，只完成約5公頃（50萬平方呎）土地。

7 《香港工業邨公司1979–1980年年報》，第21頁，香港政府檔案處期刊，X1000591。

後，填海造地面積增至 48 公頃（517 萬平方呎），工業用地也增至 30 公頃（323 萬平方呎）。第三期工程是在工業邨南面繼續填海 200 公呎。該計劃於 1980 年 8 月獲政府批准，11 月開始施工，計劃到 1984 年底完成，工業用地增至 50 公頃（533 萬平方呎），工業邨用地面積總達 65 公頃。不過，由於港英政府採納了氣體燃料顧問的建議，要求香港工業邨公司考慮在大埔工業邨撥地興建煤氣廠。於是，香港中華煤氣公司提出用地申請，得到香港工業邨公司的批准，但又認為該幅用地應由政府批出。為此，香港工業邨公司安排了面積約為 10.4 公頃的土地交回政府，用於興建煤氣廠。這一決定雖然對香港經濟的整體發展有利，而且對緩解香港工業邨公司的債務狀況也大有幫助，但是大埔工業邨內可供批售的工業用地卻因此大幅減少約三分之一。[1]

1981 年的大埔空中攝影圖（編號 39274）。[2]

在土地整備過程中，除了鋪設道路和建設污水處理廠等設施外，香港工業邨公司還決定於大埔工業邨內興建一處服務中心。該服務中心由公司自投行資建設，建築包括服務中心大廈、公共汽車總站、熟食店、公廁和垃圾收集站等。

1 《香港工業邨公司 1983–1984 年年報》，第 24 頁，香港政府檔案處期刊，X1000591。

2 卜永堅、危丁明、呂永升、張兆和、張瑞威、游子安、黃永豪、鄒興華、廖迪生、潘淑華、蔡志祥、鄭肇祺、蕭麗娟：《大埔傳統與文物》。

服務中心大廈內設有銀行、診所、餐廳、店舖及寫字樓等。到 1983 年，大埔工業邨服務中心大樓落成啟用，鄰近之熟食檔、公共汽車總站，以及垃圾收集站均已開始運作，柏克萊銀行及香港滙豐銀行先後在服務中心大樓開設分行，足以證明這些機構均對工業邨的發展前景充滿信心，各個廠商及職工對此莫不稱便。

對於大埔工業邨內的工業用地，大埔工業邨公司決定在其中的 1 公頃土地上興建典型廠房。首棟典型廠房於 1981 年 10 月落成。接著，香港工業邨公司又決定乘勝追擊，在大埔和元朗工業邨再各增建兩棟典型廠房。典型廠房適用於多類工業生產線的需要，出售或出租給工業企業後，工業企業可以實時遷入，盡快完成設備組裝，開工生產。但是，典型廠房的租售並不順利，直到 1983 年 3 月 31 日，大埔工業邨內的首棟典型廠房仍然空置，只得虧本出售。[1] 有鑒於此，原計劃增建的兩棟典型廠房也暫時擱置。直到 1986 年 7 月，首棟典型廠房才得以售出。

截至 1985 年 7 月 15 日，大埔工業邨內工業用地已有 3.6 公頃批租給了 6 家廠商，尚餘 8.8 公頃可供批租。1987 年第三期工程完成後，能提供的工業用地增至 13 公頃。1987 年 5 月，香港工業邨公司董事局決定，將臨海數幅面積共達 6.8 公頃的土地作為一個特別區，只接受高科技企業的申請。到 1988 年 1 月，已批出 3.75 公頃。這時董事局曾檢討“高科技區”的政策，但還是決定保留這種限制，繼續吸引高科技公司在這裏建廠。截至 1988 年 3 月 31 日，大埔工業邨在第二期填海工程後，建有基本設施的土地共計 69.5 公頃，已批出土地 64.2 公頃，尚待批出土地 5.3 公頃。[2] 到 1989 年 3 月 31 日，大埔工業邨已批出土地 66.1 公頃，尚待批出土地僅餘 3.4 公頃。

---

1 《香港工業邨公司 1982–1983 年年報》，第 29 頁，香港政府檔案處期刊，X1000591。

2 《香港工業邨公司 1987–1988 年年報》，第 28–29 頁，香港政府檔案處期刊，X1000591。

1987 年的大埔空中攝影圖（編號 24/2008）。[1]

到這時，尚未批出的土地主要為位於高科技區的兩幅土地，每幅約 1.5 公頃，是工業邨內位置最好的土地。儘管這兩幅土地一時難以批出，管理局依然認為應予保留，以備批給投資額巨大、生產設備先進的高科技公司。然而，在 1989 年，雖然接洽了數家公司，但都沒有結果。這時，港英政府鑒於大埔工業邨的剩餘土地不多，決定再撥 2 公頃土地給香港工業邨公司，而到 1989 年底，這 2 公頃土地正式劃歸香港工業邨公司所有。這樣，大埔工業邨剩餘土地增加到 5.4 公頃。

雖然當時香港工業邨公司管理局也意識到未來香港經濟增長速度可能會放緩，但依然認為香港會保持其製造業中心地位，不僅可以滿足出口需要，也會成為支持內地和鄰近地區工業發展的基地。因此，當時樂觀地估計，所剩餘的 5.4 公頃土地預計在未來的 4–5 年內就可以全部批售出去。[2] 到 1993 年，大埔工業邨確實只有在高科技區內還餘下一幅 1.62 公頃的土地。[3] 到 1994 年，更只餘下一

1 卜永堅、危丁明、呂永升、張兆和、張瑞威、游子安、黃永豪、鄒興華、廖迪生、潘淑華、蔡志祥、鄭肇祺、蕭麗娟：《大埔傳統與文物》。

2 《香港工業邨公司 1989–1990 年年報》，第 30 頁，香港政府檔案處期刊，X1000591。

3 《香港工業邨公司 1992–1993 年年報》，第 30 頁，香港政府檔案處期刊，X1000591。

幅面積為 0.89 公頃的土地。[1] 到 2000 年，大埔工業邨內已經沒有任何空置工業用地了。[2]

2006 年的大埔空中攝影圖（編號 CW74155）。[3]

三、入邨工業企業的選定

香港工業邨公司的宗旨是引進無法在一般工廠大廈內進行生產的工業及改良生產技術，故設立了一系列準則以選出最合適的廠商進駐，評選準則如下[4]：(1) 申請人擬採用的生產工序，必須是無法在普通多層工廠大廈內進行的。例如，生

1 《香港工業邨公司 1993–1994 年年報》，第 34 頁，香港政府檔案處期刊，X1000591。

2 《香港工業邨公司 1999–2000 年年報》，第 5–6 頁，香港政府檔案處期刊，X1000591。

3 卜永堅、危丁明、呂永升、張兆和、張瑞威、游子安、黃永豪、鄒興華、廖迪生、潘淑華、蔡志祥、鄭肇祺、蕭麗娟：《大埔傳統與文物》。

4 《香港工業邨公司 1988–1989 年年報》，第 28–29 頁，香港政府檔案處期刊，X1000591。

產線及巨型機器需要負重大的樓面負荷、高樓頂或寬敞無柱的空間。（2）擬從事的行業不得為政府條例所界定的厭惡性行業。

此外，申請廠商之各種生產工序與當時現有的香港製造業相比，凡符合下列各項條件者可獲得優先考慮：[1]（1）利用全新或改良之生產工序，生產全新或改良之產品；（2）為本港引進更高之技術水平的工業；（3）可向更高技術之工人提供就業；（4）生產及供應本港市場當時現有工業所需之產品；（5）生產之產品在其出口上佔一重要的比例；（6）以香港當時現有之條例生產有更高度增值之產品；（7）利用新或改進之生產程序，以改良現有產品之質量及生產效率（是項條件在 1979–1980 年度起才加入）。[2]

在建邨之前，曾有一個案例：美國農業部認為健全食品工業有限公司（經營急凍點心）原先的廠房位於過度密集的觀塘區而導致環境污染，威脅吊銷其牌照（該公司是當時亞洲唯一一間獲得在美國銷售相關牌照的廠商）。故此，該公司為了能夠繼續在香港生產，便緊急申請大埔工業邨的低密度平整廠房用地。該公司在工業邨建邨之前就已提交申請，並經過重重的批核程序，足見獲批地之公司必須嚴格符合先前政府訂立的准入條件。[3]

1977–1978 年度，香港工業邨公司之首要任務為提供土地予符合評選準則之廠商。[4] 故此，香港工業邨公司董事局根據一直以來之評選經驗，對香港工業邨公司之評選準則略有增添，強調生產新產品、提供新程序或新技術，以及產品以出口為主。香港工業邨公司所定之批地契約條款，經政府批准，9 位已簽契約之廠商對該條款並無異議，其餘準備簽契約之廠商亦表示贊同。[5]

1978 年 2 月 1 日，香港工業邨公司與第一批 4 名經評選合格之廠商簽署了批地契約。[6] 香港工業邨公司於 1977–1978 年度接獲 38 份申請書，截至 1978 年 3 月 31 日所接獲之申請書共 91 份。雖然 1977–1978 年度所接獲之申請書數目較 1976–1977 年度略有減少，幸而獲得評選合格之廠商數目則較 1976–1977

1 《香港工業邨公司 1978–1979 年年報》，香港政府檔案處期刊，X1000591。

2 《香港工業邨公司 1979–1980 年年報》，香港政府檔案處期刊 X1000591。

3 健全食品工業有限公司（經營急凍點心）與香港工業邨公司前身的政府審批部門相關信件來往參考附錄。

4 《香港工業邨公司 1977–1978 年年報》，第 4 頁，香港政府檔案處期刊，X1000591。

5 同上，第 3 頁。

6 同上，第 2 頁。

年度為多，與該年內土地之供求數量頗為接近。截至 1978 年 3 月底，共有 16 位廠商獲得評選合格，佔申請廠家總數的 18%，而其中 10 位廠商已與香港工業邨公司積極進行磋商。全部 91 份申請書要求批售之土地面積為 39 公頃（420 萬平方呎），相當於香港工業邨公司可供批售土地面積的 2.6 倍。經評選合格之 16 位廠商要求廠地 9.5 公頃（102 萬平方呎），佔可批售土地面積之 63%，而其中積極磋商之 10 位廠商共要求廠地 6.4 公頃（69 萬平方呎），佔可供批售土地面積之 13%。截至 1978 年 8 月底，香港工業邨公司共接獲申請書 107 份，獲評選合格之廠商共 23 位，其中 14 位已經與香港工業邨公司積極進行磋商，且已有 9 位廠商與香港工業邨公司簽署批地契約。該 14 位廠商要求批售之土地合共 9.7 公頃（104 萬平方呎），相當於香港工業邨公司可供批售土地面積之 65%。在 14 位獲評選合格之廠商中，有來自歐洲、美國、日本、澳洲、沙特阿拉伯及新加坡等地廠商。此 14 位廠商計劃投資總額逾 3 億港元，每年產品總值約為 5 億港元。按此等所需要之廠地面積 100 萬平方呎計算，則平均每平方呎之投資額為 300 港元，而產值平均每平方呎為 500 港元。香港工業邨公司董事局在評選之後的新申請書時，亦考慮此等因素。[1]

1978–1979 年度，香港工業邨公司接獲眾廠商之申請書，數目與 1977–1978 年度相若，惟獲批准之比率則較高。大埔工業邨可供租用之土地，有近半租出或等候簽約。而在大埔工業邨獲得批地之廠商，已動工興建廠房。[2] 截至 1979 年 3 月 31 日，香港工業邨公司共收到 128 份申請書，1978–1979 年度共 37 份，1977–1978 年度共 38 份。1978–1979 年度董事局共批准 15 份申請書，1977–1978 年度則批准 10 份。截至 3 月底，共有 31 份申請書獲得批准，而其中 14 位廠商已與香港工業邨公司簽署契約，另外 6 位仍與香港工業邨公司積極磋商。已簽署租約之廠商已在年內動工興建廠房，當時預料首間工廠可於 1979 年底或 1980 年初投入生產。1978–1979 年度，大埔工業邨共可提供 34 公頃（370 萬平方呎）工業用地，其中 15 公頃（160 萬平方呎）約佔 45% 已經批租或劃定行將批租給獲准之廠商。香港工業邨公司接獲 137 份廠商申請書，其中獲評選認可者共 38 位廠商，19 位已簽署批地契約，另 5 位現還與香港工

1 《香港工業邨公司 1977–1978 年年報》，第 3 頁，香港政府檔案處期刊，X1000591。

2 同上，第 2 頁。

業邨公司磋商。該 24 位廠商規定最低投資總額約 6 億港元，而每年產品總值至少 12 億港元。若以廠商數目作為比對，港資約佔 60%；倘若以投資總額計算，則約 50% 來自海外。[1] 鑒於發展成本增加，香港工業邨公司董事局決定於 1978 年 12 月 1 日起將地價由每平方公呎 485 港元（約每平方呎 45 港元），調整至每平方公呎 595 港元（約每平方呎 55 港元）。[2]

1979–1980 年度，共有 8 間公司簽署租地契約。截至 1980 年 3 月 31 日，香港工業邨公司共與 22 位廠商簽署租地契約，其中海外及本港廠商各佔半數。該年度內，香港工業邨公司共收到 23 份申請書，其中有 13 份已獲得批准。數間廠商由於在申請土地未能估計到日後環境之轉變，而在申請書獲得批准後選擇退出。在該年度即將結束之時，又有 4 間公司簽署批地契約，另有 6 間正在進行磋商。已獲批地及將租地之 23 間廠商共租用工業用地 21 公頃（230 萬平方呎），他們之最低投資總額及產品年銷額分別為 9 億港元。兩名廠商已在大埔工業邨建成廠房，並開始投入生產。環顧大埔工業邨，各廠商之建築工程進行得如火如荼，當時預料年底前會再有 8 間公司投入生產。[3]

在高利率、建築成本高漲及經濟前景不明朗的情況下，有此業績尚可算為滿意。截至 1980 年 3 月 31 日，已完成之大埔工業邨用地為 40 公頃（430 萬平方呎），其中約 21 公頃（230 萬平方呎）已備有公路及各項設施，更有 14 公頃（150 萬平方呎）已批租予 22 位廠商。香港工業邨公司對海外及本港廠商一視同仁，所有申請書被批准與否，取決於申請書內所建之生產工程次序是否符合公司之評選準則。由於建築成本上漲，工業邨之地價已由 1980 年 7 月 1 日起增加至每平方公呎 700 港元（每平方呎約 65 港元），與一年半前實施之新地價比較，增幅為 18%。[4]

1980–1981 年度，香港工業邨公司經常召開會議，並邀請大埔理民官及大埔粉嶺發展經理出席，讓廠戶管理人士籍此機會與香港工業邨公司及政府官員商討有關事宜。會議中，商戶曾提議成立廠戶聯會，香港工業邨公司在當時廣徵其

---

1 《香港工業邨公司 1977–1978 年年報》，第 3 頁，香港政府檔案處期刊，X1000591。

2 同上。

3 《香港工業邨公司 1979–1980 年年報》，第 21 頁，香港政府檔案處期刊，X1000591。

4 同上。

他廠戶意見，並在能力範圍內給予幫助。[1] 當時，香港一些工業人士認為工業邨之發展速度不理想，而批出之土地亦不能與可提供之土地相配合。他們認為工業邨公司之評選準則過分嚴格極具限制性，阻礙了工業邨之迅速發展。而香港工業邨公司明白，如果評選準則稍為放鬆，工業邨土地需求必然增加，雖然工業邨用地會迅速售罄，但是香港工業邨公司認為此舉與工業邨成立之目的相違。以當時世界性通貨膨脹及高利率的經濟情況看來，對工業投資不利，然而香港工業邨公司的業務卻能維持穩定的水平。

鑒於建築成本的增加，與高利率的影響，致使年內地價一再上漲。即使如此，當時之地價與新界其他工業用地比較，只為後者價格的 5%–15%。因此，大埔工業邨之地價一直旨在維持發展成本，是吸引投資者的主要因素。[2] 由於發展計劃成本增加，香港工業邨公司需向政府增加貸款，地價亦不得不作出調整。自 1981 年 2 月 1 日起，地價由每平方米 700 港元增至每平方米 825 港元，又在同年 7 月 1 日，增加至每平方米 925 元。董事局成員為減低增加地價之影響，將每年兩度重新檢討地價，而以當時之成本價格趨勢及第三期大埔工業邨工程之展開來看，地價亦可能再度增加。[3] 1980–1981 年度，香港工業邨公司共收到 21 份申請書，其中 12 份獲得批准。截至 1981 年 3 月 31 日，該年度共有 7 間廠戶獲批租用大埔工業邨，已簽署批地協議之廠戶總數增加至 29 戶，大埔工業邨廠戶總數達 34 戶，而 24 公頃即佔 58% 的工業邨用地已經批出。[4]

獲批地於大埔工業邨內之 34 間廠戶，在土地、建築樓宇、機械及裝置器材方面之最低投資總額約為 12 億港元，當全部投入生產後，每年產品總值最低為 33 億港元。1981 年 4 月，香港工業邨公司接待丹麥女王瑪嘉烈二世及其夫婿亨里克親王，他們在港督麥理浩伉儷的陪同下，為嘉士伯啤酒廠主持開幕儀式。[5] 當時 13 間已正式投入生產之工廠，僱用超過 2,500 名工人，而擴大生產後，將僱用更多工人。據估計，當該 34 間工廠全面投入生產後，將可僱用 12,500 名工

1 《香港工業邨公司 1980–1981 年年報》，第 26–27 頁，香港政府檔案處期刊，X1000591。

2 同上，第 23 頁。

3 同上，第 26–27 頁。

4 同上，第 24–25 頁。

5 同上，第 23 頁。

人，相當於每公頃工業用地需要 500 名工人。[1]

1981–1982 年度，香港工業邨公司的主要業務為興建大埔工業邨、評選申請大埔工業邨用地之廠商，及在工業邨內興建用以批售或出租之典型廠房。[2] 然而，由於世界經濟不景氣，加上連續的高利率，上年度的工業邨用地申請量減少，地產市場呆滯，工業用地價格普遍下降。大埔工業邨土地價格未作調整，但是仍低於其他工業用地，所以有一定的吸引力。為配合當時土地及物業市價，自 1983 年 7 月 1 日起，工業邨地價由每平方米 925 港元降至 800 港元，用以激發對工業邨的興趣，香港工業邨公司並按情況進展加以檢討。[3] 在這一年度，大埔工業邨內增添更多投產廠戶。當年大埔工業邨共有廠戶 35 間，另有 1 間在元朗工業邨，其中 29 間已開始生產，其餘仍在發展階段。該 36 間廠戶投資在地產、廠房、機器及設施的全部費用約達 13 億港元，其中 30% 為海外投資，餘數來自本港工業界，當該 36 間廠戶全面投產時，每年生產總額將超過 35 億港元。[4]

1982–1983 年度，雖然經濟狀況一片低迷，香港工業邨公司之業務依然有進展，年內批租了更多土地，工業邨內落成及投產的廠戶亦比以前有所增加。當年，大埔工業邨共有廠戶 38 間，其中 21 間已經開始生產。香港工業邨公司再與 4 間廠戶達成批地協議。總部設於英國的紙幣印刷公司 Thomas Da La Rue (Hong Kong) Ltd.，計劃在工業邨設廠印刷紙幣及其他類型的特殊文件。英、法合資聯營的香港氧氣有限公司，計劃生產高純度氣體及特種混合氣體，供應本港其他工業所需。電子行業對工業邨土地的需求最為殷切：永安集團附屬公司之一的永安食品有限公司，將採用創新的食物加工生產程序；美國聯和有限公司接收了原屬遠東福祿有限公司的現成廠房，並引入美國先進科技生產鋼、鋁玻璃幕牆組件。此外，大同混凝土有限公司之廠房於 1982 年 7 月 15 日開幕，誌慶又一港日合資聯營企業順利落成投產，生產專利預應力鋼筋混凝土椿。1982 年 10 月 27 日開幕之 BBC 勃朗、勃威力有限公司廠房則屬瑞士投資，主要生產液晶體顯像板、磁鐵及移印主模等。另一聯營機構永南食品有限公司，則為美國

---

1 《香港工業邨公司 1980–1981 年年報》，第 26–27 頁，香港政府檔案處期刊，X1000591。

2 《香港工業邨公司 1981–1982 年年報》，第 20–21 頁，香港政府檔案處期刊，X1000591。

3 同上，第 22–23 頁。

4 同上，第 18–19 頁。

Beatrice 食品公司與本地合資，亦於 1983 年 3 月 30 日開幕。[1]

1983–1984 年度，製造業顯著增長，香港工業邨公司所承接的本地及海外工業家關於土地之查詢大增。如果這種情況能夠持續下去，對工業用地及廠房之需求必然更加迫切。[2] 本年度內，香港工業邨公司行政人員與負責深圳、蛇口工業區發展的官員互訪。[3] 布政司夏鼎基爵士更於 1984 年 6 月 7 日應邀訪問大埔工業邨生產矽片微型集成電路的興華半導電體工業有限公司。[4] 原已在大埔工業邨獲批租廠地的大同混凝土（香港）有限公司，本年度內再獲批租第二幅廠地，以應付市場對該公司產品日益增長的需求；美特容器（香港）有限公司已在大埔工業邨獲批租廠地兩幅，再獲批租第三幅廠地以擴充製造設施；德昌電機工業製造廠有限公司則獲批租首座典型廠房的兩個單位。以上案例，足見大埔之工業發展情況良好。大埔、元朗兩個工業邨當時共有 30 家工廠已投產，僱用約 5,000 名工人，大部分工人居住於大埔或元朗本區。已獲批租之廠家在土地、廠房及機器三方面預定投資總額約為 14 億港元。根據統計資料推算，實際投資額遠超此數。[5] 1983–1984 年度，香港工業邨公司鑒於以前公佈的評選準則及批地條件未能充分照顧新的投資因素，所以作出數項修訂：（1）規定生產者的標準改為產品種類，不再限於特定產品；（2）若得香港工業邨公司同意，規定的產品種類也可以變更，但準備生產的產品種類須能繼續有助於擴寬香港工業的基礎；（3）今後亦不再規定產品之年產值；（4）承批人可以將廠房部分交給其附屬機構或聯號使用，但事前須經香港工業邨公司同意；（5）廠房仍須在指定期限內依照審准圖則建築完成，建築物的價值不再是約定承擔項目。當時，大埔工業邨廠地之地價已隨市價調低。建築比例最高為 2.5 的廠地，地價仍為每平方米 800 港元，此數實低於闢增土地成本。香港工業邨公司為求財政上收支平衡，不時檢討地價。高建築比例之廠地，地價更可由雙方商定。根據修訂後之批地條件，地價可在 10 年內分期繳交，首期付 10%，分期付款利率當時與發行鈔票銀行之最優惠利率

1 《香港工業邨公司 1981–1982 年年報》，第 22–23 頁，香港政府檔案處期刊，X1000591。

2 《香港工業邨公司 1983–1984 年年報》，第 24 頁，香港政府檔案處期刊，X1000591。

3 同上，第 24 頁。

4 同上，第 24 頁。

5 同上，第 23 頁。

相同。[1]

1984–1985年度，香港工業邨公司有多項改變。香港工業邨公司條例亦於1985年加以修訂，董事局成員增至7人，其中公職人員最多為4名，總裁可由公職人員擔任。1985年5月31日，苗立賢先生退休，由工業處處長接任總裁，這使香港工業邨公司在性質上更傾向於港英政府公共機構。[2]此外，隨著中英政府簽訂聯合聲明及後來發表有關聲明，當局相信港英政府會將工業邨用地之批租年期在1997年後再延長50年。[3]

自1984年4月以來，大埔工業邨共有6家新廠開業，另有8家正在動工興建，其中包括香港工業邨公司建造之3棟單層廠房（外國常見之一類廠房）。該等典型廠房預期在1986年3–4月間落成，供本地或海外廠商批售或批租，使無意自建廠房的廠商可早日設廠生產。新近提交之批地申請書中有一可喜現象，即已獲批准地之現有廠戶再次向大埔工業邨申請第二幅或第三幅土地，以集中或擴展業務，可見廠戶對邨內設施極為滿意。[4]

1985–1986年度，香港工業邨公司曾就內部管理工作進行檢討，研究是否應該仍由工業處處長擔任總裁一職。檢討結果認為，工業處處長出任香港工業邨公司總裁後，加強了政府部門與工業邨公司之間的合作，尤其在海外宣傳、交換數據和集中資源等方面。故此，檢討結果提議，將這項安排繼續保留兩年。[5]該年度，香港工業邨公司只售出一座典型廠房，而且是以低於賬面價值出售的，但鑒於香港工業邨公司欲以整體收支平衡方式經營，故無預算折抵可供批售的典型廠房的價值。[6]此外，工業邨用地本身具有特定用途，故不宜單純為增加批地而降低價格，以及放寬評選準則或修改契約條款。相反，香港應該為那些致力擴大本港工業基礎或引進嶄新先進科技的投資人士提供足夠土地，這才是更重要的工作。[7]該年度，香港工業邨公司共簽訂18份契約，批出土地達11.2公頃（包括元朗工業邨），成為工業邨公司自1977年成立以來，業務最好的一年。在此期

1 《香港工業邨公司1983–1984年年報》，第23頁，香港政府檔案處期刊，X1000591。

2 《香港工業邨公司1984–1985年年報》，第23–24頁，香港政府檔案處期刊，X1000591。

3 同上。

4 同上。

5 《香港工業邨公司1985–1986年年報》，第23–24頁，香港政府檔案處期刊，X1000591。

6 同上，第30–33頁。

7 同上，第23–24頁。

間，香港工業邨公司共接獲逾 100 宗有關工業用地或典型廠房的查詢，結果有 21 位廠戶提出申請，其中 17 項申請獲得董事局批准。雖然後來在這 17 項申請中，有 4 項因為商業理由而撤銷申請，但其餘 13 位廠戶則繼續進行興建廠房的工程。新入住廠家的製品包括錄像帶、化學鹽、包裝用品、複印機零件、微型馬達、藥劑、印刷油墨、麵包糕點及其他食品。[1]

1986–1987 年度，香港工業邨公司共簽訂 16 份批售土地及單層典型廠房契約，批出土地達 10.7 公頃。因此，該年度的業績在香港工業邨公司的歷年業績中居於第二位，接近 1985–1986 年度所創的 11.2 公頃批地記錄。6 棟單層典型廠房[2]已於 1986 年底全部入夥。在該年度內，向香港工業邨公司查詢或已正式獲得工業用地的日本公司有所增多。此外，投資計劃的規模亦比以前幾年更大。新入住的廠戶擬生產的製品，包括紙及紙板包裝物料、泵類、塑料業用機器、複印機金屬零件、錄像帶、印刷線路板、敷銅板、藥劑媒介物及活性成分、強化玻璃、電子業用的鐵酸鹽產品、紗線布匹的整染，以及展覽品的設計和製作等。[3]

1987–1988 年度，政府批給香港工業邨公司的土地契約（主要是工業邨的工業用地）年期延長 50 年，至 2047 年為止。自 1988 年初《新界土地契約（續期）條例》頒佈後，相關文件的編制工作隨即開始，預計可於 1988 年底前完成。屆時，香港工業邨公司會相應延長廠戶的批地契約年期。[4]該年度內，香港工業邨公司曾對地價水平進行定期檢討，結果決定維持地價不變，即大埔工業邨每平方米為 1,100 港元，元朗工業邨每平方米 900 港元。在過去一年，香港工業邨公司共償還“發展貸款基金”貸款 2.19 億港元，差不多是上一年度還款額的兩倍。[5]

繼 1985–1986 年度及 1986–1987 年度分別創下批地 11.2 公頃及 10.7 公頃的理想成績後，1987–1988 年度，香港工業邨公司共簽訂 28 份批售土地契約，批出土地達 19.6 公頃，其中大埔工業邨共批地 13 宗，涉及的土地面積達

1 《香港工業邨公司 1985–1986 年年報》，第 23–24 頁，香港政府檔案處期刊 X1000591。

2 包括元朗工業邨的相關廠房。

3 《香港工業邨公司 1986–1987 年年報》，第 25–26 頁，香港政府檔案處期刊，X1000591。

4 《香港工業邨公司 1987–1988 年年報》，第 30 頁，香港政府檔案處期刊，X1000591。

5 同上。

12.2 公頃。[1] 就批地事宜向香港工業邨公司查詢的數目創下最高記錄，而獲批准的批地申請亦是歷年最多。各類源於海外或本地的計劃，紛紛被吸引到工業邨，部分投資額超過以前，很多屬於新科技企業，這明確顯示出廠商對香港工業的前途充滿堅定的信心。在大埔工業邨，另一間大規模的紙質包裝用品及印刷工廠正在興建中。一幅 2 公頃的土地已批給一家跨國公司，最大的一幅土地提供給“矽港”計劃使用。這個計劃是興建一間具有計算機統籌生產設施，用於生產專門用途集成電路的電子廠。新廠戶擬生產的其他製品包括工業用氣體、雜誌及其他印刷品、汽車風油軚及油壓泵系統配件、壓鑄工件及化油器、聚對苯二甲酸乙二醇酯（P.E.T.）膠樽、麵包製品、供電子業應用的自動電鍍機、冷藏食物、保鮮袋裝食物及利樂包保鮮食品、磁性鐵氣體及粉末金屬產品、鍍鋅光管、強化玻璃及片狀玻璃等。工業邨顯然已成為促進香港製造業多元化的重要媒介。

1988–1989 年度，香港工業邨公司預計每年平均批出土地約 10 公頃，地價則根據工業邨的開拓成本、基建設施及香港工業邨公司的行政費而釐定。1988 年 8 月，管理局決定將大埔工業邨的地價，由每平方米 1,100 港元，提高至 1,250 港元。[2] 到 1989–1990 年度，香港工業邨公司與超過 100 家廠商簽訂契約，將批地契約逐一延期至 2047 年。香港工業邨公司相信這一措施可消除 1997 年契約到期所引起的疑慮，亦可增強未來投資者的信心。這樣，投資者當時所擬計劃，其時限可延至下世紀的中葉。該年度內，香港工業邨公司管理局對甄選準作出檢討。根據新的準則，專門及精密的輔助性工業活動可在工業邨內進行，但廠房不能用於貨倉儲存。[3] 香港工業邨公司管理局還決定提高自 1988 年 8 月以來一直實行的土地售價，大埔工業邨的地價由每平方米 1,250 港元提升至 1,350 港元。儘管預料在短期內工業用地的需求會稍微下降，管理局仍認為有必要提高地價。而且在未來 3–4 年內，仍須不時提高地價，以追上新工業邨的地價水平。[4]

1990–1991 年度，包括元朗工業邨在內共有 16 座廠房落成投產。1990 年

1 《香港工業邨公司 1987–1988 年年報》，第 27 頁，香港政府檔案處期刊，X1000591。
2 《香港工業邨公司 1988–1989 年年報》，第 28–29 頁，香港政府檔案處期刊，X1000591。
3 《香港工業邨公司 1989–1990 年年報》，第 30 頁，香港政府檔案處期刊，X1000591。
4 同上。

5 月，大埔工業邨土地售價調整為每平方米 1,350 港元。[1] 自政府落實中英聯合聲明後，香港工業邨公司的工業邨土地契約由 1997 年伸延至 2047 年，隨即與 106 家廠戶簽訂工業邨批地契約，並逐一延期。雖然這項措施才剛剛推行，但當時已有 17 家廠戶獲得延期契約，毋須加付地價。[2] 在大埔工業邨和元朗工業邨就業的工人數增至 17,000 人。儘管香港出現勞工短缺，設於工業邨的公司在招聘或保留人才時，卻很少遇到困難。這可能是由於工業邨附近發展起了新市鎮，工作環境好，同時工業邨內各公司通常也能提供比其他地區的廠房較佳的服務條件及工作環境。[3]

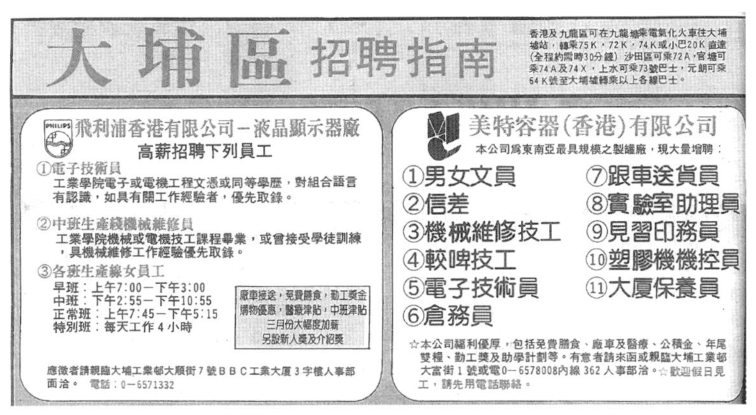

大埔工業邨廠商的招工廣告。

1991–1992 年度，受世界經濟持續衰退的影響，香港工業邨公司只批出 3 幅面積 4.1 公頃的土地，其中兩幅位於大埔工業邨，一幅位於元朗工業邨，大埔的其中一幅是之前曾經批出又退還給香港工業邨公司的土地。此外，另有 3 宗涉及退還廠房及需重新批出的個案。[4] 大埔工業邨高科技區批出一幅面積共 3.4 公頃的土地，用於生產超威米精品廠房，預計投產後，將會是當時香港同類工業中最大型和最先進的一家。截至 1992 年 3 月 31 日，香港工業邨公司仍有 30 公頃基礎設施完備的土地可供批售，其中 2 公頃位於大埔工業邨。該年度內，獲政府額外撥出位於大埔工業邨的 2 公頃土地後，也已批給上述電子公司。香港

1 《香港工業邨公司 1990–1991 年年報》，第 30–31 頁，香港政府檔案處期刊，X1000591。

2 同上。

3 同上。

4 《香港工業邨公司 1991–1992 年年報》，第 5 頁，香港政府檔案處期刊，X1000591。

工業邨公司還請求政府批出另外 1.3 公頃位於大埔工業邨的土地，並已批准兩家公司租用此額外土地的申請，且已收取訂金。[1]

該年度，共有 6 座全新廠房正式投入使用，其中 1 座位於大埔工業邨。此外，大埔工業邨內 3 家現有廠房亦於該年度內完成大規模的擴展工程，新廠房的產品包括塑料化合物、再造紙、輾壓預塗顏色鋼牆板及屋面板、染色羊毛織品及成衣、碘鎢燈、電子工業專用的特製銅箔以及大型鋼水管等。新建築物包括一座用以生產氧氣、氮氣和氬氣的空氣分離車間和一棟 5 層高的玻璃幕牆大廈。大埔工業邨在當時已得到充分發展，共有 71 座廠房投入生產。此外，大埔工業邨的工業邨中心仍具備發展潛力，香港工業邨公司當時與一家公司磋商，合作將該中心建設為一個現代化的貨物轉介中心。[2] 該年度，香港通脹率持續高漲，1991 年 8 月，香港工業邨公司再次將大埔工業邨的地價每平方米提高 150 港元，達到每平方米 1,500 港元。[3]

1992–1993 年度，政府額外撥付的 1.35 公頃土地已批給一家現有承租戶，其他新獲批地的公司所擬生產的產品種類包括建築材料、土木工程設備、貨櫃翻新、大型機械檢修、熱浸鍍鋅鋼材及高素質印刷等。此外，還包括一項設立人造衛星地面控制站的計劃。[4] 至此，大埔工業邨土地已接近全部批出，已投入生產的廠房共 72 座，另有 6 座正在興建中。[5] 大埔工業邨的地價也持續上漲，1992 年 6 月，香港工業邨公司將大埔工業邨地價調整為每平方米 1,650 港元。[6] 到 1993–1994 年度，大埔工業邨內有 2 座新廠房正式啟用，已投入生產的廠房達 74 座，另有 5 座正在興建中。[7] 1993 年 5 月，大埔工業邨的地價調整至每平方米 1,900 港元。[8]

1994–1995 年度，大埔工業邨又批出 2 幅土地，但是也有 3 幅土地被退還給香港工業邨公司。該年度內，大埔工業邨有 3 家新廠房正式投產。大埔工業

---

1 《香港工業邨公司 1991–1992 年年報》，第 7 頁，香港政府檔案處期刊，X1000591。
2 同上。
3 同上。
4 《香港工業邨公司 1992–1993 年年報》，第 30 頁，香港政府檔案處期刊，X1000591。
5 同上。
6 同上。
7 《香港工業邨公司 1993–1994 年年報》，第 34 頁，香港政府檔案處期刊，X1000591。
8 同上。

邨內已投入生產的廠房共 77 座，正在興建的只剩下 1 座。[1] 1994 年 3 月，大埔工業邨的地價上漲至每平方米 2,200 港元。[2] 1995–1996 年度大埔工業邨已經沒有再批出土地，但是也有廠家對大埔工業邨內兩幅尚未批出的土地中較大的一幅（面積達 3.4 公頃）提出了申請，到 1996–1997 年度正式批出。該年度內，大埔工業邨有一家新廠房正式投產，大埔工業邨已投產的廠房達 78 座。[3] 1995 年 3 月，大埔工業邨的地價漲至每平方米 2,500 港元。[4]

截至 1996–1997 年度，大埔工業邨的批租率已達 99%，只剩一幅 0.89 公頃的土地尚未批出，已投產的廠房達 78 座，地價上漲至每平方米 2,700 港元，這足以證明香港工業邨公司已經達到了創立時的目標。[5] 1997–1998 年度，香港工業邨公司雖又有一幅土地得以批出，但也有一幅土地被退還。1997 年 5 月，大埔工業邨的地價調整為每平方米 2,850 元。[6]

1998–1999 年度，面對經濟不景氣的現狀，工業邨內部分廠家預期會面臨經營困難，有意在工業邨設廠的公司，也可能暫時凍結各項投資計劃。為此，香港工業邨公司銳意改革，改善已有的設施和環境條件，以加強競爭力。1998 年 12 月，香港工業邨公司聘請顧問公司調查研究了公司的職能和運作問題，提出必要的改善建議。[7] 1998 年 5 月，香港工業邨公司正式從政府當局批准在工業邨內發展服務業，但該行業仍需符合公司一貫的甄選準則，這項修訂的目的是提升公司的批地潛力，從而滿足香港因經濟持續轉型而產生的用地需求。[8] 但是大埔工業邨已經沒有空地可用來發展服務業了。1997 年亞洲金融風暴對香港工業邨公司也大有影響，大埔工業邨內有三間工廠將廠房退還，其中一間轉批給一家製藥公司，投產廠房減為 76 座。[9] 同時，大埔工業邨地價調低至每平方米 2,400 港元。[10] 自 1999 年下半年起，香港經濟開始顯出復甦跡象，工商界對工業邨的用地

1 《香港工業邨公司 1994–1995 年年報》，第 7 頁，香港政府檔案處期刊，X1000591。
2 同上。
3 《香港工業邨公司 1995–1996 年年報》，第 4–5 頁，香港政府檔案處期刊，X1000591。
4 同上。
5 《香港工業邨公司 1996–1997 年年報》，第 6–7 頁，香港政府檔案處期刊，X1000591。
6 《香港工業邨公司 1997–1998 年年報》，第 4–5 頁，香港政府檔案處期刊，X1000591。
7 《香港工業邨公司 1998–1999 年年報》，第 8–9 頁，香港政府檔案處期刊，X1000591。
8 同上。
9 同上，第 6–7 頁。
10 同上。

需求回升。同時，全球電訊、互聯網相關設施及其他科技項目急劇發展，面對新的投資機會，香港工業邨公司又進一步將地價降至每平方米 1,900 港元，回到 1994 年以前的水平，[1] 增強了工業邨土地的吸引力。

1999 至 2000 年度上半年，批出了數個資本和技術密集型發展項目，正好配合港英政府促進香港創新科技發展的目標。[2] 但是這些項目與大埔工業邨無關，批出的土地位於元朗工業邨和將軍澳工業邨。由於土地面積不足，未能滿足所有有意租用者的需求，部分人士的申請未被接納。大埔工業邨內有 3 間廠房被退回，其中 1 間轉批給了一家從事環保和農業生物科技產品研究、開發和生產的公司，1 間批給原有租戶。[3] 香港工業邨公司於是重新計劃大埔工業邨內的土地，以便騰出更多的空間，多容納一兩個項目。[4]

四、入邨工業企業與生產的變動

1977–1978 年度有 9 家簽約廠商，[5] 其中以生產工業原料和製作生產設備的廠商為主，約佔 56%，如雲利乳膠廠有限公司。其餘是生產日常生活消費品的廠商，約佔 44%，如英記夾萬家俬有限公司。總的來說，這時期廠商的技術含量不算高。1978–1979 年度，成功引入了一些技術含量較高的廠商，簽約廠家總數增至 19 家，[6] 其中仍以生產工業原料和製作生產設備的廠商為主，超過 47%，如生產陶瓷及搪瓷原料的福祿遠東有限公司、生產各種塑料製作機器的震雄機器廠有限公司等。1979–1980 年度，增至 26 家簽署契約之廠商，[7] 其中仍以生產工業原料和製作生產設備的廠商為主，佔 50%，如生產玻璃纖維的玻坭

1 《香港工業邨公司 1999–2000 年年報》，第 3–4 頁，香港政府檔案處期刊，X1000591。

2 同上。

3 同上，第 5–6 頁。

4 同上。

5 《香港工業邨公司 1977–1978 年年報》，香港政府檔案處期刊，X1000591。

6 《香港工業邨公司 1978–1979 年年報》，香港政府檔案處期刊，X1000591。

7 《香港工業邨公司 1979–1980 年年報》，香港政府檔案處期刊，X1000591。

有限公司、生產金屬軟管的金興實業有限公司等。其次，大多是生產日常生活消費品成品的廠商，約佔 35%。技術含量較好的廠商所佔的比重進一步提高，約佔 15%。而一些競爭力低的廠商開始被市場淘汰，退出的廠商主要是生產工業原料和設備。

1980–1981 年度廠商增至 33 家，[1] 其中仍以生產工業原料和設備的廠商為主，約佔 48%。其次是生產日常生活消費品的廠商，約佔 27%。此外，還有一些技術含量較高的高科技廠商，約佔 24%，如生產矽片集成電路的愛卡電器有限公司和華科電子有限公司等。此時，技術含量較高的廠商大幅增加，所佔比重較往年增加近一成。同時，大埔工業邨開始引入高技術含量的測檢服務商和醫藥製造商，後來這兩個行業成為香港特區政府重點扶植的六大產業中的兩個行業。1981–1982 年度廠商增加有限，只有 34 家，[2] 其中仍以生產工業原料和設備的廠商為主，一些低競爭力的廠商開始被市場淘汰，生產鍍鋅及非鍍鋅鋼管的豐連有限公司退出大埔工業邨。1982–1983 年度較上一年度增加了 3 家廠商，總數為 37 家。[3] 雖然仍以生產工業原料和設備的廠商為主，但是所佔比重略有下降，為 41%。一些競爭力低的廠商繼續被市場淘汰，如生產陶瓷和搪瓷原料的福祿遠東有限公司。生產日用消費品的廠商所佔比重略有上升，佔 30%。高科技廠商所佔比重也略有提高，佔近 30%，其中增加的比較有代表性的高科技企業是印鈔廠和氣體製造廠。

1983–1984 年度廠商增至 40 家，[4] 高科技廠商繼續增加，所佔比重提高到 30%，第一次超過生產日用消費品的企業，微型馬達廠和聲控設備製造商就是這時期引進的具有代表性的高科技企業。1984–1985 年度，高科技企業在 48 家廠商 [5] 中所佔比重超過 33%，新增飛機輪胎維修廠、磁性儲藏設備製造商和計算機輔助生產商等高科技企業。同時，更多低競爭力廠商被淘汰出局，退出大埔工業邨，如生產玻璃纖維的玻坭有限公司、生產紡織用化工製品的寶華萊遠東有限公司和生產搪瓷浴室潔具的九豐搪瓷工業有限公司，這些企業退出的主要原因是想

1 《香港工業邨公司 1980–1981 年年報》，香港政府檔案處期刊，X1000591。

2 《香港工業邨公司 1981–1982 年年報》，香港政府檔案處期刊，X1000591。

3 《香港工業邨公司 1982–1983 年年報》，香港政府檔案處期刊，X1000591。

4 《香港工業邨公司 1983–1984 年年報》，香港政府檔案處期刊，X1000591。

5 《香港工業邨公司 1984–1985 年年報》，香港政府檔案處期刊，X1000591。

將工廠遷往內地。根據於 1980–1990 年代負責永南食品有限公司生產線的員工馬愛霞女士的憶述，低競爭力的廠商，如生產香港著名“公仔”食品的永南食品有限公司，把重手工製作的雲吞、餃子、糯米雞等產品線搬到內地生產，本地只保留可以使用自動化機器製作的山竹牛肉、燒賣、包點等產品線，藉以降低成本來加強競爭力，因為當時的香港工資相對於內地是“一個頂五個”。此舉導致大量香港師傅遭解僱，而這些被解僱的師傅有不少轉投淘化大同工業有限公司，成為“淘大”擴大業務範圍的重要契機。

進入 1985 年以後，大埔工業邨內廠商數量增加較快，1985–1986 年度廠商數量達 57 家，[1] 1986–1987 年度增至 65 家，[2] 1987–1988 年度增至 77 家。[3] 此後增幅放緩，1988–1989 年度內增至 79 家。[4] 到 1990 年 6 月，廠商數仍為 79 家，[5] 廠商數量沒有增加，主要是因為投資者對香港平穩過渡持觀望態度。在分類上，生產工業原料和設備的廠商、高科技廠商和生產日用消費品的廠商所佔的比重在 1985–1986 年度非常接近，分別佔 37%、33% 和 30%。高科技企業所佔比重雖然在 1986–1987 年度上升至 35%，但是這時也開始有較高技術含量的企業，如杏林堂科學製藥廠有限公司被淘汰出局，為大埔工業邨引入高新技術產業的指導方向敲響了警號。所以到 1987–1988 年，生產工業原料和設備的企業所佔比重略有回升，為 40%，具有一定技術含量的企業所佔比重降至 31%，生產日用消費品的廠商所佔比重也有所下降，為 29%。這一比例截至 1989 年 4 月也沒有大的變化，新引入的高科技企業主要是一些製藥企業。

到 1990 年代，由於港英政府耗資 1,270 億港元推行玫瑰園基建計劃，[6] 香港市場趨於穩定，對香港的投資也開始回升。到 1991 年 5 月，大埔工業邨內廠商

---

1 《香港工業邨公司 1985–1986 年年報》，香港政府檔案處期刊，X1000591。

2 《香港工業邨公司 1986–1987 年年報》，香港政府檔案處期刊，X1000591。

3 《香港工業邨公司 1987–1988 年年報》，香港政府檔案處期刊，X1000591。

4 《香港工業邨公司 1988–1989 年年報》，香港政府檔案處期刊，X1000591。

5 《香港工業邨公司 1989–1990 年年報》，香港政府檔案處期刊，X1000591。

6 1989 年，當時的港督衞奕信於 10 月 11 日宣讀的施政報告中，宣佈興建新機場及相關配套設施，即後來包括十項大型工程香港機場核心計劃，藉此穩定香港市民信心。由於機場核心計劃造價昂貴，而且工程所需的借貸無可避免跨越 1997 年。中方曾多次批評計劃對香港特區政府造成財政負擔，兩國其後通過中英聯合聯絡小組，就新機場的財務安排進行談判。最終，在 1991 年 9 月 3 日，時任英國首相約翰·梅傑與時任中華人民共和國總理李鵬在北京人民大會堂成功簽訂《關於香港新機場建設及有關問題的諒解備忘錄》。

數量增至 80 家。[1] 到 1992 年 5 月為 82 家，[2] 1993 年 5 月增至 86 家，[3] 1994 年 5 月為 87 家，[4] 達到歷史最高峰。此後，由於香港工業大規模內遷到內地，移民潮和撤資潮導致對香港本地的投資減少，所以大埔工業邨內廠商數量反而出現回落趨勢，到 1995 年 5 月減為 86 家。[5] 不過這種下降趨勢也沒有進一步擴大，截至 1996 年 5 月廠商總數依然為 86 家，此後也大體上維持在這個水平。1997 年 5 月和 1998 年 5 月也分別維持在 86 家和 85 家。[6] 這時，大埔工業邨可供批地建廠的用地已達飽和，新廠戶只能通過"騰籠換鳥"的形式進駐大埔工業邨，所以廠商數量不會大量增加，維持在約 86 家的水平上，已經足以證明大埔工業邨經受住了香港工業北移的衝擊，繼續維持穩定發展的態勢。

在廠商分類上，截至 1998 年 5 月，始終以生產工業原料和設備的廠商為主，其在廠商總數中所佔比例，1991 年 5 月為 39%，1992 年 5 月、1993 年 5 月、1994 年 5 月、1995 年 5 月和 1996 年 5 月均為 37%，1997 年 5 月為 36%，1998 年 5 月為 35%，呈穩中有降的趨勢。其次，較多的是具有一定技術含量的廠商，截至 1991 年 5 月佔總數的 34%，1992 年 5 月為 35%，1993 年同期沒有變化，1994 年 5 月為 36%，1995 年 5 月和 1996 年 5 月降為 34%，1997 年 5 月和 1998 年 5 月又回到 35%，所佔比重變化很小。排在最後的是生產日常生活消費品的廠商，截至 1991 年 5 月到 1994 年 5 月間佔 28%，1995 年 5 月佔 29%，此後直到 1998 年 5 月一直維持在這一比例，說明該類廠商所佔比例穩中略有上升。從整體上看，三類廠商在總數中所佔的比例都是比較穩定的。

儘管廠商總數和各類廠商在總數中所佔的比例變化不大，但還是不斷有廠商進入和退出。進入 1990 年代後，科技飛速發展，大埔工業邨也重點引入科技產業，如 1990–1991 年度引入了生產多層線路板用壓銅板製造廠和激光唱片生產商；1991–1992 年年度引入了生產和維修自動化、環保設備系統的阿西亞勃朗．勃威力有限公司；佳利精密製造有限公司也進行升級轉型，從生產磁帶升級

1 《香港工業邨公司 1990–1991 年年報》，香港政府檔案處期刊，X1000591。
2 《香港工業邨公司 1991–1992 年年報》，香港政府檔案處期刊，X1000591。
3 《香港工業邨公司 1992–1993 年年報》，香港政府檔案處期刊，X1000591。
4 《香港工業邨公司 1993–1994 年年報》，香港政府檔案處期刊，X1000591。
5 《香港工業邨公司 1994–1995 年年報》，香港政府檔案處期刊，X1000591。
6 《香港工業邨公司 1996–1997 年年報》，香港政府檔案處期刊，X1000591；《香港工業邨公司 1997–1998 年年報》，香港政府檔案處期刊，X1000591。

轉型到製造 8 厘米錄影帶。1992–1993 年度大埔工業邨建成衛星測控和追蹤管理站，[1] 次年度又批出第二幅廠地給該管理站 [2] 的營運商。1994–1995 年度引入生產影盤片壓片及氮化鈦超硬薄膜蒸鍍服務商。但是高科技企業往往也與高風險聯繫在一起，所以高科技企業也不是長勝不衰的，如前所述，也有高科技企業退出大埔工業邨。1989–1990 年度有煉製中藥的百草堂有限公司退出，這是第二個有較高技術含量的企業退出的年度。1994–1995 年度，也有一些具有一定科技含量的廠商也因市場變化而不得不退出，如生產超威米集成電路的世宏電子有限公司、生產電視機的航天科技國際集團有限公司和生產扁平錄像帶及盒式錄像帶的錦興磁訊有限公司。

除了高科技企業之外，生產工業原料和設備的廠商，以及生產日常生活消費品的廠商變化更大。1990–1991 年度有生產精密工件、模具及塑料產品的美特容器（香港）有限公司的第四幅廠地退出。1991–1992 年度有生產焊接鋼管的華耀鋼管廠有限公司退出。1993–1994 年度有生產金屬家具和保險箱的英記夾萬家俬有限公司退出。1996–1997 年度有生產衛生食品罐頭的嘉多寶（香港）有限公司退出。1997–1998 年度有生產軟管的金興實業有限公司退出。1992–1993 年度沒有廠商退出。1995–1996 年度則既沒有廠商進入，也沒有廠商退出。

大埔工業邨駐邨廠商進出變化和類別一覽表（截至 1998 年 5 月）

廠商名稱及其業務	產品類型	入駐年度	退出年度
0. 金興實業有限公司 （金屬軟管；1985–1986 年度業務範圍集中為鋁、鉛或錫製軟管）	生產工業原料和製作生產設備	1979–1980	1997–1998
1. 阿西亞勃朗・勃威力有限公司；1994–1995 年度改稱 ABB 工業及建築系統有限公司 （發電、輸電、配電、工業自動化、交通運輸及環境保護等領域的設備和系統。電機、機械及電子設備方面的專業維修服務）	具一定精密科技技術含量	1991–1992	
2. 亞太通信衛星有限公司 （衛星測控，追蹤管理站）	具一定精密科技技術含量	1992–1993	

1 亞太通信衛星有限公司為香港聯合交易所有限公司上市之公司（股份代號 1045），自 1992 年開始營運，擁有和經營在軌衛星（“亞太衛星系統”），覆蓋亞洲、歐洲、非洲和澳洲等全球約 75% 人口之地區，為這些地區之廣播和電信客戶提供優質的衛星轉發器、衛星通信與衛星電視廣播傳輸“一站式”服務。

2 亞太通信衛星有限公司——第二幅廠地為香港聯合交易所有限公司上市之公司（股份代號 1045），公司基本信息同上。

（續表）

廠商名稱及其業務	產品類型	入駐年度	退出年度
3. 亞太通信衛星有限公司——第二幅廠地 （衛星測控，追蹤管理站）	具一定精密科技技術含量	1993–1994	
4. 惠風工業有限公司；1987–1988 年度改稱和寶工業有限公司；1990–1991 年改稱屈臣氏實業有限公司；1996–1997 年度改稱屈臣氏（香港）有限公司 （大型家庭電器、冷凍劑、壓縮機、金屬鑄件；1989–1990 年度主要產品改變為 PET[1] 瓶、蒸餾水、飲品及果汁）	製作日常生活消費品成品	1978–1979	
5. 瑞嘉（東南亞）有限公司 （手工具）	生產工業原料和製作生產設備	1978–1979	1979–1980
5. 香港陶化大同有限公司；1984–1985 年度改稱淘化大同工業有限公司 （柯式印刷紙盒；1984–1985 年度業務範圍擴大為柯式印刷紙箱、硬咭紙箱、豉油及豆類醬油；1987–1988 年度業務範圍集中為豉油及豆類醬油；1990–1991 年度業務範圍擴大為豉油及其他中國醬油）	生產工業原料和製作生產設備；1984–1985 年度改為製作日常生活消費品成品	1980–1981	
6. 九豐搪瓷工業有限公司；1984–1985 年度改稱太古盒式磁帶有限公司；1990–1991 年度改稱太古磁電集團有限公司；1991–1992 年度改稱佳利精密製造有限公司 （搪瓷浴室潔具、應用於電力及煤氣爐灶、櫥櫃等搪瓷組件；1984–1985 年度主要產品改為磁性儲藏設備；1985–1986 年度業務範圍擴大為錄音及錄影磁帶及膠合；1991–1992 年度業務升級轉型為金屬塗磁帶和 8 厘米錄影帶）	製作日常生活消費品成品；1984–1985 年度改為具一定精密科技技術含量	1978–1979	
7. 寶華萊遠東有限公司；1984–1985 年度改稱湯遜飛機輪胎（亞洲）有限公司；1991–1992 年度改稱普利司通飛機輪胎（亞洲）有限公司 （紡織業用化工製品及消沫劑；1984–1985 年度主要產品改變為飛機及重型輪胎生產、再製模和翻新與飛機零件及裝置製造、改良、檢查和修理；1985–1986 年度業務範圍集中為飛機用重型輪胎、飛機零件；1987–1988 年度主要產品改變為翻新飛機用重型輪胎；1992–1993 年度業務範圍擴大為翻新飛機輪胎及碳纖維製動片維修）	生產工業原料和製作生產設備；1984–1985 年度改為具一定精密科技技術含量	1979–1980	
8. 湯遜飛機輪胎（亞洲）有限公司——第二幅廠地；1991–1992 年度改稱普利司通飛機輪胎（亞洲）有限公司——第二幅廠地 （飛機用及重型輪胎，以及飛機零件；1987–1988 年度主要產品改變為翻新飛機用重型輪胎；1992–1993 年度業務範圍擴大為翻新飛機輪胎及碳纖維製動片維修）	具一定精密科技技術含量	1985–1986	

1 PET: Polyethylene Terephthalate.

（續表）

廠商名稱及其業務	產品類型	入駐年度	退出年度
9. 福祿遠東有限公司；1982–1983 年度改稱美國聯和有限公司 （陶瓷及搪瓷原料；1982–1983 年度主要產品改變為鋼、鋁玻璃幕牆組合；1983–1984 年度業務範圍擴大為隔熱玻璃、鋼及鋁幕牆組合及其檢定服務、聲音控制設備）	生產工業原料和製作生產設備；在 1982–1983 年改為具一定精密科技技術含量	1977–1978	
10. 杏林堂科學製藥廠有限公司；1986–1987 年度改稱 C.A. Picard Far East Ltd.；1988–1989 年度改稱必發精磨鋼板有限公司 （經提煉成粉狀之中國傳統成藥；1985–1986 年度主要產品改變為從山草藥提煉成中藥沖服劑；1986–1987 年度主要產品改變為啤片、多層片及重整舊片；1990–1991 年度主要產品改變為不鏽鋼壓板、特殊工具鋼頂板和托板。上述各種鋼板之翻修服務及多層線路板之定位鑽孔設備）	具一定精密科技技術含量	1980–1981	
11. 美國粟米產品有限公司 （食品及調味料）	製作日常生活消費品成品	1984–1985	
12. Cabot Plastics Hong Kong Ltd.；1989–1990 年度改稱卡博特塑料香港有限公司 （塑膠原料及複合物）	生產工業原料和製作生產設備	1987–1988	
13. 嘉士伯啤酒廠香港有限公司 （啤酒；1990–1991 年度業務範圍擴大為啤酒及仙地）	製作日常生活消費品成品	1977–1978	
14. May Time Limited；1988–1989 年度改稱震雄鑄造有限公司 （生鐵鑄造；1990–1991 年度業務範圍擴大為球墨鑄鐵及生鐵鑄造）	生產工業原料和製作生產設備	1987–1988	
15. 震雄鑄造有限公司——第二幅廠地 （球墨鑄鐵及生鐵鑄造）	生產工業原料和製作生產設備	1992–1993	
16. 香港電腦輔助設計及生產服務有限公司；1991–1992 年度改稱震雄投資有限公司 （金屬模具）	具一定精密科技技術含量	1984–1985	
17. 震雄機器廠有限公司 （各類塑料製作機器；1988–1989 年度業務範圍擴大為注塑機器、小型工業用機械人）	生產工業原料和製作生產設備	1977–1978	
18. 震雄機器廠有限公司——第二幅廠地 （注塑機器、輔助器材及有關機件）	生產工業原料和製作生產設備	1984–1985	
19. 玻坭有限公司；1984–1985 年度改稱捷和實業有限公司 （玻璃纖維英坭產品；1984–1985 年度主要產品改變為小型家庭電器）	生產工業原料和製作生產設備；在 1984–1985 年改為製作日常生活消費品成品	1979–1980	
20. 英發印刷製品有限公司；1981–1982 年度改稱英發紙品製造廠有限公司 （自動黏貼相簿）	製作日常生活消費品成品	1979–1980	

（續表）

廠商名稱及其業務	產品類型	入駐年度	退出年度
21. 英商高氏兄弟（香港）有限公司 （印刷油墨及塗料）	生產工業原料和製作生產設備	1985–1986	
22. 健全食品工業有限公司；1994–1995 年度改稱健全食品國際有限公司 （急凍點心及食品；1990–1991 年度業務範圍集中為急凍點心）	製作日常生活消費品成品	1977–1978	
23. 美國大陸製罐（香港）有限公司；1989–1990 年度改稱大陸製罐（香港）有限公司；1993–1994 年度改稱皇冠製罐香港有限公司 （飲料用儲罐；1989–1990 年度業務升級轉型為鋁質飲品罐；1990–1991 年度業務範圍擴大為鋁質飲品罐及鋁質飲品蓋）	生產工業原料和製作生產設備	1977–1978	
24. 英記夾萬家俬有限公司；1993–1994 年度改稱文化傳信印刷大廈有限公司 （鋼具家俬、防火防盜夾萬、銀庫及保險箱系統；1993–1994 年度主要產品改變為印刷報紙、漫畫及雜誌）	製作日常生活消費品成品	1977–1978	
25. 大同混凝土（香港）有限公司 （預應力鋼筋混凝土樁；1987–1988 年度業務範圍擴大為預應力鋼筋混凝土樁及盛水泥用紙袋；1989–1990 年度業務升級轉型為預應力鋼筋混凝土樁及合成鋼管樁；1997–1998 年度業務範圍集中為預應力鋼筋混凝土樁）	生產工業原料和製作生產設備	1980–1981	
26. 大同混凝土（香港）有限公司——第二幅廠地 （預應力鋼筋混凝土樁；1987–1988 年度業務範圍擴大為預應力鋼筋混凝土樁及盛水泥用紙袋；1989–1990 年度業務升級轉型為預應力鋼筋混凝土樁及合成鋼管樁；1997–1998 年度業務範圍集中為預應力鋼筋混凝土樁）	生產工業原料和製作生產設備	1983–1984	
27. 大同混凝土（香港）有限公司——第三幅廠地（預應力鋼筋混凝土樁；1987–1988 年度業務範圍擴大為預應力鋼筋混凝土樁及盛水泥用紙袋；1989–1990 年度業務升級轉型為預應力鋼筋混凝土樁及合成鋼管樁；1997–1998 年度業務範圍集中為預應力鋼筋混凝土樁）	生產工業原料和製作生產設備	1984–1985	
28. 大同混凝土（香港）有限公司——第四幅廠地 （預應力鋼筋混凝土樁及盛水泥用紙袋；1989–1990 年度業務升級轉型為預應力鋼筋混凝土樁及合成鋼管樁；1997–1998 年度業務範圍集中為預應力鋼筋混凝土樁）	生產工業原料和製作生產設備	1987–1988	
29. 聯華電子廠有限公司 （彩色電視機；1989–1990 年度主要產品改變為傳真紙）	具一定精密科技技術含量	1980–1981	
30. 興宇金屬製品廠有限公司；1995–1996 年度改稱興宇汽車排氣鼓廠有限公司 （汽車廢氣系統；1990–1991 年度業務範圍擴大為汽車排氣及消聲器系統）	製作日常生活消費品成品	1977–1978	
31. 香港富士電機有限公司 （複印機用光電導滾筒及零件）	具一定精密科技技術含量	1985–1986	

（續表）

廠商名稱及其業務	產品類型	入駐年度	退出年度
32. Thomas De La Rue (Hong Kong) Ltd.；1984–1985 年度改稱達利來（香港）有限公司；1994–1995 年度改稱托馬斯 . 德拉魯（香港）有限公司；1995–1996 年度改稱香港印鈔有限公司 （紙幣印製）	具一定精密科技技術含量	1982–1983	
33. 耀騰實業有限公司；1988–1989 年度改稱香港額部有限公司 （汽車風油軚及油泵系統零件）	製作日常生活消費品成品	1987–1988	
34. 香港氧氣有限公司 （氦氣、氬氣以及其他工業及醫療用特別混合氣體；1989–1990 年度業務範圍擴大為氦氣、氬氣以及其他工業及醫療用特別混合氣體、液體二氧化碳、乾冰、氧氣、氮氣及氬氣）	具一定精密科技技術含量	1982–1983	
35. 香港氧氣有限公司——第二幅廠地 （液體二氧化碳、乾冰塊、片及球；1989–1990 年度業務範圍擴大為氦氣、氬氣以及其他工業及醫療用特別混合氣體、液體二氧化碳、乾冰、氧氣、氮氣及氬氣）	具一定精密科技技術含量	1986–1987	
36. 香港氧氣有限公司——第三幅廠地 （氦氣、氬氣以及其他工業及醫療用特別混合氣體、液體二氧化碳、乾冰、氧氣、氮氣及氬氣）	具一定精密科技技術含量	1989–1990	
37. 香港工業總會；1985–1986 年度改稱香港標準及檢定中心 （產品檢定服務）	具一定精密科技技術含量	1980–1981	
38. 華耀鋼管廠有限公司；1991–1992 年度改稱香港益力多乳品有限公司 （接焊鋼管；1991–1992 年度主要產品改變為乳品）	生產工業原料和製作生產設備；1991–1992 年度改為製作日常生活消費品成品	1984–1985	
39. 香港山崎麵包有限公司 （麵包糕餅）	製作日常生活消費品成品	1985–1986	
40. 香港山崎麵包有限公司——第二幅廠地 （麵包糕餅）	製作日常生活消費品成品	1990–1991	
41. 科苑有限公司；1980–1981 年度改稱華科電子有限公司 （矽片微型電子集成電路）	具一定精密科技技術含量	1979–1980	
42. 鴻興柯式印務有限公司 （瓦通紙板及紙箱、柯式印刷紙箱）	生產工業原料和製作生產設備	1986–1987	
43. 國際容器有限公司 （優質包裝物料、瓦通纖維箱及有關配件）	生產工業原料和製作生產設備	1985–1986	
44. 德昌電機工業製造廠有限公司 （微型馬達）	具一定精密科技技術含量	1983–1984	
45. 德昌電機工業製造廠有限公司——第二幅廠地 （微型馬達）	具一定精密科技技術含量	1984–1985	

（續表）

廠商名稱及其業務	產品類型	入駐年度	退出年度
46. 公華金屬有限公司 （影印機金屬零件；1990–1991 年度業務範圍擴大為影印機及打印機金屬啤件）	生產工業原料和製作生產設備	1986–1987	
47. 康力投資有限公司；1992–1993 年度改稱航天科技國際集團有限公司；1994–1995 年度改稱南順地產有限公司 （電視機及液晶體顯像管；1987–1988 年度業務範圍集中為電視機；1994–1995 年度主要產品改變為從事冷凍麵團、糕餅、日本式即食麵之製造與及食品及其包裝技術研究及服務中心）	具一定精密科技技術含量；1994–1995 年度改為製作日常生活消費品成品	1980–1981	
48. 李錦記有限公司 （蠔油、其他醬油及罐頭湯）	製作日常生活消費品成品	1984–1985	
49. 美特容器（香港）有限公司 （防盜金屬蓋及噴霧容器；1987–1988 年度業務範圍擴大為防盜金屬蓋及噴霧容器、兩片裝鋁質及錫質飲品罐及其他金屬包裝物料；1989–1990 年度業務範圍擴大為兩片裝鋁質及錫質飲品罐及其他金屬包裝物料、防盜金屬蓋及噴霧容器、精密工件及模具生產及塑膠產品；1990–1991 年度業務範圍擴大為兩片鋁質飲品罐及易拉蓋、食油罐、石油及化工產品罐和噴霧罐、鋁質防冒蓋、塑料瓶及蓋、精密工件及模具生產）	生產工業原料和製作生產設備	1978–1979	
50. 美特容器（香港）有限公司——第二幅廠地 （飲料用之二片鋁或錫質儲罐；1987–1988 年度業務範圍擴大為防盜金屬蓋及噴霧容器、兩片裝鋁質及錫質飲品罐及其他金屬包裝物料；1989–1990 年度業務範圍擴大為兩片裝鋁質及錫質飲品罐及其他金屬包裝物料、防盜金屬蓋及噴霧容器、精密工件及模具生產及塑膠產品；1990–1991 年度業務範圍擴大為兩片鋁質飲品罐及易拉蓋、食油罐、石油及化工產品罐和噴霧罐、鋁質防冒蓋、塑料瓶及蓋、精密工件及模具生產）	生產工業原料和製作生產設備	1979–1980	
51. 美特容器（香港）有限公司——第三幅廠地 （飲料用之二片鋁或錫質儲罐及其他金屬包裝物料；1987–1988 年度業務範圍擴大為防盜金屬蓋及噴霧容器、兩片裝鋁質及錫質飲品罐及其他金屬包裝物料；1989–1990 年度業務範圍擴大為兩片裝鋁質及錫質飲品罐及其他金屬包裝物料、防盜金屬蓋及噴霧容器、精密工件及模具生產及塑膠產品；1990–1991 年度業務範圍擴大為兩片鋁質飲品罐及易拉蓋、食油罐、石油及化工產品罐和噴霧罐、鋁質防冒蓋、塑料瓶及蓋、精密工件及模具生產）	生產工業原料和製作生產設備	1983–1984	
52. 58. 66. 捷和實業有限公司 （“軸向磁通”馬達及鐵套電熱線）	生產工業原料和製作生產設備	1981–1982	1983–1984
52. Mass Lam International Ltd.；1990–1991 年度改稱多層線路板有限公司 （電子業用敷銅板；1990–1991 年度主要產品改變為多層線路板用壓銅板；1992–1993 年度業務範圍集中為多層線路板之內層線路板製造）	具一定精密科技技術含量	1986–1987	

（續表）

廠商名稱及其業務	產品類型	入駐年度	退出年度
53. 豐達製造廠有限公司；1989–1990 年度改稱 Meadville Limited；1991–1992 年度改稱美維集團有限公司 （電風扇；1989–1990 年度主要產品改變為粘結片、薄板、特別線路板）	製作日常生活消費品成品；1989–1990 年度改為具一定精密科技技術含量	1978–1979	
54. 美亞鋁廠有限公司 （各式鋁片輾壓）	生產工業原料和製作生產設備	1983–1984	
55. 味樂食品有限公司 （急凍肉類及其他急凍食品；1991–1992 年度主要產品改變為發泡膠杯狀容器）	製作日常生活消費品成品	1985–1986	
56. 凱曼（遠東）有限公司；1994–1995 年度改稱蒙特爾遠東有限公司；1997–1998 年度改稱福和中國有限公司 （生產聚合物及合成物；1989–1990 年度業務範圍擴大為生產聚合物及合成物、發展及改良新塑料科技中心；1991–1992 年度業務範圍集中為發展及改良新塑料科技中心）	生產工業原料和製作生產設備	1987–1988	
57. 萬力半導體香港有限公司 （採用電腦輔助設計 / 電腦輔助生產 / 電腦統籌生產科技設計及製造半導體產品）	具一定精密科技技術含量	1987–1988	
58. Nifco (Hong Kong) Limited （塑膠產品及模具）	製作日常生活消費品成品	1987–1988	
59. 日清食品有限公司 （即食麵）	製作日常生活消費品成品	1984–1985	
60. 亞洲化學科技有限公司；1986–1987 年度改稱亞洲科技化學有限公司；1989–1990 年度改稱佳特科技有限公司；1991–1992 年度改稱 PVC 助劑有限公司 （高純度化學鹽）	具一定精密科技技術含量	1985–1986	
61. 亞細亞包裝有限公司；1979–1980 年度改稱班寶香港有限公司；1980–1981 年度改稱 BBC 勃朗・勃威力有限公司；1987–1988 年度改稱亞西亞勃朗・勃威力有限公司；1988–1989 年度改稱 Philips Hong Kong Ltd.；1989–1990 年改稱飛利浦香港有限公司 （塑膠線加固及塑膠薄膜防潮工業原料紙袋；1979–1980 年度主要產品改變為液晶體顯像板、磁鐵、移印主模；1987–1988 年度業務範圍擴大為液晶體顯像板、重型電機廠維修服務；1990–1991 年度主要產品改變為液晶體顯示器）	生產工業原料和製作生產設備；1979–1980 年度改為具一定精密科技技術含量	1978–1979	
62. 筆克（香港）有限公司（展覽品的設計和製作；1990–1991 年度業務升級轉型為國際性質工商業展覽會的設計和承造）	具一定精密科技技術含量	1986–1987	
63. 文宜製罐廠（香港）有限公司；1990–1991 年度改稱 CMB 文宜（香港）有限公司；1992–1993 年度改稱嘉多寶（香港）有限公司；1996–1997 年度改稱 Pico North Asia (Holdings) Limited （衛生標準之儲藏食品罐頭、食品儲罐；1996–1997 年度主要產品改變為國際性質工商業展覽會的設計和承造）	生產工業原料和製作生產設備；在 1996–1997 年改為具一定精密科技技術含量	1977–1978	

（續表）

廠商名稱及其業務	產品類型	入駐年度	退出年度
64. 電鍍工程及化工原料有限公司 （電鍍及表面加工業的設備及所用化工原料；1990–1991 年度業務升級轉型為電鍍及表面處理，環保設備及所用化工原料）	生產工業原料和製作生產設備	1985–1986	
65. 寶源（陶氏）機械廠有限公司 （塑膠業用機器）	生產工業原料和製作生產設備	1986–1987	
66. 錦興磁帶有限公司；1990–1991 年度改稱錦興磁訊有限公司；1994–1995 年度改稱巨擘科技有限公司 （扁平錄影帶及盒式錄影帶；1994–1995 年度主要產品改變為影盤片壓片業務及氮化鈦超硬薄膜蒸鍍服務）	具一定精密科技技術含量	1986–1987	
67. 亞洲電鍍器材有限公司 （適合電子業使用的自動電鍍機）	生產工業原料和製作生產設備	1987–1988	
68. 興華半導體工業有限公司 （矽片微型集成電路；1990–1991 年度業務範圍擴大為集成電路及液晶顯示器；1995–1996 年度業務範圍集中為集成電路）	具一定精密科技技術含量	1978–1979	
69. 雲利乳膠廠有限公司 （各類聚氨酯製造機器及產品；1985–1986 年度業務範圍擴大為聚氨酯的生產設備及產品，以及經化學處理的手套；1989–1990 年度業務範圍集中為聚氨酯的生產設備及產品；在 1991–1992 年度業務範圍集中為聚氨酯的產品）	生產工業原料和製作生產設備	1977–1978	
70. 廉謙（香港）有限公司 （石油汽缸、工業用之鐵桶及熱水器；1985–1986 年度主要產品改變為吹塑及注塑塑膠容器和錄影帶膠盒；1990–1991 年度業務範圍集中為吹塑及注塑膠容器）	生產工業原料和製作生產設備	1979–1980	
71. 力士泵廠有限公司 （泵類產品）	生產工業原料和製作生產設備	1985–1986	
72. Fortress Ceramic Co. Ltd.；1982–1983 年度改稱豐澤磁磚有限公司；1985–1986 年度改稱榮山陶磁有限公司；1987–1988 年度改稱新嘉利瓷磚有限公司 （光面及啞面瓷磚）	製作日常生活消費品成品	1981–1982	
73. 滑模工程有限公司 （鋼鐵滑模系統）	生產工業原料和製作生產設備	1979–1980	
74. 百草堂有限公司 （煉製中藥）	具一定精密科技技術含量	1988–1989	1989–1990
74. 亞洲鐳射唱片國際有限公司；1991–1992 年度改稱德亞有限公司 （鐳射唱片製作及生產）	具一定精密科技技術含量	1990–1991	
75. 南華早報出版有限公司 （出版及刊印報紙及雜誌）	製作日常生活消費品成品	1992–1993	

（續表）

廠商名稱及其業務	產品類型	入駐年度	退出年度
76. 新勵膠管有限公司 （加固塑膠高壓喉管）	生產工業原料和製作生產設備	1978–1979	
77. 德隆工業有限公司 （PET[1] 膠瓶）	製作日常生活消費品成品	1987–1988	
78. 永安食品有限公司 （袋裝保鮮食物；在 1987–1988 年業務範圍擴大為袋裝保鮮食物及即食麵）	製作日常生活消費品成品	1982–1983	
79. Times-Ringier (HK) Ltd.；1987–1988 年度改稱泰業（香港）有限公司 （印製雜誌、書籍、冊子、指南及報紙；1989–1990 年度業務範圍集中為印製雜誌、書籍、冊子及指南）	製作日常生活消費品成品	1986–1987	
80. 田氏實業有限公司 （聚氯化乙烯樹脂硬片；1990–1991 年度主要產品改變為聚氯化乙烯硬質膠布）	生產工業原料和製作生產設備	1988–1989	
81. 美特容器（香港）有限公司——第四幅廠地 （精密工件及模具生產及塑膠產品；1989–1990 年度業務範圍擴大為兩片裝鋁質及錫質飲品罐及其他金屬包裝物料、防盜金屬蓋及噴霧容器、精密工件及模具生產及塑膠產品）	生產工業原料和製作生產設備	1987–1988	1990–1991
81. 環球熱浸鍍鋅有限公司 （一切鋼鐵結構表面加工鍍上鋅層，以達到長遠防鏽的效果）	生產工業原料和製作生產設備	1992–1993	
82. 愛卡電器有限公司；1989–1990 年度改稱華智（香港）有限公司 （矽片數字和記憶、微型集成電路）	具一定精密科技技術含量	1978–1979	
83. 永南食品有限公司 （氮氣液化急凍即食中國菜式、點心、焙麵及海產食品；1985–1986 年度業務範圍集中為液化氮急凍即食中國菜式、點心及海產食品）	製作日常生活消費品成品	1978–1979	
84. 永泰食品有限公司 （冷藏食物、袋裝保鮮食物及利樂包保鮮裝鮮湯）	製作日常生活消費品成品	1987–1988	
85. Zama Industries Limited；1989–1990 年度改稱駿馬精密有限公司 （壓鑄工件及化油器）	生產工業原料和製作生產設備	1987–1988	
86. 世宏電子有限公司 （超威米集成電路）	具一定精密科技技術含量	1991–1992	1994–1995
*[2] 豐連有限公司 （鍍鋅及非鍍鋅鋼管）	生產工業原料和製作生產設備	1980–1981	1981–1982

1 PET: Polyethylene Terephthalate.

2 在 1980–1981 年度的香港工業邨公司年報中，沒有相關公司所在確切地段的記錄。

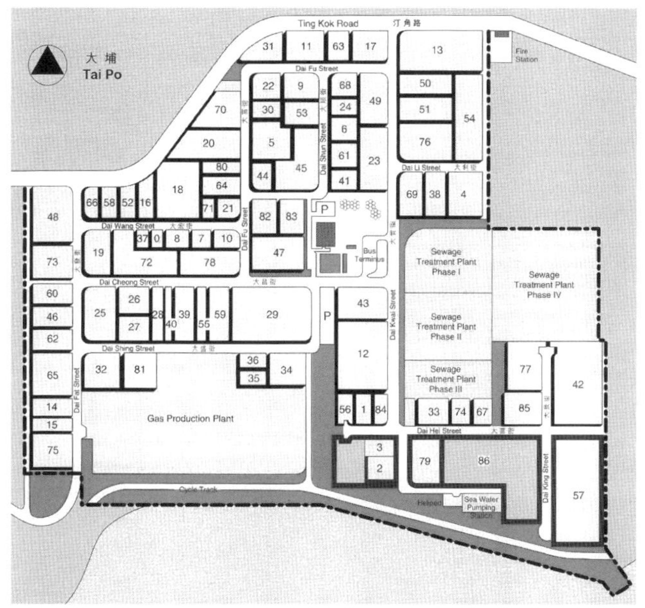

大埔工業邨駐邨廠商的地理位置[1]（地段編號對應上表的廠商編號）。

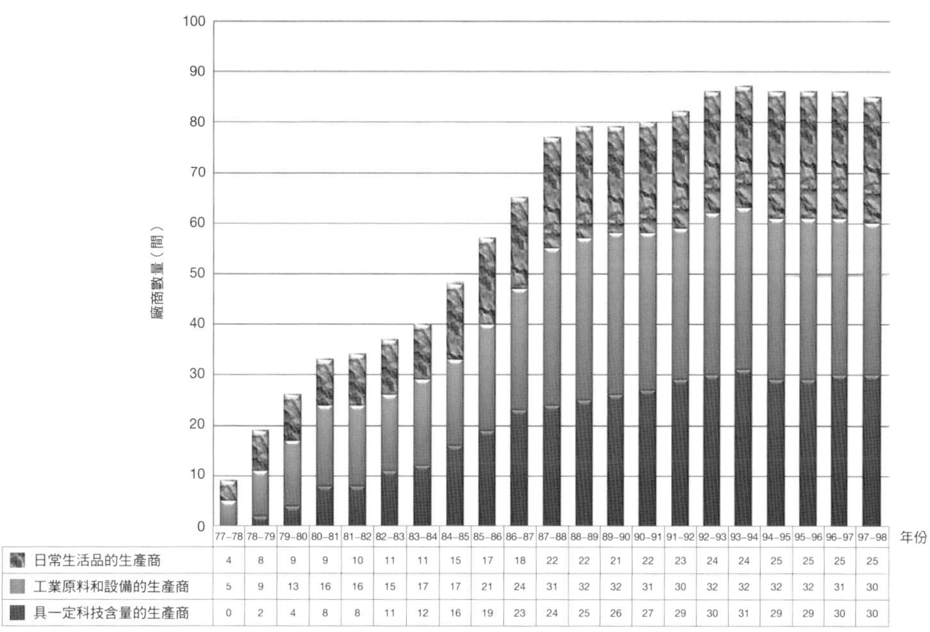

	77–78	78–79	79–80	80–81	81–82	82–83	83–84	84–85	85–86	86–87	87–88	88–89	89–90	90–91	91–92	92–93	93–94	94–95	95–96	96–97	97–98
日常生活品的生產商	4	8	9	9	10	11	11	15	17	18	22	22	21	22	23	24	24	25	25	25	25
工業原料和設備的生產商	5	9	13	16	16	15	17	17	21	24	31	32	32	31	30	32	32	32	32	31	30
具一定科技含量的生產商	0	2	4	8	8	11	12	16	19	23	24	25	26	27	29	30	31	29	29	30	30

大埔工業邨廠商的數量變化與類型分佈。

1 《香港工業邨公司年報》，香港政府檔案處期刊，X1000591。

結　語

大埔工業邨的成果是有目共睹的。在工業邨層面上，廠商的工業種類也是全面且多元的。從文中展示的材料可以發現，邨內的工業種類多式多樣，並沒有局限於一至兩種工業類別，而是涵蓋了日常生活用品、機械五金、建築材料、化工用品等，其中不但有製造業，也有服務業；既有供出口的產品，也有供香港本地需要的產品。因此，大埔工業邨並非由某一工業類型主導，工業種類多元化且均衡發展。在廠商數量上，大埔工業邨出租率直到現在也一直維持在很高的水平，甚至達到百分之百的程度。即便大埔工業邨的地價連年上調，從 1974 年港英政府對大埔工業邨的批地價格每平方呎 45 港元，到後來一路上調至 1999 年的每平方米 1,900 港元，儘管地價上漲很多，出租率仍一直維持在很高的水平。當中最主要原因是地價較邨外便宜，且只需付一次性支付較市場價格便宜的批地價，便可租用土地直到 2047 年。港英政府允許香港工業邨公司以低廉的價格批地給適合的廠商，解決了香港廠商面臨高地價和廠地不足等問題。所以，簽署契約之廠商由 1977–1978 年度的 9 間增至大埔工業邨建設完成後的 80 多間，而在整個 1990 年代也一直維持 80 多間工廠的水平，並將這種水平維持至今。這個供不應求的情況不僅反映出大埔工業邨的價值，也清楚顯示出在政府積極政策介入之下，香港是能夠繼續發展自身工業產值的地方。

第二十一章

香港棉紡織業及成衣業的發展與轉型

黃志超

紡織業及成衣製造業在香港曾經有過一段長達半世紀的輝煌時期。這兩個行業始終都是勞工密集型的行業。在中國內地經歷戰亂和政治運動期間，香港的人力市場和勞動力卻不斷得到南下偷渡同胞的補充，因而適時地注入新血液、新動力和新思維。香港的紡織業及製衣業勇於面對外來的挑戰，將這兩個行業推上更高的臺階，直至發展到頂峰。紡織業及製衣業各有其黃金時間，但每一個行業都要面對潮流週期性的改變，根據商業性的決定改變營運模式，以求生存。

香港在非常被動的情況下得到了內地給予的三個機遇，並配合外在因素進行調整和轉變。香港能很好地掌握、珍重每次機遇，並加以發展、壯大，把蛋糕做得更大，使更多人受益。從 1950 年代以至 2000 年，前後只有 65 年的光景，但從香港人的視角來看，1950 年代的紡織業迎來第一次發展機遇，到 1970 年代在發展中成功轉型，1980 年代迎來第二次發展機遇，到 1990 年代又面對另一次轉型。如今，整個成衣製造行業已脫離香港，香港恢復到初期的洋行接單的模式，所有的工廠生產，不是轉移到內地，便是搬到其他東南亞國家。

第一個機遇是在 1950 年代的國共內戰之後。歐美對中國內地的全面封鎖及禁運，導致中國商人，特別是上海商人，預訂的紡織機器都不能運到內地，只能滯留香港。政權的改變，致使內地的很多資金、人才及管理技術都不得不南下香港，而港英政府乘勢調整出入境政策，另一方面又推出一些新政策加以配合，使得內地的紡織企業在百般無奈下在港延續其紡織事業，同時為香港奠定工業生產的基礎，亦使香港由一個小型工業變身成為一個商港及紡織的生產基地。

1960 年代以後，美國與歐洲的政治及經濟環境急劇改變，對服裝的需求激增，加上歐美國家生產成本不斷上漲，政府鼓勵高科技、金融等工業，致使勞動力密集及生產成本脫節的工業向東南亞國家及地區轉移。香港憑藉英語溝通優勢、工作勤力盡責，贏得不少國際信譽。與此同時，內地的政治運動又促使大量勞工逃難到港，補充了本地勞動市場的不足，促使香港製衣業上了一個臺階，由紡織工業漸漸過渡至製衣工業。

製衣行業的瓶頸是“配額”。歐美等富裕國家的需求是主導，他們以“配額”數量為手段，既平衡買賣的價格，更重要是達到政治的目的。[1] 香港商人沒有其他選擇，只得往外闖。

1970 年代末至 1980 年代初，內地實行改革開放政策，給香港的紡織及製衣業第二個大機遇。從 1960 年代的發展初期到 1980 年代的這 20 年，香港雖然在 1960 年代中期到 1970 年代中期添加過勞動力，但急速的發展使得勞動力價格與租金上升，已開始拖香港的後腿，窒礙香港的進一步發展。中國的改革開放對香港而言是及時雨，拓展了香港的發展空間。

到 1990 年代，內地逐步打開零售市場大門。這樣龐大的市場馬上吸引了香港的服裝零售業。內地的穿衣文化不再局限於背心、文化杉、斜長褲，以及紅、白、藍、黑等顏色，而是呈現百花齊放的局面。及後，內地的消費者更不滿足於此，香港商人進一步引進歐美品牌，從小品牌到一線大牌，使內地的消費模式與國際慢慢接軌。

之後的十多年，內地與香港之間的互動發展，隨著中國加入世界貿易組織成為會員而發生巨變，“配額”隨著實行世貿協議規則而一步步取消，變相削弱了香港製衣商人的競爭力。內地的企業可以跳過香港，直接接觸買家，原本與香港合作的夥判關係變成了競爭對手。但良性的競爭並沒有太大地影響內地與香港之間的關係。

經過這六十多年的發展，目前在香港股份上市的製衣大企業，如旭日企業、同德仕國際、德永佳集團、達利國際、達成集團等，其發展軌跡如出一轍。雖然上述商人宣稱香港的紡織及製衣工業已是夕陽工業，但隨著“一帶一路”倡議的

---

1 根據筆者的觀察分析，同盟或關係較佳的國家可以得到更多數量，或以數量來攏絡或改善國與國之間的關係，以達到政治上的效果及目的，例如：美國與越南。

發展，有可能又會衍生出另一個機遇，讓香港商人再次有大展身手的機會。

目前，香港的製造業確已式微，難以和以往的工業生產相提並論，只能倒退到製衣業的萌芽階段，接單後再下單到內地或其他地方，如越南、柬埔寨等國家去生產。不單生產業式微，連帶的配件生產、陸路運輸、海上航運、貨櫃碼頭等生意額都相應下滑。現今香港的經濟支柱，離不開高科技、金融、旅遊及服務業。香港的棉紡織業及製衣業再難以回到曾經佔香港出口 35.6% 的高份額的那種水平。[1]

本章不打算詳述香港紡織業及製衣業的前世今生，而是介紹足以影響兩個行業的重點因素，以及這兩個行業下滑後是否可以衍生出另一個行業，還是仍延續同一個行業。

一、香港紡織業

紡織業雖是輕工業，有別於煉鋼、造船等重工業，但其生產也並非手掌眼見工夫即可成，發展起來不僅需要一定的工序，更需要投入大量的資金。

“紡”與“織”是兩個不同的生產工序。“紡”是將棉花逐步拉長並捻合成棉線，產出叫作“紗”。可以把單一粗幼的紗線或兩三條較幼的紗線捻合成一條較粗的紗線，不同粗幼的紗線所能承受的拉力固然不同，而由兩條至多條紗線捻合而成一條同粗幼的紗線，所能承受的拉力也有不同。不同工序所生產出來的紗線有不同用途，價格亦有很大的差別。

將適合粗幼的棉線橫直交疊在一起稱為“織”。手工時代的織布機是先將紗線直線排列，然後把另一組的紗線穿上工具“梭”，在直排的紗線上來回“走動”，再用力把橫直的紗線逼實，一般來說這便是“布”，或稱為“丕布”，意思是還沒有顏色的布。織布的方法也是千變萬化，橫豎所用的紗線粗幼可以不同，

1 王賡武主編：《香港史新編》（上冊），香港：三聯書店（香港）有限公司 1997 年版，第 313 頁。

所用的數量與顏色可以不同。“紡”與“織”從一開始便可以有很多，也可以很大的變化。現今科技進一步發展，利用電腦幫助計算，可以利用不同紗線的顏色、粗幼及織布時底面的高低織成花樣，而且有凹凸的手感。

而將“坯布”染色也是一大學問。一般來說，是把整捲的“坯布”染色，然後才裁剪，英語叫作“Piece Dye”。但也有先裁剪，縫合成成衣後，才進行漂染，英語叫作“Garment Dye”。二者各有好壞，但都取決於設計師及零售價格。另外，還有先把紗線染色，才去織布的方法，行內稱之為“色織”。

紡織隨著工業進步到機械化時代，再不能以家庭作坊或小工業生產方式運營，反而需要大規模的資金投放以及廠房、器械、勞動人口及外圍因素的配合，例如水、電等。要把各種因素要項有條不紊地整合在一起，就需要系統的管理，務必將出錯降至最低。

英國的第一次工業革命，使許多手工業都改進為機械化，而當中的一項就是棉紡織業。幾個大量種植棉花的地區，包括印度、巴基斯坦、埃及等，都是英國的殖民地，而且棉的質量是長纖，[1] 韌性較好。由於原材料供應得以保障，所以英國成為紡織業的領先國家。美國是另一個大產區，也是紡織大國，其棉花的本質較前者稍短，也算是長纖。除此之外，還有非洲的埃及、埃塞俄比亞都盛產棉花。中國一向以農業立國，傳統種植以糧食為主，由於本土市場需求不多，種植棉花並非主流。但事實上，中國的新疆、內蒙古及好幾個內陸省份都產棉，所以也算是個產棉大國。

基於英國與美國都有原材料供應的保證，所以在二戰前都是紡織業的龍頭大國。但二戰後，英國及歐洲國家得益於美國的“馬歇爾計劃”的幫助，一步步重建起來。至於日本，美國本著協助重建的義務，慮及其自身的生產成本的上升、勞動力不足的問題，美國便將紡織業外移給日本。隨後，市場需求不斷增加，而將“紡、織、染”建立成一個完整的工業體系又非易事，無論出於政治上的考量還是基於對生產能力的評估，英美的首選都是香港。正是諸多因素整合在一起，加上天時、地利和人和多重因素疊加，“紡、織、染”的生產體系得以在香港建立起來。

---

1 長纖是從棉球紡出的棉紗長度，比其他產地的棉球紡出的棉紗較長。

自18世紀中葉開始的工業革命，英國的紡織業，由於不斷有印度和巴基斯坦的原材料供應，各項紡織工業技術的發展一日千里。1840年的鴉片戰爭，迫使中國的大門被打開，國外的包括文化在內的各樣事物不斷湧入，最先集中在上海、廣州等口岸城市。西方的商業、貿易、工業生產等經營模式，一一從外國引入，特別是上海的發展可算是一日千里。

中、英之間的瞭解漸多，引進的商品對中國人的生活衝擊很大，特別是穿衣文化方面，市場的需求日趨增大。英國的紡織工業理所當然地被引進到中國，在當地生產以降低成本，首選城市仍然是上海，亦只有上海能提供龐大的投資資金。從民國初期到1936年抗日戰爭之前，上海的商貿、工業不斷地成立、發展、完善，到再發展、再完善。二戰結束後，上海很快就迎來了新的機遇，特別是紡織業。經過二戰前的起步階段，再加上戰後對生活商品的需求急劇增加，舊的生產機械大多不勝負荷，更換或增添新的器械已刻不容緩。新機器大多從歐洲或美國進口。製造及運輸需時，而大部分的付運都是在1949年前後，而這段時間正好是香港紡織業得以發展的轉折點。

1842年的《南京條約》把香港割讓給英國。當時的香港只是一個小漁港，而二戰後的香港雖然已不單單是漁港，也有輪船的維修、小規模或家庭式的工業生產、內地與東南亞之間的轉口貿易，但真正有規模的出口貿易不多見。當時的貿易買賣大多是通過英、美、印等在香港設立的買辦洋行進行，例如英國的天祥洋行（Dodwell）或美國的AMC洋行等。

香港的紡織工業之所以能夠發展起來，是由多個因素共同推動的結果。在1949年中華人民共和國成立後，對於一個新的政權，許多生活在南方的人心裏會有些不安，特別是敏感的上海商人採取觀望態度，為規避風險將資本和機器生產資料外運。首先，將國外購買原定運送中國的新機器轉運到其他地方，同時盡快將現存的機器運出中國。其次，將資金及管理人才分散到其他地區，以降低風險。而地理位置最近的境外地方，便是香港。與此同時，基於信心或政治原因，大批的中國同胞也逃離內地，暫避戰亂，首選也是最近的香港。一時間，香港聚集了大批新舊生產機器、資金、管理人才及勞動力。在政治不明朗的情況下，是“危”還是“機”，都是未知數。但無論如何，港英政府首先要面對的一大難題，就是如果解決新移民的生活問題及其他衍生出來的社會問題，如處理不當，引發的社會動盪會是更大的問題。逃離內地的商人亦意識到，與其等待難以預測的局勢明朗化，倒不如在不得已的情況下就地開拓新局面，在香港延續上海的紡織業。

在二戰後的初期，商品需求仍非常殷切，不愁訂單，加上現有的機器、技術、資金、人才、管理，可以說是萬事俱備，只欠廠房及其他生產配套。港英政府亦非常配合，在市區以外近郊的地方批出土地建廠房，又供電及供水，使得所有的生產配套的元素到位，香港的紡織業初始階段便應運而生。當時大的紡織廠有香港南豐紗廠、香港華僑紗廠、香港中南紗廠、中國染廠等。其後，南豐把廠房拆卸後改建為一個大型的住宅區，命名為南豐新邨，位於現今香港島的筲箕灣，而中心仍然屹立在新界的荃灣區。

此外，又有一個小的政治插曲。在中國內地政權易手後，英國政府亦擔心會影響香港，原因是中國內地公民在政權變更前是可以自由進出，不受限制。所以港英政府於 1950 年 5 月 5 日宣佈，中國內地公民進入香港境內，必先取得許可證，這樣無疑在政治上把內地與香港巧妙地分割開來。[1] 這個舉動使得逗留在港的上海商人或逃離內地的中國公民忘掉早晚回歸家鄉的幻想，切切實實以香港為第二個家鄉。

綜合上述的三個因素，促使中國內地公民留在香港發展，紡織工業便是在這樣的環境下催生出來的。

二、香港紡織業過渡為成衣製造業

香港紡織業從 1950 年開始到 1960 年，短短 10 年便發展至頂峰。而從 1960 年代開始至 1970 年代，則是香港紡織業與香港成衣製造業相互交替的 10 年。此後，成衣製造業替代了紡織業，成為香港的主要出口工業。

1 黃鴻釗：《中英關係史》，香港：開明書店 1994 年版，第 275 頁。

成衣製造與紡織的共同點在於二者都是勞工密集工業，需要大量勞動力。不同之處在於，單以製衣工廠來說需要的器械不多，又不複雜，所需資金可以斬件式的投放，投資金額亦很少，根本不能與紡織相提並論。至於所需的原材料——布，既可以在香港本土購買，亦可從海外進口，供應充裕，完全不受限制，基本無問題。

製衣業能夠取代紡織業，也是受中國政治因素的影響。中國內地政權更替後，機緣巧合地使香港的紡織業應運而生，隨著紡織貿易的不斷擴大，所需勞動力日見緊絀。但內地迭起多番政治運動，使得內地民眾不斷湧入香港。香港雖然能適時吸納多增的勞動力，但無止境的新增人口最終超出了香港市場所需，給香港社會帶來了很多不同程度的社會問題，例如：房屋、教育、衛生、醫療、社會福利等。當時香港的周邊都搭建了簡陋的木屋，一望無際。除了社會問題，犯罪率也急劇上升。因人口急增而衍生出的問題，有些雖然可以隨著時間慢慢解決，但有些卻是逼在眉睫，房屋問題與溢出的勞工問題，必須即時解決或疏導，這無疑為紡織工廠的轉型埋藏了隱患。當時，港英政府大量興建七層高的公共房屋用於徙置，以較簡單快捷的方法解決市民迫切需要住房問題。與此同時，民間企業亦成立地產及建築公司與政府相配合。多間地產公司便是大型紡織廠結業後，利用騰出的地皮成立的。

香港的紡織訂單主要來自歐美，其他地區或國家可謂是少之又少。特別是美國市場的訂單佔香港紡織生產 70%，其重要性可見一斑。二戰之後至 1960 年代，歐美經過 10 多年的重建，商品供應充足，生活漸趨於富裕。經濟商貿結構亦漸有改變，對商品的要求轉向提升生活品質，如家電及汽車等，所以服裝要求相對處於次要位置。與此同時，工人工資佔生產成本的比重愈來愈高，歐美國家需要將一些勞動密集的行業加以調整或外判給其他國家或地區生產，以壓低零售價格。美國首先扶持的國家是日本，但在龐大的需求壓力下，日本也不勝負荷，要找其他國家或地區幫忙。基於地緣政治的考慮，剔除東歐、共產主義國家與及落後的非洲及中南美洲等地，適合代工的國家或地區只剩下東南亞、香港及澳門。而香港是首選之地。

整個 1960 年代，香港慢慢從紡織工業過渡至製衣工業，可以分為外在因素及內在因素兩個範疇。外在因素是歐美的成衣訂單不斷增多，從不間斷，所以能夠全方位承受由紡織業轉移過來的工人。製衣工廠並不需要像紡織廠那樣龐大的工地及設施，而且訂單萎縮導致生產減少而最終結業，遺留下來的龐大工廠亦需要處理，因為日常的維修保養亦需要不少費用。內在因素是頭腦靈活的紡織商人向港英政府申請改變工廠地皮的土地用途，配合社會需要改建為住房大廈。這樣一方面協助香落政府解決住屋問題，另一方面亦為自身解決因訂單減少而開工不足及因工業轉型而衍生出的問題，由紡織業轉變為地產業，可見一斑，而成功的例子如鰂魚涌的南豐新邨。

綜合整個過渡或轉型過程可算是無縫接合，整個香港社會並沒有因為這一轉型而有所震盪。相反，這一轉型既可滿足香港境外的商品要求，又在境內騰出空間，讓開始走下坡的紡織業有新的轉型機會，而更重要的是幫助港英政府解決香港市民嚴重的房屋需求。一個轉型能滿足及解決三個難題，可算是成功的舉措。

三、香港製衣業

從 1960 年代中期開始，香港的棉紡織工業便慢慢過渡到成衣製造工業，這是香港成衣製造工業的萌芽階段。一些資本比較雄厚的棉紡家，趁機加入製衣的行業。由於投資金額較小，只要積極尋找客戶，便可及時開拓市場。根據現有的客戶網絡順藤摸瓜，發展客戶是可解決的問題。當中的皎皎者是李震之家族的"聯業紡織"，其成衣生產部分分拆出來，成為現時的"聯業集團"（Textile Alliance Group）[1]。而恰恰在這一時期，成衣製造工業應時崛起。

紡織業能輕易過渡到製衣業，其中的一個原因是 1960 年代的穿衣文化比較簡單，當時流行的襯衣、長褲或牛仔褲等，款式單一，需要的布料不算多，製作工序也不複雜，棉紡織廠的轉型算是駕輕就熟。製衣工廠的投放資金較小，主要投資在衣車、裁床及一些如刀模、電剪的小工具等。此外，製衣所需的廠房面積

1　莊玉惜、黃紹倫、鄭宏泰：《香港棉紡世家：識變、應變和求變》，香港：天地圖書有限公司 2013 年版，第 67 頁。

也相對少很多，而且可以外發多地多間大小不一的“衛星工廠”生產，之後再整合為整件製成品，然後再完成其餘尾部門的工序。部分的工序再外發加工，例如：反領、反袖口、剪線，甚至衣車縫合的部分都可外發。所以，從 1960 年代開始，香港有很多小型製衣山寨廠，這些工廠並無直接客戶，但仍可以接很多大廠的外發加工單。另外也有一些大廠，外發加工的工廠數量不足，便以流動的貨車，把部分工序外發到工廠附近的屋邨加工。一方面緩解了外發加工工人之不足的問題，另一方面也可解決工廠生產工場的地方不足的缺點，此外加入徙置屋邨的勞動力，使每個家庭都可兼賺一點外快貼補家用，可謂一舉多得。

踏入 1970 年代中期，外圍的客觀因素起了翻天覆地的變化，特別是美國，使香港的製衣業又進入了另一個階段。美國人因經濟富裕，對衣著的要求有了很大的變化。美國有一班務實的時裝設計師，他們摒棄傳統思維——不再局限於成套西裝，或是單純的恤衫、西褲，也不再只重視價格和耐用性，或是款式單一的服裝設計理念，更不認同“A 店買外套，B 店買長褲”等極為麻煩的購買模式。取而代之的，是“一條龍”服務的系列性的整體配套，消費者基本上可在同一店舖選購“穿衣系列”（Collection），無須再四處奔波。然而，要達到這樣的要求難度很高，基本上是由最初的設計理念入手，既要有針織上衣、梳織長褲，又要搭配羊絨毛衣，更有仿牛皮的夾克衫，同時還要考慮春、夏、秋、冬季四季的時段差異，與及南北地域上的氣候溫差、人的體形大小等。由此可見，實現“一條龍”的製作服務絕不簡單。

有了這個系列性的設計概念，製衣工業變得異常複雜。這並不是單一製衣廠的問題，而是多樣的配料工廠需要同時配合。以製衣廠來說，每個工序可以切割製造，到最後工序才加以整合，正是這樣的一個特性，造就了時裝設計師的無限空間，可以在服裝上進行“左青龍，右白虎”的無限搭配。這樣衍生出製衣行業多元的輔助工業，例如：縫紉線、鈕扣、印花、繡花、衣襆、拉鏈、洗水等。

紡織廠的投資很大，單是紡、織、染工業要求的廠房面積就非常龐大，動輒要達數十多萬呎，而紡紗機、織布機、染缸等都算是重型機器，大都是單一的投資者。反觀成衣製造所需的生產面積很有彈性，不能單把製衣廠視為製衣工業。製衣廠主要的投資是裁床、衣車等小型器械，機量亦隨意，視乎訂單的多寡而定，必要時亦可外派到另一間製衣廠做臨時幫手。這正是紡織與製衣的很大不同。我們不能單看製衣工廠而忽視其他的匹配工廠，它們彼此間相互配合。製衣所需的配件都是不同的投資者，例如線廠要懂得如何打出不同粗幼的線，製造不同用途及品質，染出不同顏色以適合不同的縫紉線。

其他配件也是由獨立的工廠生產，例如：拉鏈廠、鈕扣廠、織嘜廠、印章廠、繡花廠等，它們都是獨立的個體投資，很少能在同一廠房內有兩個配件廠，因為生產所需的技能與器械截然不同。有的配件可能受防火消防條例規管，大部分建於大型製衣廠的附近，以提升整體的生產效益。一間製衣廠算是製衣工業的龍頭，有很多的衛星配件圍繞製衣廠生存。製衣廠及配料廠需要同步發展，如果僅遷走製衣廠而忽視配套產業，會導致製衣工業的垮臺，所以不可想象得過於簡單。

香港之所以能成功，除了自身扎實的基本因素外，亦適時配合了中國改革開放。自 1978 年中共十一屆三中全會以後，內地憑藉大量的廉價勞工、低廉租金、大面積的廠房等適合發展的條件，成為發展成衣製造業這種勞工密集型行業的理想之地。而香港的成衣製造商能提供大量生產訂單、管理技術及資金等。內地與香港雙方的合作，可謂是相得益彰。其後，歐美給予中國"出口配額"數量的政策，同樣解決了香港成衣製造業的部分需求。儘管在發展的過程中，雙方都經歷過很多不為人道的辛酸，但最終都能一一克服。自此以後，香港的製衣地位非常穩固，詳細原因後文具體闡述。

製衣工業的隱潛問題：第一是"配額"，第二是管理安排。"配額"的問題會在下一節詳述，現在先來說明管理不善所產生的惡果。管理是內部問題：從接單後就要安排各個有關生產單位的交貨日期。基本上，生產的流水線是環環相扣的，能夠停頓的空間不多。假如某個程序不能如期銜接，這個生產期便會受到影響。在繁忙的生產期，不可能讓整條生產停頓，因為這樣會影響下一張訂單，造成的影響可大可小。生產停頓或延誤，直接影響交貨期。不管是歐洲還是美國市場，服裝交貨期基本上都是根據節日為基準進行倒推計算，例如聖誕節、感恩節、復活節等。以聖誕節為例，買家要考慮的時間表如下：（1）貨品能停留在賣場的銷售時間；（2）貨品分發到各間百貨公司的上架時間；（3）貨櫃從碼頭到貨倉時間；（4）貨櫃到碼頭的清關時間；（5）貨櫃在船上的航行時間；（6）貨櫃從工廠到出口碼頭時間；（7）報關及質檢時間。綜上，才能考慮實際生產時間。在眾多環節中存在許多的不確定性，唯獨生產時間能夠掌握在生產方自己手中。然而，這又需要多間配件工廠的高度配合，才能確保準時把將商品運出。

不能準時交貨的解決方案很簡單：首先是取消訂單，但必須賠償買家，通常是以零售價計算，不過唯有買賣雙方通過談判，才能降低可能發生的損失。其次是想辦法縮減運輸時間，最直接了當的便是由海運改為空運，好處是多了 8–10 天的生產時間，但壞處是空運費用比海運費用大約貴 10 倍，而且在旺季時空運機位也不容易找到。折衷的辦法就是一半用空運、一半用船運，先用飛機到一個地點再用船，費用可能節省一點，但在每個轉接點上的接駁安排都是費破費苦心的。

香港的製衣業完全受外圍環境影響，特別是美國市場。隨著美國人的生活品質不斷提升，對衣著的要求亦日益變化及複雜，無論是在衣服的設計、面料品質與多樣化，以及其他的配件搭配等方面，都不斷增加生產的複雜性及難度。除非選擇放棄，否則必須要合乎買家的各項要求，並且要適時提出建議，供買家參考。以香港人沉著應戰及堅毅不屈的精神，這些難題被一一克服，使得下單的買家信心日趨穩固。

1970 年代末期，香港的製衣工業面臨一個非常嚴重的發展瓶頸——本土的“出口配額”不足。由於訂單多，每年歐美分配給香港的“出口配額”很快便用罄。這不單是香港商人的損失，亦令歐美的進口商蒙受損失。這便促使港商採取進一步的行動：闖出香港。闖出香港有兩個含義：一是在香港以外的地方增加產能，二是進軍訂單的源頭。值得注意的是，增加產能與進軍源頭有明顯的差別。

1970 年代的港商尚未具備另一個可以進軍訂單源頭的渠道，所以仍然固守原有的“配額”數量，維持在如何增加產能的階段。例如，香港的一家股份上市的服裝生產及零售企業——旭日企業有限公司，於 1976 年開始投資菲律賓，並於 1979 年投資印尼。[1] 而在其 1996–1997 年的年報中更披露投資國家已增加到孟加拉。[2] 而另一家同類型的股份上市公司——同得仕（集團）有限公司，在

1 黃少雄、廣東省工商業聯合會：《我們的三十年——改革開放中成長的廣東非公有制代表人士，楊釗》，廣州：廣東人民出版社 2000 年版，第 7 頁。

2 旭日企業有限公司（上市編號 393），《1996/97 年度年報》，香港，第 45 頁。

1995–1996 年的年報中亦披露其投資設廠在馬來西亞。[1] 如何考慮外出投資所要顧及的因素，也是一門學問。曾經與旭日企業的一位投資執行官詳談時，他綜合考慮的因素有：語言、生活習慣及文化、出口配額的數量、政府政策的配合、穩定的政治因素、與合作夥伴的關係等。到了 1980 年代，內地的改革開放提供強大的生產力。由於香港與內地的緊密關係，闖進內地所遇到的困難都容易解決。但投資在其他國家或地區，情況便非常不一樣。

投資海外是一件非常難控制的事情，往往會碰上一些意想不到的難處，舉例說：每個國家或地區不會像香港一樣具備所有的生產配料。工人的縫紉技術及素質參差，損耗比在香港大得很，一般在香港計算損耗是成本的 1%–2%，但在海外生產便要提高至 5%–7%。說得嚴重一點，缺少了一條拉鏈，整條褲子便不能完成。所以，所有的生產所需都要完整裝進單一貨櫃，以策安全。闖出去也需要一些敏銳的觸覺，這種觸覺及判斷有成功也有失敗，例如要遷就宗教的要求而停產，這些無形的生產成本也是很昂貴。由此可見，"闖出去" 開工廠，體現了香港製衣業的冒險精神，但成功與否，則視乎多方面的因素，歸根究底多少都需要帶一些運氣。另一個 "闖出去" 是到源頭投資。1970 年代的香港製衣商人尚不具備條件去源頭，意思是未有條件成為進口商或批發商。但隨著 1979 年內地的改革開放，給了港商第二次機遇，但同時亦給予沉重的壓力。

中國內地改革開放初期，由於內地與其他國家脫軌太長時間，彼此間的差距實在太大，特別是與美國，根本不知道從何開始說起。但是既然加入這個國際遊戲，就必須遵守遊戲規則辦事，製衣行業首先要遵守的便是 "出口配額"。經過與美國與歐洲的談判及協商，1980 年開始，基本的 "出口配額" 數量總算訂下來。內地與香港在地理上這麼接近，在倫理親情方面也是血濃於水，香港是義無反顧地幫助中國，從補償貿易，再到來料加工，再到三資企業，再到獨自出口，一步步地完善整個製衣行業。香港不單在內地成立製衣廠，其他的配料廠也紛紛響應，所以整個成衣生產行業很快在內地成立起來。內地產能很高，所得到的熱門 "配額" 如 347/8、338/9 的數量比香港還要多。理論上，這麼大的數量對香港來說是一件好事，有機會且有條件多做生意。但問題是，訂單瞬間從

---

1 同得仕（集團）有限公司（上市編號 518），《1995/96 年度年報》，香港，第 71 頁。

天而降，香港也不能把在海外生產的訂單一下子全轉到內地。在海外的買家如 J.C.Penny、Macy、Walmart 等，都各有預算，不可能隨意加單。這樣便有誘因讓港商思考去源頭市場開發的念頭："創品牌"。假如品牌由香港控制，以美國這樣大的市場，每年的預算總會消化部分"配額"，至少可以解決部分問題。在這樣的前提下，香港有規模的製衣商便向"創品牌"的方向進發。

源頭市場可以是歐洲或美國。由於美國的市場較大，又是單一語言——英語，加上美國國民亦樂於消費，對服裝的要求也高，無論是設計、材質、價格都有一定的標準。舉例說，根據"穿衣系列（Collection）"的概念，要找到生產能力強的廠家，生產成本勢必昂貴，自然賣價會被推高，商品難於推銷；優秀的設計，又難於表現在實物，這些因素都限制了時裝發展。此外，還有前文提及的航運、配額、溝通等問題。

消費者不再追求服裝的耐用性，而是追求時尚、搭配與價格的平衡。意思是在一個合理的價格內，衣服是便服，不用保存太長時間，甚至鼓吹每一個季度都可以換新裝。而早期美國的品牌已有 Union Bay、Generra、Gap、Jordash、Brittania 等，歐洲的品牌亦不遑多讓，如 Benetton、Zara、H&M，還有意大利的童裝品牌 Brums 等，都是朝著這一方向發展。這樣複雜的組合，當然是經過長時期的磨合而成，而這種磨合不單是單一行業的轉型，而是整個市場的集體行為。穿衣文化的改變，觸覺敏銳的香港製衣商人除尋找合作夥伴外，更直接創辦自己的服裝品牌系列。

整個 1970 年代，香港的製衣工業都在高速發展中，不管在香港本土還是在海外。歐美的買家對香港的代辦服務格外鍾情，簽發訂單似乎並不用擔心。因為在任何情況下都有人跟進，緊貼生產流程，隨時提供生產進度。遇到問題時，亦有人能提供答案或提供解決問題的方案。踏進 1980 年代，內地提供的另一機遇，使港商掀起另一樂章，再登製衣工業的另一高峰。縱觀香港製衣業商人在美國建立的品牌中比較成功的，當屬旭日企業的"Gennera"和大豐紗廠的"Union Bay"。但無論如何，香港製衣商人亦傳承了棉紡織商人的敏銳觸覺、創業的膽識及勇氣，亦勇於闖出香港本土的大門，這也是香港製衣業的一段傳奇。

四、製衣業的兩個重要因素

香港製衣業的主軸發展是“配額”。我們必須先要瞭解何謂“配額”，也要知道“配額”從何而來，如何影響香港製衣業的日後發展及最終結果。成衣貿易，基本上是兩大陣營，一方消費方的買家，另一方是生產方的賣家。無論從什麼時候開始，香港的買家主要是西方的歐美及日本等國家，各國下單比例大約是70% 美國、25% 歐洲、5% 日本及其他地區。

“配額”顧名思義就是一種限制，是在一特定時段，例如 12 個月內對某一種特定的紡織品及成衣品種在數量上加以限制。但是，問題是誰限制誰。簡單地說，應該是進口國家或地區限制出口國家或地區的某一種商品的進口數量。香港的“配額”是“出口配額”，用在去美國及西歐各類品種的成衣，但如果是出口到澳洲，卻是“進口配額”。文字上略有不同，但本質是一樣的。從文字上的解釋是出口數量有一定的限制，是一種自我約束的行為。在商言商，這是非常不合理得，有違自由貿易的基本精神。另一方面，香港受英國的殖民統治，理論上出口去英國應該不受限制，但事實上出口到整個歐洲都有一定數量的“出口配額”的限制，這樣也是非常矛盾。幸好“出口配額”不單應用在香港，還包括世界各地，例如整個東南亞地區。制度要求條件一樣，不同的是品種、數量的不同。以棉質男裝長褲為例，香港“配額”數量比臺灣多，但化纖的男裝長褲，臺灣的數量卻比香港多得多。可能得原因是臺灣紡織化纖比較強，所以能爭取較多的“出口配額”數量。

要瞭解“配額”的來龍去脈，需從長遠一點說起：二戰期間，美國並未有受到戰火的蹂躪，一切的經、貿、生產都得以完整無缺的保留，反觀歐洲大陸及亞洲都被戰火洗禮，百廢待興。戰後美國的馬歇爾計劃及美國本土不斷的商品供應及大力協助，全球都在正軌上迅速成長。話雖如此，歐、美之間的經貿不平衡，使得美國有很大的貿易順差，大量的貿易順差使美國有條件讓部分貿易品種刪減關稅，以保持與各國在經貿上取得經營平衡。與此同時，美國亦要利用進口關稅去保護受關稅影響的商家，以保持在美國本土與進口商品的競爭力。相對而言，歐洲為要保持自身的國內利益，有需要調整進入關稅，以平衡或抗拒美國商品進口的競爭壓力，無形中美國出口到歐洲的商品亦有機會受到一定程度的不公平競爭。總的來說，美國與歐洲都利用關稅作為保護自身國家利益的工具。在這個背景及前提下，美國議員便推動國會提出《雙邊貿易及關貿協定》。買賣雙方不能隨意改動及對等的關稅，以保障買賣雙方的貿易權益。

1947 年 10 月 30 日，由美國的杜魯門政府根據美國的《互惠貿易協定法案》[1] 聯同 23 個國家在日內瓦簽訂了《關稅及貿易總協定》（*General Agreement on Tariffs and Trade, GATT*），[2] 而國際貿易組織（World Trade Organization, WTO）亦根據此協定而成立的，是國與國之間締結的有關關稅和貿易規定的多邊協定，簡稱《關貿總協定》，屬於過渡性文件。它的宗旨是通過削減關稅和其他貿易壁壘、障礙、取消國際貿易中的歧視性待遇等措施，促進提高生活水平、保證充分就業、見證實際收入和有效需求的巨大持續增長、擴大世界貿源的充分利用以及發展商品生產與交換為目的。[3] 協定各國隨即展開談判以收窄分歧，而談判需要時間。所以，《關稅及貿易總協定》歷時 1 年多的談判，仍未能達到最終協議，但基本上同意於 1948 年 1 月 1 日生效，為期 5 年。但各國同意這只是一份臨時協定，此後該協定的有效期一再延長，但基本上各國仍然確定此協定是履行國際貿易的共同準則，協調國際貿與各國經濟政策的唯一多邊國際協定。

該協定的目的是約束貿易雙方。但在美國，國會是由不同政黨議員組成，他們各有各的利益，例如種棉的農業、成衣及紡織業、製鋼等重工業等，各有不同的關稅以達到利益平衡，各行業都不斷向國會施壓，爭取最大的利益或保障出口。推動該協定制定的美國在接下來的十多年，基於不同的政治理由，例如：艾森豪威爾以推動及擴大世界貿易的國際主義者，與之相反的以保護國產商品的保守派民族主義者之間的紛爭，使得協定削弱經貿能量在逐漸消失。[4] 美國國會只能被動地一再延長《互惠貿易協定法案》的有限期。

---

1 〔美〕道格拉斯·歐文著，余江、刁琳琳等譯：《貿易的衝突：美國貿易政策 200 年》，北京：中信出版集團 2019 年版，第 500 頁。

2 同上，第 496 頁。

3 〈關稅及貿易總協定〉，http://baike.baidu.com/view/61182.htm/（最後訪問時間：2014 年 11 月 12 日）。

4 〔美〕道格拉斯·歐文著，余江、刁琳琳等譯：《貿易的衝突：美國貿易政策 200 年》，第 508 頁。

對於紡織及製衣這個生產行業而言，對《互惠貿易協定法案》可謂是又愛又恨。由於紡織及製衣的營商環境在不斷改變，需要大量的勞動力，導致生產不斷外移。從最先外判到日本亦慢慢轉移到東南亞，及後更集中到香港，美國的紡織及成衣生產遭到削弱，難以保護國內工廠，關稅更不能有效促進國內商品的競爭力。1960 年 11 月，約翰・肯尼迪（John. F. Kenndy）當選美國第 35 屆總統，他的競選州份馬薩諸塞州的紡織業正面臨衰退。為了保護少量的國內廠商，他履行競選承諾，幫助那些受進口困擾或衝擊的行業，又致力於加強同西歐的關係。[1] 到 1961 年 7 月，肯尼迪政府促成了美國與其他進口商（主要是歐共體、英國和加拿大）和出口商（日本、香港地區和印度）的棉紡織品短期安排（Short Term Arrangement, STA），這些出口商同意對其紡織品出貨量設置為期一年的數量限制，這從本質上就是“配額”的雛形。

但進口限制卻又有違美國兩會議員自由貿易的基本共識，所以 1962 年 2 月又達成了另一項為期 5 年的長期安排（Long Term Arrangements, LTA），制訂及修改多項限制棉織品的增長速度，並涵蓋產品範圍至羊毛、人造纖維和絲製品。其中又增加 19 個國家及地區，並規定 5% 的配額最低年增長率。[2] 而更重要的是，美國聯同歐洲，要求各出口國把“進口配額”改為“出口配額”，其中“出口配額”意味著出口國家自願的自我約束，並沒有與美國精神相抵觸。有了“配額”制度後，對美國本土的廠商減少了競爭，所以進口關稅可以定得很低。習慣了“配額”和“關稅”後，感覺上並沒有太大的約束力。畢竟出口成衣去美國的國家或地區，大都是發展中國家，美國不單將“配額”作為一種政治工具去控制進口的數量，更用“301 條款”去控制或脅迫發展中國家。假設某個發展中國家與美國有矛盾，美國則可以利用“301 條款”撤銷其發展中國家的優惠款，那麼意味著要增加關稅，削弱其競爭力。

中國在加入世貿組織（WTO）與美國的談判時，“配額”是關鍵的談判角力議題。中方認為“配額”是一項歧視性條款，必須取消；但美方認為“配額”是對美方保障。最後美方讓步，取消“配額”條款，並最終於 2000 年正式生效。至於“配額”的類別劃分，歐洲、美國、加拿大、澳洲各不相同。加拿大與澳洲

---

1 同上，第 518 頁。

2 同上，第 521 頁。

所佔的分額較少，不作深入討論，此處先從複雜的美國開始介紹。以美國的“配額”為例，類別如下：(1) 面料：棉、麻、毛、絲、化纖；(2) 男、女、童裝；(3) 梳織、針織、毛衣；(4) 上身、下身；(5) 褲、裙、外套 (Jacket)。以上 5 大類別交易組合而形成某一配額類別，舉例說：

347/8：3 是棉，梳織；4 是長褲；7 是男裝；8 是女裝。

647/8：6 是化纖；4 是長褲；7 是男裝；8 是女裝。

340/1：3 是棉，梳織；4 是襯衣；0 是男裝；1 是女裝。

338/9：3 是棉，針織；3 是上身；8 是男裝；9 是女裝。

從以上的幾個例子來看，各類別的組合基本上都有上百個。當中有些是常用的，亦有一些是非常冷門的，例如：消防潛水員的專用潛水衣等。

整個 1950–1960 年代的紡織品都是以棉為主，類別相對比較少，計算比較方便。到了 1970 年代，人造纖維與人造毛的興起，情況都無太大的改變，都是根據原材料看是歸入棉類、化纖類，還是毛類，之後再作其他劃分。然而，隨著混紡的成功面世，情況變得更加複雜。由於混紡是多種原材料紡在一起，例如：棉 + 化纖 + 羊毛，應歸入哪一類的配額又帶些爭議。通常都是根據原材料含量佔比來分類，如棉含量高則歸棉類。為了避免爭議，一般都選擇國際認可的驗證公司——如 SGS，先進行成分檢測，取得證書後向美海關確認，再進行生產，之後才申請產地證。進口報關時，連同檢測證書及其他相關文件一併送到進口地區的報關代理備案，有需要時再遞交以作核實。美國的配額類別越分越細，涵蓋的範圍也非常廣泛，所以稍有不慎，便會導致整櫃貨物被退回來。因為香港只把關文件，而標籤認定是出口商的責任。至於歐洲方面，則比較簡單：

4：是內衣，不管是棉還是化纖，也不分男女。

5：是針織，不管是棉還是化纖，也不分男女。

6：是褲，不管是棉還是化纖，也不分男女。

歐洲早期還會根據國家劃分，例如德國、英國、法國等。其後歐盟成立，由任何一個港口進關後，都可以走遍整個歐洲，歐洲變成一個整體，所以歐洲的“配額”分類便以簡單為主，方便通關，減少不必要的誤會或阻礙。瞭解“配額”的結構有助於報關，因為美國有權因為報關錯誤而把貨櫃退回原產地，一來一回買賣雙方的損失都會很大，所以一切務必小心謹慎。

“配額”的數量是根據不同的類別，由進口國和出口國所協商確定，不同國家之間所達成的數量也有出入。例如美國給予香港的“347/8”與“338/9”類別的數量都有上百萬打，而給予臺灣的數量就只有幾十萬打。相反，美國給予臺灣的化纖“配額”又比香港多。[1] 同樣在香港，褲類配額又比衣類配額多。

香港由於早期已有棉紡織品出口到歐美國家，在配額實施時，亦以過去的出口數量為基礎，每年按一定比例遞增，比如 5%。但如果過去沒有出口記錄，則需要對每種“配額”類別逐一談判。例如美國與中國內地，開始時只有“347/8”與“338/9”。但隨著時間推移，很快便獲得了不同類別的“配額”類別。

“配額”是一種權利，雖然它在名義上沒有價值，但當生產商在接單生產後，需要它作為出口憑證時，這個權利便有了實質的價值。這種價值亦隨著市場的供求變化而波動。不同國家或地區都有不同的價值計算，例如：“338/9”在中國可能定價 20 美元 / 打，香港定價 22 美元 / 打，但泰國可能定價 6 美元 / 打。不同的價格取決於當時的剩餘數量，如 1986 年中國因為有假“配額”問題，工廠需要爭先出貨，導致“配額”的價格便飆升；又如年末時，相關的“配額”數量即將耗盡，而廠家又急於出貨，為求保險會先將所需的數量“配額”買下，導致瞬間“配額”供求失衡，市場價格又會起波動。在東南亞的大部分的國家或地區，“配額”由政府操控，工廠憑訂單向政府申報，再由政府批核。只有香港的“配額”市場容許自由轉讓，價格由買賣雙方自行決定，所以配額價是浮動的。下單到香港，都要看時間。年初時數量充裕，價格較平，但到年尾數量緊缺，價格便相應貴起來。由於其他國家或地區沒有明確的市場價格，香港“配額”的市場價，便是其他國家或地區的價格指標。一般在報價時，都會把“配額”價與貨

---

1 據筆者瞭解，歐美等國對給予配額出口國家或地區配額的數量，除了有經濟上的考慮，亦有政治上的考量。例如，給予某個國家或地區較少的棉類配額，但很大的化纖類別的配額，這便多少帶有政治上的因素。臺灣地區的棉產品不多，但化纖卻是強項，美國為了幫助臺灣地區，便助力其強項發展，這時政府的考慮就是政治多於經濟。

價綜合考慮。但除了“配額”的貴賤外，還要考慮其他因素，例如：手工、交通運輸、交貨的準時度、跟單的負責任度等。關於香港的成衣製造與“配額”之間的關係，將於後文詳述。

事實上，“配額”不僅是直接影響紡織及製衣業，也間接與航運、物流、銀行信貸、投資策略、中介服務等相關聯。“配額”這一棘手難題，從 1961 年開始，一直延續至中國申請加入世界貿易組織談判時期。因為配額是一個具有限制性及歧視性的條款，幸好最後都能得到了解決。

原本以為中國於 2000 年中國加入世界貿易組織後，“配額”問題便會告一段落。但在 2000 年 1 月 1 日，馬上便出現了不和諧的插曲：那一天之內高達 1,000 萬件針織 T-Shirt 湧入美國。[1] 經過短短三個月的調查，經中方同意，美方立馬叫停。之後，中美雙方再次協商，把部分重要的類別延長至 2004 年 12 月 31 日。至此，這一問題才正式劃上句號，前後歷時 40 多年。

在“配額”制度的初期，港英政府把所有的配額分給外資的買辦（洋行），如英國的天祥（Dodwell）、美國的 AMC 等。但這些外資基本上不從事生產，而正式投產的華商反而分不到任何數量的配額。其後，華商向港英政府據理力爭，並促使“配額”持有者將“配額”賣給華商。最後，香港的“配額”便由大型華商壟斷。華商有一定自己的客戶，可以自用。[2] 但潛規則是要把這無價值的“配額”使用權，打進製衣市場，將其變成具有實質價值的權利。因為“生金蛋的鵝”是不會被殺掉的，而“配額”就是那隻鵝。

每個國家或地區所擁有的“配額”數量，視乎品種各有不同。例如臺灣的化纖類別的數量較多，而棉的類別數量較少；同樣的也有地緣政治的關係，例如越南分得的數量也遠遠超出其他國家或地區。不過，出口“配額”的數量又往往與

---

1 中國有一些投機者，看準中美之間協議取消配額，迫不及待將 T-Shirt 傾銷到美國，造成美國市場的大混亂，並且向美國政府投訴。雖然一切清關手續都合乎程序，但對後來者造成很大的影響。

2 1996 年，香港旭日企業上市時，在其招股書中透露手上的永久配額市值 8,000 萬港元，其中 3,200 萬港元已抵押給銀行。而在其 1996–1997 年度的業績報表中更進一步披露其手上的永久性配格價值 1 億 700 萬。但在 1997–1998 年度時便沒有再具體說明永久配額的數額，只是由核數師作最後確認。配額披露並不是香港會計師公會需要披露的特別敏感性項目。另一家香港上市的製衣公司——同德仕（集團）有限公司，Tungtex (Holding) Company Limited，編號 518——也是用同樣的方式進行披露。另一方面，就這方面的會計披露要求，與香港德勤會計師事務所（Deloitte & Co.）亞太區首席合夥人鄧貴彰先生確認相關披露要求。

接單的數量及生產有很大的差別。在“配額”制度盛行的幾十年間，香港也是有地緣政治的原因，接單的能力最強，因為香港可以把單外判到內地，用內地的“配額”。但由於單量過度集中，縱有內地的幫忙，單數依然外溢。幾家有能力在其他國家或地區設廠的企業，也只能解決部分外溢的訂單數量。餘下仍然有不少數量有待解決，加上“配額”價格的不同，為了尋求“配額”差價最大利益，在解決問題與尋求最高利益的雙重誘因下，便衍生出非法出口的手段，行內人稱之為“潛水”。

“潛水”的方法看似簡單：例如某物品在中國內地生產，卻利用他國的《產地來源證》以偽造產地。“潛水”當然是違法的，而且執行難度較高：（1）要為進口國的生產標籤要求，如生產標籤、膠套、包裝紙箱等；（2）要規避出口國家的檢查問題；（3）要合法取得某個國家或地區的出口文件；（4）要找到一個平臺將貨物與文件合法且合理地結合在一起。只有這樣，才可規避出口國的懷疑。

“潛水”應用在歐洲比較容易，因為歐盟國家多，報關要求及管制較為寬散，而且出口箱標籤無需印刷產地，服裝的主標籤也沒有產地，所以只要離開原產地，便可使用另一國家或地區的《產地來源證》。但“潛水”應用在美國則較困難，因為美國是單一國家，不管從西岸還是東岸進口，法規要求都是同樣嚴峻。但在靠近年尾時，特別是該年度的“配額”消耗比較快時，“潛水”會明顯增加。

為何外國的買家選擇在在香港下單，然後再分散到其他國家或地區去生產呢？“配額”當然是一個原因，此外就是香港的廠家可以掌握買家所要求的貨品神韻、價錢與生產流程。這便是最原始的要求商品——“貨辦”。製作“貨辦”亦是香港廠商最引以為傲的地方。根據從一件實物做出另外一件實物製作並不困難，但要將一個抽象概念轉化成一件實物，則絕非易事。[1] 每件物料，無論大小、顏色都要精心挑選，而且要盡量按照設計師所期望的神韻做出來，確實是談何容易。況且，設計師的通病是天馬行空，從不考慮市場、價格等問題。要把設計師拉回到現實環境，便需要將一件實實在在的實物擺在眼前，而第一件

1 據筆者瞭解，在設計時只是一個圖案，沒有面料、配件、甚至縫紉線，所以要將一個構思再轉化成一實物並不容易。

的實物便是“樣辦”。有了“樣辦”，很多工作便可隨之展開，如定售價、市場推廣等。

香港廠家會想盡辦法製作“樣辦”。基本上只要接受了“樣辦”，這張單便可確定了。所以，行規是誰出“樣辦”，便是誰接單。事實上，由做“樣辦”開始，很多後續的工作便會隨之展開，如面料、配件等。

五、香港製衣業的優勢

香港的棉紡織業的興起、發展、沒落，都是順著天時地利人和等因素發展，並沒有太多驚奇之處。從紡織過渡到製衣的初期，也是平平穩穩的。雖然在 1960 年代初就有“配額”的限制，但由於“配額”是控制在外商的洋行手中，同時下單也是由洋行所控制。之後，華商爭取到從香港手中“配額”的再分配，外商洋行又因不同原因淡出香港製衣業舞臺，華資製衣廠不僅接收了由外資洋行所遺留下來的訂單及客戶，華商需要獨力面對由此所衍生出來的問題及機遇。如前文所述，製衣工業並非大型的投資工業，相反，需要的資金少、廠房面積不大，啟動的技術也不深奧。反過來說，“配額”是支配製衣業發展的因素。除此之外，還有以下的優勢：

其一，國際貿易之所以能夠開展，航運業的興起是一個重要的因素。二戰前，貨輪的航運主要是一站接一站地進行，每一站都會上貨、卸貨，貨物很少由原產地直接運到銷售地區。這樣的貨運比較被動，貨運時間很長，貨運量相對較少，大多以散貨、乾貨為主，貨輪卸去一批貨物，然後再補充下一站的商品，一站一站地轉運，依循環路線先向南航行，然後又再北上。

以亞洲區來說，發展東南亞比較合乎經濟原則，再遠一點的地區，除了成本高之外，面對的風險也更大。直至二戰後，遠航航運發展異常迅速。大型遠洋輪船基本上可以橫渡太平洋，直接從亞洲運往美洲西岸，然後通過巴拿馬運河再北上美洲東岸。假如不走巴拿馬水路，也可以經陸路用火車運送到東岸。基本上，陸路或水路所需的時間相差無幾。至於前往歐洲的航線，就更駕輕就熟：南下新加坡，穿過馬六甲海峽，轉入地中海，出直布羅陀再北上，便可抵達歐洲各大商港。遠洋航運的發展亦標誌著亞洲、歐洲及美洲都連結在一起。

配合遠洋輪船的發展，首要的是集裝箱。固定尺碼[1]的集裝箱使得輪船公司更容易計劃輪船的噸位發展。物流的發展使得商品能以點對點的方式傳遞。大型輪船公司都是直航，不裝散貨，且泊岸的時間準確，這對製衣業尤為重要，因為必須趕上季節性要求，要追趕假期，如聖誕節、感恩節、開學等。特別是在後段提到有關"配額"年結截止前清關的問題，時間的準確性更是重要。在這方面，香港的深水港發揮了很大作用。而且香港重視法規，基本上不容易違法，歐美的商品在香港轉口非常有保證，不容易誤點及出錯，信譽度非常高。在東南亞或東亞，人口多且具有生產能力的國家或地區屈指可數，有：韓國、菲律賓、印尼、馬來西亞、泰國、新加坡、印度、巴基斯坦，以及中國的臺灣、香港、澳門地區，更不用說緬甸、柬埔寨、越南、老撾等較為落後的國家。加上 1970 年代中國內地仍未開放，而且歐美仍將中國內地列為禁運地區。在這麼多國家及地區中，歐美卻選擇香港作為主力發展的橋頭堡，原因何在？

在 1970 年代，韓國、印尼、巴基斯坦、泰國，以及中國臺灣、澳門地區的英語水平都很一般，要詳細溝通是比較困難的。至於菲律賓、馬來西亞的英語水平雖然比較高，但是生活習慣比較隨意，不太願意接受較大的工作壓力。印度的英語水平高，願意接受壓力，但印度商人善變，而且模仿力強，職業操守相當隨意，這亦是歐美商人下單的大忌。至於新加坡，由於人口少，由始至終都致力發展高新科技，對勞工密集行業興趣不大。剩下的就是香港，由於過往都是接受殖民教育，無論是官方或非官方的法定語文都是以英文為主。雖然 1980 年代"中文"成為法定語言中的一種，但英語為先的觀念始終沒變，溝通基本不存在問題；另一方面還有科技的進步。過往與香港以外的地區聯繫，都離不開兩個途徑，一是長途電話，二是電報。電話與電報的共同弊病在於不能傳遞圖案。電話可以表達得更詳盡，但以當時的科技，仍受時間的限制，例如只能通話 30 分鐘，之後便要重撥，這主要仍然是供求問題。電報（Telex）是民用電報，只要

1 集裝箱基本上分三個呎碼（以長度計）：20 呎、40 呎及 45 呎加高。

雙方都裝有電報機，每段輸入少量文字，訊號傳給對方，對方的電報機在收到後便會轉換成文字，雖然傳遞方式比較迂迴，但總算是不錯的溝通方法。電話與電報的費用都不便宜，所以使用時一般都比較精簡。而精簡的弊端是容易產生誤會，所以要非常小心。1980 年代的長途電話費用是平均每分鐘 16.8 港元。[1] 但總的來說，當時香港的通訊設備，在整個東南亞除了新加坡之外，都是首屈一指的。

外國的買家於每年的指定時間，都會帶著“貨辦”到香港下單。其實，當時的買家到香港也非常辛苦。1970–1980 年代中期，飛機無法直飛過太平洋，由美國西岸的西雅圖飛往香港，空中的飛行時間要 16–17 小時，無論順風或逆風都要在東京、沖繩或臺北停留添加燃油。所以買家也不願多帶“貨辦”，以免增加行李的重量。帶過來“貨辦”固然好，假如只有一些概念或草圖，就需要先做“樣辦”，看過“樣辦”效果才可以進一步開展工作的情況也比比皆是。

單從以上兩個例子便可看出，歐美買家出門後在多方面受到限制，所以要把事情說得很清楚後才可以安心下單。有與有生產能力的國家或地區溝通不順暢的情況下，香港在多方面的綜合條件可以說在當時都是最好的。因此，有必要強調，良好的溝通與完善的通訊設備是香港製衣業得以發展的一個重要因素。

其二是香港人的工作態度，這也是關乎製衣行業成敗的關鍵因素。香港本土出生人口不多，主要由大批的內地移民組成，香港人與內地移民同為華人，他們的共同點是：埋頭苦幹、刻苦耐勞、先做後說。可以說，除了金錢報酬外，另一個因素他們特別重視“時間”觀念，將信譽視為第一要素，所以一般不會延期交貨。此外，自己對自己的失誤負責，只要釐清責任歸屬，一般都不會找藉口。大體上，香港的製衣工業基本上是有兩個方向：一是生產者，即廠家（Manufacturer），二是買辦（Buying Office）。作為製衣業的持份者，既可以是廠家，也可以是買辦，同時也可以是買辦兼廠家。兩種不同的工種，但有三種組合方式，而每種組合的工作態度都截然不同。

顧名思義，廠家就是成衣生產的工廠，依照買家的要求準時交貨。一般來

1 1980 年代只有一家通訊公司，即香港大東電報局（Hong Kong Cable and Wireless Company），電話單據是綜合而成的一個平均價格。

說，需要刻苦耐勞的工人，但潛在問題是訂單安排的靈活性。每一間工廠都希望訂單接滿，奈何接單次序、出貨次序都取決於買家的意願。須知生產是流水作業，不可以走回頭路。安排愈暢順，工序便會愈暢順，返工自然少，生產效率便隨之提高。而香港廠家要實現準時交貨的諾言，排單的技術是非常重要。當然，另一個關鍵保證就是質量，質量也要與時間取得平衡。俗語說“慢工出細貨”，但若生產速度過慢，又如何達到準時這個期望，過長的生產期也不合乎經濟原則。所以，香港就是在質量和效率兩者中取得平衡，這兩方面都取決於工作態度的嚴謹程度。至於買辦（Buying Office），基本上與晚清時廣州十三行的買辦職責差不多，只是現代買辦專供於製衣業。香港的買辦是自由行業，沒有太多的法律限制，只要合乎香港的公司法，任何人都可以成立買辦公司，簡單說就是“皮包”公司，只要可以得到買家及廠家的信任，任何個體都可以作從事買辦行業。

歐美的買家通過買辦下單，買辦便要到處尋找合適的工廠，然後報價。價錢談妥便可正式下單。除了生產以外，買辦還需要處理很多問題，例如：驗貨、定船期、買配額等。所以，買辦便成了買家、廠家，甚至船運公司的橋樑。買辦可以賺取買家與工廠之間的差價，又或者以佣金代之。歐美的買家當然明白其中的運作模式。假如落單的是一家非常有實力的外國公司，這家公司自己也可以直接在香港開設買辦公司，通過自己的香港公司直接找廠家。但很明顯，運營自己的香港公司也需要費用，是否合算則各有利弊，在整個生產過程中，有明顯的參與規管，因此風險較低。但這也表示這家外國公司對香港人的辦事方式、態度，以及香港制度有信心，才會作為“過江龍”，親自坐鎮指揮。事實上，在 2000 年以前，這類公司很多。反之，在“配額”制度漸漸取消後，這類公司又從香港轉移至內地，直接進行指揮及管理。

此外，買辦及廠家可以是同一家公司。買家更會因利乘便，省去很多臨時換廠的風險。說到底，服務態度的好與壞，都是相比較而言的。假如單說香港，確實難說是好是壞。但事實是，除非在某一地區有特定的網絡或關係，否則在選擇下單時，首選仍是香港。以上多個組別的結合，也反映出香港公司的服務態度有受到肯定的一面。

其三是安全、可靠的支付模式。外國買家來到香港做貿易，一般都是用銀行開出的信用狀。這一行規一直至 2000 年時才稍有鬆動，但鬆動的情況仍視乎買賣雙方的信任度，並無劃一標準。所以，如果買辦與買方並無直系從屬關係，買方要確定下單的同時，短期內便要開出銀行信用狀，金額一般是貨價。另一個折衷方法是先下訂金，一般是貨價的 50%。而"配額"的金額安排是另算的，香港市場的行規是"配額"要用現金買賣。假如買賣雙方已是老客戶關係，信用狀的金額當然可以是貨價加上"配額"。但這並不表示買辦或廠家有任何優先的好處，相反，買辦要先墊付買"配額"的款項，而廠家亦要為生產所需的成本墊付。所有資金的回籠都要到出貨後才可實現。假如有數期，[1] 時間可能拖得更長。如賣價是 FOB，[2] 意思是貨櫃上了船，拿到了 BL，[3] 賣方便將買家要求的文件送入銀行，銀行核對清楚一切買賣雙方在文件上的條款無誤後，便會放款。至此，整個交易才算完成。但如果買價是 CIF，[4] 要到貨輪停泊在買方指定的港口碼頭，賣方才可送文件到銀行，前後相差有一個月之久。

雖然買、賣雙方都增加了貿易成本，但銀行作為買賣雙方的橋樑，變相也是買賣雙方的擔保人，拉進了彼此間的距離，使生意貿易得以順暢進行，功不可沒。香港的銀行體系非常成熟，對買賣雙方都有保障。銀行又可根據雙方過去的交易作為參考，進行信用借貸，無需每次交易都用現金結算，這樣對資金的周轉非常有幫助。

除了買賣的通常運作外，潛在的幫助則是更大的助力。港英政府實行大市場、小政府的不干預政策，給人的感覺好像是很隨意的。而事實上，港英政府的把關工作極為嚴格。例如，港口貨輪時常查核不法或走私貨品，工廠的巡查更是不遺餘力。歐美各國政府於 1980 年代派員到港澳地區調查"配額"的使用及記錄，香港是鼎力配合，而美方調查員亦鮮有找到瑕疵。

從上述情況可以看出，香港人辦事認真，能明白彼此的要求及顧及對方的工作，並加以配合。這正是香港商人賴以生存之處。

1 數期，Creditability，容許拖欠的期限。

2 FOB: Free On Board，是離岸價。

3 BL: Bill of Lading，提貨單。

4 CIF: Cost, Insurance and Freight，到岸價，當中包括貨價、保險及運費。

六、當香港製衣業碰上第三個中國機遇

1980 年代末，中國內地的政治風波對香港的製衣業帶來一定程度的衝擊。這一影響維持了兩三年之久，正當歐美各國與香港地區都苦無對策時，中國於 1992 年進一步開放的政策，卻意外地為香港製衣商人帶來第三次機遇。雖說這是給予香港製衣商人的機遇，但更重要的是讓內地市場對外開放程度大幅提升。這表示，內地的改革開放不是單向的，內地憑藉香港力量賺外國人的錢，同時亦讓外國商品有更大的機會打進內地市場，賺人民幣。通過中外貿易在內地市場的交流，使中國人更明白外國人做生意的態度、方法與守則。中國人不可能固步自封，必須要與國際貿易接軌。

從 1979 年開始的改革開放到 1989 年的整整 10 年，中國的經濟水平不斷提高，但同樣也帶來高達 30% 的通貨膨脹，導致實際生活水平在一定程度上倒退，加上社會經濟結構轉型，確實使中國與全世界的經濟關係陷於停頓或半停頓的狀態。美國政府宣佈暫停與中國內地的軍事訂單和高層交往，並宣佈在某些項目加以制裁。[1]

但當時的美國布什（George Bush）政府亦意識到中國現有政權不易撼動，而事實上，中國政府於風波發生前在進行一系列改革，在此時施加強硬的制裁對中美雙方均無好處。所以，1989 年 6 月 21 日，美國便派特使國家安全顧問斯考克羅夫（Brent Scowcroft）和副國務卿伊格爾伯格（Lawrence Eagleburger）攜帶布什總統的親筆信到中國，解釋美方的原則及立場。[2] 然而，中方認為中國是被制裁的一方，能做的事情有限。之後的一年多，美方一直派出在多方有影響力的政治人物與中方接觸，但礙於國際上的諸多壓力，雙方始終維持僵局，找不到突破口。而在民間的商業營運，美方商界所關心的是中國工廠能否如期開工交貨，如果無法如期交貨，會對美國自身帶來多大的經濟損失等，這些議題一直在美國國會中得到討論。政治與經濟是可以分開處理的，但政治上的事如何善後處

1 〔美〕傅高義著，馮克利譯：《鄧小平時代》，香港：香港中文大學出版社 2012 年版，第 567 頁。

2 同上，第 569 頁。

理，不少人的內心都充滿疑惑，當時的香港人亦是如此。

歐美各國及中國內地和香港之間的互動進展緩慢，導致各國的紡織及製衣工業都跌進谷底。但日子總得繼續，美國的進口商聯同相關的國內外行業，如進出口商、船運、航空、銀行、速遞等，不斷向美國政府遊說或施壓，希望盡快找到一個解決事件的出路。而事實上，這也並不是單一國家所能解決的。中國內地的的政治環境較為敏感，部分部委更是緊張，不敢輕易行動，採取靜觀其變的策略，導致之前活躍的商業活動也變得異常沉寂。內地市場亦一直在調整，政府收緊財政政策，經濟增長步伐減慢、庫存減少，漸漸緊縮的經濟政策使低通脹變為通縮，從而產生反效果，引發新一波的民怨。直至 1992 年 1 月 17 日，鄧小平由北京來到深圳，隨後又考察珠海等地，一路上反覆敦促各地的骨幹幹部要加快開放得步伐，多做少說。[1] 鄧小平的南巡講話促使江澤民團隊成為更大膽的改革派。鄧小平南巡的消息在香港的報紙上大肆報導，傳媒把鄧小平南巡的每一個片斷剪輯後進行綜合性報導，總結是要改革開放再次上路，膽子要大些，力度要猛些，速度要快些。事實上對於要加快開放，每個人都根據自己的判斷去行事，無論是非法的，還是打擦邊球的，通通都回歸到"摸著石頭過河"的心態。香港商人的敏感度一點都不落後於內地人，特別是長期與內地官員、工人都打過交道的製衣商人。製衣商人亦瞭解到，整個製衣行業的開發程序已接近頂峰，要開拓其他新品種並不容易。但頭腦靈活的香港商人決定攻堅中國市場的另一盲點，這一次，香港商人並不是"闖出去"，而是正相反——"闖進來"。闖進內地仍然是禁地，但有一定灰色地帶的服裝零售市場。

推動經濟的一個途徑是拓展零售業的發展：中國是服裝的生產大國，但在 1992 年的內地，不管男女，身上穿的不外乎是紅、黃、藍、白、黑的單一顏色。衫衣、長褲、長裙等不用說款式，男、女性別基本上亦容易攪亂。此外，當時在市場上的物資供應仍然非常有限。縱使一個人口袋中有錢，但日常商品也都是由國家內貿部通過二輕公司[2] 向市場發放。因為內地市場並沒有對外開放，國

1 同上，第 585-590 頁。

2 據筆者瞭解，二輕公司是中國的內貿公司，一切的日常的糧、煙、茶等用品，都要經內貿公司統籌，然後再分發到市場，主要目的是穩定物價。改革開放前的物價控制更嚴，用的糧票、布票。其後逐步放鬆，取消了票制，但商品供應仍然落後於市場需要。

外商品是不容許在一般市場流通的，仍然要在國營的特許友誼商店買賣，並且要用外幣才可以買到某些進口商品，其目標主要是監控外滙。1992 年，為加快開放速度，香港很多服裝品牌已躍躍欲試，旭日企業（上市編號 393）的真維斯（JeansWest）、德永佳集團（上市編號 321）的班尼路（Baleno）、同得仕（集團）有限公司（上市編號 518）的百都（Betu）、達利國際（上市編號 608）的 Theme、佑威國際（上市編號 627）的佑威（U-Right）、佐丹奴國際（上市編號 709）的佐丹奴（Girodano），與及一些非股份上市的公司，如 G2000、蘋果（Apple）等，都是一窩蜂地進入內地市場。每個品牌都有其定位：高價、中價、低價，男裝、女裝、童裝，多不勝數。如今，早期的品牌已帶動很多內地的資本加入競爭行列，如美特斯邦威等。經過這麼久，除了一兩個品牌被市場淘汰外，如佑威、Theme，其餘的品牌至今仍然屹立於中國市場。"零售"這個行業，無論賣什麼商品，從廉價的花生、土豆到昂貴的鑽石、金飾、樓房等，都使人趨之若鶩地去追求利潤。箇中原因其實非常簡單：賣時收現金，但來貨時有數期，若能把握得好兩者之間的時差，基本上已是利潤的保證。況且市場上很多商品都是供求失衡，在求過於供的情況下，任何商品都易於被接受。因為沒有特定的價格進行比較，只要是時尚的、標榜外國進口的，不分真假，都具有很大的吸引力。

上述吸引是實在的。但是在事實背後卻隱藏著很多問題及危機，例如：買的時候是一整批，但賣的時候是一件件，賣剩的存貨直接管控賺蝕。而這些問題及危機，許多時候都被眼前的利好因素所蒙騙。而服裝零售，更是一個很大的陷阱。許多香港製衣商在接歐美訂單後，都本著同一心理，以為有外國的服裝設計作藍本，加加減減，在自己的工廠生產，然後推出市場。或是在原有的訂單上再加上自己的數量，一切都是因利乘便，以為本少利大，蒙混過關，結果都犯上"侵權"的官司，更有甚者以失敗收場，鎩羽而歸。

"零售"是一門非常專業的行業，如何吸引顧客消費更是一門學問。1992 年中國內地的服裝零售業事實上均具備以下條件：其一，客觀的市場需求：如前所述，市場上已湧現一股消費熱潮。從 1949 年至 1992 年，內地的穿衣文化基本沒有大的改變。社會主義對物質的追求並不強烈，但從 1979 年改革開放到 1992 年的十多年間，社會經歷了通貨膨脹，同時亦累積了一定的財富。這種對物質的渴求是非常現實的，問題在於社會未能普遍供應。因此，在找到切合市場的需求這一點上，基本上不太困難。其二，主觀的資金與人才：資金、人才作為主觀的入市條件，看似容易，但在 1992 年的內地環境卻殊不簡單。

將零售業付諸實行，首要條件便是資金，而資金需求的多少完全視乎市場規模。1993 年，香港一間規模龐大的製衣廠，從澳洲引進中國內地一隻品牌——真維斯（JeansWest），短短的 3 年多時間內便站穩腳跟，截至 1996–1997 年度，已在內地不同城市開設了 271 間店鋪。[1] 以中國如此龐大的市場，能開設店鋪營運的省市——套用旭日集團於 1996 年在香港聯交所股份上市時所用的口號——"百市千店"。[2] 內地市場的所能承受的又何止 1,000 間店鋪，然而問題是，1,000 間店鋪所需的資金是非常龐大的。[3] 市場可以說是無限大，但資金財力需要多少卻是一個無底深潭。若要計算所需資金，首先就要限制這個"潭"的水深。例如一隻底部有巨大裂縫的儲蓄罐，市場愈裂縫也愈大，投入的小資金就如沙子，只會在裂縫漏下，無影無蹤；而大資金就如大石子，唯有投入石子才把裂縫堵。以後，無論是沙子還是石子都不會再漏下，而是一點點積累下來。

"真維斯"就是採用的這種"放石子"的策略。所以一個成功的品牌，為了提高市場的佔有率，在基礎穩固、財務報表清晰且有盈利時，必定會在股份市場上集資公司的股份，藉助外來大眾的力量。私人公司的財務報表，只需股東及董事承擔責任，一般銀行僅作參考而已。但是股份上市公司，其財務報表既受證監處監察，也要對小股東負責，因此會計師的報告書比較嚴謹。基於多方面的監察，銀行借貸也較為放心。香港的銀行借貸融資的能力強，只要項目質量高，銀行亦會非常重視。內地進一步對外開放，雖然存在一些灰色地帶，但並不是違法，1992 年的政治氣候較為寬鬆，且經濟處於低谷，只要處理得當，銀行普遍會支持。[4]

除了資金，還有人才方面的要求。儘管香港當時懂得經營及管理零售業的人

---

1 旭日企業有限公司（上市編號 393），《1996/97 年度年報》，香港，第 12 頁。

2 旭日企業有限公司（上市編號 393），《發售新股及配售：招股書》，香港，第 56 頁。

3 筆者是將真維斯（JeansWest）引進中國市場的四位始創者（Founders）之一，當中主要工作是財務策劃及市場發展。真維斯在發展過程中的發展策略、方向、步伐都是出於筆者。

4 在真維斯開業首年（1993 年），筆者便要割定第一份財務預算向銀行借貸。由於市場開放、發展方向及步伐清晰及明確，筆者作為小股東亦明確表示法定資本已出資及到賬號，當時中國銀行香港分行對該計劃非常有興趣。雖然首次批出的金額未如計劃，但總算走出第一步，其後貸款逐漸擴大。旭日企業有限公司（上市編號 393），《發售新股及配售：招股書》，香港，第 22 頁。

才奇缺，內地更是如此，但香港商人基本上都清楚自己需要什麼人才，以及如何去尋找這種人才。香港一般把洋行的"買辦"誤作"買手"。事實上，"買辦"的工作是跟單，而"買手"的工作對市場進行估計，計算每季所需要的訂貨量，訂貨量的多少又直接影響資金及存貨。所以，有經驗、有學問的人才真是奇貨可居。問題是作為策劃者是否清楚所需人才及其條件，以"真維斯"為例，鑒於香港這類人才短缺，所以該公司以高薪從臺灣挖角到內地工作。[1] 由此可見其中的難度。幸好，"真維斯"成功組建了開荒的班底。

當時，在中國經營零售業並不容易，碰到的難題更是令人匪夷所思。1992 年的進一步開放與 1979 年的改革開放有著明顯不同。1979 年時，中國內地如同一張白紙，對外面的世界毫無瞭解，民眾只想改善生活，用自己勞力換取報酬，這合情合理。但到了 1992 年，民眾的生活有了一些改善，雖然存在物價上漲的情況，但人們總希望能提高自己的生活品質，奈何市場上商品奇缺，就連簡單的穿衣選擇都受到限制。既然現在政策鼓勵加速開放，香港人亦願意投資，理論上應該是一拍即合。然而，內地的經濟發展步伐遠快過法律制定步伐，相關法規政策大幅滯後。有市場、有資金、有人才，但要創辦零售行業，下一步該怎麼辦？香港的製衣商人自以為在內地打拚多年，對內地環境有一定的認識，加上自身所在的香港零售業又很成熟，進軍內地的零售市場應該是駕輕就熟。但事實並非如此，香港商人最大的問題就是對內地市場的認知不足，加上先入為主地認為套用香港現行的方法便沒問題。結果，香港人與內地市場一接觸，便發現自己處理問題的方法格格不入。香港商人並不是受騙，而是因為自己的自以為是吃了許多啞巴虧。

第一個立即要面對的問題是沒有營業執照。中國的工商局根本不會給境外公司發營業執照。如果沒有營業執照，便是無牌經營，可以說是寸步難行。雖然可以請內地人作為執照的營運者，但規定只容許小額經營，招聘員工的數量也有一定限制。對雄心勃勃的港商來說，在申請營業執照階段就遇到了困難。內地夥伴隨即提議以合作形式，而非租賃條款申請牌照，從而規避工商所的監督。但合作夥伴是法人，香港人只是附屬經營，在法律上無保障。不過，在這種如箭在弦的

1 從臺灣招聘的工作，由筆者一手操辦。

情況下，已不容也不能有太多考慮。結果，就以這種方式起步，每天都要提心吊膽，問題也只能邊走邊解決。

第二個立即要面對的問題是商品該去哪裡銷售？1992 年，內地零售業仍以百貨商場為主導，而且幾乎沒有民營百貨商場，像上海南京路上的第一百貨、北京王府井的北京百貨、武漢的武廣商場、南京的南京百貨等這些銷量最高的國營百貨商場，對外資企業來說簡直是高不可攀——不要說進場設置專櫃，就是要找負責人都無從而知。然而，這也促使港商轉換思路，因為以當時的法規，沒有營業執照根本不可能進場，這樣便間接地迫使港商從街邊店舖入手。1992 年的內地市場沒有私產，街舖一般是向當地的房管所租賃，只要按時交付租金即可。除了一些特別搶手的區域房管所監管較嚴之外，如北京的西單、上海的南京東路、南京的新街口、武漢的中山路等，其他地區的管理是比較寬鬆的，經營的自由度比較高。港商便利用這一"漏洞"，用頗高的租金[1]利誘店舖的經營者轉而從事服裝買賣。港商與原本店舖的經營者簽訂一份法律效力非常薄弱的"合作經營協議"。這份協議實際上是一份店舖租賃協議，礙於政策，這份協議保障的大都是店舖出租者的利益，而非港商。所以對港商來說，這樣的合作風險很大，若遇到工商所查牌，就要找法人、房管、稅所、派出所、城管、銀行等。自 1979 年改革開放，港商便開始跑內地市場，自認為非常瞭解中國國情。其實開工廠只是四幅圍牆之內處事，對圍牆外的事其實是一竅不通，猶如井底之蛙。當要面對群眾時，才發現千頭萬緒，不知從何開始。"合作經營協議"完全建基於信賴，看似風險不高實則隱患重重，但總算是邁出了服裝零售的第一步。然而，只邁出第一步還不夠，如何增加店舖的數量也是同等重要。在香港只要找到地產代理介紹便可以有很多選擇，但當時的內地並沒有地產代理。結果，港商又是用香港人的那套方法，通過一些有地方人脈幫忙，但付出的佣金也高得驚人。[2]

在商舖租賃的談判過程中，港商又碰到一些令人啼笑皆非的要求。例如：

---

1 1993 年，筆者在上海的南京東路找到一間大約 120 平方米的地舖，房東給房管的年租金是 9 萬多人民幣，但筆者給予房東的年租金是 120 萬港元，而且還要接管部分員工，當時的 1 港元 =1.2 人民幣，這便是初接觸內地市場時吃的虧。還好，店舖第一年的銷售額達 1,400 萬人民幣。由於這是筆者促成的第一間店舖，所以印象很深。

2 筆者 1993 年付出的佣金是 10 萬美金，可謂天價。但有店舖便有收入，故支出與收入的裂縫便慢慢變小，現金周轉已可以與銀行有對話的空間。

（1）在香港店租一般都是一月一付，押金是按租期，若租 3 年，押金便是 3 個月租金加 1 個月上期租。但在內地則是一年一付，最少也是半年一付，這樣的付款方法會嚴重影響做生意的現金流轉，成為一件大問題。[1]（2）港商要承擔出租方若干人員的薪金，並同意延續這些員工與出租方的合約，如今我們當然明白，因為一旦店舖租出後，原本在店舖工作的工人便會失業，所以港商要繼續承擔，但問題是這本應是房東的責任，但當時的港商卻不明白背後的原因。（3）香港由 1970 年代開始已沒有將商品放在櫃內買賣，既然選擇了開放式的展銷，那麼失竊已在考慮之列，但內地公安又出面要求港商把商品放在櫃內，以防失竊。在港商再三保證會增請保安，加強與公安的溝通，並確保周遭環境不會變差之後，當地公安才勉強接受。（4）雖然夏天的北京、上海、南京、武漢等大城市十分炎熱，但要開空調的話，不僅沒有足夠的電力供應，而且空調的排水系統奇差，店內時有水浸。此外，以武漢為例，夏天天氣太熱，室內與室外的溫差太大，店內若開空調，店員則要求外穿毛衣，客人也因為太冷而不願進門。（5）每間店舖只能在指定銀行開賬戶，縱使是同一銀行，由於支行不同，亦要開立新賬號，等於有 10 間店舖便要有 10 個賬號，每天都要核對賬戶內的存款開支，非常瑣碎。

這樣繁瑣的行政干預，真的令人吃不消。不過剛開始時，零售的生意確實好做且易做，再繁瑣的行政干預都必須接受。由於懂得經營零售的香港人，漸漸地在計算舖租時，總是與銷售額掛鉤，把在香港做經營的思維或多或少地套在內地，做了非常多的錯誤決策。港商往往把租金算得便宜，但實際付出的已是原租賃租金的 10 倍，甚至 20 倍，當時總認為生意還可以做。這些錯誤，現在回想起來，都令人啼笑皆非。但是內地確實長期缺乏物資，只要服裝系列稍有顏色、設計及搭配，就非常吸引人。所以在 1993–2000 年間，生意確實非常紅火。

從裝修、下單生產、招聘培訓等開店過程中遇到的問題層出不窮，也不用一一細說。然而，在交易完成後，港商如何處理人民幣成為嚴峻的問題。所有香港製衣商人在內地經營零售，都是以生產為起點的。港人投資內地的工廠，早期的法規都是規定 100% 的生產成品都必須出口，因為原材料從香港進口，海關與工廠對賬時要對得上，否則便會被懷疑在內地倒賣原材料，這是嚴重的違法行為，

---

1 筆者認為，在營運中，儲蓄箱內的裂縫形成的其中一個原因是資金積壓和店舖裝修，單在上海的南京東路店第一年的租金為 150 萬人民幣、裝修費用為 150 萬港元。

會收到嚴重的處罰。其後，有部分原材料可以由內地的廠家供應，海關便對原材料處理稍為放寬，准許在內地買料製造的商品，有一定的比例可以在內地銷售，這個比例後來增加至 80% 出口、20% 內銷，之後是 70% 出口、30% 內銷，法規逐步放寬。雖然沒有零售營業執照，但一般的工廠也不會多加留意，一般只會輕輕帶過而已。前文已提及，1980 年代早期，歐美國家已流行 "穿衣系列" 的概念，所以從一開始引進內地服裝零售的都是以系列為基礎。工廠並非從一開始便利用本銷的優勢，原因也是系列會涉及多類別的工廠來生產，是通過香港公司用港幣或美金在香港下單並付款，然後從香港電匯港幣轉人民幣以支付開銷。

在內地做零售業，收入是人民幣，可以用於支付店舖員工工資、店舖租金、日常費用等，此外便沒有使用人民幣的機會。然而，訂單是在香港下的，要支付港幣；香港公司的管理人員的薪金及香港公司的租金、日常費用等都需要用港幣，由於人民幣不能與港幣對等流通，導致持有太多人民幣而缺乏港幣支付的大問題。商品銷售愈好，收回的人民幣愈多，壓力也愈大。然而 1992 年時，人民幣直接滙出中國境外受到很大的限制，而且每名出境旅客每天也只能攜帶 6,000 人民幣，導致部分港商只能藉助地下錢莊。但是，如以擾亂金融秩序定罪的話，最高可被判槍決。

要想解決此問題，港商的方法也要經過多重轉折：首先，在賬面上將人民幣賣給多間有信譽的工廠，支付工人工資、日常開支及在內地采購原料等；其次，在香港尋找買家，在內地給對方人民幣而對方在香港支付港幣。但這樣做要非常謹慎，實際上猶如內地與香港的地下錢莊，買賣雙方都必須低調處理。[1]

理論上，在中國境內通過銀行電匯是沒有問題的。但是在 1992 年，內地的銀行體系尚屬落後，匯款經常如石沉大海，不知所蹤，可能需要一兩個星期才會到賬。道理也很簡單，因為 1992 年的內地銀行支行很少有大手筆的電匯，銀行之間往往會過度謹慎，再三相互確認，所以會耗費大量時間。後來交易多了，投訴也隨之增多，銀行意識到問題後作出改進。不久之後，金額少於 50 萬的電匯需時 3 天，多於 50 萬的則需要在一星期之內完成。至此，人民幣的電匯問題總

1 筆者在 1993–1996 年，剛好碰上內地地產開始蓬勃，但大都是港商投資內地的地皮蓋房子，需要較多的人民幣，人民幣買賣雙方都信任筆者做經辦人。

算逐步得到解決。

最困擾香港人的還有內地的稅制，尤其是稅票及之後的增值稅制度。在內地做生意，工商稅務最為重要。過去，工廠的運作時的工商稅務都比較簡單和直接。但到了 1994 年，時任總理朱鎔基推出劃時代的稅制——增值稅。[1] 從此，情況有了很大的改變，特別是推行初期使香港的財務在處理發票時非常困惑。增值稅的推出過於突然，港商對此準備不足。事實上，一度使市場陷入混亂，因為存貨原因，賣價未能及時調整，但貨價需要立即上調。所以 1994 年，在內地經營的零售商虧損情況非常普遍，只是虧損程度多少而已。

1992 年，內地給予香港的製衣公司的第三個發展機遇，確實是一個非常好的商機，同時亦減輕了香港商人所面對的壓力。雖然外國對中國加以制裁，但中國內地的市場開放又使得廠商可以將出口轉內銷。之後，部分工廠接到的內銷訂單增多，這變相壓縮了出口單的空間。一間好的工廠，不能百分百將生產力投入出口訂單，這對外商來說確實是一種威脅。但另一方面，港商亦憑藉內銷增強對外商的議價能力，買賣雙方的關係因此發生了微妙的變化。

香港的製衣商帶動內地的內銷市場，對一些有實力的內地本土廠商而言，又有一種新的啟示。事實上，隨著引進品牌的成功，內地本土的品牌亦隨之而起，如江蘇的美特斯邦威、廣東的以純等，都是後來加入競爭的本地品牌。

香港的製衣商在出口和內銷的生意一直維持到 2000 年，直至中國加入世貿組織後，出口的生意有了很大的改變。因為取消了出口配額，不再有限制，但生意並沒有想象中好做，本土生產的優勢亦受到東南亞國家及地區的衝擊。加上 2000 年後，中國因加入世貿而需要更進一步地開放市場，本土的品牌亦不能完全滿足中國日益富有的消費者需要。所以，香港製衣商亦需要尋求另一方面的轉型。

---

1 內地推行的增值稅制度，師承北美洲的美國及加拿大，由於筆者曾在加拿大居往 5 年之久，對稅值稅制有一定的認識，發票的問題確實對一般的香港財務會計有很大困擾。因為香港的發票只是一個證明文件，但內地的發票有一定的法律效力。加拿大不用發票，只要報上公司的稅務登記號碼，便可在稅局的電腦上自動對盤，與中國的發票性質相同但方法有差異。

結　語

香港位於珠江口東側，地域面積比深圳小，且缺乏天然的礦產資源，只有一個可供開發的深水港。當年，英國人也不是以香港作為發展首選。

但歷史的發展有其必然性與偶然性。香港擁有深水港，又毗鄰珠江口，捕漁、航運及相關的行業，便順理成章地發展起來。英國人為加強遠東的貿易往來，建立與中國的正常貿易關係，通過廣州的十三行、香港的洋行買辦，逐漸搭建起東西方的貿易往來的橋樑——銀行業。基於這些因素，香港逐漸發展成為一個運輸航運、銀行服務的中心城市，從而奠定了今日香港的商業地位。

香港割讓給英國後，內地仍然准許人口的自由流動，但內地居民決定留在香港的吸引力誘因不大。居民可以自由、無約束地往返使得香港的人口難以進一步增長。從 1840 年的《南京條約》到 1945 年的二戰前後，香港的發展較弱，甚至比不上廣州，只是比部分內陸城市好一點而已。直至 1946–1949 的幾年間，國共之間的內戰使得香港成為一個很好的避風港，逃難來港的部分內地人認為，無論內戰結果如何，往後生活依舊繼續，只要再適應便可以。但萬萬沒想到，港英政府於 1950 年改變出入境政策，要先得到香港警務處的批准，取得通行證後才可進出香港。這個變化導致很多人、機器滯留香港，無法離開。其後，國民黨敗走臺灣，上海紡織工業家作出分攤風險的決定，把部分資金、管理團隊轉移香港。幾個偶然事件疊加在一起——避難的勞動力、生產的機器、避險的資金及管理團隊紛紛從上海外避香港，無奈的紡織工業家，便促使香港把握這個偶然的機遇。然而，這個機遇也不是香港人自己把握的，英國政府也充分認識到紡織業的重要性，出臺政策加以配合。於是，香港的紡織工業得以開始。俗語說，“千里之行，始於足下”、“好的開始是成功的一半”，香港順利迎接其第一個機遇，同時這個機遇又影響香港的經濟長達半個世紀之久。

1960 年代初期“出口配額”新制度對紡織界卻是一個嚴重的打擊，但外圍政治及經濟環境的改變，卻促使香港紡織商人走出新路——成衣製造。雖然這也是從一個勞工密集的行業轉到另一個勞工密集的行業，但所需要的投資金額卻大大降低，風險亦是顯著分散。多了另一個勞工密集的行業，無疑又衍生出勞工短缺的現象。而內地的另一次政治運動“文化大革命”，大量偷渡而來的內地移民，給香港的勞工市場又注入新的動力。“出口配額”是整個紡織及製衣行業發展的關鍵。“配額”雖然是一種限制與障礙，但香港的紡織及製衣商人並未坐以待斃，而是決心闖出香港，爭取成功。進到東南亞的馬來西亞、新加坡、越南、印尼、菲律賓、泰國等地，遠到非洲的尼日利亞、中南美洲的危地馬拉，只要能有“配額”，能做生意，香港人都排除萬難，勇往直前。

天無絕“勤”之路，香港人在困境中堅持下去，1979 年迎來了另一個新機遇。內地宣佈不再走階級鬥爭路線，要進行經濟改革，開放市場。這對香港的紡織及製衣商人來說是大喜訊，在同文、同種、同語言的大環境下，雖然仍然受到“配額”的限制，但大量的勞動力及各種降低生產成本的機會等誘因組合在一起，香港人不但向外衝，又返回來向內闖。1992 年鄧小平進一步推動改革，把國家的經濟大門進一步打開。雖然開放的步伐較慢，但亦足夠香港的製衣業開闢另一個發展空間。內地零售市場的開放使國民進一步與國外市場接軌。

隨著中國加入世貿組織，香港亦要緊跟發展進程。“出口配額”的取消使得製衣行業需要馬上作出一定程度的調整。港商的第一個決定，是關閉外地投資的工廠，且調整在內地投資的工廠。內地有經驗、有規模的出口公司也不斷整合、改組，並且跳過香港，直接與買家接觸，改變經營模式以迎合買家的要求。香港的製衣商也並未坐以待斃，他們採取靈活的做法，減少訂單的數量，加快出貨的速度，協助買家減少庫存，力求幫助買家更能靈活地運用手上的資金進行周轉，並通過減少銀行費用等措施，留住客人。至此，內地與香港兩地的製衣商在出口貿易上，既是競爭對手，又是合作夥伴。內地市場，無論在生產還是消費方面，確實發生了徹底地改變。穿衣文化依舊存在，但人們的需求不再容易得到滿足。香港的紡織及製衣業，從 1950 年開始，經歷了半個多世紀的拚搏，可以說是回歸到正常、平淡的狀態。生意賺錢確實不像“出口配額”時容易，面臨很多困難。因為之前“配額”支付的費用就是利潤的一項保證。現在“配額”沒有了，有遠見、有部署的大商人又尋找到其他轉型機會，而無計劃的商人就只能不斷抱怨“生意難做”。

香港的紡織及製衣業是否已是夕陽工業，筆者不敢輕易斷言。但從香港的紡織及製衣商人自身的立場來看，確實曾經歷過賺大錢的黃金時代，如今回歸正常利潤是事實，生意是否意興闌珊仍待觀察。不過，香港的紡織及製衣商人在內地改革開放過程中，確實有盡綿薄之力，發揮自己最大的影響力，為中國融入世界的大家庭作出一番貢獻。香港商人憑藉本身的奮鬥精神與毅力，在紡織及成衣製造拚出一片天。本章的敘述方式側重於兩個方面：其一是梳理發展的過程，其二是剖析重要影響因素。其中，有筆者找到的有關"配額"的新資料，尤其是"配額"的由來及有關美國相關體系的運作體制，使得整章內容更具有系統性與完整性，進而提升研究價值。盼望香港的紡織及製衣商人，藉助"一帶一路"倡議，再度把握新機遇，與祖國攜手續寫經濟輝煌。

第二十二章

九廣鐵路（英段）修築、運營對香港民眾生活的影響（1910-1941 年）

嚴智德

九廣鐵路是香港境內連接九龍和新界的主要交通幹道，鐵路從維多利亞港北岸的尖沙咀碼頭出發，途經旺角和九龍塘等區域，穿過畢架山隧道進入新界，再途經大圍、沙田、大埔、粉嶺和上水，直奔羅湖，更可直接連接深圳至廣州的鐵路。所以，九廣鐵路也是廣九全路在香港的分段。清末，因九廣鐵路（香港段）由港英政府斥資修建，所以也被稱為"英段"。

1938 年記者拍攝的九廣鐵路總站照片，刊登於美國《國家地理雜誌》。[1]

為何英人要建造九廣鐵路呢？1870 年代起，英國逐步形成以華南特權勢力為核心的佈局，維護英人在華特殊利益的盤算，並藉此維護在遠東的戰略部署，以提升英帝

1 "Hong Kong, Britain's Outpost in China", (1938) *The National Geographic Magazine*, March, p. 360.

國在全球的影響力。1899 年，英政府查明法俄勢力利用比利時企業之名向中國放貸，修築盧漢鐵路（北京盧溝橋—漢口）。由於法俄同盟勢力可能利用盧漢鐵路借款項目把勢力擴張到長江上游之北岸，時任英國駐華公使竇納樂（Claude Maxwell MacDonald）提出強烈抗議，隨即向清政府引用中英《揚子江沿岸不割讓來往照會》，指摘中方違約。最終，英方取得滬寧鐵路（上海—南京）、浦信鐵路（浦口—信陽）、津浦鐵路（天津—浦口）、蘇杭甬鐵路（蘇州—杭州—寧波）和九廣鐵路（香港九龍—廣州）的建造權，以作“補償”。九廣鐵路作為英國在華五大鐵路利權之一，首次在歷史舞臺上出現。1907 年，中英雙方達成九廣鐵路正式借款協議，由港英政府撥款修築九廣鐵路（香港段），香港方面隨即動工。1910 年，九廣鐵路竣工通車，一年之後與廣深段連接。自此，廣州和香港之間實現鐵路連接，成為中國鐵路歷史上的重要里程碑。

回顧 1910 年至今，中國在大時代背景下經歷過大變動、大變革。1920 年代，粵港兩地爆發了激烈的反帝國主義抗爭，其間九廣鐵路仍然在香港境內穿梭，未被荒廢和破壞。現如今，九廣鐵路仍然是香港市民日常出行的主要交通工具之一，可見鐵路雖然由英國殖民者建造，但實際上也能為中國人的生活帶來便利。筆者根據 1910 至 1941 年香港中英文報刊，以及港英政府的檔案，探討九廣鐵路運營給香港民眾生活帶來的影響，並闡述鐵路為香港作出的貢獻，說明在城市發展中，鐵路所發揮的不可或缺的作用。

一、九廣鐵路（英段）的興建及其線路和設施

目前，前人研究九廣鐵路的成果不多。由港英市政局出版的“*Kowloon-Canton Railway (British Section), A History*”，是唯一詳細描述九廣鐵路歷史的專著。[1] 1910 至 1982 年，九廣鐵路屬於港英政府編制部門，市政局作為政府部

1 Robert J. Philippips, *Kowloon-Canton Railway (British Section), A History* (Hong Kong: Urban Council, 1990).

門，自然能深入調閱相關的記錄，從而編寫成書。該書以編年和故事形式，介紹九廣鐵路的主要發展事件，包括事前規劃、建築過程、路線走勢、支線詳情、車輛配置等，為我們提供了基礎資訊。除此之外，由九廣鐵路公司出版的 *"A Century of Commitment, The KCRC Story"* [1] 和《百載鐵道情》，[2] 則更聚焦於戰後電器化時代。這些出版物是紀念九廣鐵路和地下鐵路公司合併的特刊。以上成果以介紹鐵路發展為主，但未涉及鐵路與沿線民生發展的關係和影響，這部分內容尚有待補充。

回顧歷史，九廣鐵路的修建過程可算是鐵路工程歷史上的壯舉。香港新界群山林立，河道錯綜複雜，傳統鄉郵居民點遍佈其中，無法以直線連接尖沙咀、大埔、粉嶺、上水和羅湖，只能讓鐵路繞山腳而行，或者開挖隧道和架橋前進。早於 1899 年，英國承建商已派出工程師勘察新界，尋找最佳路線。[3] 工程師認為，鐵路要取道新界東，經沙田、大埔、粉嶺和上水到達粵港交界的方案較為可取。然而，要修築 7 條隧道、3 座高架橋克服地形困難，所需大型基礎建設較多。[4] 直至 1905 年，港英政府仍未對工程師的方案表態，計劃遭到擱置。1905 年，國際緊張形勢，各國競爭和衝突激烈。英國重提九廣鐵路借款計劃，英國承建商再次派工程師評估位於新界的選址，最終有兩套方案供港英政府選擇。除原定取道新界東方案之外，工程師又建議鐵路在抵達九龍北部之後，向新界西部進發，經荃灣、屯門和元朗北上。然而，港英政府仍以直線抵達和縮短行車時間作為最重要原則，選用途經新界東部的方案。線路方案確定後，接下來要解決地形陡峭並阻礙九龍和新界連接的難題。1899 年，工程師曾建議讓鐵路爬坡前進，但 1905 年改為建議開鑿畢架山隧道（Beacon Hill Tunnel），克服地形限制並縮短行車時間，此方案得到時任港英政府工務局長漆咸（W. Chatham）的支持。[5] 但香港山脈多為花崗岩土質，石質堅硬，施工難度極高，每推進一段就需要引爆 29 磅炸藥，[6] 在當時堪稱鐵路工程界的一大壯舉。由於挖掘隧道的工程同時在山體南北側

---

1 Peter Moss, *A Century of Commitment, The KCRC Story* (Hong Kong: The Kowloon-Canton Railway Corporation, 2009).

2 九廣鐵路公司公司事務處：《百載鐵道情》，香港：經濟日報出版社 2008 年版。

3 Robert J. Phippips, *Kowloon-Canton Railway (British Section), A History*. p.25.

4 Ibid.

5 Ibid, p.27.

6 Ibid, p.37.1 磅相當於 0.972 斤，即 453.6 克或 0.4536 公斤。

進行，北面工地補給困難，物資需從九龍經水路運送，[1] 導致北面工地物資供應不足、衛生條件惡劣，痢疾等疫情頻發，更發生工程意外事故，導致約 30 名工人喪生。[2] 1905 年 5 月，畢架山隧道挖掘工程終於完成，[3] 其他隧道的工程也相繼結束。至於橋樑方面，九廣鐵路列車會穿越 49 座橋樑，[4] 包括大圍城門河橋，以及著名的大埔林邨河橋等。

值得一提的是，九廣鐵路通車安排較倉促。1910 年通車時，位於尖沙咀天星小輪碼頭旁邊的總站尚未竣工，只能利用附近的空地作為臨時總站，但九廣鐵路總算在短期內通車。此外，鐵路設有沙頭角支線，自粉嶺站向新界東北部延伸，途經沿途各邨落後抵達沙頭角結束行程。但由於只是輕便鐵路，班次和運輸力均十分有限。

九廣鐵路通車初期列車車廂，現陳列於香港鐵路博物館。

1 Robert J. Phippips, *Kowloon-Canton Railway(British Section), A History*, p.35.

2 Ibid, p.28.

3 Ibid, p.36.

4 Ibid, p.37.

據資料記載，九廣鐵路香港段的長度遠不如廣深段，但其工程費用高達 75 萬英鎊，按當時匯率計算約 500 萬港元，造價足有廣深段造價之一半，可見施工的複雜和困難。[1] 儘管如此，港英政府仍然斥巨資修築鐵路。九廣路通車期間，九廣鐵路管理局擁有 2 臺工程機車、8 臺客貨運機車、28 輛客車和 50 個貨運車廂。[2] 可以說，這些都是後來支撐香港境內運輸和省港直通車運營的基礎。

二、保障糧食及主要農副產品的供應

鐵路通車為沿途居民帶來了意想不到的影響。九廣鐵路之所以能穩定運營至今，是因為它作為主要的交通幹道，能為群眾化解生活上的困難，為他們的生活帶來便利。民以食為天，若要評價九廣鐵路的作用，首先要先從鐵路對香港糧食供應和生產的幫助展開。

白米是中國人餐桌上不可或缺的主糧，尤其是 19 世紀和 20 世紀交替時，普通香港居民的收入不足以支付其他高昂的食材價格，且當時供港蔬菜不足，白米對於充飢而言十分重要。然而，香港本地無力大規模生產稻米，主要依賴從東南亞進口。[3] "南北行" 貿易在香港民生經濟中擔當重要角色，在白米供應上發揮了關鍵作用。"南" 即 "南貨"，是指從東南亞途經香港轉運至內地的產品，尤其以稻米作為大宗。而 "北貨"，則是之從內地途經香港轉運至東南亞和其他國家的產品，如中藥材等。[4] 位於香港島上環文咸西街的店舖群，多是南北行商號。白

1 有關九廣鐵路的造價，可參考英國殖民地部大臣致港督信函，"Lyttelton to Nathan on 20th January 1905", The British Colonial Office, CO129/322/pp.208-211。有關英鎊和港元的關係，可利用 1902 年港英政府發放公務員薪酬時的換算辦法掌握其匯率。

2 Robert J. Philippips, *Kowloon-Canton Railway(British Section), A History*, pp.122-123.

3 Hong Kong Government, "A table of Hong Kong's Import During 1938-1939, (Appendix E)", (1939) *Annual Report on the Social & Economic Progress of The People of The Colony of Hong Kong for the Year 1939*, p.19.

4 馮邦彥：《香港華資財團，1841–1997》，香港：三聯書店（香港）有限公司 2007 年版，第 17 頁。

米從東南亞而來集中於此，再運送往香港各區。雖然，香港也依賴內地供米，[1] 另有少量新界本土出產的稻米，但只有內地豐收之年（如 1908 年），內地供應才有所增長，東南亞進口數量隨之減少。[2] 否則，香港仍以東南亞白米供應為主。[3] 1918 年，第一次世界大戰結束，歐洲生產力衰退，各國經濟慘淡，導致物資供應緊張。在各國物資和口糧優先供應本國之時，各東南亞殖民地便無法對香港輸出稻米。1919 年，香港白米供應奇缺，居民不安，九龍爆發了搶米騷亂。

1919 年 6 月 12 日，暹羅政府頒佈稻米出口管制措施，[4] 導致印度支那出口量從 3 月的 12 萬噸降至 5 月的 6 萬噸。[5] 日本商人趁機購米，囤積居奇，[6] 致使香港約 59 萬群眾失去了購買渠道。[7] 慈善事業團體雖試圖發動緊急運米，但礙於 7 月是颱風季節，海路受阻，香港受到颱風的侵襲，無法利用船隻從港島調送米糧至九龍。九龍缺乏白米供應，居民襲擊警署旁的米店，[8] 情況頗為混亂。8 月，港英政府從西貢緊急購米，但運輸需時，[9] 緩不濟急。

相較之下，新界居民在米糧供應的問題上自給自足，未受東南亞白米供應不足的影響，亦沒有像九龍般發生大型騷動。從大埔至粉嶺，九廣鐵路沿線都是農地。[10] 自 1910 年鐵路通車後，新界居民便有了穿梭各區之間運送米糧的習慣。[11] 港

---

1 蔣建平：《清代前期米穀貿易研究》，北京：北京大學出版社 1992 年版，第 48 頁。

2 詳見 "Trade And Shipping, Industries, Fishers, Agriculture, And Land", in Hong Kong Government Annual Reports For The Year 1908, p.2。資料顯示華中和華北平原稻米收成良好，導致內陸白米在上海，揚了江的價格下跌，東南亞米供應商無利可圖，所以降低輸入量。

3 R. L. Jarman (ed.), "Colonial Annual Report For 1910: Trade and Shipping, Industries, Fishers, Agriculture, And Land", (1996) *Hong Kong Annual Administration Reports, 1841-1941*. (Vol. 2), p.175.

4 No. 552 of *Hong Kong Government Gazette* in 5th November, 1920.

5 Hong Kong Government, "Sessional Paper: Preliminary Report on The Purchase and Sale of Rice by The Government of Hong Kong During the Year 1919", 1920, p.1.

6 Ibid.

7 R. L. Jarman (ed.), "Administration Report For 1919: Populations", (1996) *Hong Kong Annual Administration Reports, 1841-1941* (Vol. 2), p.29.

8 "Preliminary Report on the Purchase and sale of Rice by the Government of Hong Kong During the Year 1919", Hong Kong Government Sessional Paper, No. 1 of 1920, p.3.

9 "Preliminary Report on the Purchase and sale of Rice by the Government of Hong Kong During the Year 1919", p.1.

10 詳見大埔人口密度及農地分佈圖，轉引自 Dr. S. G. Davis, *Hong Kong in Its Geographical Setting*. London: Collins, 1949, p.139。

11 "Kowloon-Canton Railway", in Hong Kong Government Administration Report for 1911, p.4.

英政府也從新界購米，緩解九龍半島的糧荒困境。[1] 新界米糧運往市區，新界居民也從市區購買次等白米返回自用，[2] 各取所需，為緩解米荒危機發揮了作用。除此之外，九廣鐵路也曾被用來緊急運米，支援深圳和東莞，賑濟災民。

木材雖然不是食用品，但當時居民都以柴火煮食，其重要性不言而喻。例如，1926 年《香港工商日報》曾報道，4 名貧困家庭的女孩被父母要求外出伐木，收集生火的燃料，但途中遭到警員制止，因害怕被父母責怪，所以投海自殺。[3] 又如，港英政府於 1930 年估算消費物價指數時，把木柴列入生活必需品清單。[4] 這些例子都反映了木柴需求及其重要性。據統計，1939 年時香港每天消耗 1 萬擔木柴。[5] 這些生火的原料主要來自新加坡、越南、中國廣州和廣州灣。貨源充足時，每 1 港元能購買 70 餘斤木柴。[6] 但 1937 年 7 月，盧溝橋事變爆發後，廣州於 1938 年淪陷，供應渠道逐漸收縮。隨著 1939 年英國對德宣戰，就連來自馬來西亞半島的供應也逐漸減少。

1940 年 9 月，港英政府頒佈《第 15 號防衛條例》，自 10 月 7 日起，市民不得私存或售賣木柴，若有存售行為應主動申報，政府人員可隨時巡查命令是否得到徹底執行。[7] 1941 年 2 月 21 日，港英政府成立食物和木柴節制管理委員會，掌管相關事務。[8] 4 天後，委員會規定木柴價格為 1 港元 40 斤，[9] 3 月 14 日起為 1 港元 55 斤，[10] 4 月 4 日起為 1 港元 60 斤。[11]

1941 年 2 月 28 日，港英貿易管制專員（Controller of Trade）命令所有境內的居民，未經批准不可向境外輸出木柴，[12] 隨後更實行配給制度。自 8 月 8 日

---

1 Hong Kong Government, "Preliminary Report on The Purchase and Sale of Rice by The Government of Hong Kong During the Year 1919", Hong Kong Sessional Paper, 1920, p.1.

2 Hong Kong Government, "Preliminary Report on The Purchase and Sale of Rice by The Government of Hong Kong During the Year 1919", p.4.

3 〈少女相約蹈海自殺〉，《香港工商日報》1926 年 4 月 17 日，第 3 頁。

4 "Wages and The Cost of Living", in Hong Kong Government Administration for 1931, p.18.

5 〈本港各種糧食情形穩定〉，《香港工商日報》1939 年 3 月 20 日，第 3 張第 1 頁。

6 〈星洲柴薪充斥市道〉，《香港工商日報》1926 年 4 月 27 日，第 3 頁。

7 No. 1089 of *Hong Kong Government Gazette* on 27th September, 1940.

8 No. 219 of *Hong Kong Government Gazette* on 21st February, 1941.

9 No. 228 of *Hong Kong Government Gazette* on 25th February, 1941.

10 No. 317 of *Hong Kong Government Gazette* on 14th March, 1941.

11 No. 387 of *Hong Kong Government Gazette* on 4th April, 1941.

12 No. 252 of *Hong Kong Government Gazette* on 28th February, 1941.

起，市民未得批准不可進口和購買木柴，否則也屬違法的行為，[1] 木柴供應短缺情況急轉直下。早在 1939 年 3 月，新界居民已注意到市場需求，以汽車、人力搬運的形式，不斷向深水埗、油麻地、旺角和九龍城等地供應木材。[2] 每天有數輛貨車從新界出發前往市區，每天有 1,400 多擔的供應，每擔售價 1 港元多。[3] 雖然略為緩和了柴荒，但因其價格的嚴重飆升，已釀成公眾恐慌。

日本大規模軍事侵略香港前，港英政府緊急在新界殖林區伐木，以畜力和人力搬運的形式，將木材搬運到九廣鐵路列車上，配送至市區出售。[4] 翻查農林署記錄，1941 年 2 月 4 日後，港英政府緊急取用的木材共 2,279.5 噸，都統一運送到九廣鐵路粉嶺站，並由政府倉庫部門接收。[5] 由此可見，九廣鐵路在緊急接濟市區的行動中，同樣扮演了重要角色，以解決市面燃料不足的危機，在一定程度上緩解了社會恐慌。

九廣鐵路通車前 40 年發揮的功能，從緊急供應米糧和木柴的事例上有所體現，其作用遠不止應對緊急和偶發事件。如鐵路在運營過程中，對蔬菜供應鏈的幫助也值得深入探討。蔬菜也是中國人餐桌上的重要食材，如只進食米飯會導致營養不良，容易患上腳氣病。1911 年，港英政府曾刊登憲報公告，提醒市民日常膳食中不能只進食米飯，必須也要有肉類和豆類等。[6] 但因香港農地不足，無法滿足居民對蔬菜的需求，必須依賴內地供應渠道，如稍有其他因素影響，港內便無蔬菜供應。1885 年，港英政府布政司聯繫英國駐廣州領事，提到香港每天需要約 50 噸蔬菜，供應鏈斷裂會造成嚴重的後果。[7] 據報刊記錄，1926 年 10 月初，省港大罷工仍未結束時，廣東停止對香港供應蔬菜，有人試圖從保安縣走私菜品，被港英警員發現並逮捕。[8] 由此可見供港蔬菜的剛性需

---

1 No. 938 & 939 of *Hong Kong Government Gazette* on 8th August, 1941.

2 〈新界柴薪大量運港推銷〉，《香港工商日報》1939 年 3 月 22 日，第 3 張第 2 頁。

3 同上。

4 饒玖才：《香港舊風物》，香港：天地圖書 2003 年版，第 87 頁。作者早年在中國、新西蘭和美國學習農業技術，並為香港政府漁農署工作，退休前任助理署長。另外，有關日軍進攻香港前香港政府緊急斬伐木柴的記載，也可參考 Dr. S. G. Davis, *Hong Kong in its Geographical Setting*. London: Collins, 1949, p.141。

5 "Report of The Botanical & Forestry Department For 1940/1941", in R.L. Jarman(ed.), (1996) *Hong Kong Annual Administration Reports, 1841-1941* (Vol. 4), p.67.

6 No. 44 of *Hong Kong Government Gazette* on 24th February, 1911.

7 No. 402 of *Hong Kong Government Gazette* on 17th October, 1885.

8 Unknown of Author, "Smuggled Goods and Pickets", *The Hong Kong Daily Press*, 7 October, 1926, p.7.

求，以及其供應難度。若粵港水路受阻，更會造成香港市面恐慌，其後果不堪設想。

據 1911 年廣東海關報告指出，九廣鐵路所運載的貨物都只是輕便物品，大型貨物都以省港輪船運輸。[1] 為何作為陸路交通幹道的九廣鐵路，早期通車後沒有參與供港蔬菜的運輸呢？1917 年，九廣鐵路局建議在粵港交界檢查站搭建一個棚屋，以供海關檢查期間存放容易腐爛的貨物，[2] 這能反映出鐵路運輸時間較長，不利於運送新鮮蔬菜。1930 年代，省港大罷工結束後，九廣鐵路開始參與運送供港蔬菜的任務。首先，廣東省管理當局與粵海關達成協議，制定貨物徵稅的通融辦法，以縮短列車行駛時間。[3] 同時，九廣鐵路管理局安排將每天晚上 10 時作為供港蔬菜專列行駛時段，[4] 又擴建油麻地車站，增加月臺的卸貨空間。[5] 早於 1912 年，油麻地就已投放資源重點建設菜市場。[6] 九廣鐵路啟動供港蔬菜專列，恰巧能發揮其作用，對菜市場供應鏈有重大幫助，此舉也為九廣鐵路帶來新的收入。1938 年，日本進攻廣州，廣深段鐵路停止運營。內地供應商改由大鵬灣以水路運輸向香港供菜，輪船進入香港境內後在大埔墟卸貨。[7] 大埔墟是九廣鐵路在新界的大型車站，商家仍然可利用九廣鐵路將蔬菜運輸到市區，也可見九廣鐵路負責供港蔬菜運輸已成慣例。直至新中國成立，每天仍有蔬菜和牲畜通過九廣鐵路專列運送到港，風雨無阻，可見九廣鐵路在民眾的日常生活中發揮的重要作用。

---

1 〈中華民國元年廣州口華洋貿易情形論略〉，載龔維釗主編：《近代廣州口岸經濟社會概況：粵海關報告彙集（1860–1949）》，廣州：暨南大學出版社 1996 年版，第 539 頁。

2 "Kowloon-Canton Railway, Annual Report for 1917", in Hong Kong Government Administration Report for 1918, S. 1.

3 〈廣九路局改善貨運計劃〉，《香港工商日報》1934 年 2 月 19 日，第 3 張第 1 頁。

4 "Kowloon-Canton Railway", in Hong Kong Government Administration Report for 1934, s. 10.

5 Ibid, S. 16.

6 No. S. 251 of *Hong Kong Government Gazette*, 9th August, 1912.

7 〈惠寶各縣蔬菜什糧源源運港，大鵬小輪增開班次〉，《香港工商日報》1939 年 9 月 13 日，第 2 張第 1 頁。

三、對城市建設和市民生活的影響

與保障主要農副產品供應的情況不同，九廣鐵路對於城市規劃和市政建設的貢獻，是以長遠而持續的方式呈現。其中，鐵路能夠有序和穩定的運營，正是其發揮作用的關鍵。九廣鐵路通車後，沒有對市民造成重大滋擾，反而提供了巨大的幫助，這是鐵路能夠穩定運營，對城市規劃建設發揮強大作用的原因。

九廣鐵路修築和營運之初，香港仍處於英國殖民統治之下，而英段更是由港英政府撥款建成。儘管在當時的香港，中國人數量佔主導，且 1920 年代反帝國主義抗爭持續的情況下，九廣鐵路卻沒有成為被攻擊的對象，是因為港英政府刻意避免因鐵路問題引發與地方的衝突。除此之外，九廣鐵路確實能為居民帶來實際幫助，所以英段能在較為安全的情況下運營通車。

早在 1898 年，英國利用德國租借山東膠州灣 99 年之機向中方施壓，要求享受同等待遇。於是，英國通過《展拓香港界址專條》將新取得的範圍稱為"新界"，租期為 99 年。[1] 新界西部有鄧氏一族，他們早在英國人到來前就已定居在元朗屏山一帶，此地土地肥沃，邨民務農為生，更設立公學以供鄧氏子孫接受教育，實現耕讀，並以考取科舉功名為目標。

1898 年英國接管新界時，以元朗鄧氏為首的各鄉村民，曾與英軍發生衝突，造成大量村民傷亡，港英政府深感震撼。後來，雖然農民抗英運動被平息，但港英政府仍感受到新界邨民對英國人的仇恨，隨即發出安撫公告："自示以後，爾等造成安居樂業，守份營土，慎毋造言生事，煽動人心⋯⋯共用盛平⋯⋯凡確屬爾等自置田產，仍歸爾等自行管業。"[2] 港英政府想要息事寧人，安撫民眾無生事端。事實上，在元朗修築鐵路並非合理的舉措。如九廣鐵路途經該地，徵地拆遷等措施很可能再次引發衝突。港督在考量各種英段建設方案時，

1 〈展拓香港界址專條〉（1898 年 6 月 9 日，光緒二十四年四月二十一日），載王鐵崖編：《中外舊約章彙編》（第一冊），北京：生活・讀書・新知三聯書店 1982 年版，第 769 頁。

2 〈香港卜力中文告示〉，載劉智鵬主編：《展拓界址：英治新界早期歷史探索》，香港：中華書局（香港）有限公司 2010 年版，第 243–245 頁。

雖然側重於行車效率，採用從九龍穿越畢架山隧道抵達新界東，並直接開往深圳的方案，[1] 但港英政府有明顯避開元朗的傾向，且極不願意表明其所想。因為港英政府擔憂修鐵路時徵地、拆遷元朗各邨的祠堂，以及搬遷邨民先祖的山墳和祖屋會引起巨大的風波，帶來更嚴重的管治危機。

有了處理新界西部官民衝突的經驗後，港英政府在處理九龍何文田邨的徵地拆遷，以及補償邨民的損失時，措施更加完善和穩妥。1906 年 6 月 11 日，林務處（Botanical Forestry Department）聯繫港英政務司，提到拆遷何文田村（九龍第 13 號地皮）時，有一名叫石炳南（拼音：Shek Ping Nam）的村民在未來鐵路規劃用地上種植樹木，並要求港英政府補償其搬遷損失。[2] 石炳南顯然是在得知鐵路項目會牽涉何文田邨土地後，才臨時在農地上種樹的。據記錄，他拒絕多達 4,720 港元的補償。雖然這筆高額的補償費用並不合理，但林務處礙於前期作出的相關承諾，不適宜收回。即便指責石炳南貪婪，[3] 仍提供了相等的金額作為搬遷條件。[4] 可見，港英政府極力避免與當地人士發生衝突。至於鐵路工程所牽涉的其他區域，由於九廣英段的走勢以途經九龍東部為主，沒有影響到九龍西部的密集居民點，因此避免了更多的徵地問題。

九廣鐵路途經的新界東部地區，大埔和粉嶺是人口最密集之地方，但當地居民仍少於元朗屏山等地。查港英政府分別於 1900 年、1901 年、1911 年、1921 年和 1931 年進行人口普查。1901 年，元朗人口已有 23,248 人；[5] 而直至 1911 年九廣鐵路通車時，大埔、上水和沙頭角的人口總和才只有 24,870 人。[6] 新界東的三個地區總人口之總數，也只相當於元朗 10 年前的規模。可以說，新界東部的居民和邨落不足以構成像元朗鄧氏般的反抗勢力。何況，九廣鐵路通車能為新界東部居民帶來實際利益。早在鐵路尚未通車時，"由新界至九龍…… 到時鄉下

1 "Nathan to Lyttelton on 11st January 1905", The British Colonial Office, CO129/328/p.25-27.

2 "Botanical Forestry Department to The Colonial Secretary on 11st June 1906", in Hong Kong Public Record Service, HKRS58-1-35-51, p.22.

3 "A Letter from Shek Ping Nam to The Colonial Secretary on 6th September 1906", in Hong Kong Public Record Service, HKRS58-1-35-51.

4 Ibid.

5 "Population of The New Territory" in Report on The Census of The Colony for 1901, Hong Kong Government of Sessional Papers of 1901, p.25.

6 "Chinese Land Population of The New Territories" in Report on The Census of The Colony for 1911, Hong Kong Government Sessional Papers of 1911, p.103(26).

出城，都是大事”，[1] 村民不可能把大量農產品運送到更遙遠的地方。19 世紀末，新界東各邨的邨民只能利用“沙大古道”（火炭經河瀝貝、黃竹洋、碗窰至大埔墟）[2] 和“大粉古道”（大埔墟至沙螺洞、流水響、布吉仔和粉嶺）聯繫往來。[3] 但九廣鐵路通車後，據 1933 年鐵路報告記載，上水和大埔墟建立了持續的農產品貿易聯繫。[4] 1938 年的報告更反映出，邨民對鐵路在上水、粉嶺和大埔墟之間的運輸需求不遜於公共汽車。鐵路列車車廂能存放新鮮貨物的空間較多，相對其他交通工具有其獨特的優勢。[5] 正因如此，九廣鐵路為新界東邨民帶來更多的可能。

1920 年代之初，香港受廣州反英帝國主義風潮影響，九龍和港島市區因內地停運供港蔬菜，失去供應的渠道，造成民眾的極大恐慌。所幸的是，新界東的農民乘坐鐵路，攜帶其農產品前往市區銷售，緩和了危機，也為邨民創造了收益。[6]

港英政府顯然注意到新界農業發展的潛力。1927 年，上水依靠鐵路運輸之便，舉辦第一次農業展覽會。[7] 1930 年，當該活動再次舉辦時，港督表明希望新界蔬菜能供應九龍和港島市場。[8] 對此，1932 年九廣鐵路為新界東村民派發免費車票，為他們前往參觀市區提供便利，[9] 改變了村民以往因沒有準確消息渠道，不願意向市區供貨的現象。[10] 1939 年 11 月，《香港工商日報》報道新界有明顯的改變，菜園之多前所未見。[11] 除此之外，1940 年更有報道指新界農業走向高端。外資公司在港島德輔道設營業點，每天收集蔬菜需求的訂單，並集中在粉嶺農場基地配貨，利用早上 8 時九廣鐵路南行列車之便，將商品配送至九龍。[12] 九廣鐵路為新界東各村帶來了新機遇，當地人士自然不抗拒港英政府修築鐵路，而九廣

1 九廣鐵路公司事務處：《百載鐵路情》，香港：經濟日報出版社 2006 年版，第 48 頁。

2 饒玖才：《香港舊風物》，香港：天地圖書有限公司 2003 年版，第 158 頁。

3 同上。

4 “Kowloon-Canton Railway, Annual Report for 1933” in Hong Kong Government Report for 1937, S. 5.

5 “Kowloon-Canton Railway, Annual Report for 1938” in Hong Kong Government Report for 1938.

6 平倩：〈九龍菜畦〉，《香港工商日報》1926 年 4 月 23 日，第 1 頁。

7 “Kowloon-Canton Railway, Annual Report for 1927”, in Hong Kong Government Report for 1927, S. 2.

8 “The New Territories Show” ,*The Hong Kong Daily Press*, 6 January 1930, p.5.

9 “Kowloon-Canton Railway, Annual Report for 1932” in Hong Kong Government Report for 1932, S. 4.

10 A. E. Wood, “Report of The Committee Regarding the Marking of New Territories Produce in Hong Kong and Kowloon” in Hong Kong Government Sessional Papers, 1934, p.2.

11 〈新界農業改頭換面，蔬菜產量倍增〉，《香港工商日報》1939 年 11 月 11 日，第 2 張第 2 頁。

12 “Fanling Farm Lots”, *Hong Kong Daily Press*, 12 March 1940, p.5.

鐵路也得以在穩定的環境下運營發展。

鐵路運送大量貨品需要大量搬運工人將商品從菜市場搬到火車站，裝進車廂。所以搬運工人的群體在鐵路系統中扮演重要角色。據 1937 年 11 月的報刊顯示，有新界居民以搬運鮮魚到大埔墟火車站為生。[1] 既然新界路段沿途是鄉郊之地，若其居民的生計都得到一定保障，那九龍半島內的居民對鐵路通車和營運的抵觸就更低了。1906 年，九廣鐵路尚未通車前，港英當局就已表示有大量苦力集中於鐵路之上，[2] 表明鐵路工程創造了大量的工作機會。全港搬運苦力人數由 1891 年的 17,531 人 [3] 增加至 1921 年的 29,366 人，[4] 到 1911 年鐵路通車時，在九龍半島內的華人有 26,847 人以交通運輸和船運服務為職業，[5] 相對 1891 年的 4,000 人增加了數倍。[6] 兩組數據都反映出鐵路能創造大量就業機會。這些工作雖然不是專業崗位，報酬也不高，但可以暫時緩解大量來港短期務工家庭的就業需求。

其實，九廣鐵路對香港城市建設的影響，也間接帶動了電力、通訊及各種城市基礎建設的發展。九廣鐵路運營時，對電力有大量需求，讓中華電力公司的價值得到了充分發揮。[7] 該公司成立於 1901 年，最初資本 30 萬港元，擁有 3 臺小型發電機，但在廣州經營表現欠佳，轉到香港另謀出路，但是被香港電燈公司搶佔先機，所以中電在營業利潤情況並沒有好轉。[8] 以 1906 年為例，中華電力公司總收入 68,081.09 港元，扣除 31,219.89 港元開支和支付 30,000 港元股息後，淨利潤只剩 1,219.8 港元。同年 4 月，公司管理層在年會中指出煤炭價格高昂，

---

1 "Youth Acquitted in Taipo Market Murder Trial", *The China Mail*, 30 November 1937, p.4.

2 P. P. J. Wodehouse, "Report on The Census of The Colony for 1911", in Hong Kong Government Sessional Paper, 1911, p.103.

3 J. H. Stewart Lockhart, "Census Report 1891", in Hong Kong Government Sessional Paper 1891, pp.394-395.

4 "Report on The Census of The Colony for 1921", in Hong Kong Government Sessional Paper 1921, pp.211-217.

5 P. P. J. Wodehouse, "Report on The Census of The Colony for 1911", in Hong Kong Government Sessional Paper, 1911, p.103.

6 P. P. J. Wodehouse, "Report on The Census of The Colony for 1901", in Hong Kong Government Sessional Paper, pp.23-24.

7 《解密百年香港：光耀百年》，香港亞洲電視，2007 年。

8 馮邦彥：〈香港電燈的成立〉，載馮邦彥：《香港英資財團》，香港：三聯書店（香港）有限公司 2007 年版，第 61 頁。

且內地局勢好轉，公司未能吸引客戶到香港投資。[1] 在缺乏可觀性的利潤和前景之下，中電公司變賣了廣州發電廠以套取現金，亦有股東失去信心，要求清盤和退場。[2] 直至九廣鐵路通車，為中華電力公司帶來了新的機遇。

九廣鐵路通車後，無論通訊和維修都需要耗費電力。1921 年，鐵路部門建立了 1 個工房，內有 3 臺旋轉發動機和 1 臺配電機，全部依靠中電公司提供交流電。[3] 1923 年，中電升級電力供應系統，準備增加鐵路局的發電機數量，並供應其他器材使用。[4] 1930 年，香港電話公司鋪設粵港電話線時，沿九廣鐵路及畢架山隧道前行，[5] 其電力也是由中電公司提供。[6] 1934 年，中電獲得新界訂單，供應大埔和粉嶺的電燈。[7] 有了九廣鐵路的幫助，中電擺脫了破產倒閉的命運。1920 年代，該公司已有能力和九龍船塢討論供電條件和安排。[8] 回顧 1918 年，中電收益僅有 89,441.54 港元，[9] 在與九廣鐵路合作之後，1924 年收益增至 472,822.03 港元，[10] 即便是撇除通脹因素，也可看出運營狀況的好轉。1930 年代，中電降價但無損公司業務收益。1934 年，九龍居民要求電力收費降低至 0.18 港元。[11] 同年，香港廠商聯合會也因營商環境不佳要求降價，[12] 二者都獲得了中電公司的同意。1939 年 8 月 14 日，中電公司在鶴園開設新電廠，以應對九龍居民日益增加的需求。[13] 中電承諾，若工廠每個月的電力需求在 1,500 度以

1 "China Light and Power Co.", *The China Mail*, 26 March, 1906, p.5.

2 馮邦彥：《香港英資財團》，第 62 頁。

3 H. P. Winslow, "Kowloon-Canton Railway (British Section), Annual Report for 1921", in HongKong: Government Administration Report, 1922, S. 1.

4 H. P. Winslow, "Kowloon-Canton Railway (British Section), Annual Report for 1923", in HongKong: Government Administration Report, 1924, S. 3.

5 Robert Baker, "Kowloon-Canton Railway(British Section), Annual Report for 1930", in Hong Kong: Government Administration Report, 1931, S. 4.

6 Robert Baker, "Kowloon-Canton Railway (British Section), Annual Report for 1931", in Hong Kong: Government Administration Report, 1932, S. 2.

7 Robert Baker, "Kowloon-Canton Railway (British Section), Annual Report for 1933", in Hong Kong: Government Administration Report, 1934, S. 4.

8 〈九龍船塢積極擴充〉，《香港工商日報》1929 年 8 月 16 日，第 3 頁。

9 "Company Meeting, The China Light and Power Co. Limited", *The China Mail*, 28 November, 1918, p.5.

10 "Company Meeting, China Light and Power Shareholders", *The China Mail*, 20 December, 1924, p.7.

11 〈港圓漲價，九龍電力應減價〉，《香港工商日報》1934 年 12 月 18 日，第 3 張第 1 頁。

12 〈廠商會織造總會請求電力公司減徵費〉，《香港工商日報》1934 年 8 月 27 日，第 3 張第 2 頁。

13 〈九龍中電公司發展營業興建新電廠〉，《香港工商日報》1939 年 8 月 14 日，第 3 張第 3 頁。

上，可以按照九折計費。[1] 1931 年，中電已將業務範圍拓展至新界元朗電力市場。[2] 可以說，中電公司的持續運營，以及合理而穩定的定價，讓九龍和新界居民過上了有電力的生活。九廣鐵路對民眾生活的影響，再次從這些間接事件中得到了印證。

此外，九廣鐵路在保障新界製磚工業中，也發揮了重要的貢獻。新界土地肥沃，農地較多，泥土黏性強，適合燒製磚塊，這項產業成為居民的投資副業，為他們創造了新的收入。據報刊記錄顯示，新界村民在鄉郊地區設立了磚廠，羅湖作為九廣鐵路的車站之一，能利用鐵路運輸之便，把當地生產的磚塊運送到各區，甚至廣州。1911 年，港英政府關於新界的報告中指出，當時磚塊和扁豆都是重要的外銷品。磚塊生產於新界西北，出口至廣東省。[3] 據 1911 年粵海關報告記錄，當時廣州正修築大型河道堤壩，具體位置在海關升旗臺至九廣鐵路月臺對面的鐵水泥廠。[4] 面對廣州方面的大量建材需求，羅湖製磚廠依託九廣鐵路運輸之便，向內地供應磚塊。除供應廣州工程所需，九廣鐵路也協助新界製磚廠，將磚塊供應至新界各區、九龍和港島。鐵路和磚廠互相依存的關係十分明顯。1928 年，九廣鐵路週年報告顯示，羅湖製磚廠產量減少，導致鐵路運輸量下降，[5] 這就是鮮明的證據。隨著 1936 年新界各項工程的結束，羅湖製磚廠依靠九廣鐵路運輸建築材料的貿易也隨之停止。[6] 另外，蓮麻坑也有另一間製磚工廠。該廠的建築材料也一直利用九廣鐵路之便，從粉嶺站運輸到九龍市區。從 1911 年鐵路通車至 1938 年，[7] 每天有 30 噸貨物由九廣鐵路運送到各區。[8] 旺角砵蘭街有供應磚料

---

1 〈廠商請減電費後，九龍公司允減電費〉，《香港工商日報》1934 年 10 月 16 日，第 3 張第 3 頁。

2 T. Megarry, "Report on The New Territories for The Year 1931", in Hong Kong Government Administration Report, 1932, J. 3.

3 G. N. Orme, "Report on The New Territories for The Year 1911", in Hong Kong Government Administration Report 1912, I. 4.

4 〈中華民國元年廣州口華洋　貿易情形略論〉，載龔維釗主編：《近代廣州口岸經濟社會概況：粵海關報告匯集》，廣州：暨南大學出版社 1996 年版，第 526 頁。

5 Robert Baker, "Kowloon-Canton Railway (British Section), Annual Report For 1928", In Hong Kong: Government Administration Report, 1929, S. 8.

6 R. D. Walker, "Kowloon-Canton Railway (British Section), Annual Report For 1936", In Hong Kong: Government Administration Report, 1937, S. 11.

7 R. D. Walker, "Kowloon-Canton Railway (British Section), Annual Report For 1938", in Hong Kong: Government Administration Report, 1938, S. 10.

8 R. D. Walkers, "Kowloon-Canton Railway (British Section), Annual Report For 1937", in Hong Kong: Government Administration Report, 1938, S. 11.

的店舖，[1] 反映了鐵路作為供應鏈中發揮的作用，就連九廣鐵路也對新界磚塊有巨大需求。香港天氣潮濕，九廣鐵路工程完成之後，大量木頭搭建的車站設施受白蟻侵蝕而損壞。1919 年，一部頭等車廂和一節三等車廂，就因白蟻侵蝕而需要修理和保養。[2] 對此，1917 年九廣鐵路局除了羅湖站和紅磡站外，一律對其他臨時建築實行大規模重建，尤其是職員宿舍和畢架山隧道的 3 個守衛室及和 2 個看守所。[3] 1918 年，大埔墟火車站增建磚塊天幕，作為從沙魚涌沿水路而來的乘客候檢區。[4] 1920 年，鐵路局以磚塊改建了被白蟻侵蝕的九龍機車辦公室，[5] 又於 1921 年為了方便每天的首班南行列車，利用磚塊搭建了 150 呎列車天幕，同時加建員工宿舍和衛浴。[6] 以上事例既反映了新界製磚廠作為供應商對鐵路運輸的依賴，也可見九廣鐵路對磚塊的需求。1926 年，新界理民府的報告顯示，有吉林製磚商家試圖開闢香港市場，但未能與新界製磚行業競爭，[7] 足見九廣鐵路對新界製造業發展的推動作用。

除工作謀生之外，九廣鐵路也在一段程度上改變了居民的日常生活方式，諸如消遣娛樂活動的新內容。港島和九龍土地面積狹小，資源有限，生活空間不足。如果能在經濟能力允許下，偶然離開本地享受休閒和輕鬆的時光，是較為吸引人的娛樂活動。新界有較多的土地資源，較寬廣的活動空間，是理想的旅遊地點。如果新界發展休閒娛樂事業，九廣鐵路能發揮運輸優勢，接載乘客迅速往返。據記載，1920 年代在新界被視為旅遊休閒熱點之前，中上流階層的社交活動仍然在九龍半島內進行。如《德臣報》定期刊登的廣告中，1921 年 10 月 2 日在九龍劇院舉行舞會，[8] 12 月 7 日面向公眾舉辦社交派對，並歡迎購票入場。[9]

---

1 〈偷磚判罰〉，《香港工商日報》1927 年 2 月 25 日。

2 Peter Moss, *A Century of Commitment, The KCRC Story*, p.50.

3 H. P. Winslow, "Kowloon-Canton Railway (British Section), Annual Report For 1917", in Hong Kong:Government Administration Report, 1918, S. 2.

4 H. P. Winslow, "Kowloon-Canton Railway (British Section), Annual Report For 1918", in Hong Kong:Government Administration Report, 1919, S. 1.

5 Peter Moss, *A Century of Commitment, The KCRC Story*, p.52.

6 H. P. Winslow, "Kowloon-Canton Railway (British Section), Annual Report For 1921", in Hong Kong: Government Administration Report, 1922, S.1-2. 該工程於 1922 年完工。

7 J. A. Frasker, "Report on The New Territories for The Year 1926", in Hong Kong Government Administration Report, 1927, J. 3.

8 "To-Night Dance at Kowloon', *The China Mail*, 2 December, 1921, p.5.

9 "Kowloon Dance, To Morrow Night's Popular Attraction", *The China Mail*, 7 December, 1921, p.9.

12 月 30 日，九龍倉集團設宴招待 500 人，[1] 以及 1922 年 1 月 1 日有人舉辦爵士舞會等。[2] 活動舉辦者都因新界土地空間尚未被注意和利用，以及鐵路未投入相關服務，局限在九龍進行活動。此外，市民能否在深圳安心消遣，交通便利是其考慮的重要元素，能否乘坐火車迅速返回市區是關鍵。對此，九廣鐵路加開午夜特別列車，接送深圳的乘客，列車於次日早上到達市區，解決了凌晨無法返回市區的難題。1930 年代有人在深圳開設俱樂部，深圳酒店應公眾的需求，開設舞廳，[3] 甚至舉辦中午舞會。除了在深圳娛樂消遣之外，有外籍人士利用新界空曠的土地，每週在粉嶺舉辦高爾夫球活動。九廣鐵路在週日派出"大埔淑女"專車，接送人們往返市區。[4] 有人甚至在粉嶺興建洋房，[5] 並舉辦狩獵活動，[6] 可見新界吸引之處，也可見鐵路對改善生活質量的幫助和影響。

四、鐵路在香港交通系統中的地位

交通便利能增加各區居民的交流。九廣鐵路由港英政府直接運營，憑藉龐大而穩定的系統及低廉的票價，主導了香港交通網絡的發展。20 世紀初，人類尚不具備鑽挖海底隧道的技術，九廣鐵路自然無法穿越維多利亞港。回顧 19 世紀末，港島人口密集，九龍半島才逐漸城市化，大量人口從港島老區移居當地。[7] 儘管這些人有各自的出行需求，或許是往返於九龍半島和新界各區，但更多的

1 "Kowloon Docks Ball, A Brilliant Affair", *The China Mail*, 31 December, 1921, p.5.

2 "Kowloon Dance, Pinetree State Jazz Band To-night", *The China Mail*, 11 January, 1922, p.4.

3 "New Ball Room at Shum Chun, Midnight Train for Revellers", *The Hong Kong Daily Press*, 4 August, 1936, p.7.

4 "Kowloon-Canton Railway (British Section), Annual Report for 1927", in Hong Kong Government Administration Report for 1928, S. 2.

5 "Ladies Club House at Fanling in 1919", Hong Kong Government Public Record Services, R.I.D.: PH002993, Seq. No.: 81721.

6 "Fanling Hunt at Fanling Lodge in 1940", Hong Kong Government Public Record Services, R.I.D.: PH001636, Seq. No.: 60236.

7 Sham Wai Chi, *The History of Hong Kong and Yaumati Ferry Company Limited, 1923 to the 1970's* (Hong Kong: Lingnan University Ph.D. Dissertation, 2007), p.11.

是需要時常回港島。所以在無法乘坐鐵路跨越維多利亞港的情況下，天星小輪和九廣鐵路相互配合，發揮著溝通港島與九龍、新界交往的重要作用。因此，在九廣鐵路不能覆蓋和直接參與運營的地方，其他交通工具發揮了巨大作用，也就有利於產生新的接駁交通工具。例如輪渡服務，1919 年，港英政府向一所九龍輪船公司批出油麻地至中環街市、旺角至港島西區街市、深水埗至西環的道路營運權；[1] 1930 年，港英政府再向油麻地小輪公司批出旺角和油麻地一帶的客運和汽車渡輪營業執照；[2] 1941 年，油麻地小輪公司增加九龍城、紅磡和深水埗航線。[3] 以上無論是穿梭於港島和九龍的渡輪，還是服務於西九龍人口密集區域的航線，都不與九廣鐵路站點和路線重疊。據 1916 年新界理民府報告，在九廣鐵路沒有覆蓋的地區，居民對來往荃灣和港島的渡輪航線有需求。[4] 據 1934 年 7 月 17 日《香港工商日報》水陸交通工具匯總表所示，當時渡輪還沒有連接九龍和新界東區的服務。[5]

此外，九廣鐵路還影響了公共汽車公司的業務拓展。20 世紀前 30 年，九龍半島內的巴士服務由九龍汽車有限公司、啟德汽車有限公司、中華街坊汽車有限公司、中美汽車公司提供。[6] 1933 年起，九龍巴士（一九三三）有限公司（簡稱：九巴）取得專營權。[7] 從 1909 至 1933 年，公共汽車服務於九龍短途運輸，連接紅磡、尖沙咀、旺角和深水埗等，都是九廣鐵路站點未能覆蓋的西九龍地區，還有東九龍地域，如啟德等。[8] 在新界地區，中美汽車公司、元朗街坊快樂汽車公司、南興巴士公司所運營的全是連接西九龍和新界西的服務，同樣也是九廣鐵路未能覆蓋的地點。[9] 1911 年 4 月，九廣鐵路通車後，鐵路部門從粉嶺修建了一條簡易鐵路連接新界東北部的沙頭角，以方便當地居民往返。1911 年 10 月 21 日，沙

1 Sham Wai Chi, *The History of Hong Kong and Yaumati Ferry Company Limited*, 1923 to the 1970's, p.32.

2 〈油麻地兩新輪定期航行〉，《香港工商日報》1930 年 7 月 21 日，第 3 張第 4 頁。

3 〈燈火管制之夜，渡海小輪提早停航，油麻地容船航行時間照舊〉，《香港工商日報》1941 年 10 月 21 日，港聞版，頁碼不詳。

4 A. Dyer Ball, "Report on the New Territories for the Year 1916: Southern District", in Hong Kong Government Administration Report, 1916, J. 12.

5 〈本港及九龍水陸交通一覽表〉，《香港工商日報》1934 年 7 月 17 日，第 1 張第 4 頁。

6 鄭寶鴻：《香江驟懷：香港的早期交通》，香港：香港大學美術博物館 2009 年版，第 136–137 頁。

7 "The Letter to Registrar of Company, Courts of Justice on 28th July, 1950" in Hong Kong Government Public Record Services, HKRS No: 95, D-S No: 1-23.

8 鄭寶鴻：《香江驟懷：香港的早期交通》，第 136–138 頁。

9 同上。

頭角支線通車，[1] 雖然每天所開的列車班次只有 4 趟，但年客運量仍多達 40,000 人，這其中還包括沒有被記錄的人，至 1923 年更急增至 70,000 人。[2] 商人、鹽販和搬運工、英籍官員和傳教士等都經常乘搭鐵路穿梭往來，[3] 支線鐵路已無法滿足居民的需求。由於九廣鐵路是港英政府編制部門，與商業機構追求利潤最大化原則不同。1924 年，港英政府修建公路便利汽車行駛，以取代簡易鐵路。施工期間，九廣鐵路部門利用沙頭角支線的車輛，協助工務局鋪設公路。[4] 1925 年 7 月至 10 月，沙頭角支線每晚都在營運，運送工程器材物資，持續了 100 天。[5] 可見九廣鐵路與其他運輸路線的服務既不重疊，也不衝突，反而可以互相配合和支援，以最有效的方式服務市民。

綜上所述，九廣鐵路不僅間接影響了其他交通工具的運用及發展，同時也在香港交通系統逐步形成的過程中始終發揮著主幹作用。

五、鐵路與內地聯通的效益

九廣鐵路作為廣九全路系統中的重要分部，對於連接香港與廣州發揮了重要作用。1910 年，九廣鐵路（英段）通車。一年之後，廣深段也竣工。依託廣深段的落成，港英政府啟動了省港直通車服務。但清朝於 1911 年覆亡，以及 20 世紀初的軍閥割據時代，直通車在 1920 年代只能維持有限的服務水平，斷斷續續，甚至完全停頓，主要原因是中方資金匱乏。

1906 年，中英簽訂《廣九鐵路借款合同》時，清政府向英國企業借款 150 萬英鎊（約 1,000 萬港元）。如果設定以 50 年還清債務，中方每年應還 13.3 萬

1 R. J. Philips, "The Shataukok Branch: A Study", in Hong Kong Government Public Record Service, Unknown of Publishing Date, PRO-REF-002, R.I.D. No.: RF000001, p.2.

2 Ibid, p.14.

3 Ibid, p.42.

4 Ibid, p.2.

5 Ibid.

餘港元，另支付 6,667 港元利息。[1] 在國際社會奉行金本位體制的背景下，清朝仍以白銀為貨幣，用白銀兌換英鎊，這就加重了清政府的負擔。自袁世凱取代孫中山成為臨時大總統，北洋政府以九廣鐵路的運營收益，以及北京方面支付另一筆款項作為本金，能勉強按時向英國分期償還債務。然而，1921 年九廣鐵路工人罷工，以及受後來粵省內軍事衝突影響，中斷了鐵路的營運。英國駐廣州領事曾建議派英軍越界護路，但遭時任駐華公使的拒絕。[2] 英政府懼怕強硬回應會引致時局更加艱難，導致中方更無力償還債務。然而無論如何，廣深段在動盪的時局中深陷政治漩渦，逐步破損。

1917 年府院之爭，段祺瑞解散國會，另組班子。孫中山以捍衛《中華民國臨時約法》為號召，在廣州成立護法軍政府，與北方分庭抗禮。1920 年代初，更嘗試從英國手中奪回粵省關餘，削弱北洋政府和英國勢力在廣東的影響，被英政府強硬回應和阻止，最終以失敗告終。九廣鐵路工人聲援孫中山，紛紛罷工，首開以攻擊九廣鐵路針對英人在粵投資，並抗議英國在華拓展利益的先例。然而，撇除政治問題上的考慮，九廣鐵路管理局剝削工人，削減薪酬待遇，[3] 也是鐵路職工奮起反抗的原因。為何鐵路局無力支付工人報酬呢？其實是債務過重所致。1920 年代，九廣鐵路債務繁重，無法按時發放酬勞，引發工人抗議，最終導致運營受阻。營運收益減少，債務沉重，加上直通車停止運營被罰款，再加上中國內戰，形成惡性循環，都導致九廣鐵路逐步停頓。

1923 年陳炯明叛變，挖斷了石龍段附近的軌道，[4] 廣深段遭受毀滅性的破壞，只剩下香港境內路段仍保持暢通運營。[5] 這段時期內，英國政商兩界因九廣鐵路項目之虧損，承受巨大損失。但英國政府和商人也因此反思在華拓展勢力範圍的利益和目的，意識到只依靠壟斷而不顧當地群眾的福祉而盲目擴張，會引起當地居民強烈抵制，自己也會失去營商的時機。所以，英人認為未來投資必須兼顧

1 "Canton Kowloon Railway Loan £140,000 @ 5%, 50 Years Amortisation Schedule", The British Colonial Office, CO129/336/p.460.

2 "B. Alston to J. W. Jamieson on 12nd July 1921", The British Foreign Office, FO371/6665/p.116-117.

3 這是英國駐廣州領事詹美森（J. W. Jamieson）對英國駐華大使的報告，詳見 "Consul-General Jamieson to Sir B. Alston on 22nd June 1921", The British Foreign Office, FO371/6665/p.113-114。

4 〈廣九鐵路管理局呈，第一二一號〉，《廣東建設廳公報》1928 年第 2 卷第 9–10 期，第 101 頁。

5 "Boothey to The British & Chinese Corporation Ltd. on 24th April 1924", The British Foreign Office, FO371/10276/p.157.

當地社群的利益。既然英國人對華形勢有了新的評估和判斷，港英政府開始大規模協助中方修復廣深段鐵路，努力恢復直通車的運營。

1925 年，省港大罷工是廣東省群眾抵制英國在華擴張勢力的高潮。1927 年國民革命軍北伐。直至 1928 年底，中國的形勢大局已定。南京國民政府作為中國的新代表，也逐漸獲得英國政府承認，廣東方面也停止對英人的敵對行動，中英關係有了明顯好轉。由於廣州是中國南方最具規模的城市之一，而香港雖然是中國人的土地，但仍被英國實行殖民統治。在當時，致力於恢復兩地交流可以是中英緩和緊張氣氛的渠道，具有重大意義。所以，修復九廣鐵路也自然成為雙方合作的重點。

首先，中英銀公司（The British and Chinese Corporation, Limited）作為英方投資者，以及九廣鐵路項目的債主和運營商，在修復廣深段時發揮了關鍵作用。公司以減免中方債務和罰金為主，減輕了中方的負擔。1927 年 2 月初，九廣鐵路煤炭燃料只剩餘 3 天儲備。[1] 6 月，據《廣東省建設廳公報》顯示，九廣鐵路廣深段全部收入僅 96,000 銀元，開支卻高達 110,000 銀元，只能依靠來自廣三粵漢鐵路約 20,000 銀元的資金援助，無法從根源解決財政赤字。[2] 另外，清末時期中英雙方曾簽訂九廣鐵路聯運協議，如果因為政治危機暫停直通車營運，停止的一方要不少於 6 小時內通知對方，並支付補償金，其金額相當於每天直通車聯運收益之一半。[3] 1923 年，陳炯明叛變，戰火蔓延，直通車服務停止。1924 年，直通車只有 9 天正常運營。[4] 1925 年，廣深段只有 3 個多月的直通車服務，以及“五卅運動”爆發後的短暫恢復營運期。[5] 因此，中方應支付 2 年以上的停

1 〈廣九鐵路購料委員會第六次會議開投煤炭事記錄〉，《廣東建設廳公報》1927 年第 1 卷第 9–10 期，第 258–259 頁。

2 〈令三鐵路財政委員會撥交廣九鐵路六月補助經費二萬元仰遵照由〉，《廣東建設廳公報》1927 年第 2 卷第 2 期，第 70 頁。

3 “Canton-Kowloon Railway Joint Working Agreement”, The British Foreign Office, FO371/14704/p.206. 原文：When in Circustances of Political Emergency It is Necessary Either for the HongKong Government or for the Chinese Government to Suspend the Running of Through Trains, Due Notice (Not Less then Six Hours Clear) Shall Be Given by the One Government to the Other and Compensation Shall be Paid by the Government Requesting Such Suspension at a Daily Rate of Half the Average Gross Receipts of the Section on Through Traffic as Ascertained.

4 “Memorandum of British Section Claims on Chinese Section on Amount of Suspension of Through Traffic and Damaged of Rolling Stock”, The British Foreign Office, FO371/13903/p.212-216.

5 Ibid.

止聯運補償金，當時中方的財政不健全，不足以繳納這筆巨款。1927 年底，九廣鐵路管理局估計欠款達 56 萬餘港元，[1] 無法償還債務，便無法阻止額外的利息增加。[2] 中英銀公司考慮現狀不利於九廣鐵路的發展和中英關係的改善，會再次引起廣州群眾抵抗。最終在 1929 年在中方欠款達 318,045.85 銀元，[3] 以及在英使建議中方抵押滬寧鐵路還債時，中英銀公司宣佈停止追討欠款。[4] 此後，公司只以監察委員會成員的身份參與鐵路事務的管理，更沒有充公中方的抵押品。[5] 1937 年，中英銀公司削減 8% 的利息，允許中方利用 50 年時間，分期償還債務。[6] 中方雖然未能支付所有利息，[7] 但也在很大程度減輕了債務負擔。同年，國民政府組織九廣鐵路借款基金保管委員會，邀請中英銀公司作為成員。[8] 九廣鐵路財政狀況在英國財團趨於友好的態度之下，也有所好轉。

既然中英銀公司減免了中方的債務，港英政府也開始提供修復廣深段的設備和條件。1927 年，港英與內地九廣鐵路管理局簽訂新聯運協議，港英政府派出香港段的機車牽引直通車，進入深圳的範圍，並得到廣深段同意，可直達廣州。[9] 同年，港英政府向廣深段運送煤炭，只象徵式收取每噸 0.42 銀元費用。[10] 1930 年代，港英政府考慮廣深段資金不足，未能購買新的機車。時任港督金文泰（Sir Cecil Clementi）向駐廣州領事表態，港英政府不求利潤回報，只求多開直通車專列，與省港輪船競爭。[11] 在這一過程中，只要港英政府不承受營運虧損便可。[12] 此外，港英政府墊款 18 萬港元，購買 3 臺新的機車，廣深段每年只需

1 〈廣九鐵路管理局呈：第九三五號〉，《廣東建設公報》1928 年第 2 卷第 8 期，第 75 頁。

2 〈附廣東建設廳令〉，《廣東建設公報》1928 年第 2 卷第 8 期，第 76 頁。

3 "British Legation Peking to Minister from Foreign Affairs Nanking on 27th April 1929", The British Foreign Office, FO371/13903/p.235-236.

4 "Note from the Wai Chiao Pu to H. M. Minister at May 21st 1929", The British Foreign Office, FO371/13903/p.237.

5 "British Legation Peking to Minister for Foreign Affairs Nanking on 23rd June 1929", The British Foreign Office, FO371/13903/p.238.

6 〈鐵道部施政成績（二十五年十月份）：（乙）財務會計之整理：（五）整理廣九鐵路債務〉，《鐵路雜誌》1936 年第 2 卷第 7 期，第 89 頁。

7 〈部路要訊〉，《鐵道半月刊》1937 年第 2 卷第 7 期，第 115 頁。

8 〈廣九鐵路債務之整理〉，《革新與建設》1937 年第 1 期，第 88 頁。

9 〈廣九鐵路管理局呈：第八九二號〉，《廣東省建設公報》1927 年第 2 卷第 7 期，第 103–104 頁。

10 〈廣九鐵路管理局批：第三四七號〉，《廣東建設公報》1927 年第 2 卷第 1 期，第 113–114 頁。

11 "C. Clemnti to His Britannic Majesty's Consul-General, Canton on 18th June 1929", The British Foreign Office, FO371/13903/p.329-331.

12 Ibid.

支付 6% 的利息，未償還所有債務前只需向港英政府象徵式地支付 1 港元租車費用。[1] 如按當時廣深段每天約 18 萬港元收入的水平作為參考，[2] 這是較為便宜和實惠的。對此，中方迅速接受了這些條款。[3] 1928 年，中國通貨膨脹嚴重，九廣鐵路局請求廣東省政府改以銀毫作為貨幣單位，從而緩和財政壓力。[4] 當打聽到相關的消息後，1929 年，港督擱置追討以往直通車停運的補償金。[5] 1930 年代初，港英政府認為廣深段財政儲備尚未充足，進一步放棄追討欠款。[6] 1934 年，港英政府主動將直通車運營的收入和分紅從 35% 下調至 28%。[7] 1930 年代初，廣深段的收入已翻倍，可見港英當局在修復廣深路段過程中起到的重要作用。

有了九廣鐵路作為廣深路段恢復運營的後盾，1930 年代，九廣鐵路得以在新局面下重新運營。廣東省政府也提供相應支援：1927 年 5 月省政府頒佈新規定，軍人乘坐鐵路，必須攜帶公函，穿著軍裝，憑軍人證購買半價車票；[8] 2 月 24 日，廣東省發佈規定，學生必須出示學生證，以換取免費車票；[9] 同年，九廣鐵路不再由戰區司令指揮。[10] 鑒於鐵路沿途治安欠佳，九廣鐵路管理局調用軌道裝甲車進行保護，[11] 還請軍方派兵駐防。[12] 此外，九廣鐵路局召回被解散的稽查隊，[13] 並提高油漆工人薪酬待遇，[14] 為工人們接種疫苗，[15] 發放超時工作補貼，[16] 完善

1 "Comments on the Enclosed Contract for the Purchase of Three Locomotives for the Canton-Kowloon Railway with Regard to the Following Points", The British Foreign Office, FO371/13903/p.325.

2 "Rehabilitation of Canton-Kowloon Railway (Chinese Section)", The British Foreign Office, FO317/14704/p.172.

3 "Moss to Clementi on 24th July 1929", The British Foreign Office, FO371/13903/p.335。根據這份檔案顯示，廣東省主席在當天前已簽訂了購買合同。

4 〈廣九鐵路管理局呈報本路車費概收銀毫案〉，《廣東省政府週報》1928 年第 22–23 期，第 60–61 頁。

5 "Clementi to Lieutenant Colonel, L. C. M. B. Army, M. P. on 17th May 1929", The British Foreign Office, FO371/13903/p.210-211.

6 薛正斗：〈一月來之交通：廣九鐵路新約簽字〉，《時事月刊》1934 年第 11 卷第 3 期，第 102 頁。

7 〈廣九鐵路新約概要〉，《時事旬報》1934 年第 6 期，第 7 頁。

8 〈廣九鐵路管理局令：第七一九號〉，《廣東建設公報》1927 年第 2 卷，第 112 頁。

9 〈批廣九鐵路局長遵照〉，《廣東行政週刊》1927 年第 8 期，第 42 頁。

10 〈廣九鐵路管理局令：第一七四號〉，《廣東省建設廳公報》1927 年第 2 卷第 3–4 期，第 137–138 頁。

11 〈廣九鐵路管理局令：第一四八號〉，《廣東省建設廳公報》1927 年第 2 卷，第 137 號。

12 〈廣九鐵路管理局呈：第一〇四〇號〉，《廣東建設廳公報》1928 年第 2 卷第 8 期，第 73 頁。

13 〈廣九鐵路管理局批：第一〇二三號〉，《廣東建設公報》1928 年第 2 卷第 8 期，第 86 頁。

14 〈廣九鐵路管理局批：第八四二號〉，《廣東建設公報》1928 年第 2 卷第 7 期，第 109 頁。

15 〈廣九鐵路管理局民國十七年十一月份行政報告〉，《廣東建設公報》1928 年第 4 卷，第 241 頁。

16 〈鐵道部指令：第六二九七號〉，《鐵道公報》1930 年第 71 期，第 3–4 頁。

傷亡賠償制度，[1] 成立職員醫務所，[2] 加建位於廣州車陂和深圳的員工宿舍。[3] 在資金充裕的情況下，廣深段路況的穩定和職員福利的提升，都有助於省港直通車服務質量的提高。

1930 年代，在九廣鐵路恢復和發展的過程中，省港輪船一直是其競爭對手。1929 年，時任鐵道部長孫科制定九廣鐵路運營方案時，強調輪船和鐵路線重疊是九廣鐵路運營失利的原因，如要提高九廣鐵路列車行駛效率，必須降低票價和增加列車的班次，並完善其他交通工具接駁和配套。[4] 孫科的建議，得到時任港督金文泰的認同。1929 年 8 月，鐵道部調撥廣三鐵路資金，更換九廣鐵路的枕木。[5] 廣東省政府為進口枕木提供免稅優惠，[6] 港英政府則利用九廣鐵路運送枕木進入廣深，只收取象徵式費用。[7] 8 月 8 日，據《香港工商日報》報道，九廣鐵路行車時間縮短 15 分鐘，直通車旅程 3 小時 25 分。[8] 1933 年，九廣鐵路更換更耐用的澳洲木材，以取代從星洲進口的枕木。4 年內，廣深段共更換了 235,000 塊枕木，[9] 直通車行駛時間縮短至 2 小時 50 分鐘。[10] 至此，得以與輪船競爭。

據統計，廣九直通車通車之初，1913 年已有 40 萬人乘坐鐵路往返廣州和香港，佔旅客總人數的 40%。[11] 1919 年鐵路乘客增加至 11 萬人，仍佔總人數一半。[12] 1926 年，廣九直通車從早上 8 時出發，到中午 12 時 12 分抵達深圳。[13]

---

1 〈鐵道部指令：第六三四五號〉，《鐵道公報》1930 年第 72 期，第 26 頁。

2 〈廣九鐵路醫務沿革史〉，《鐵道衛生季刊》1931 年第 1 卷第 2 期，第 84–85 頁。

3 〈鐵道部指令：第七二九九號〉，《鐵道公報》1932 年第 421 期，第 15 頁。

4 "Rehabilitation of Canton-Kowloon Railway (Chinese Section)", The British Foreign Office, FO371/14704/p.166.

5 〈鐵道部指令第二四四〇號：令廣九鐵路管理局〉，《鐵道公報》1929 年第 12 期，第 90 頁。

6 〈廣九鐵路檔：令材料股：准粵海關監督函知奉財政部令國有鐵路在整理期內購運材料免稅一年經函稅司將本路前運枕木木牙羅絲照案免稅仰知照由（十八年三月十八日）〉，《廣東建設公報》1929 年第 4 卷第 4 期，第 104–105 頁。

7 〈廣九鐵路管理局批：第三四七號〉，《廣東建設廳公報》1927 年第 2 卷（第 1 期），第 113–114 頁。

8 〈廣九路有增設夜車說〉，《香港工商日報》1929 年 8 月 8 日，第 3 頁。

9 〈部路要訊：廣九鐵路最近四年所用枕木及抽換數目表〉，《鐵道公報》1933 年第 646 期，第 9–10 頁。

10 〈各省建設要聞：廣九鐵路之新設施〉，《山東省建設月刊》1931 年第 1 卷第 3 期，第 386–387 頁。

11 〈中華民國二年廣州華洋貿易情形論略〉，載龔維釗主編：《近代廣州口岸經濟社會概況：粵海關報告彙集（1860–1949）》，廣州：暨南大學出版社 1996 年版，第 550–552 頁。

12 同上，第 647、650 頁。

13 〈廣九鐵路行車時間表，由十五年四月十日即丙寅年二月廿八日實行〉，《廣東省建設廳公報》1926 年第 1 卷第 1 期，第 2–4 頁。

但因省港大罷工之後列車服務尚未完全恢復，乘客於下午 3 時才能換乘香港段列車，而下午 4 時 15 分才抵達深圳的乘客，則必須逗留至晚上換乘港英列車進入香港，[1] 再稍為晚點的乘客則逗留至明日之清晨才能繼續旅程。乘客自然乘坐省港輪船，而避免使用廣九直通車。對此，自 1933 年，九廣鐵路採取措施，增加廣州市內接駁交通工具，接送乘客來往火車站和廣州市區，並降低票價，與省港輪船競爭。1933 年，胡棟朝代理局長時，在《工程季刊》中撰文提出意見，[2] 他認為廣州西濠口和西關文昌兩地應設置汽車站，接駁當地和大沙頭九廣鐵路總站，並應在市區設置火車票預售點，[3] 以彌補大沙頭總站位置偏遠的不便。該年，九廣鐵路局提供車票優惠，使得省港直通車滿座。[4] 香港方面，1934 年，輪船公司要求港督干涉競爭，可見九廣鐵路的措施已見成效。[5] 1935 年，輪船公司不甘示弱，仿效鐵路公司的操作，推出船票優惠；對此，九廣鐵路進一步為三等座乘客提供優惠。[6] 在輪船公司推出“李康號”新船吸引乘客後，九廣鐵路作為反制措施，不久之後便提出齊價的要求。[7] 10 月 10 日，九廣鐵路加開特別列車以應對乘客的需求，反映出乘客不再完全依賴省港輪船。[8] 但九廣鐵路和省港輪船互不能取代對方。夏天酷暑，陸上旅途天氣炎熱，九廣鐵路中午直通車因乘客不足被取消，[9] 但冬天時則能加開班次。[10] 輪船公司則避免與鐵路競爭，進軍晚間航運市場。[11] 水陸交通競爭能讓乘客有更多選擇，也降低了乘客往返省港的成本。19 世

1 〈廣九鐵路行車時間表，由十五年四月十日即丙寅年二月廿八日實行〉，《廣東省建設廳公報》1926 年第 1 卷第 1 期，第 2–4 頁。

2 胡棟朝：〈計劃及意見書：廣九鐵路現況及改良計劃（附表）〉，《工程季刊》1933 年第 2 卷第 2 期，第 76–98 頁。

3 〈廣九鐵路：行駛流線式駁客汽車〉，《鐵道半月刊》1937 年第 2 卷第 2 期，第 101 頁。

4 “When the Canton Express Leaves, A Train Load of 750 Off the Country and Shum Chun”, *The China Mail*, 26th August 1933, p.1.

5 Dr. S. G. Davis, Hong Kong in Its Geographical Setting. London: Collins, 1949, p.131.

6 〈廣九鐵路火車將減價〉，《香港工商日報》1935 年 1 月 17 日，第 3 張第 2 頁 .

7 “Hong Kong Government Administration Report for the Year 1935: Kowloon-Canton Railway”, The Hong Kong Government Administration Report 1935, s. 5-6.

8 〈廣九鐵路今日增開特別快車〉，《香港工商日報》1935 年 10 月 9 日，第 3 張第 3 頁。

9 〈省港中午快車下月恢復〉，《天光報》1934 年 9 月 4 日，第 3 頁。

10 “Hong Kong Government Administration Report for the Year 1936: Kowloon-Canton Railway”, The Hong Kong Government Administration Report 1936, s. 9.

11 Ibid, s. 6.

紀末，香港總人口中來自廣東的人數已超過半數，[1] 何況 20 世紀初香港人口一直增長，省港之間的人口流動，早已是不可逆轉的趨勢。鐵路和輪船的競爭最終使乘客受惠。

結　語

從 1910 年九廣鐵路（英段）通車至 1941 年日本進攻香港，是九廣鐵路早期運營時期。回顧這 30 年的歷史，九廣鐵路極其深刻地體現了殖民主義產物的兩重性。一方面，自基於不平等條約體系攫取中國鐵路權益始，九廣鐵路之線路勘定、資金籌措、工程施工、運營管理等諸方面，都浸透著英國殖民侵略擴張在華勢力之目的，也必然引起中國人民的反抗與鬥爭。九廣鐵路（英段）修建和早期運營的歷史進程，深刻反映了帝國主義列強在中國的爭奪，英國殖民當局與中國中央政府及地方政府的關係，以及鐵路資本與其他行業資本相互激烈競爭的複雜態勢，可謂將全球戰略、區域政治、資本競爭等重大問題集於一身，因而也是觀察中國近代歷史複雜的重要視角。

另一方面，九廣鐵路（英段）作為現代化的大型公共基礎設施，對於普通民眾，尤其是香港居民，也具有正面和積極的影響。英國人佔領香港並實行殖民統治時期，將香港設定成中轉自由貿易港。香港自身土地貧瘠，且有大量流動人口聚居於此，缺乏糧食及主要生活用品自給自足的條件，完全依靠中國內地和東南亞諸國輸入。因此，確保交通和供應渠道暢通充足，是其繁榮和穩定的關鍵，而九廣鐵路對白米、蔬菜和水果，以及木材的供應鏈至關重要。除此之外，九廣鐵路的通車運營，又對其他公共服務事業和機構的發展，以及香港交通系統的形成，發揮了重要的間接影響，如挽救了瀕臨破產的中華電力公司，為該公司提供大量公共服務設施需求訂單；又作為主要交通幹道及基礎設施提供者的角色，對

1 A. W. Brewin, “Report on The Census of The Colony For 1897”, in Hong Kong Government Sessional Papers, 1897, pp.473, 483.

香港境內輪船和公共汽車路線的規劃發揮影響，使之互不重複，避免惡性競爭，以免浪費資源。此外，九廣鐵路自身的工程需求，以及它能提供遠程大規模運輸之條件，保障了新界製磚工業和磚塊產品的銷售，間接保障了新界居民的生計等，也是九廣鐵路的貢獻和作用。因此，九廣鐵路早期的營運成果，可以概括為兩部分：第一，鐵路對於解決緊急而突發的民生危機，以及影響民眾的日常生活方式，提升生活質量，都具有不可替代的重要作用；第二，鐵路能夠持續地支援其他公共事業建設，使之為居民提供服務，發揮重要的間接性的影響。

此外，九廣鐵路作為連接香港與內地的重要通道，由於時代的政治、經濟因素，未能充分發揮作用，省港直通車時斷時續，不少時間甚至完全中斷，從而局限了兩地的交往，也是這段歷史的特點之一。

總而言之，近代中國鐵路的修建和運營，需要從政治、經濟、社會等多個方面進行研究和評價。又由於鐵路造價高昂，使用時期較長，也需要從較長時段去觀察其功能和效用。筆者側重的是，鐵路對社會日常生活的影響，試圖從社會大眾的角度出發，揭示在當時環境下九廣鐵路（英段）的種種影響。

時至今日，在九廣鐵路系統的基礎上，鐵路已實行電氣化運營。在九廣鐵路的原路線上，除了繼續行駛的普通列車，城際鐵路也使廣深港居民更方便地穿梭往來。2018 年，廣深港高鐵開通，來往三地的時間進一步收縮，由此帶來的影響和幫助也激發我們對歷史進行更深入的探討。

第二十三章

嘉道理家族在滬港的活動

江海傑

19 世紀末，猶太裔嘉道理家族來到中國定居，迄今已在華生活超過百年，歷經近現代諸多重要時刻，跨越高低起落，家勢仍然繁榮昌盛。本章就嘉道理家族的歷史發展作扼要分析，闡述其家族承先啟後、開枝散葉的成功之道。有關嘉道理家族的史料，會以“縱橫結合”的方式演繹。“縱橫結合”的“縱”，就是從縱向將嘉道理家族的發展分為四個時期，即在華事業的早期發展、抗戰時期、戰後到改革開放前夕及全球拓展時期，並按順序介紹其歷史發展。所謂“橫”，就是考證每一個時期與嘉道理家族發生重要關係的群體，包括猶太人、英國人、日本人、香港華人、共和國政府和國際社會等，並分析彼此間的互動情況及當中的歷史意義。

一、在華事業的早期發展（19 世紀至 1937 年）

研究嘉道理家族的在華活動，必須先瞭解猶太人的散居及來華歷史。學術界對於猶太歷史的分期有不同觀點。張倩紅和艾仁貴在其著作《猶太史研究入門》中以猶太散居史為固定分期的基礎。[1] 既然猶太人的來華是猶太散居歷史的一部分，而嘉道理家族的來華又是猶太人來華歷史的一部分，按照這一固定分期方

1 張倩紅、艾仁貴：《猶太史研究入門》，北京：北京大學出版社 2017 年版，第 7 頁。

式，就可以將猶太散居史和嘉道理家族歷史連成一個脈絡，比較全面地理解歷史脈絡。張、艾兩位所劃定的固定分期包括聖經時代、大流散時代、啟蒙與解放時代及復國主義時代。

聖經時代約為公元前 2000 年至公元 135 年。猶太人的先祖是米索不達美亞（Mesopotamia）的閃族人（Semitic People），在公元前約 1800 年渡過幼發拉底河（Euphrates）進入迦南地（Canaan）。[1] 當地原住民稱呼這個族群為"哈卑路"人，後來轉音為"希伯來"（Hebrew）人。[2] 傳說，希伯來人雅各曾與天使摔跤而被上帝賜名"以色列"，意即"與神摔跤"，希伯來人由此便被稱為以色列人。其後，以色列人曾經建立獨立政權，也曾經被不同國族統治。約公元前 538 年開始，波斯統治以色列人，這一代的以色列人屬於"耶胡迪"（Yehudi）支派，希伯來發音成"猶太"（Jew），"猶太人"的稱呼由此而來。[3] 大流散時代為公元 135 年至 18 世紀中葉。

從 66 年至 135 年，猶太人多次遭到羅馬統治者鎮壓，數十萬猶太人流徙異地，開始為時 1,800 多年的大流散時代。啟蒙與解放時代為 18 世紀中葉至 19 世紀末。當時歐洲啟蒙運動引發了猶太人的"哈斯卡拉運動"（Haskalah），[4] 挑戰傳統猶太教對個人的限制，提倡猶太人融入現代社會，激進派甚至改宗基督教或成為無神論者。復國主義時代為 19 世紀末至 1948 年。1897 年，第一屆世界錫安主義大會於瑞士舉行，通過了《巴塞爾綱領》（*Basel Program*），成立"世界錫安主義組織"（World Zionist Organization），目標是在巴勒斯坦建立屬於猶太人的獨立國家。1917 年 11 月 2 日，英國發表《貝爾福宣言》（*Balfour Declaration*）支持錫安主義，部分目的是藉助其運動力量削弱奧斯曼帝國在中東地區的勢力。同年，英軍佔領巴勒斯坦，客觀的政治環境使移居當地的猶太人數顯著增加。到 1939 年，當地猶太人數約有 47.5 萬，佔當地人口 30%。[5] 第二次世界大戰結束之後，英國遵從《聯合國大會第 181 號決議》撤出巴勒斯坦，當地分別建立猶太國家和阿拉伯國家，但這一安排埋下了日後以巴長期衝突的隱

1 "迦南地"為希伯來文，指地中海東岸今日以色列和黎巴嫩的西面沿海地區。

2 "哈卑路"為希伯來文，譯為"渡河的人"。

3 張倩紅、艾仁貴：《猶太史研究入門》，第 14 頁。

4 "哈斯卡拉運動"一般被理解為"猶太啟蒙運動"。

5 張倩紅、艾仁貴：《猶太史研究入門》，第 34–37 頁。

患。1948 年 5 月 14 日，以色列建國。

近現代出現過三波猶太人來華潮。第一波發生在 19 世紀末，巴格達和印度的塞法迪猶太人跟隨英國殖民勢力來華尋找商機；第二波發生在 20 世紀初，俄羅斯猶太人為逃避反猶主義移居中國東北等地；第三波發生在二戰初期，中歐猶太人為逃避納粹德國的迫害而大量遷往上海。近 100 年來，約有 4 萬猶太人先後在華居住。但在二戰結束之後，他們又基於種種原因陸續離開。到 1960 年代，中國內地的猶太人社群已經基本上解散。

嘉道理家族屬於第一波來華的塞法迪猶太人一系。所謂塞法迪猶太人，其淵源可追溯到猶太人大流散時代。公元 711 年，穆斯林攻佔伊比利亞半島（Iberian Peninsula），阿拉伯地區的猶太人隨穆斯林移居當地。伊比利亞的希伯來文發音就是塞法迪 "Sephardi"。[1] 1492 年，歐洲天主教國家的聯軍收復伊比利亞半島，取得地區統治權的西班牙頒佈法令，驅逐猶太人。嘉道理家族的先祖也在這一時期移居到奧斯曼帝國境內的巴格達，一住就是幾百年。

19 世紀，多家塞法迪猶商在滬港兩地建立企業。當時香港的政治形勢相對穩定，但稅率較高；相對而言，上海只徵收房捐和土地捐，營商成本較低。[2] 兩地可謂各有優勢，在此背景下，塞法迪猶商普遍傾向於將上海和香港作為在華業務的雙基地。由沙遜家族和其他英資財團共同創辦，同時在香港和上海兩地經營的"滙豐銀行"，其英文名稱便是 Hong Kong & Shanghai Banking Corporation，這反映出滬港兩地金融經貿的密切關係。[3] 在塞法迪猶商中，沙遜家族（Sassoon Family）最早在華發展業務。[4] 隨著其業務擴張，沙遜家族在印度孟買創辦"沙遜學校"，招收猶太裔青年人，提供商業訓練，對成才者予以僱用。嘉道理家族就是通過這一途徑進入中國。

嘉道理家族的先祖在巴格達從事畜牧業。19 世紀末，家族成員中的四兄弟摩西（Moses）、伊利斯（Ellis）、魯賓（Reuben）和埃利（Elly）入讀"沙遜學校"接受培訓。1880–1883 年間，四兄弟先後被調派到香港的沙遜洋行，開啟

---

1 張倩紅、艾仁貴：《猶太文化》，北京：人民出版社 2013 年版，第 130 頁。

2 唐培吉：《從開封猶太文化到上海猶太文化》，上海：上海大學出版社 2019 年版，第 112 頁。

3 潘光：〈來華猶太人的國籍和法律問題（1840–1945）〉，《社會科學》2006 年第 2 期。

4 沙遜家族來華之前，也有一定數目的猶太人來到中國，但他們不是逗留時間短暫就是相對低階層的工人或海員，歷史意義較弱。

了嘉道理家族在華第一代的歷史。幾兄弟當中，埃利．嘉道理的成就最為突出。他於 1890 年離開“沙遜洋行”，自立門戶開辦“嘉道理公司”，經營滬港兩地的證券業務。1919 年“上海西商證券交易所”成立時，埃利．嘉道理已經是創始會員，[1] 在上海的金融界享有盛名。20 世紀初，全球汽車工業對橡膠的需求殷切，馬來亞的橡膠園主紛紛成立公司，並向外籌措資金以擴展業務。他們最初通過新加坡的洋行到倫敦股票交易所上市集資，後來發現上海股票市場資金充裕，便轉移至上海進行集資，“嘉道理公司”也積極參與其中。[2] 1909–1910 年間，全球橡膠價格持續攀升，“嘉道理公司”獲利甚豐。但好景不長，橡膠股票投機成風，加上錢莊制度和海關系統存在結構性問題，最終導致 1911 年的橡膠股票風潮。[3] 嘉道理家族損失巨大，從此退出橡膠產業，轉向房地產發展。

1930 年代，上海房地產市場由英商業廣地產有限公司（Shanghai Land Investment Company Ltd.）控制，該公司是上海首間以股票和債券集資的大型房地產發展商，規模之大非同期的華資或外資房地產發展商可比。更重要的是，英商業廣地產有限公司的董事大多同時是上海公共租界工部局的董事，不但掌握上海的城市發展規劃，還在土地買賣、市場融資和法律運作方面有不同程度的特權。[4] 直到上海淪陷之前，英商業廣地產有限公司的三個最大持股人正是沙遜家族、嘉道理家族和何東家族。而房地產投資亦是嘉道理家族於 1930–1940 年代財富快速增長的主要動力。

由房地產投資衍生出來的酒店業務，亦是嘉道理家族長期經營的項目。1890 年，嘉道理家族收購了成立於 1866 年的香港酒店有限公司，從而控制了公司旗下的香港酒店，並在 1905 年收購山頂纜車公司作為酒店的配套業務。

---

1 《上海西商證券交易所之略史：附眾業公所歷任社長姓氏表，銀行週報，1919 年第 3 券第 4043 號》，1919 年，香港歷史檔案館，HKRS41-2-746。

2 W.G. Huff, *The Economic Growth of Singapore, Trade and Development in the 20 Century*, (Singapore: Cambridge University Press,1994), pp.80-82.

3 地方海關定時向清庭上繳稅款以償還賠款。只要準時上繳，中央一般不會過問細節。上海江海關的關稅都由海關銀號去收款，但海關銀號的運作並不專業，時常利用收存稅款之後匯解中央之前的空檔期，拆借稅款作金融投資。1910 年 10 月，銀號投資橡膠股票失利，江海關無法從海關銀號收回款項上繳而面臨破產，最終導致一場漫延全國的金融危機。

4 英商業廣地產有限公司成立時設有董事 4 位，分別是 Walter Ward、Alexander Wood、John Purdon 和 E.J. Hogg。前 3 人都是工部局董事，E.J. Hogg 本人雖然不是工部局董事，但其胞弟 James Hogg 卻是。Certificate of Incorporation of the Shanghai Land Investment Company Limited, the Shanghai Land Investment Co., Ltd., 20 December 1888，香港歷史檔案館，HKRS111-4-106。

1922 年，又收購香港的六國飯店、山頂酒店，和上海的禮查飯店、匯中飯店等，之後將一眾酒店合併於香港上海大酒店有限公司旗下。1924 年，在上海開辦大華飯店，1925 年在香港開辦淺水灣酒店，1928 年開辦的半島酒店直到今天仍然是嘉道理家族酒店業務的旗艦項目。在這段時期，家族奠定了滬港兩地酒店經營網絡，其中個別酒店更成為了一些歷史事件的見證地。例如，1927 年蔣介石與宋美齡的婚禮就是在上海的大華飯店舉行；而半島酒店就一直是英國皇室人員訪港時的下榻酒店。戰後一段時期，半島酒店又改裝成收容中心，為離開中國內地後因為等待移居他國而滯留香港的猶太人提供暫時居住的場所。

19 世紀末，滬港兩地的證券行業皆直接或間接地由英國人掌控，欲進入市場者自然需要跟英國人建立商務和社交關係。埃利．嘉道理銳意進入英國人圈子，並先從個人形象方面下功夫。他覺得自己的原名亞爾撒．沙拉斯．嘉道理（Eleazer Silas Kadoorie）帶有濃厚的中東色彩，不利於同英國人打交道，於是就改名為埃利．嘉道理（Elly Kadoorie），並延用此名。1891 年，他與另外兩個英國人合資開辦的證券經紀行——班傑明、埃利與波特商行，英文名為 Benjamin, Kelly & Potts，其中的 Kelly 就是 Elly 的變音字。[1] 上海方面，1932 年成立的猶太總會雖然是猶太移民的活動中心，但參加猶太總會活動的多為經濟水平比較一般的俄羅斯猶太人，包括埃利．嘉道理在內的塞法迪猶太人則加入較高檔的上海英國總會、花旗總會和上海跑馬總會等會所，以便靠攏英美外僑。[2] 埃利．嘉道理鮮少與華人圈子交往，唯一的例外是何東（Robert Hotung）。何東為香港華人首富的地位自然是重要因素，至於其擁有猶太人血統是否促成兩人的友好關係，則不得而知。[3]

埃利．嘉道理與英國軍方之間亦有往來記錄。1927 年 3 月國民革命軍北伐期間，南京發生英、美使館和住宅遭搶劫、僑民遇害的事件，停泊於長江的英美軍艦曾經炮擊南京。鑒於局勢緊張，英國遂派遣一支約萬人的部隊進駐上海租界以保護僑民。其間嘉道理家族提供物業作為英軍補給站。儘管上海租界沒有發生

---

1 Lawrence Kadoorie, *The Kadoorie Memoir (1979)*, pp.83-85.

2 唐培吉：《從開封猶太文化到上海猶太文化》，上海：上海大學出版社 2019 年版，第 171 頁。

3 何東（1862–1956），生父是荷蘭藉猶太人何仕文（Charles Henry Maurice Bosman）（1839–1892），生母為廣東寶安縣人施娣。

任何軍事衝突，英國駐滬總領事仍然在報章中公開讚揚埃利・嘉道理。[1]

埃利・嘉道理的自我英國化行為並不僅限於商務和社交，更延伸至他的婚姻和後代培養。1897 年，埃利・嘉道理在倫敦洽談生意期間，當地猶太裔富商費特歷・莫卡塔（Frederick Mocatta）把姪女羅拉・莫卡塔（Laura Mocatta）介紹給他，兩人於翌年結婚。[2] 與嘉道理家族一樣，莫卡塔家族也是源於西班牙的塞法迪猶太人，16 世紀移居英國從事黃金和白銀貿易，是擁有英國籍的世俗化猶太人家族。這段婚姻有兩重啟示：其一，當時居住在香港的猶太人特別少，遵循族內婚姻的猶太人傳統存在實際困難，而英國的猶太人圈子大，適婚猶太男女主動互相認識或是透過長輩介紹都比較方便；其二，儘管羅拉・莫卡塔的女性身份令她不能繼承莫卡塔家族的財富，但她仍然能夠幫助埃利・嘉道理建立英國上流社會的人脈關係，可見這段婚姻關係除了感情因素，亦滲入了一定的功利考慮。在後代培養方面，埃利・嘉道理有兩個兒子，長子勞倫斯・嘉道理（Lawrence Kadoorie）1899 年出生於香港，次子賀理士・嘉道理（Horace Kadoorie）1902 年出生於倫敦。1910 年，兄弟二人被送往英國接受教育。1914 年，英國向德國宣戰進入戰時狀態，學校運作大受影響，埃利・嘉道理便將兩個兒子接回上海，直到歐洲戰爭結束後才安排二人重返英國繼續學業。

埃利・嘉道理的一系列自我英國化行為還有一個重要目的，就是想歸化英國。這背後牽涉一組法律問題。英國殖民香港之後，英國的商業法律自動在香港生效。但從 19 世紀末開始，越來越多的英資公司到上海公共租界開展業務，而上海與香港不同，並未受到英國殖民統治，所以英國的商業法律不能在上海租界直接執行。為了解決這一法律斷層，加強英國政府對海外英資公司的控制，港英政府便於 1915 年修訂《香港公司條例》，規定上海公共租界的英資公司需要在香港註冊，亦要求在上海的英資公司執行董事必須為英國籍，董事會亦需要英國籍成員佔多數（詳細比例並無說明）。[3] 這項法律要求一直制約著非英國籍的埃利・嘉道理在上海的發展。他從 1910 年代開始多次申請歸化，直至 1926 年才

---

1 《以色列信使報》，1927 年 3 月 4 日，轉引自王健：《上海猶太人社會生活史》，上海：上海辭書出版社 2008 年版，第 303 頁。

2 George Ferguson Mitchell Nellist, *Men of Shanghai and North China; A Standard Biographical Reference Work (1889)*, p.192.

3 吳世學：《香港公司註冊的歷史研究報告》，香港：公司註冊處 2013 年版，第 15–17 頁。

成功。[1]

歸化英國籍對嘉道理家族業務發展的幫助，從以下事件中可以得到印證。1935 年，英商業廣地產有限公司董事會其中一位董事梅里斯．班傑明（Maurice Benjamin）退休，賀理士．嘉道理與何東都有意取而代之。[2] 賀理士．嘉道理為了打擊何東，就引用《香港公司條例》，力陳英資公司的董事會需要由英國人主導。雖然法例並無明文規定董事會成員的國籍分佈比例，但董事會最終都屬意委任賀理士．嘉道理為新董事，而捨棄華人身份的何東。[3] 此事件反映出賀理士．嘉道理能夠策略性地利用家族成員的英國籍身份，促進家族企業的發展。

大體來說，19 世紀末到 20 世紀初，是嘉道理家族的第一個發展高峰。當時英國人在香港和上海租界都有特別大的影響力，猶太人都熱忱與英國人建立關係，從而在營商和提升社會地位方面得到好處。事實上，猶太人在英國本土或其殖民統治地區都享有高度的營商自由，這是因為英國對猶太人的態度比其他歐洲國家開放，並未出現過強烈的反猶主義。猶太裔羅斯柴爾德家族（Rothschild Family）於 19 世紀成為英國首富家族，[4] 沙遜家族與英皇愛德華七世私交甚篤，英皇室甚至於 1904 年委任猶太人馬修．彌敦（Matthew Nathan）為第 13 任香港總督。[5] 這反映出英國皇室、政界和商界都與猶太人保持良好的關係。

嘉道理家族的早期發展亦與英國結下不解之緣。來華的第一代家族成員，此前就已經在英國殖民地的印度生活過一段時間，其後任職的“沙遜洋行”也是英式管理的企業。傳統的猶太人形象，於其在華發展早期自然有所淡化。

---

1 Maisie J. Meyer: *From the Rivers of Babylon to the Whampoo: A Century of Saphardi Jewish Life in Shanghai, Lanham*, (New York: University Press of America, 2003), p.162.

2 Particulars of the Directors of the Shanghai Land Investment Co. Ltd., 7 April 1936，香港歷史檔案館，HKRS111-4-106。

3 Extract from Diary of Mr. Horace Kadoorie, 19 March 1935, AS5/4，家族檔案室，SEK-6-163；吳世學：《香港公司註冊的歷史研究報告》，第 15–17 頁。

4 羅斯柴爾德家族是近現代最富有的猶太人家族，家族的英國分支於 18 世紀末開始在英國從事銀行和金融業。

5 馬修．彌敦（1862–1939），生於英國倫敦，父母皆為猶太人，1904–1907 年任香港總督，任內積極拓展香港交通網路，現今香港的一條主要道路彌敦道因此命名。

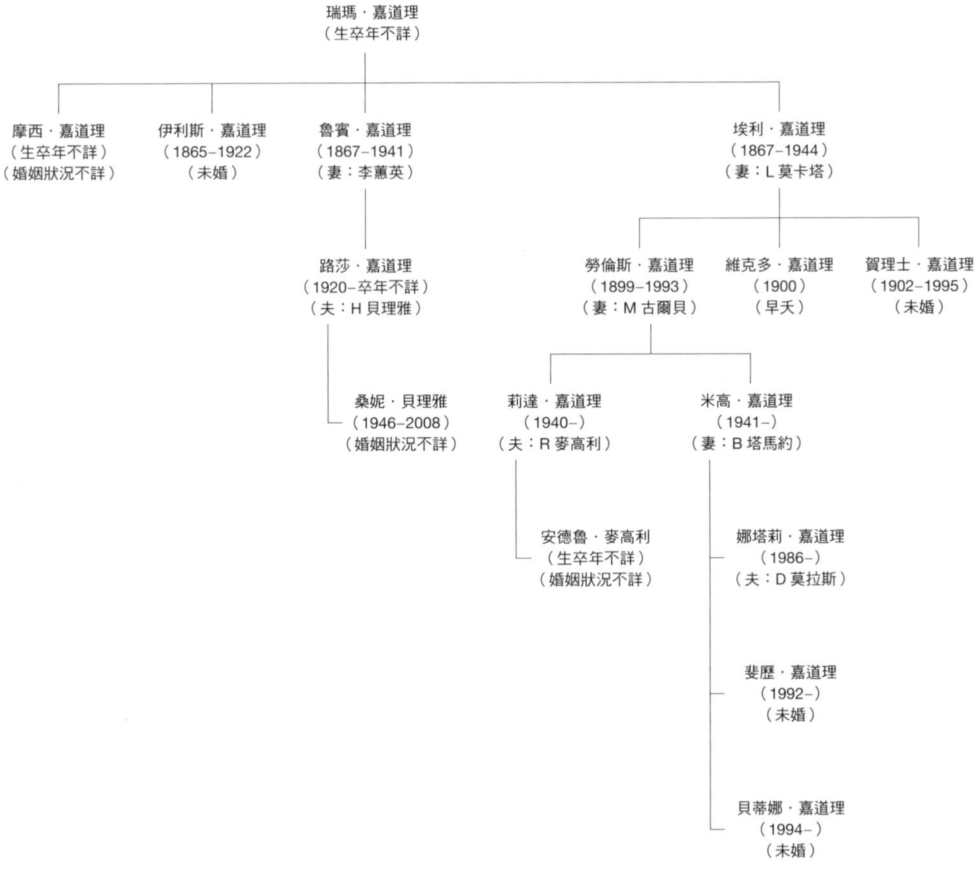

嘉道理家族世系表

二、抗戰時期與日本當局和猶太社群的關係（1937–1945 年）

抗戰時期，政治局勢急遽變化。面對猶太同胞的滅族危機，嘉道理家族的政治態度，對他們的歷史地位有很大影響。從 1931 年的九一八事變至 1945 年日本投降，中國抗戰長達 14 年。本節以 1937 年為歷史分界線，是考慮到當時嘉道理家族的活動範圍集中在上海租界，而日軍於 1937 年 11 月攻佔上海後，為避免即時與歐美國家開戰而未進入租界，這使租界成為淪陷區包圍的孤島。嘉道理家族從孤島時期到抗戰勝利期間與日本當局和其他猶太人的互動關係，都有獨特的歷史情境。

要瞭解嘉道理家族跟在滬與日本當局的互動，首先需要從宏觀角度考察日本人與猶太人的關係。日俄戰爭前夕，日本銀行副總裁高橋是清（Takahashi Korekiyo）到美國籌募日俄戰爭的軍費，其間得到美籍猶太銀行家雅各布·希夫（Jacob Schiff）協助發行債券，有效地籌集到所需資金。[1] 日俄戰爭結束後，日本天皇授予柯勃·歇夫旭日勳章以示表彰，從此建立起雙方的友好關係。日本當局侵佔東北後，為了吸引猶太人的資金去東北建立據點，便進一步展示出其對猶的友好態度。先是於 1935 年容許猶太人建立遠東猶太人理事會；其後於 1937 到 1939 年間，三次在哈爾濱召開遠東俄羅斯猶太人會議，並查封蘇聯支持的反猶報紙；[2] 1938 年，日本當局召開了一次五相會議，由總理大臣、外務大臣、陸軍大臣、海軍大臣和大藏兼通商產業大臣共同起草《關於引進猶太資本的研究和分析方案》，確立其對猶太人相對包容的政策。[3] 然而，進入抗戰時期之後，客觀環境已今非昔比，日本當局的對猶的態度有所轉變。在滬港兩地發展的嘉道理家族也必須面對重大的歷史轉折。

在上海租界，嘉道理家族的房地產業務一直興旺，因為 1930 年代上海租界的人口膨脹導致住房需求上升。另外，由於國民政府的貨幣大幅貶值，各省市游資流入上海租界，以購買物業代替保存現金。1939 年，嘉道理家族又收購了上海煤氣股份有限公司。[4] 隨著外來人口湧入，上海煤氣股份有限公司的收入隨之大幅度增加。[5] 通過房地產發展配合公共服務基建的運作模式，嘉道理家族獲得了可觀利潤，成為與沙遜家族分庭抗禮的上海巨富。但從金融證券業轉向房地產和能

---

1 高橋是清（1854–1936），早年當過英語教師，1892 年加入日本銀行，1899 年任日本銀行副總裁，1911 年升任總裁，1913 年加入內閣任大藏大臣。Gerald David Kearney, Jews Under Japanese Domination 1939-1945, Israel: Shofar an Interdisciplinary Journal of Jewish Studies, Vol.11 No.3, 1993.

2 張鐵江：〈哈爾濱：近代東亞猶太人最大的活動中心〉，《學習與探索》2000 年第 6 期。

3 唐培吉：《從開封猶太文化到上海猶太文化》，第 177 頁。

4 Particular of the Directors of the Shanghai Gas Company Ltd., 1940 年 4 月，香港歷史檔案館，HKRS111-4-44。

5 《上海市公用局關於吳淞煤氣廠營業及工程報表事項案》，1940 年 4 月，香港歷史檔案館，HKRS111-4-44。

源業務，令大量流動資金轉化成機動能力薄弱的不動產，也為家族日後遭受重大衝擊埋下了伏筆。

在香港方面，1938 年 10 月，日軍攻佔廣州後暫停南下推進。當時在港的外僑普遍認為，日本當局短時間內不會向英國宣戰，香港的開戰風險偏低。嘉道理家族不但沒有撤離的打算，更加大在港投資。最突出的例子是鶴園發電廠的建造。電廠於 1940 年 2 月投產，為九龍半島供電，它是家族企業中華電力有限公司中最大型的項目。同年 4 月，港英政府啟動撤僑行動，移送英僑家眷到澳大利亞等地，但勞倫斯・嘉道理沒有參與其中，其妻子梅莉・古爾貝（Muriel Gubbay）和子女仍然留在香港。[1] 他覺得香港處境安全，更於 1941 年 9 月把年邁的埃利・嘉道理接到香港，賀理士・嘉道理則留守上海。[2]

歷史證明，嘉道理家族錯判了形勢，而且形勢變化之快出乎意料。1941 年 12 月 7 日，日軍突襲美國珍珠港海軍基地，太平洋戰爭爆發。幾個小時之後，日軍搶奪了停泊在黃埔江上的美國炮艦，又擊沉了附近的英國船隻，並於同日下午封鎖公共租界，歷時四年的孤島時期到此為止。日軍進入租界之後，包括賀理士・嘉道理在內的英、美外僑全被被移送到閘北區的民房拘禁。1941 年 12 月 8 日，日軍頒佈禁止敵國不動產權利轉讓的措施，對租界房地產實施軍管。[3] 嘉道理家族在上海的資產被接管。

香港的淪陷過程較上海租界耗時稍長。珍珠港事件前一晚，即 1941 年 12 月 6 日的晚上，“半島酒店” 仍在舉行衣香鬢影的慈善舞會，香港總督楊慕琦（Mark Aitchison Young）亦親自到場。[4] 可見香港雖有英軍佈防，但未進入全面備戰狀態。12 月 8 日，美國對日本宣戰當日，日軍南渡深圳河進攻香港。由於新界及九龍守軍兵力不足，駐港英軍撤退至香港島。日軍於 12 月 13 日佔領九龍之後，派員赴香港島英軍司令部勸降，楊慕琦予以拒 。日軍隨即於 12 月 18 日晚登陸香港島，英軍被圍攻至 12 月 24 日決定投降。翌日，楊慕琦到

---

1 勞倫斯・嘉道理於 1938 年在香港迎娶梅莉・古爾貝，香港淪陷時，其長女莉達・嘉道理 1 歲半，次子米高・嘉道理半歲。

2 Jonathan Kaufman, *the Last Kings of Shanghai: the Rival Jewish Dynasties that Helped Create Modern China* (New York: Viking, 2020), p.174.

3 王垂芳編：《上海洋商史》，上海：上海社會科學院出版社 2007 年版，第 215 頁。

4 楊慕琦（1886–1974），1941 年 9 月 10 日–12 月 25 日任香港總督，香港淪陷期間被日軍俘虜，戰後於 1946 年 5 月 1 日復任，1947 年 5 月 17 日退休。

九龍日軍司令部簽署降書，此時日軍的司令部，正是楊慕琦兩星期前參加慈善舞會的半島酒店。[1] 香港淪陷之後，以英國人為主的在港外僑都被拘禁在赤柱集中營，埃利・嘉道理、勞倫斯・嘉道理、梅莉・古爾貝及其子女莉達・嘉道理（Rita Kadoorie）和米高・嘉道理（Michael Kadoorie）都不能倖免。後來他們被安排到上海與賀理士・嘉道理團聚，一同被軟禁至日本投降。其間埃利・嘉道理於 1944 年離世，終年 77 歲。至此，嘉道理家族在華第一代的故事告一段落。

上海租界淪陷後，日本當局並沒有採取針對性的方式去處理數以萬計的在滬猶太人，只根據其個別國籍歸納為敵僑（如英國籍和美國籍）或中立國僑民（如蘇聯籍和德國籍）。儘管在德國的壓力之下，日本當局於 1943 年劃定"無國籍難民隔離區"限制猶太人的活動自由，但該隔離區的性質與歐洲的集中營還是存在相當大的差別，區內猶太人並沒有遭到大規模殺害。在實際執行上，亦有其寬鬆之處。例如，1943 年 2 月 18 日發出的《關於無國籍難民之居住及營業之公佈》第二條："目前在前項所指定地區以外居住或營業中之無國籍難民，應自本公佈發出之日起至昭和 18 年 5 月 18 日（即 1943 年 5 月 18 日）止，將其住所或營業所遷移至前項所指定地域內。" 換句話說，上海的猶太人雖然被勒令遷入隔離區，但仍有三個月寬限期來處理個人財產，甚至尋找方法離開上海。[2] 潘光主編的《艱苦歲月的難忘記憶：來華猶太難民回憶錄》彙集了隔離區猶太人的口述歷史，其中也記錄了一名猶太難民的描述："我向隔離區的日本官員申請，結果他給了我四星期的通行證，離開時我被叫住，他祝我找工作順利。"[3] 這段記述顯示隔離區的猶太人仍可以有限地外出工作，並非完全處於監禁狀態。香港的情況有些不同，人口較少的猶太人沒有被獨立隔離，而是與其他外僑一同被拘禁在赤柱集中營。儘管居住環境惡劣，但他們仍然可以接受外界供給的糧食等基本物資，亦有當地華人偶爾進入集中營販賣各式生活用品，集中營內的外僑甚至組織

---

1 半島酒店於日佔時期被日軍徵用，作為戰爭司令部。1942 年 4 月 23 日，半島酒店名改稱東亞酒店，戰後復用原名，嘉道理家族重掌酒店擁有權。

2 Mark O'Neill, *Israel and China: From the Tang Dynasty to Silicon Wadi* (Taipei: Joint Publishing Co. Ltd., 2018), p.140.

3 潘光：《艱苦歲月的難忘記憶：來華猶太難民回憶錄》，北京：時事出版社 2015 年版，第 74–76 頁。

了足球隊，可見在香港被囚的猶太人同樣沒有受到強力迫害。[1]

嘉道理家族在抗戰時期的政治立場並不高調，但從有限的資料中，仍可確定其反日反法西斯態度。家族檔案室保存了一封勞倫斯・嘉道理於 1938 年 9 月 9 日致宋慶齡信函的副本，及宋慶齡於 1938 年 9 月 30 日發出回信的正本。[2] 勞倫斯・嘉道理寫給宋慶齡的信函中提及嘉道理家族名下公司捐贈救護車給廣東省當局一事，並說明了有關救護車的技術規格和付運安排細節，信函行文平淡，就像私人書信往來。宋慶齡於 1938 年 9 月 30 日回信表示感謝，但在查閱該回信的原件時卻發現宋慶齡所用的信紙左上方印有"保衛中國同盟"中文字標識，信頂則用英文印了"The China Defence League,Central Committee"字樣。顯然這是一封以官方身份發出的信函。根據記錄，保衛中國同盟於 1938 年 6 月 14 日成立，並由宋慶齡擔任中央委員會主席，直到她 1941 年 12 月離開香港為止。信函發出的日期是 1938 年 9 月 30 日，說明宋慶齡寫信時就是以保衛中國同盟主席的身份向勞倫斯・嘉道理確認其支持抗戰的捐助。從這一來一回的兩封信函可以推論，勞倫斯・嘉道理曾經為中國內地的抗戰部隊提供過實質的支持。除此之外，嘉道理家族亦曾經為歐洲戰線的盟軍提供支持。1940 年，法國淪陷前 6 個月，賀理士・嘉道理就通過雲南的貿易公司為法國採購製造軍備和機器的鋼材。[3] 從以上例子可見，嘉道理家族在反日反法西斯的領域作出過一定的貢獻，只是受制於當時的政治環境，加上嘉道理家族的大部分資產都位於被日軍圍堵的上海租界，若被日本當局知悉嘉道理家族與保衛中國同盟和盟軍的關係，定會導致惡劣後果。因此，有關活動一直低調進行，書面記錄保存數量極少，也合乎情理。

儘管嘉道理家族的反日反法西斯態度比較隱蔽，但在香港淪陷前夕，勞倫斯・嘉道理仍做了一個頗大的動作。1941 年 12 月 11 日，駐港英軍開始從九龍撤退到香港島。撤退行動歷時約 3 天。為了拖慢日軍的推進速度，英軍於撤退期間將九龍的主要橋樑和鐵路加以堵塞或破壞，並計劃炸毀鶴園發電廠，令九龍

1 〔日〕和仁廉夫著，張宏豔譯：《歲月無聲：一個日本人追尋香港日佔史跡》，香港：花千樹出版有限公司 2013 年版，第 144–146 頁。

2 Miscellaneous correspondence of the Kadoorie family，家族檔案室，1938, SEK-9。

3 Miscellaneous correspondence of the Kadoorie family，家族檔案室，1940, SEK-9。

大停電，阻撓日軍的戰略部處。[1] 然而，鶴園發電廠的規模太大，強行炸毀不但耗費炸藥，更可能殃及平民。英軍向勞倫斯・嘉道理尋求協助，勞倫斯・嘉道理遂差遣中華電力有限公司的工程師在現場指導英軍炸毀電廠的渦輪機組，並把一些核心的部件拆卸扔進維多利亞港水底，以最簡單快捷的方法截斷鶴園發電廠的運作能力。

香港淪陷之後，家族成員被送進赤柱集中營拘禁了 5 個月。經過一輪斡旋，日軍將勞倫斯・嘉道理夫婦、其子女莉達・嘉道理和米高・嘉道理，以及其父埃利・嘉道理三代五口移送到上海與賀理士・嘉道理團聚。勞倫斯・嘉道理的回憶錄中並沒有詳細說明從集中營釋放到被移送上海的細節，只簡單提到他們乘坐一艘名為“臺南丸”的客輪到上海，行程花了 9 天。[2] 此外，根據勞倫斯・嘉道理的口述，他們是自費購買船票的。[3] 可見，其家族成員應該不是被日本當局強行押送，而較有可能是以自由身份前往上海。軟禁期間，亦有兩件事反映家族成員當時的處境：其一，曾有法國外僑獲日本當局釋放回國，臨行前請求勞倫斯・嘉道理為他保管 7 公斤的黃金，勞倫斯・嘉道理亦順利將該批黃金保管到戰後並物歸原主，可見他們在軟禁期間仍享有私產保障；其二，勞倫斯・嘉道理在回憶錄中提及，他與友人從收音機廣播中得知美國向日本投擲原子彈的消息，反映軟禁期間仍然可以接收外界信息。[4]

抗戰時期，嘉道理家族亦以行動拯救猶太同胞。嘉道理家族的經濟實力可能稍遜於沙遜家族，但在猶太社群中的政治地位卻更為突出，這跟嘉道理家族在世界錫安主義運動中扮演的積極角色有一定關係。1900 年世界錫安主義組織成立，旨在推動猶太人獨立建國。1903 年，嘉道理家族出資支持世界錫安主義組織在上海成立上海錫安主義協會（Shanghai Zionist Association），埃利・嘉道理本人更於 1915–1928 年間長期擔任主席。除此之外，嘉道理家族亦成立了基金會，統籌在華猶太人移居巴勒斯坦的工作。1938 年，荷蘭舉行的世界塞法迪

---

1 Oliver Lindsay, *The Battle for Hong Kong, 1941-1945: Hostage to Fortune* (Hong Kong: Hong Kong University Press, 2005), p.80.

2 Lawrence Kadoorie, *The Kadoorie Memoir (1979)*, p.93.

3 Jonathan Kaufman, *the Last Kings of Shanghai: the Rival Jewish Dynasties that Helped Create Modern China*, p.186.

4 Lawrence Kadoorie, *The Kadoorie Memoir (1979)*, p.93.

猶太人大會也是由埃利・嘉道理擔任主席，可見當時他在國際猶太人社會中享有崇高地位。[1] 嘉道理家族與其他規模較小的上海猶太人組織亦有聯繫。1939 年 3 月，埃利・嘉道理當選為上海猶太聖裔社（B'nai B'rith）榮譽終身會員，並資助創辦上海聖裔社醫院，為猶太人提供醫療服務。[2] 嘉道理家族亦有支援工人組織如錫安工人黨（Poalei Zion）和猶太工人黨（Bund）。[3] 除了服務原居上海的猶太人，亦大力援助中歐猶太難民。自 1933 年起，大量中歐猶太人為了逃避納粹德國的迫害而尋找途徑離開險地。然而，英、美等西方國家基於政治考慮限制對中歐猶太難民發出簽證，亞非拉國家則因經濟困難而無力接收。[4] 處於孤島時期的上海成了中歐猶太難民的逃生門，由於外國人進入公共租界並不需要入境簽證，從 1933 到 1941 年，避居上海的中歐猶太難民人數激增到 30,000 人。[5] 除了其中數千人轉往他國外，至 1941 年 12 月太平洋戰爭爆發前，仍有約 25,000 人留在上海。儘管來滬的中歐猶太難民可以免於生命威脅，但他們的生活仍是困苦的，嘉道理家族便在多方面提供援助。1938 年 10 月，嘉道理家族成立援助歐洲來滬猶太難民委員會（Committee for Assistance of European Refugees in Shanghai），下設行政、財務、住房和膳食、醫務、教育和文化、就業與復興 7 個工作小組，系統地開展各項援助工作。1939 年 1 月，嘉道理家族聯同沙遜家族成立復興基金（Rehabilitation Fund），給猶太難民提供貸款以創辦實業，促進其自給自足。1941 年，經過兩年的協助，猶太難民的聚居地已出現不同行業的中小型企業，包括百貨商店、診所、咖啡館、理髮店、電器維修店等。[6] 教育方面，1937 年 5 月，嘉道理家族建立上海猶太青年協會（Shanghai Jewish Youth Association），為猶太難民提供職業培訓，並為猶太兒童舉辦夏

---

1 World Sephardi Conference, Palestine Post,1938，家族檔案室，C00100。

2 Letter from Lawrence Kadoorie to Gregory J Pissarevsky, B'nai B'rith: Laura Kadoorie Hospital and Memorial Hall, 1941，家族檔案室，SEK-8A-008 FB9 E02/18。

3 王健：《上海猶太人社會生活史》，上海：上海辭書出版社 2008 年版，第 73–74 頁。

4 同上，第 30–37 頁。

5 不同來源的史料都有提及何鳳山於 1938–1940 年間任中國駐奧地利領事時，為中歐猶太難民簽發數以千計的入滬簽證，這似乎跟當時上海的外國人免入境簽證政策有所矛盾。其中一個合理解釋是納粹德國對猶太人的迫害是分階段性的。1941 年以前，納粹德國對猶政策以驅逐為主，只要猶太人能夠出示他國收容的證明，大都可以出境，擁有德國或奧地利國籍的猶太人，又比波蘭等國家的猶太人容易獲准，而最直接的他國收容證明就是入境簽證。縱使外國人進入公共租界從不需要簽證，但何鳳山仍然本著人道立場，向中歐猶太難民簽法有關文件證明，在技術層面角度，協助他們離開歐洲。

6 王健：《上海猶太人社會生活史》，第 77 頁；唐培吉：《從開封猶太文化到上海猶太文化》，第 181 頁。

令營等活動。[1]

抗戰時期，其他在華猶太人家族也有援助中歐猶太難民，但他們在上海淪陷後便逐漸淡出。反觀嘉道理家族，他們的援助工作則持之以恆，儘管太平洋戰爭爆發之後暫時停頓，但在戰後不久又再次啟動，並將援助工作轉型為協助離開上海的猶太人移居海外。主要在三方面發揮作用：設立中轉收容所、安排交通工具和聯絡親屬。

設立中轉收容所方面，嘉道理家族從日本當局收回半島酒店，用於收容上海而來的猶太人，為他們提供暫居之所，等候重返故鄉或移居海外。[2] 1946 年 7 月 27 日，曾有航運公司致信半島酒店的經理，就一批猶太人入住的安排進行溝通："我剛收到上海方面的通知，下一批入住貴酒店的猶太人會在日內乘坐戈登將軍號客輪到港，共有 141 男、125 女、15 小童和 2 嬰兒，請準備床位。"[3] 可見入住人數不少。中轉收容所的運作成本也不是由嘉道理家族獨力承擔，勞倫斯．嘉道理就曾經於 1946 年 9 月 30 日向美猶聯合救濟委員會（American Jewish Joint Distribution Committee）尋求財政資助，並書面交代支出賬目。[4] 美猶聯合救濟委員會亦於 1946 年 10 月 31 日作出積極回覆，願意資助 100,000 港元。[5]

安排交通工具方面，嘉道理家族既有安排船隻從上海接載猶太人來香港，亦有尋找海、空交通工具將他們送往海外國家。由於戰後的國際運輸系統仍然處於有限度運作的狀況，嘉道理家族需要與不同的政府和商業機構聯繫，才能夠完成有關工作。從家族檔案室收藏的信函可反映其中的操作。例如，1946 年 8 月 29 日，英國殖民地部駐香港辦公室致信勞倫斯．嘉道理："9 月 2 日，客輪丹特倫號將會從澳大利亞啟航，經香港到上海去，該船能夠接載 150–200 人來港。

---

1 Shanghai Jewish Youth Association: Shanghai Summer Club, 1938，家族檔案室，SEK-8A-007 CS5 E02/18。

2 Jewish refugees and re-settlers, Correspondence relates to Horace and Lawrence's work with the American Jewish Joint Distribution Committee (AJJDC) in the post-war years, provision for accommodation at The Peninsula Hotel，家族檔案室，SEK-8D-001 CJ1 E02/01。

3 Letter from Thos, Cook and Son ltd. to A. Matti, 27 July 1946，家族檔案室，SEK-8D-003 E02/01。

4 Statement by the Hong Kong & Shanghai Hotels, LTD. dated 30 September 1946，家族檔案室，SEK-8D-003 E02/01。

5 Letter from Charles H. Jordan of American Jewish Joint Distribution Committee to Lawrence Kadoorie dated 31 October 1946，家族檔案室，SEK-8D-003 E02/01。

希望這安排可以幫助閣下解決難民問題。”[1] 當時香港的出入境管制由殖民地部執行，這反映出嘉道理家族參與的移送工作不限於實體交通工具安排，亦牽涉到國家層面的斡旋。1949 年 8 月 19 日，世界旅行社致信勞倫斯・嘉道理：“應閣下要求，本公司會預訂一架 DC-3 型飛機，接載 28 位乘客從香港起飛，經河內、仰光、加爾各答、卡拉奇和巴林，並在預計日期抵達以色列盧爾德機場。每位乘客收費 120 英磅。”[2] 可見移送猶太人到以色列的交通安排具有一定的複雜性，成本也較大。

聯絡親屬方面，由於很多南下香港的猶太人家庭都有成員滯留在上海，加上郵政服務尚未恢復正常，親屬因而失去聯絡。嘉道理家族遂利用本身在滬港兩地的網絡，幫助確認滯留者的居住地址，並代寄信件，成功為多個失散的猶太人家庭重建聯繫。家族檔案室就收藏了一批 1949 年收到的求助信及勞倫斯・嘉道理的回信。[3]

至於這些援助工作維持到何時，則可以從以下兩封信件推論。第一封是 1950 年 2 月 1 日美猶聯合救濟委員會的羅伯特・皮爾佩爾（Robert Pilpel）寫給賀理士・嘉道理的信件，主要內容是感謝嘉道理家族支付 25,000 港元，以支付 120 名難民從上海到香港的輪船航行費用。第二封是 1950 年 3 月 9 日賀理士・嘉道理給羅伯特・皮爾佩爾回信，詳細彙報了該批難民抵達香港後，再換乘飛機到以色列的情況，甚至還提及了給婦女和兒童派發水果和巧克力的細節過程。可見在援助猶太難民的活動上，嘉道理家族不但給予財政支持，更親力親為地安排各項細節。[4] 這兩封信件亦顯示嘉道理家族的援助猶太難民活動至少延續到 1950 年。

---

1 Letter from C. Morrison of Colonial Secretariat to Lawrence Kadoorie dated 29 August 1946, No:1/6376/45，家族檔案室，SEK-8D-003 E02/01。

2 Letter from S.W. Clark, the Travel Adviser, Ref: 1429, to Lawrence Kadoorie dated 19 August 1946, No:1/6376/45，家族檔案室，SEK-8D-003 E02/01。

3 Letter from David Kopf to Lawrence Kadoorie dated 30 October 1949; letter from Lora Phili to Lawrence Kadoorie dated 14 November 1949; letter from Claire Mueller to Lawrence Kadoorie dated 15 November 1949 and reply letter dated 28 November 1949; letter from Erika Lewin to Lawrence Kadoorie dated 15 November 1949 and reply letter dated 28 November 1949. Postal Service，家族檔案室，SEK-8D-030, E02/06。

4 Letter from Robert Pilpel to Horace Kadoorie dated 1 February 1950 and letter from Horace Kadoorie to Robert Pilpel, 9 March 1950，家族檔案室，T00123。

20世紀初期，嘉道理家族與俄羅斯猶太人的關係並不密切，但在抗戰期間面對民族重大危機時，彼此都有參與援助中歐猶太難民的工作。而基於《日蘇中立條約》，俄羅斯猶太人在上海淪陷初期成為中立國僑民，處境相對安全和自由，所以在嘉道理家族被拘禁時，部分援助工作亦由俄羅斯猶太人接手。抗戰時期的合作間接改善了彼此的關係。直到1950代後期，當仍然居住在中國內地的俄羅斯猶太人面臨困難時，嘉道理家族都有伸出援手。賀理士・嘉道理與哈爾濱的俄羅斯猶太社團領袖斯連斯基（V.J. Zirinsky）的書信往來，亦可以證明這一點。例如，嘉道理家族曾經運用其影響力協助俄羅斯猶太人辦理澳大利亞簽證；[1] 又如1958年，哈爾濱市人民政府鑒於城市發展需要，要求當地俄羅斯猶太人將猶太公墓遷到東郊46公里外的新發展地。[2] 儘管地方政府提供免費土地，但由於缺乏資金支付搬運和重新安葬的費用，嘉道理家族亦提供了財務協助。[3]

抗戰時期，日本當局對猶太人的態度及相關國家政策，已不如從前那樣友好，導致事態如此變化有兩大因素。其一，在全面戰爭的狀態，猶太商業團體對日本當局的經濟貢獻淡化，利用價值萎縮；其二，作為戰爭同盟，日本當局至少在姿態上不能偏離納粹德國的反猶政策。在這一大環境變化之下，嘉道理家族既沒有經濟條件靠向日本當局，又錯過了及早離開中國、全身而退的機會。然而，在極大困境的當中，嘉道理家族仍然選擇了反日反法西斯的立場，對中國抗戰部隊、駐港英軍，甚至遠在歐洲戰場的盟軍，都有不同形式、不同程度的支持。另一方面，大批中歐猶太難民進入上海，展現了家族成員援助猶太同胞的熱心，一系列出錢出力的援助工作，表現了高尚的道德情操。嘉道理家族的歷史地位，並不能夠單以經濟力量去評估，更重要是對猶太民族所作出的貢獻。

---

1 Letter from V.J. Zirinsky to Horace Kadoorie, 30 December 1957，家族檔案室，SEK-8D-029, E2106。

2 徐新：《異鄉異客：猶太人與近現代中國》，臺北：臺灣大學出版社2018年辦，第182頁。

3 Letters from V.J. Zirinsky to Horace Kadoorie, 4 June 1958 and letters from Horace Kadoorie to V.J. Zirinsky, 12 June，家族檔案室，SEK-8D-029, E2106。

三、戰後到改革開放前夕與港英政府和香港華人的關係（1945–1978 年）

二戰結束後，猶太人都獲得了自由，歐美各國開始陸續放寬原來對猶太人的入境限制，加上以色列的立國漸成定局，都促成了猶太人離開中國。從整體趨勢觀察，最先大規模離開的群體是中歐猶太難民。他們的來華可謂迫不得已，戰後前往尋找家人團聚或重新建立家園，亦屬人之常情。然後是塞法迪猶太人，他們由始至終都是因為經濟利益而在華生活。二戰之後，對營商環境抱持悲觀態度，都悉數離開。俄羅斯猶太人的離開比較漸進。抗戰時期，普遍擁有蘇聯國籍的俄羅斯猶太人處境安全，戰後亦不急於離開。儘管 1948 年後國民政府與蘇聯關係惡化，上海的俄羅斯猶太人大都只是退至東北，基本上仍然留在中國境內。1950 年代，哈爾濱及周邊地區仍然存在穩定的俄羅斯猶太社群，到 1960 年代中蘇關係破裂後才陸續離開，有些去了蘇聯，有些移居海外。[1]

嘉道理家族的情況比較獨特，戰後雖然將上海的資產調到香港，但不像其他塞法迪猶太人移居海外，而是留港重建家族。勞倫斯・嘉道理向港英政府申請取回家族在港企業的擁有權，主要目標是中華電力有限公司和香港上海大酒店有限公司這兩大核心企業。由於有關企業都是香港註冊上市的公司，股權記錄保存良好，港英政府亦採取合作態度，進展比較順利。硬件方面，雖然勞倫斯・嘉道理在香港淪陷前夕協助英軍毀壞鶴園發電廠核心機組，但日軍的工程師不久便將發電廠修理好，更在維多利亞港水底鋪設纜線，實現了九龍和香港島的電力聯網，這反而方便了中華電力有限公司恢復供電的工作。[2] 酒店方面，半島酒店和淺水灣酒店在日佔時期一直繼續營業，所以保養良好。

儘管勞倫斯・嘉道理積極把家族資產從上海轉移到香港，但時間緊迫，只能集中處理英商業廣地產有限公司和上海煤氣股份有限公司的產業，其中英商業廣

1　劉爽：《哈爾濱猶太僑民史》，北京：方志出版社 2007 年版，第 48–49、186 頁。

2　Lawrence Kadoorie & Edgar Laufer–decommission of CLP，2015，香港社會發展回顧項目 2015 年紀念二戰結束 70 年視頻檔案。

地產有限公司的資產轉移比較困難。公司的不動產和租金收入機動性低，加上國民政為保金融市場穩定而限制資金流出，嘉道理家族只能轉移大約 56% 以股票為主的流動資產到香港，而具有價值的樓房酒店都未能取回。[1] 相對而言，上海煤氣股份有限公司的資產轉移比較順利，公司股票大部分在香港發行，戰後亦恢復市場價值。勞倫斯・嘉道理的計劃是將上海煤氣股份有限公司登記為香港公司。而港英政府於 1947 年制定的《中國公司登記規例》規定，若要將上海煤氣股份有限公司登記為香港公司，就需要將公司資產由法幣兌換成港幣或英鎊，但戰後國民黨的金融系統瀕臨崩潰，財金部門又阻撓資金外流，加上法幣大量發行導致匯率極不穩定，最終只能將上海煤氣股份有限公司 69.5%的流動資產轉到香港。[2]

安頓了以上企業後，嘉道理家族便應經濟環境開拓新業務。1947 年，勞倫斯・嘉道理與上海榮氏家族的榮鴻慶合資在香港創辦南洋紗廠，這是當時東南亞最先進的紡織工業單位，為香港往後幾十年發展蓬勃的紡織、漂染和成衣業打下了基礎。1956 年成立的太平地氈國際有限公司，旨在為內地新移民和低學歷婦女提供就業機會，但其經營有道，逐漸成為生產名貴地氈的著名品牌，到 1980 年代才隨著國際市場環境改變而式微。1922 年在香港創立的香港建新營造有限公司，被嘉道理家族於 1930 年收購，主力發展九龍的土地並興建物業，適逢香港戰後的重建工作，業務穩定。1952 年，香港建新營造有限公司與其他大型發展商合組聯大建築有限公司，承接港英政府的大型基建項目包括水壩、機場擴建工程等。

戰後重建刻不容緩。然而，城市基建的工作涉及不同範疇的專業，並非是港英政府的官員能夠全盤駕馭的，有必要與工商界企業建立夥伴關係。熟悉城市基建發展的嘉道理家族就成為港英政府其中一個重要的合作對象。從 1945 年開始，嘉道理家族成員就多番獲委任為有關政策制定和執行機構的核心成員。例如 1945 年 12 月，勞倫斯・嘉道理加入建築物重建小組委員會，參與制定長期住

1 Shanghai Land Investment Company, 1947，家族檔案室，SEK-6-158, S.12-A-2/69。

2 Letter from Lawrence Kadoorie to John Gadsby, 30 November 1951，家族檔案室，SEK-6-158, S.12-A-2/69。

房政策；[1] 1946 年 8 月，勞倫斯·嘉道理加入海港事務顧問委員會，統籌商業航運的發展；[2] 同年 9 月，勞倫斯·嘉道理加入"殖民地發展基金協調委員會"，作為港英政府專家顧問，就香港的基建發展所需資源，向英國殖民地部提交建議並要求撥款。[3] 其家族成員在 1950–1960 年間，亦先後加入渡海小輪顧問委員會、兒童遊樂場管理會、公共交通諮詢委員會、香港旅遊協會等組織。

除了工作層面的機構，嘉道理家族成員亦獲委任為不同層級的管治階層成員。1950–1954 年，香港總督葛量洪（Alexander Grantham）委任勞倫斯·嘉道理成為立法局議員。[4] 英國皇室亦多次對家族成員授予勳銜，肯定嘉道理家族的貢獻。1974 年和 1976 年，勞倫斯·嘉道理和賀理士·嘉道理先後獲頒授不列顛帝國司令勳章。[5] 1981 年，勞倫斯·嘉道理更上一層樓，獲得英國上議院議席。[6]

戰後的嘉道理家族依然與英國保持良好關係，但與雙方在抗戰前的關係比較，無論在表現形式或內在意義都有所不同。第一代的埃利·嘉道理時代與英國人的關係主要在個人層面開展，偏向功利主義。第二代的勞倫斯·嘉道理時代與英國人的關係，則發展成家族與政府之間系統上、結構上的互動模式。擔任公職雖不會帶來直接經濟利益，卻使家族成為重建香港的積極參與者，亦建構了家族的香港身份。這個香港身份從另一角度可以得到更清晰地驗證——嘉道理家族與香港華人的關係。以下會以嘉道理農業輔助會為切入點，闡述嘉道理家族如何與香港本地華人發展關係。

戰後香港社會環境漸趨穩定，基於死亡率下降、大量嬰兒出生及內地新移民的進入，人口從 1945 年的 60 萬激增至 1950 年的 200 萬。人口增長帶來社會資源的短缺，導致大量貧困家庭的出現。嘉道理家族在戰後的幾年都有參與港英

1 Building Reconstruction Advisory Committee, 1945，家族檔案室，SEK-3A-034 H.12-A-2 B01/08。

2 The Port Administration Inquiry Committee, 1946，家族檔案室，SEK-3A-032 H.11-A-1 B02/13。

3 Colonial Development Fund Coordinating Committee, 1948，家族檔案室，SEK-3A-046 C.6-A-1 B02/14。

4 Legislative Council: 1954 term of office, 1954，家族檔案室，SEK-3A-006 L.5-E-1 B01/01。

5 英國授勳及嘉獎制度於 1917 年確立，共設 5 種級別，從大到小分別為爵級大十字勳章（Knight Grand Cross），簡稱 GBE；爵級司令勳章（Knight Commander），簡稱 KBE；司令勳章（Commander），簡稱 CBE；官佐勳章（Officer）OBE；和員佐勳章（Member），簡稱 MBE。

6 House of Lords Publications 1981 Lawrence Kadoorie conferred as Baron, 1981，家族檔案室，SEK-10-358 A06/17。

政府重建香港的工作，瞭解貧困人士的情況，亦積極投入慈善活動，其中最引人注目的是 1951 年創立的嘉道理農業輔助會，這個項目提升了香港農業的可持續發展性，亦促進了家族成員與香港華人的進一步融合。

嘉道理農業輔助會的運作模式有別於傳統的慈善團體，主體運作並不限於直接給予金錢援助，更會向農民提供低息貸款、生產工具和技術支持，鼓勵農民實踐經濟獨立。農業勞動力的增加，亦有助於滿足社會的糧食需求。例如 1950 年代中期，內地的肉類供應不穩定，海外輸入成本又高，嘉道理農業輔助會遂於 1956 年建立試驗農場，培訓農民先進高效的畜牧方法。[1] 耕種方面，嘉道理農業輔助會於 1955 年動員稔樹灣邨民開墾山邊土地，免費提供水泥等材料建造海堤，防止海邊耕地受海水侵蝕，成功將耕地面積增加三倍。嘉道理農業輔助會又資助多條農邨修築道路，從 1950–1970 年代，合共捐贈了 22,000 噸水泥，修築的鄉邨道路達 318 公里，使農產品能夠更快捷地運抵買方市場。[2]

除了援助香港的本地農民，賀理士・嘉道理亦有關注廣東省新移民的問題。他曾經參與起草港英政府 1954 年提交聯合國有關中國內地新移民問題的報告，在有關章節建議通過港英政府同時資助香港本地農民和廣東省的新移民。[3] 事實上，這些新移民在家鄉也多是務農為生，所以賀理士・嘉道理認為合適的援助方法就是讓他們參加嘉道理農業輔助會的項目，給他們資源延續農耕產業，建立他們自己的生計，使新移民由社會的負擔轉化成勞動力的有效來源。

嘉道理家族亦引入先進的管理體制，提升了嘉道理農業輔助會的運作效率。1955 年，在嘉道理家族的推動下，港英政府草擬《嘉道理農業輔助貸款基金條例》，確立嘉道理農業輔助會的法律地位，並設立“嘉道理農業輔助貸款基金”向農民提供貸款。根據《嘉道理農業輔助貸款基金條例》，基金由一個委員會管理，成員包括農林漁政管理處委任的 5 名成員及嘉道理家族派出的 1 名代表。委員會有權將基金款項投資在公開市場以維持基金的可持續發展性，並負責擬定

---

1 佚名：〈尋覓嘉道理農場回憶——農民銘記飲水思源〉，《文匯報》2016 年 8 月 27 日。

2 Information paper on the origin and purpose of the Kadoorie Agricultural Aid Association, Agricultural Aid Loan Fund,1973，家族檔案室，SEK-10-356 A06/10。

3 The problem of Chinese refugees in Hong Kong 1954: Report Submitted to the United Nations High Commissioner for Refugees by Edvard Hambro, Chief of the Hong Kong Refugees Survey Mission, 1954，家族檔案室，SEK-10-315 A05/16。

基金賬目報表、收支賬及資產負債表。基金的起始資本為 50 萬港元，一半由港英政府撥款，另一半由嘉道理家族捐贈。其後，政府在 1957 年 6 月、1960 年 7 月及 1971 年 9 月，分別向基金撥捐 75 萬港元、50 萬港元及 50 萬港元，使基金總數達 225 萬港元。在 1971 年 7 月，嘉道理家族再捐贈 50 萬港元，使基金增至 275 萬港元。根據《嘉道理農業輔助貸款基金條例》第 12 條，基金的賬目由政府委任的核數師審計，而條例第 13 條又規定管理基金的行政費用由港英政府支付。[1] 賀理士・嘉道理促成了港英政府財政上和行政上參與"嘉道理農業輔助貸款基金"，一來可以緩解嘉道理家族的財務承擔，二來能夠提升基金的認可度，可謂一舉兩得。1950–1960 年代，新界農民都是向地主租地耕作，由於欠缺土地業權作低押，難以向銀行借款，惟有轉向高利貸。貸款基金的一個正面效果是遏止農邨地區的高利貸文化，環節農民的經濟困難。1957 年離任的香港總督葛量洪在其回憶錄中亦點名讚揚嘉道理農業輔助會幫助農民免於高利貸的剝削。[2] 從家族檔案室的相冊中就多見到賀理士・嘉道理經常親身探訪農邨，與農民直接交流的照片記錄，可見家族成員通過嘉道理農業輔助會的工作，與新界農民建立了友誼，亦在一定程度上反映出家族成員在融入香港華人社會的意向。

四、全球拓展時期與共和國政府和國際社會的關係（1978–2022 年）

嘉道理家族在香港扎穩根基的同時，國家亦進入改革開放的時代。嘉道理家族開始建立一個背靠國家、面向世界的立體格局。能源工業成為嘉道理家族重返中國內地的先驅項目。

嘉道理家族的中華電力有限公司是改革開放之後第一家與中國內地合作發

1 Information paper on the origin and purpose of the Kadoorie Agricultural Aid Association, Agricultural Aid Loan Fund, 1973，家族檔案室，SEK-10-356 A06/10。

2 〔英〕亞歷山大・葛量洪著，曾景安譯：《葛量洪回憶錄》，香港：廣角鏡出版社 1984 年版，第 148 頁。

展能源項目的香港企業。改革開放初期，全國經濟穩步增長，但電力供應卻滿足不了工業和民用需求，全國每年缺電 450 億至 500 億度，沿海和華南地區缺電狀況尤其嚴重，工廠普遍出現稱為“開三停四”的間歇性停運情況。1979 年 1 月，中華電力有限公司與廣東省電力集團公司達成粵港聯網協議，並於同年 4 月由從香港粉嶺變電站架設約 11 公里長的輸電線路，連接深圳水貝變電站，向廣東省供應穩定的電力。[1] 這一項目的成功實行，成為了新中國政府選定中華電力有限公司為大亞灣核電站計劃合作夥伴的關鍵考慮點。

隨著全國各地的工業迅速發展，國家考慮開發新能源去解決電力匱乏的問題。1978 年 6 月，時任副總理谷牧和時任廣東省常務副省長王全國，領導團隊訪問歐洲，考察先進國家的能源產業技術。回國後，王全國提出在廣東省引進核能發電，初步建設成本約 40 億美元。支付國外技術和設備需要國際流通貨幣，但當時新中國政府的外匯儲備不足以應付。所以王全國最終決定與勞倫斯・嘉道理共同草擬方案，由中華電力有限公司與廣東省電力集團公司合資建設核電站，投產之後的部分電力出售給香港，以換取外匯還貸。1982 年 12 月，國務院通過有關方案，由中華電力有限公司與廣東省電力集團公司雙方聯合成立廣東核電合營有限公司，開展核電站的集資、設計和建設工作。中華電力有限公司的全資附屬公司香港核電投資有限公司出資 1 億美元，廣東核電合營有限公司則出資 3 億美元，餘下所需建設資金由中國銀行從國外出口信貸和商業信貸籌措。這種“借貸建設、售電還貸、合資經營”模式，開創共和國政府引進外資建設大型基礎產業項目的先例。[2]

1985 年 1 月，相關企業和單位代表在人民大會堂簽署《廣東核電合營有限公司合營合同》。簽約翌日，鄧小平接見勞倫斯・嘉道理時說道：“再過 7 年，你 93 歲，我 87 歲，到時開一個慶祝會，用這個合作項目作為我們對外開放的典範。昨天簽訂協議就已經開始了，讓我們共同努力。”[3] 大亞灣核電站在嘉道理家族的發展歷史中有特別重要的意義，除了投資龐大，計劃過程更牽涉到中英兩

1 陳坤耀、劉佩瓊、陳景祥、陸錦榮編：《香港參與國家改革開放志》，香港：中華書局（香港）有限公司 2021 年版，第 246–248 頁。

2 同上，第 249–251 頁。

3 佚名：〈1985 年 1 月 19 日鄧小平會見香港中華電力公司董事局主席嘉道理勛爵〉，2019 年 12 月 20 日，中國核電網，https://www.cnnpn.cn/article/18064.html（最後訪問時間：2021 年 6 月 12 日）。

國的外交關係。從客觀事實觀察，嘉道理家族參與發展大亞灣核電站只是一個商業行為，但英國外交部的一封機密信函卻衍生出另一層解釋。信函乃時任英國外交部次官米高・韋爾福特（K. M. Wilford）於 1974 年寫給時任香港總督麥理浩（Murray MacLehose），內容提到英國外交部掌管中英就香港前途談判的高級官員曾秘密與勞倫斯・嘉道理討論大亞灣核電站計劃。[1] 信函的篇幅並不長，主要內容有以下 5 點：第一，1974 年 8 月 5 日，米高・韋爾福特和候任英國駐華大使尤德（Edward Youde）在倫敦會見勞倫斯・嘉道理，進行了一個秘密會議；第二，米高・韋爾福特同意由勞倫斯・嘉道理跟廣東省政府官員討論在大亞灣合資興建核電站的可行性；第三，米高・韋爾福特稱，英國外交部認為大亞灣核電站項目的推展有助改善中英關係，港英政府應當從中協助；第四，米高・韋爾福特建議麥理浩，在籌備有關計劃時，別讓中國政府得悉英方有意改善中英關係的想法，免生尷尬；第五，米高・韋爾福特稱外交部的安德魯・斯圖阿特（Andrew Stuart）和李察・伊雲斯（Richard Evans）都會參與前期的可行性研究工作。

就第一點而言，需要注意的是英方與會人員的背景。米高・韋爾福特是英國外交部大員，他曾於 1967–1969 年被派香港擔任香港總督戴麟趾的政治顧問，重點處理反英抗暴事宜，1970 年調返倫敦升任外交部次官，專門負責亞洲事務。[2] 尤德於 1974–1978 年是英國駐華大使，任期結束後回到外交部，擔任米高・韋爾福特的副手，然後於 1982 年被派香港接替麥理浩出任香港總督，並加入中英就香港前途談判英方代表團，位列英國首相之後的第 2 號成員。由此可見，有關秘密會議的層級極高，英方代表都是對華外交事務具有實權的官員。就第二點而言，需要注意的是時間線。勞倫斯・嘉道理似乎是於 1974 年得到英國外交部的"同意"，與王全國商討大亞灣核電站合作計劃的，而他們的最早接觸是在王全國於 1978 年從歐洲回國之後才開始的。英國外交部顯然在很早之前就已經在大亞灣核電站項目上發揮影響力。就第三點而言，米高・韋爾福特明確地

1 Copy of letter from KM Wilford to Sir Murray MacLehose, SECRET FCO HO /512-294929，家族檔案室，5 Aug 1974, C00173。

2 Sydney Giffard: *Sir Michael Wilford: British diplomat who excelled in far eastern matters, and played a useful game of golf*, the Guardian, 18 July 2006.

將大亞灣核電站項目與中英關係聯繫起來，反映出相關項目不僅是商業項目，更具有相當的外交成分。就第四點而言，米高·韋爾福特給麥理浩的建議，在某種程度上可以被理解為英國外交部定的統一口徑。就第五點而言，前期工作的責任交給外交人員而非工業或能源方面的有關單位，更進一步印證這是一個由外交系統牽頭的項目。綜觀以上五點，嘉道理家族與共和國政府的關係，除了商業因素，亦有外交考慮。

回看香港，嘉道理家族同樣以能源為核心企業。從 1970 年代開始，中華電力有限公司在香港電力市場一直處於領導地位。1978 年，中華電力有限公司在香港擁有 5 家發電廠，包括青山發電廠、竹篙灣發電廠、龍鼓灘發電廠、鶴園發電廠和青衣發電廠。踏入 1990 年代，中華電力有限公司供應香港 80% 人口使用的電力，壟斷香港電力市場。

1980 年代，嘉道理家族的領導位置逐步由第二代的勞倫斯·嘉道理和賀理士·嘉道理手中交棒到第三代的米高·嘉道理。與此同時，香港回歸祖國的籌備工作正密鑼緊鼓地展開，《中英聯合聲明》亦於 1984 年簽署。[1] 1985 年，勞倫斯·嘉道理獲邀出任基本法諮詢委員會委員，是 180 名委員中唯一的外籍人士，可見他相當受到新中國政府的信任。

1980 年代的最後兩年，政治氣候變化令香港的華資和外資企業對內地短期及中期的經濟發展持負面態度，但勞倫斯·嘉道理抱持樂觀態度，並積極加強在內地的投資。他於 1990 年 1 月接受傳媒訪問時表示："香港的未來係於她的過去。大概在 130 年前，形勢促使東方與西方接觸，當時是鴉片貿易，後來轉為其他貨物的貿易，再後轉為製造業。今天香港已成為國際金融市場體系中的一個重要環節，她的存在使各市場能 24 小時運作。我深信中國與西方均清楚認識香港的重要性，而這共識正是香港未來繁榮的最好基礎，因此我一直保持樂觀態度。"[2] 勞倫斯·嘉道理的講話內容詳細而完整，清晰地表達了其對香港前景

---

1 《中英聯合聲明》(Sino-British Joint Declaration) 的官方名稱是《中華人民共和國政府和大不列顛及北愛爾蘭聯合王國政府關於香港問題的聯合聲明》(*Joint Declaration of the Government of the United Kingdom of Great Britain and Northern Ireland and the Government of the People's Republic of China on the Question of Hong Kong*)。聯合聲明指出，國家於 1997 年 7 月 1 日對香港恢復行使主權。聲明也提出在"一國兩制"的原則下，國家對香港特區的基本方針。

2 馮邦彥：《香港英資財團（1841–2019）》，香港：三聯書店（香港）有限公司 2019 年版，第 399 頁。

的正面評判。在具體行動上，中華電力有限公司於 1992 年與港英政府達成為期 15 年的管制協議，確保中華電力有限公司每年可以賺取固定資產平均值的 15% 為利潤，超過准許利潤的部分亦可以撥入中華電力有限公司的發展基金。[1] 協議條款對中華電力有限公司十分有利，奠定了公司在香港電力供應市場上的長期領導地位。在得到港英政府的政策支持後，中華電力有限公司隨即斥資 600 億港元在香港興建新的發電廠。行政總裁石威廉更親自上京向時任總理李鵬介紹有關管制協議和 中華電力有限公司的跨越 1997 年的發展綱領。同年，中華電力有限公司聯同埃克森能源、科威特國家石油公司等國際能源企業，在北京與中國海洋石油簽署《中國南海崖 13–1 氣田天然氣銷往香港的原則協議》，李鵬總理主持儀式，顯示出中國政府對有關項目的高度重視。[2] 南海崖 13–1 氣田於 1996 年投產，同時向海南和香港的發電廠送氣，技術層面的勘探工程由中國海洋石油、埃克森能源和科威特國家石油公司負責，中華電力有限公司主要承擔後續的海底管線建設及電力供應系統的統合。對中國政府來說，南海崖 13–1 氣田的成功開發，標誌著中國由天然氣買方市場轉化成賣方市場。[3] 大亞灣核電站和南海崖 13–1 氣田項目的成功開展，亦奠定了嘉道理家族在內地發展能源企業的基礎。

1997 年香港回歸祖國，家族的第三代領導人米高・嘉道理延續了家族與中國政府的良好關係。2001 年 11 月，時任國家主席江澤民在人民大會堂接見米高・嘉道理。據《人民日報》報導："國家主席江澤民今天在人民大會堂會見了香港中華電力集團主席米高・嘉道理。江澤民向客人介紹了中國經濟發展的情況，並對香港中華電力集團在內地的投資建設成果表示了讚賞。" [4] 2014 年 9 月，國家主席習近平在人民大會堂接見由全國政協副主席董建華帶領的香港重點企業負責人代表團，米高・嘉道理亦是代表團成員之一。[5]

米高・嘉道理接掌嘉道理家族領導人位置之後，家族的運作風格逐漸表現出

1 《信報》1990 年 1 月 30 日。

2 馮邦彥：《香港英資財團（1841–1996）》，上海：東方出版中心 2008 年版，第 304–307 頁。

3 梁振君：〈崖 13–1：中國第一個海上氣田〉，2008 年 11 月 8 日，南海網，https://www.hinews.cn/news/system/2008/11/08/010351489.shtml（最後訪問時間：2021 年 1 月 10 日）。

4 倪四義：〈江澤民會見香港中華電力集團主席嘉道理〉，《光明日報》2001 年 12 月 1 日。

5 尚清：〈習近平會見香港工商巨頭給了定心丸〉，2014 年 9 月 22 日，BBC News 中文，https://www.bbc.com/zhongwen/simp/china/2014/09/140922_xi_hk_business（最後訪問時間：2021 年 2 月 18 日）。

外向型發展，跟國際社會高度接軌。無論是能源企業、酒店企業，都前所未有地向國際市場拓展。從 2000 年到 2018 年，米高·嘉道理在中國內地開展了包括核電、燃煤發電、水力發電、風電和太陽能共 34 個項目，同一段時間也在印度、澳大利亞和泰國分散投資包括天然氣發電、燃煤發電、風電和太陽能項目，兩線發展不相伯仲。

酒店業務方面，家族旗下香港上海大酒店有限公司擁有的酒店，相對其他國際連鎖品牌，酒店數目不算多，但其定位均為最高檔豪華的路線，堅持同一城市只會建立一間半島酒店。除了香港的旗艦店，業務遍及上海、東京、北京、紐約、芝加哥、比華利山、曼谷、馬尼拉、巴黎、倫敦及伊斯坦布爾。

但家族的酒店業務並非一帆風順，亦有面對過重大挑戰。1983 年，賀理士·嘉道理退休，米高·嘉道理接任香港上海大酒店有限公司主席一職，管理內地、香港及海外酒店業務，但初期業績並不理想。1985 年在泰國和 1988 年在美國的大型酒店發展項目都落得連年虧損。由於經營策略出現了問題，更使香港上海大酒店有限公司險被別家企業收購。事緣 1980 年代後期，嘉道理家族抽調大量資金用於發展能源業務，而未有持續吸納市場上香港上海大酒店有限公司的股票，使家族的持股量在 1987 年跌至 1,023 萬股，佔市場總額低至 12%。控股不穩，加上市值低於資產淨值，引來香港商人劉鑾雄擁有的華人置業集團於 1986 至 1987 年間，通過迂迴的方式，以不同公司和個人名義在市場購入約 3,000 萬股香港上海大酒店有限公司的股份，然後一次性由華人置業集團接收，使劉鑾雄突然成為佔總股權超過 30% 的大股東。他隨即動議重選董事局，欲取代米高·嘉道理董事局主席職務，全面控制香港上海大酒店有限司。米高·嘉道理的還擊策略是啟動複雜的法律程序，向香港證監會的收購及合併委員會投訴，指控華人置業集團的惡意收購行動涉及違法行為。儘管最終未能立案，但拖延戰術打亂了劉鑾雄的部署，使他未能速戰速決地完成收購。時間一久，他就要為高息借來的收購資金，向銀行付出高昂利息，結果劉鑾雄迫不得已出售部分股份以減輕財務壓力。同一時間，米高·嘉道理在市場以高價大量吸納散戶手上的股票。此消彼長之下，米高·嘉道理重新掌握香港上海大酒店有限公司的控制權。[1] 劉鑾雄在長達一年的股權買賣中賺取了 9,200 萬港元，但相比他原來的目標，這只是微利。而米高・嘉道理雖然動用了大量資金去購入被人為推高股價的香港上海大酒店有限公司的股票，總算保住了家族的百年基業。這次事件在一定程度上使外界懷疑嘉道理家族對保障企業控股權是否有足夠的警覺性。

米高・嘉道理經營的家族企業，除了在地理上向海外發展，內在的經營風格亦出現外向型的變化，更多海外人才進入了家族企業的管理層。1992 年，勞倫斯・嘉道理卸任中華電力有限公司董事局主席一職時，米高・嘉道理沒有即時接任，而把職位交給羅兵咸會計師事務所的合夥人薛尼・高登（Sidney Samuel Gordon）。[2] 除此之外，米高・嘉道理還招攬了剛於 1991 年退休的港英政府財政司翟克誠（Piers Jacobs）出任副主席，及澳大利亞新南威爾士省政府鐵路局主席施以誠（Ross Edward Sayers）出任行政總裁。[3] 一個是港英政府財務金融政策的極高層領導，另一個是國際級大型公共服務企業專家，以現代化管理制度去為家族的能源企業走向國際化打下基礎。

1992 年，勞倫斯・嘉道理退休，翌年離世。1995 年，賀理士・嘉道理亦離世。1997 年，米高・嘉道理接任中華電力有限公司主席，全面掌管家族的能源和酒店兩線業務，正式成為嘉道理家族第三代領導人。米高・嘉道理時代的家族企業有一特徵，就是向國際市場擴張。回顧第一代的埃利・嘉道理和第二代的勞倫斯・嘉道理在市場拓展方面都比較保守，家族企業皆以上海和香港為基地，只有一段短時間伸延至馬來亞的橡膠公司。但在第三代的米高・嘉道理的領導下，家族的能源企業擴張到亞洲和大洋洲等不同地區，酒店經營鏈更是遍佈世界各地，兩線企業都取得突破性發展，家族的經濟實力登上高峰。

家族成員的生活文化亦出現外向型發展的情況。回顧三代家族成員的婚姻，第一代領導人埃利・嘉道理的妻子是猶太人羅拉・莫卡塔，第二代領導人勞倫斯・嘉道理的妻子是猶太人梅莉・古爾貝，她是來自宗教色彩濃厚的傳統猶太人

---

1 〈香港上海大酒店與香港嘉道理家族的割肉保江山〉，《每日頭條》2019 年 11 月 30 日。

2 羅兵咸（又稱普華永道）（Price Water House Coopers）是全球四大會計師事務所之一，其他三大是畢馬威（KPMG International）、德勤（Deloitte-Touche）和安永（Ernst & Young）。

3 馮邦彥：《香港英資財團（1841–2019）》，第 312 頁。

家庭，父親大衛・古爾貝（David Gubbay）是香港猶太會堂宗教儀式的主禮，角色相當於香港猶太人的宗教領袖。[1] 第三代領導人米高・嘉道理則迎娶了古巴裔美國人貝蒂・塔馬約（Betty Tamayo），她亦沒有皈依猶太教。

宗教活動方面，第一、二代的家族成員都積極參與甚至領導在上海和香港的猶太人宗教團體。以勞倫斯・嘉道理為例，他從戰後就一直擔任香港猶太會堂的董事會成員到 1990 年代初。嘉道理家族亦在保護猶太教文物作出貢獻，1974 年，勞倫斯・嘉道理就斥資收購了一券極其珍貴的《托拉》經卷，並捐贈給香港的猶太宗教團體。[2] 但自米高・嘉道理之後，嘉道理家族雖然仍有在財政上資助香港的猶太人宗教團體，但家族成員已鮮少直接參與營運。儘管不能簡單地認為家族的猶太教傳統轉向世俗化，但仍可以見到家族的宗教色彩出現微妙的變化。

飲食習慣在某種程度上也可以反映出家族成員對猶太教傳統的態度。猶太教在飲食方面的規定具有宗教性的考慮，對食物的種類、準備方法等細節有一系列規範。李慶雄憶述家族成員飲食習慣時說："他們平時食的猶太餐會由家廚準備，但在家中舉行宴會招待外賓時則會由我的半島酒店團隊去搞。Lawrence（即勞倫斯・嘉道理）和 Horace（即賀理士・嘉道理）的家庭用餐會遵守猶太飲食傳統，招待客人時就比較寬鬆。Michael（即米高・嘉道理）不太拘泥，什麼都吃，中西式都可以。"[3]

抗戰勝利後，恢復元氣的嘉道理家族沒有立即回到上海的老基地，也沒有移居以色列或其他歐美國家，而是留在香港長期發展。家族成員與港英政府及新中國政府保持良好關係，同時又與國際社會高度接軌。適逢香港經濟起飛的幾十年，家族業務持續興旺，成為實力雄厚的本地望族。另一方面，家族成員多年來通過重建城市、發展農業、投入慈善等工作，積極融入香港華人社會。

---

1 徐新：《異鄉異客：猶太人與近現代中國》，第 124–125 頁。

2 同上，第 125–127 頁。

3 李慶雄自 1960 年代起任職半島酒店西餐廳 30 餘年，退休前是行政總廚，兼任賀理士・嘉道理的家廚。筆者於 2020 年 9 月對他進行了一次訪談。

結　語

幾個世紀以來，散居各地猶太社群的經歷各有不同，如開封猶太人徹底漢化、歐洲猶太人曾經被長期排擠壓迫、美國猶太人晉身經濟和政治領域的頂層，這全都是猶太歷史的組成部分。嘉道理家族在華發展，作為猶太歷史的一個章節，也有其獨特性。他們的先祖是從兩河地區移居至伊比利亞半島的塞法迪猶太人，後來長期居住在巴格達，近代又跟隨英國人到印度和香港等地尋找商機，當發現上海的潛力更佳時，便由港入滬，直到客觀環境改變，又回到香港，並在 21 世紀全球化大潮流之下進一步走向世界。在不斷轉移的過程中，有階段性的成功，有間歇性的失敗。

本章想指出的是，嘉道理家族的身份認同轉換，在不同時期有不同的傾向，而基本上都是從實用主義的角度出發。早期發展時期刻意淡化猶太人形象是為了融入香港和上海的英國人圈子，從而發掘商機，爭取經濟收益；抗戰時期處於猶太民族存亡之秋，從英國人身份認同衍生出來的經濟收益已不重要，反而突顯猶太人的身份，以發揮領導、援助同胞和反日反法西斯的作用；戰後選擇留港長期發展，與香港華人社會建立關係，家族成員的香港身份認同亦漸漸成為主流。另一個重點是，嘉道理家族身份認同的多次轉換，既有被動性的因素，亦有主動性的因素。例如，埃利・嘉道理被家人送到孟買沙遜學校，後來又被沙遜洋行調派到香港，短短幾年間由巴格達的牧區轉移到繁華的香港，都是被動地順流而行，但在陌生的環境下他卻會主動地調整自己的身份認同去提升競爭能力。再如勞倫斯・嘉道理在抗戰時期面對日本當局的外在壓迫，又會重新突顯家族的猶太人身份認同，從而發揮其反日反法西斯作用。在以色列立國之前，猶太人長期散居各地而且沒有民族國家作為後盾支持，嘉道理家族也經常處於時勢比人強的境況，在被動的處境下主動地調整身份認同特徵，就是嘉道理家族回應各個歷史階段客觀環境挑戰的有效工具。從結果來看，嘉道理家族在自身的歷史發展過程中，成功地通過靈活的身份認同轉換，保證了家族的持續發展和長期興盛。進入 21 世紀，年逾古稀的米高・嘉道理，逐步將家族領導人位置交給第四代的斐歷・嘉道理（Philip Kadoorie）。嘉道理家族今後的發展，依然是猶太人歷史框架中，一個有活力的研究主題。

圖片索引

參考書目

一、原始文獻

（一）中文檔案（按首字拼音排序）

1. 〈白皮書內各項計劃所需經費〉，《高中及專上教育發展白皮書》，1978 年頒佈。

2. 《保健推廣組第一次會議》，1984 年。

3. 陳誠等呈蔣中正中國中央兩航空公司在港員工叛變事訴及處理情形之案件及附照片（數字典藏號：002-080112-00004-004）。

4. 《大埔區議會地區摘要》。

5. 第二次國民參政會交通部交通報告鐵路部分，1938 年 10 月底，原件。

6. 第四次國民參政會交通部工作報告，1939 年 2 月，原件。

7. 《東華醫院董事局會議記錄》。

8. 《東華醫院徵信錄》。

9. 端木傑葉公超電蔣中正中國中央兩航空公司因應措施及股權之來往函電並附圖（數字典藏號：002-080112-00002-001）；蔣經國電交通部部長端木傑招商局外匯已獲解決中航遷移事正與物資供應局局長江杓研議請轉中航劉總經理前來共謀解決（數字典藏號：005-010100-00006-007）。

10. 《港僑自衛團徵信錄》，香港：港僑自衛團，1940 年，香港大學孔安道特藏紀念館藏。

11. 《公共衛生——鄧炳輝醫生訪問汕頭、廈門及福州的報告》（*Public Health Report by Dr. PH.Teng, reorganization at various Chinese coastal ports. A short visit to the ports of Swatow , Amoy, And Foochow*）。

12. 《廣華醫院董事局會議記錄》。

13. 家族檔案室：SEK-3A series、SEK-6 series、SEK-8A series、SEK-8D series、SEK-9 series、SEK-10 series、C00100 series、C00173 series、T00123 series、E 家族室 S。

14. 蔣經國電物資供應局局長江杓奉准撥美金十萬元作為中航公司遷移費並請通知高大經顧問（數位典藏號：005-010100-00006-016）；蔣中正電閻錫山中航央航早總經理率飛機十二架投共應請即飭端木傑偕葉公超立即飛港向港政府交涉等情（數字典藏號：002-

090103-00011-095)。

15. 蔣中正電令葉公超轉江杓如數撥足兩航公司貳拾伍萬元款項(數字典藏號:002-010400-00014-028)。

16. 蔣中正電葉公超留港飛機器材不知是否可運行臺如英阻難可否表面出售或長期租與等語望端木傑參量辦理(數字典藏號:002-090103-00011-100)。

17. 蔣中正電周至柔等中航中央兩公司令接收及資源委員會存港物資之處理正在香港交涉此時期我方執行封鎖任務時宜避免與英輪衝突(數字典藏號:002-090103-00013-348);宋子文電蔣中正香港法院已決定將中央中航公司存港飛機交與共匪及是否應酌予破壞臺灣海南島非軍用機場以免匪軍利用運兵偷襲(數字典藏號:002-090104-00001-313)。

18. 抗日有功人員勳獎案,"給予陳延炯等勳章",1939 年 2 月 6 日,原件。

19. 李志輝:《嚴重急性呼吸系統綜合症在廣東省再現之進程(2003 年 12 月 16 日至 2004 年 1 月 18 日)》,香港特別行政區政府:立法會秘書處資料研究及圖書館服務部,2004 年 1 月。

20. 《理監事聯席會議案簿 1949–1950》(1 冊),香港華商總會編,香港歷史檔案館藏,檔案編號:HKMS163-1-29。

21. 《上海聯誼會理監事聯席會議記錄》,1979–1980 年。

22. 《上海聯誼會理事會議記錄稿》,1977–1978 年。

23. 《上海總會常年會員大會會議記錄》,1983–2017 年。

24. 《上海總會第十三屆理監事會緊急會議記錄》,2003 年。

25. 《上海總會理監事聯席會議記錄》,1996–2017 年。

26. 《上海總會理事會議記錄》,1980–1996 年。

27. 上海總會會員檔案,1977–2018 年。

28. 上海總會通訊錄,1977–2017 年。

29. 上海總會資產負債表,1983–2017 年。

30. 《鐵路大事紀》,1936 年 10 月 14 日條,毛筆原件。

31. 外交部部長葉公超與美國駐華大使藍欽會談有關琉球問題緬甸撤軍問題民航隊欠款訴訟案及創設東海大學等談話之檢要記錄(數字典藏號:005-010205-00076-007);王世杰呈蔣中正說明民航空運公司債務案,王世杰請辭總統府秘書長(數字典藏號:020-080101-00013-004)。

32. 外交部電駐外各使館"凡經駐德專員函請簽放軍火之件應先辦理",1938 年 3 月 21 日,原件。

33. 《衛生醫官就有關 1901 年腹股溝腺炎發熱上半年度報告》(*Report of the Medical Officer of Health on the Epidemic of Bubonic Fever During the Half-year Ending 30th June, 1901*)。

34. 《香港 1976》至《香港 2002》,政府印務局。

35. 《香港的人口趨勢 1981–2011》。

36. 《香港華僑日報在淪陷期間附敵經過概況》，中國國民黨港澳總支部編，中國第二歷史檔案館藏，國民政府“外交部”檔案 18（2）/62，香港歷史檔案館存有副本 HKMS175-1-491。

37. 《香港近狀報告書》，國民黨中央宣傳專員辦事處，1942 年 12 月編撰，香港歷史檔案館藏，Selected Microfilm Records from the Second Historial Archives of China relating to Hong Kong (1896-1950), HKMS175-1-49。

38. 《香港聯合交易所開幕典禮獻辭》，香港：香港聯合交易所，1986 年。

39. 香港公共圖書館：香港交易所特藏。

40. 香港立法會文件。

41. 香港特別行政區政府：歷年《施政報告》。

42. 香港特別行政區政府：歷年《香港統計數字一覽》，各年編訂。

43. 香港特區政府檔案，《一九五六年十月十日至十二日　九龍及荃灣　暴動報告書》，香港：香港政府，1956 年 12 月。

44. 香港政府 1976/77 年財政預算案。

45. 香港政府 1977/87 年財政預算案。

46. 薛岳呈蔣中正報告陳納德將軍請改善行總空運隊前訂合同暨改善辦法審查擬辦表（數字典藏號：002-080200-00538-157）。

47. 《醫療中心委員會會議記錄》，1983 年。

48. 《醫療中心小組會議》，1983 年。

49. 〈移交英籍戰犯請港當局引渡漢奸〉，1947 年 5 月 17 日，《“外交部”檔案》，臺北：“國史館”，檔號 172-1/2466。

50. 與美國飛運公司訂立合同合組中國航空公司並廢止原中航公司條例（數字典藏號：014-080600-0022）。

51. 趙莉莉醫生：《訪問精選——香港醫學博物館：趙莉莉醫生回顧沙士期間，瑪嘉烈醫院成為香港專門接收沙士病人醫院的經過》，香港：香港醫學博物館，2015 年（資料於館藏中）。

52. 《治理嚴重社區性獲得性肺炎常見問題》，香港：醫院管理局，2003 年 2 月 21 日。

53. 中航及泛美等航空公司相關資料（數字典藏號：020-050206-0009）。

54. 中央航空公司訂購 CONVAIR-240 飛機（入藏登錄號：017000001038A）。

55. 中英事務雜卷（一）（數字典藏號：020-990600-1660）。

（二）中文史料彙編（按首字拼音排序）

1. 復旦大學歷史系編譯：《日本帝國主義對外侵略史料選編（1931–1945）》，上海：上海人民出版社 1983 年版。

2. 龔維釗主編：《近代廣州口岸經濟社會概況：粵海關報告匯集（1860–1949）》，廣州：

暨南大學出版社 1996 年版。

3. 何佩然：《東華三院檔案資料彙編系列之一：破與立——東華三院制度的轉變》，香港：三聯書店（香港）有限公司 2009 年版。
4. 何佩然：《東華三院檔案資料彙編系列之一：施與受——從濟急到定期服務》，香港：三聯書店（香港）有限公司 2009 年版。
5. 何佩然：《東華三院檔案資料彙編系列之一：源與流——東華醫院的創立與演進》，香港：三聯書店（香港）有限公司 2009 年版。
6. 秦孝儀：《中華民國重要史料初編——對日抗戰時期，第三編，戰時外交（二）》，臺北：中國國民黨中央委員會黨史委員會 1997 年版。
7. 《一九六六年九龍騷動調查委員會報告書》，香港：香港政府印務局署理局長李廉若印行 1966 年版。
8. 章伯鋒、莊建平主編：《抗日戰爭・第四卷・外交》（上冊），成都：四川大學出版社 1997 年版。
9. 中國第二歷史檔案館編：《中德外交密檔》（1927–1947），桂林：廣西師範大學出版社 1994 年版。

（三）英文檔案

1. Hong Kong Annual Administration Reports 1841-1941.
2. Hong Kong Blue Book.
3. Hong Kong Government Gazette.
4. Hong Kong Hansard (Official Records of the Processings of the Legisltaive Council).
5. Hong Kong Institution of Engineers Archive. 香港工程師學會檔案。
6. Hong Kong Legislative Council Sessional Papers.
7. Hong Kong Police Annual Reports and Returns.
8. Historical Laws of Hong Kong. 香港法律篇章。
9. Hong Kong Stock Market Archives and Artifacts Collection, The University of Hong Kong Libraries. 香港大學圖書館特別收藏：香港股票市場檔案及其他文物收藏。
10. Demographic Trends in Hong Kong 1971-1982. 香港政府統計處，1983 年公佈。
11. Index to Correspondence (General Register) 1899-1904. Hong Kong: Noronha, 1909.
12. Proceedings of the Engineering Society of Hong Kong, Session 1947-1950, 1955-1956, 1965-1966.
13. Report of the Census of the Colony of Hong Kong.
14. Reports on the Sanitary Condition of Hong Kong by Mr. Chadwick, 1882.《查威克有關香港衛生狀況的報告》。

15. Hong Kong Public Office Records:
- Files Relating to General Administration of the Colonial/Government Secretariat, Hong Kong Public Records Office (HKRS 41).
- Files Relating to the Drafting of Hong Kong Legislation, Hong Kong Public Records Office (HKRS 46).
- Press Library Files, Hong Kong Public Records Office (HKRS 70).
- Files Relating to the Voluntary Liquidation of Companies (1891-1952), Hong Kong Public Records Office (HKRS 95).
- Records Relating to Companies registered under the Emergency Registration of China Companies Proclamation, 1946, Hong Kong Public Records Office (HKRS 111).
- Voluntary Liquidation of Foreign Companies Files, Hong Kong Public Records Office (HKRS 113).
- Files Relating to General Administration of Social, Health, Welfare and Rehabilitation Services, Hong Kong Public Records Office (HKRS 146).
- General Correspondence Files, Hong Kong Public Records Office (HKRS 156).
- General Correspondence Files (Confidential), Hong Kong Public Records Office (HKRS 163).
- General Correspondence Files, Hong Kong Records Office (HKRS 170).
- General Correspondence Files, Hong Kong Records Office (HKRS 489).
- Library Information Files, Hong Kong Public Records Office (HKRS 545)
- Files of Finance and Treasury Relating to Policy Proposals, Resource Management and Public Works Programmes of the Bureaux and Departments, Hong Kong Public Records Office (HKRS 565).
- General Correspondence Files (Confidential), Hong Kong Public Office (HKRS 835).
- General Correspondence Files (Confidential), Hong Kong Public Office (HKRS 934).
- General Correspondence Files, Hong Kong Public Records Office (HKRS 939).
- Files Relating to General Administration and Activities of the Former Social Welfare Office and the Social Welfare Department, Hong Kong Public Records Office (HKRS 306).

16. British Parliamentary Papers:
- House of Commons
- House of Lords
- Cabinet Papers

17. Great Britain, Foreign Office, General Corespondence: China, 1815-1905, Series 17 (FO17) (Hong Kong correspondence), The National Archives.

18. Great Britain, Foreign Office: Embassy and Consular Archives. China, Miscellanea, FO 233, The National Archives.
19. Great Britain, Foreign Office Files: Foreign Office: Political Departments: General Correspondence from 1906-1966, FO 371, The National Archives.
20. Great Britain, Commonwealth Office and Foreign and Commonwealth Office: Far Eastern Departnwbt Registered Files (F and FE Series), FCO 21, The National Archives.
21. Great Britain, Commonwealth Office and Foreign and Commonwealth Office: Hong Kong Departments: Registered Files, Hong Kong, British Honduras, British Indian Ocean Territories and the Seychelles (HW and HK Series), FCO 40, The National Archives.
22. Great Britain, Colonial Office Files: CO129 series (Hong Kong correspondence), The National Archives.
23. Great Britain, Colonial Office Files: CO131 series (Executive Council minutes), The National Archives.
24. Great Britain, Colonial Office Files: CO133 series (HK Blue Book), The National Archives.
25. Great Britain, Colonial Office Files: CO 537 Colonial Office and predecessors: Confidential Original Correspondence, The National Archives.
26. Great Britain, Colonial Office Files: CO 1023 Hong Kong and Pacific Department: Original Correspondence, The National Archives.
27. The Colonial Office List, London: His Majesty's Stationary Office.
28. CAT and CIA Documents, Records of the Central Intelligence Agency, National Archives of the United States.
29. Diplomatic Papers of Foreign Relations of The United States, 1938 Vol.3, 1954, USA: Washington.
30. U.S. Department of State, Foreign Relations of the United States, 1947-1949.
31. Whiting Willauer Papers, Department Of Rare Books and Special Collections, Princeton University Library.

（四）日文史料（按首字拼音排序）

1. "帝国艦船海外派遣関係雑件　第一"，アジア歴史資料センター【レファレンスコード】B07090378300。
2. "第 366 号 10・11・25 大佐　宮武　重敏"，アジア歴史資料センター【レファレンスコード】C05034028000。
3. "第 43 潜水艦沈沒事件（14 に関係あり）（3）"，アジア歴史資料センター【レファレンスコード】C08051138800。
4. "第 476 号　昭和 3 年 2 月 10 日　第一艦隊香港寄港の件"，アジア歴史資料センター

【レファレンスコード】C11080465600。

5. “故海軍大佐難波祐之位階追陞ノ件”，アジア歴史資料センター【レファレンスコード】。A11115095400。

6. “海軍省公文備考類本邦駐劄英米国大使館附武官往復文書昭和3年度第2226号昭和3年6月21日駆逐艦及掃海艇中改名の件”，アジア歴史資料センター【レファレンスコード】C11080473600。

7. “海人第2号の146 12・6・24御座所拝謁の件”，アジア歴史資料センター【レファレンスコード】C05110553900。

8. “香港に於ける無線電信使用に関する件”，アジア歴史資料センター【レファレンスコード】C04016506900。

9. “興亞機關業務報告”，興亞機關撰寫，昭和17年2月10日，日本陸軍省受領第1726號。

10. “御大礼特別艦式参列拝観願の件”，アジア歴史資料センター【レファレンスコード】C04016134200。

11. “昭和11年12月11日現在10版内令提要追録第1号原稿 / 巻1追録 / 第6類機密保護”，アジア歴史資料センター【レファレンスコード】C13071968200。

12. “昭和16年12月1日～昭和18年5月31日　第2遣支艦隊戦時日誌戦闘詳報（1）”，アジア歴史資料センター【レファレンスコード】C08030033500。

13. “昭和17年月～12月達”，アジア歴史資料センター，【レファレンスコード】C12070115500。

14. “昭和19年1月昭和19年5月　海軍公報（部内限）”，アジア歴史資料センター【レファレンスコード】C12070485300。

15. “昭和3年海軍公報下巻”，アジア歴史資料センター【レファレンスコード】C12070315800。

16. NIPPON, 19April, 1938 Tuesday, No.9409, Vol.33, 発行所：株式會社大陸日報社。

17. 日本官報第1179号，昭和5年12月2日。

18. 日本官報第1478号，昭和6年12月2日。

19. 日本官報第1765号，昭和7年11月16日。

20. 日本官報第2064号，昭和8年11月16日。

21. 日本官報第279号，昭和2年12月2日。

22. 日本官報第3312号，大正12年8月14日。

23. 日本官報第3505号，大正13年5月2日。

24. 日本官報第699号，昭和4年5月2日。

25. 亞洲歷史資料中心（アジア歴史資料センター）。

（五）口述史、採訪（按首字拼音排序）

1. 筆者與鄭國江之口述歷史對話（日期：2015 年 7 月 18 日，時間：晚上 8 時，地點：香港灣仔鷹君中心逸東軒）。
2. Chang Fa-Kuei, Reminiscences of Fa-Kuei Chang（張發奎回憶錄）, Oral History, 1970-80, Oral History Project Collection of Reminiscences, Columbia University.
3. 陳聯陽接受筆者電話訪問，2015 年 8 月 20 日。
4. 皇甫河旺：《香港資深報人口述歷史》（未發表），1982 年。
5. 李德麟接受筆者訪問，2017 年 10 月 26 日及 2017 年 11 月 4 日。
6. 李和聲接受筆者訪問，2017 年 3 月 9 日及 2018 年 1 月 7 日。
7. 李俊文接受筆者電話訪問，2015 年 12 月 18 日。
8. 王緒亮接受筆者訪問，2017 年 3 月 9 日。

（六）各類中文年報、年鑑、手冊（按首字拼音排序）

1. 長江實業集團有限公司年報。
2. 公司註冊處：《香港公司註冊的歷史——研究報告》，2013 年 7 月。
3. 合和實業有限公司年報。
4. 恒基兆業集團有限公司年報。
5. 恒隆集團有限公司年報。
6. 嘉華集團有限公司年報。
7. 《警隊博物館小冊》，香港：香港警務處警隊博物館出版，2008 年。
8. 《上海聯誼會籌募教育基金國劇義演特刊》，1979 年。
9. 《上海總會四十週年特刊》，2017 年。
10. 聖約翰四十週年紀念特刊，香港大學第 112 屆頒授典禮，1981 年。
11. 同得仕（集團）有限公司年報。
12. 《香港年鑑》。
13. 《香港蘇、浙、滬各界人士慶祝香港回歸祖國 20 週年特刊》，2017 年。
14. 香港工業村公司年報 1978–2000 年，香港政府檔案處期刊 X1000591。
15. 香港交易所：《香港證券及衍生產品市場大要紀要（1891–2014）》。
16. 香港中華總商會年報。
17. 香港作曲家及作詞家協會年報。
18. 香格里拉酒店有限公司各年報。
19. 新鴻基地產發展有限公司年報。

20. 旭日企業有限公司年報。

21. 《醫務署年報》(*Hong Kong Medical Department Annual Report*),年份:1947、1948、1949、1950、1951、1952、1953、1954、1957。

22. 《醫務衛生署年報》(*Hong Kong Medical & Health Department Annual Report*),年份:1961、1962、1963、1964、1965。

23. 遠東交易所:《遠東交易所開業一週年慶祝酒會場刊》,1971 年。

24. 遠東交易所年報。

25. 張嘉璈:《戰時交通》,中央訓練團演講稿,1941 年 1 月印行,小冊子。

26. 《中國音樂著作權協會會員手冊》,2003 年。

(七)各類英文年報、年鑑、手冊

1. Hong Kong Institution of Engineers Annual Report 1975-1976 to 2015-2016.
2. Hong Kong Institution of Engineers Annual Report 2000-2001.
3. Hong Kong Institution of Engineers, President Annual Report 1975-1976 to 2015-2016.
4. Hong Kong Institution of Engineers, Report of Activities 2000-2001, Report of President.
5. Hong Kong Sessional Papers, 1884-1940.
6. Hong Kong Yearbook.

二、報刊

(一)港臺暨海外報紙(按首字拼音排序)

1. 《潮人專線》(香港)。
2. 《成報》(香港)。
3. 《大公報》(香港)。
4. 《德臣西報》(香港)。
5. 《東方日報》(香港)。
6. 《工商日報》(香港)。
7. 《虎報》(香港)。
8. 《華僑日報》(香港)。
9. 《快報》(香港)。
10. 《每日頭條》(香港)。
11. 《明報》(香港)。
12. 《南洋商報》(新加坡)。

13. 《三江論壇》（香港）。
14. 《太陽報》（香港）。
15. 《天光報》（香港）。
16. 《天天日報》（香港）。
17. 《文匯報》（香港）。
18. 《遐邇貫珍》（香港）。
19. 《香島日報》（香港）。
20. 《香港工商日報》。
21. 《香港華字日報》。
22. 《香港經濟日報》。
23. 《香港日報》。
24. 《香港新晚報》。
25. 《信報》（香港）。
26. 《信報財經新聞》（香港）。
27. 《星島日報》（香港）。
28. 《星島晚報》（香港）。
29. 《學苑》（香港）。
30. 《循環日報》（香港）。
31. 《中央日報》（臺灣）。

（二）內地報紙（按首字拼音排序）

1. 《北京晚報》。
2. 《法制日報》。
3. 《光明日報》。
4. 《廣東建設廳公報》。
5. 《廣東省政府週報》。
6. 《國際線上》。
7. 《海南日報》。
8. 《江聲報》。
9. 《解放日報》。
10. 《經濟日報》。
11. 《南方日報》。

12. 《人民日報》。
13. 《廈門日報》。
14. 《申報》。
15. 《天津日報》。
16. 《鐵道半月刊》。
17. 《鐵道公報》。
18. 《鐵道衛生季刊》。
19. 《鐵路雜誌》。
20. 《浙江日報》。
21. 《中國經濟導報》。
22. 《中國文化報》。
23. 《中國知識產權報》。

（三）英文報紙

1. *BBC News.*
2. *Hong Kong Daily Press*（孖刺西報）.
3. *Nanyang Siang Pau*（南洋商報）.
4. *South China Morning Post*（南華早報）.
5. *The China Mail*（德臣西報）.
6. *The Economist.*
7. *The Friend Of China*（華友西報）.
8. *The Guardian*
9. *The Hong Kong Telegraph.*
10. *The New York Time.*

（四）日文報紙（按首字拼音排序）

1. 《大阪每日新聞》。
2. 《大陸日報》。
3. 《支那事變畫報》。
4. 《朝日新聞》。

（五）中文刊物（按首字拼音排序）

1. 《CASHFLOW》（香港作曲家及作詞家協會）。
2. 《當代世界與社會主義》。
3. 《當代亞太》。
4. 《二十一世紀》。
5. 《FORBES 資本家》。
6. 《改革與戰略》。
7. 《革新與建設》。
8. 《工程季刊》。
9. 《廣州黨史》。
10. 《華僑華人歷史研究》。
11. 《華僑日報六十週年紀慶專刊》（香港：華僑日報有限公司，1985 年）。
12. 《華商名人堂》。
13. 《檢察風雲》。
14. 《江西財經學院學報》。
15. 《節日期刊》。
16. 《經濟觀察報》。
17. 《經濟視角》。
18. 《科技資訊》。
19. 《瞭望新聞週刊》。
20. 《流行歌詞宗工匠黃霑》（香港作曲家及作詞家協會，2000 年）。
21. 《民族大家庭》。
22. 《南洋問題研究》。
23. 《內蒙古統戰理論研究》。
24. 《求是雜誌》。
25. 《山東省建設月刊》。
26. 《時事月刊》。
27. 《世界政治與經濟》。
28. 《臺灣智慧財產季刊》。
29. 《香港的音樂版權保護策略》（香港作曲家及作詞家協會，1984 年 4 月第一期）。
30. 《香港工商業研討班三十週年》。
31. 《香港新音樂先驅林樂培》。

32. 《香港中華總商會會刊》。

33. 《香港中文大學音樂系五十週年慶典音樂會場刊》。

34. 《香港作曲家及作詞家協會年刊》。

35. 《香港作曲家及作詞家協會三十週年特刊》。

36. 《新加坡文獻館》。

37. 《信報財經月刊》。

38. 《信報月刊》。

39. 《尋找中國新音樂——林樂培創作 50 年》(澳門特別行政區政府文化局，2006 年 3 月)。

40. 《研究與探討》。

41. 《宇宙風》。

42. 《與祖國一起成長——慶祝中華人民共和國成立 60 週年特刊》(香港中華總商會，2009 年 10 月)。

43. 《雲南金融》。

44. 《中國工商》。

45. 《中國經濟週刊》。

46. 《中國民主促進會》。

(六)英文刊物

1. *Dictionary of National Biography.*

2. *The Chinese Repository.*

三、學術著作

(一)中文著作(按首字拼音排序)

1. 卜永堅、危丁明等：《大埔傳統與文物》，香港：大埔區議會漁農工商、旅遊及文娛康體委員會推動大埔區本土經濟發展工作 2008 年版。

2. 蔡榮芳：《香港人之香港史 1841–1945》，香港：牛津大學出版社(中國)有限公司 2001 年版。

3. 蔡思行、梁榮武：《香港颱風故事》，香港：中華書局(香港)有限公司 2014 年版。

4. 蔡思行：《香港歷史上的 100 個事件(下)》，香港：中華書局(香港)有限公司 2013 年版。

5. 蔡子強：《餐桌上的領袖》，香港：香港明報出版社 2014 年版。

6. 曹大臣：《近代日本在華領事制度——以華中地區為中心》，北京：社會科學文獻出版社 2009 年版。

7. 岑學呂：《三水梁燕孫先生年譜》，臺北：臺灣商務印書館 1978 年版。
8. 陳靄婷、何家騏、朱耀光：《荷里活道員警宿舍》，香港：商務印書館（香港）有限公司 2014 年版。
9. 陳大同編：《中總歷屆改選回憶錄》，香港：香港中華總商會 1956 年版。
10. 陳敦德：《香港問題談判始末》，香港：中華書局（香港）有限公司 2009 年版。
11. 陳克文、陳方正校訂：《陳克文日記（1937–1952）》（上下冊），臺北：中央研究院近代史研究所 2012 年版。
12. 陳國成主編：《香港地區史研究之三：粉嶺》，香港：三聯書店（香港）有限公司 2006 年版。
13. 陳惠馨：《多元觀點下清代法制》，臺北：五南圖書出版股份有限公司 2015 年版。
14. 陳君葆：《陳君葆日記全集》，香港：商務印書館（香港）有限公司 2004 年版。
15. 陳流求、陳小彭、陳美延：《也同歡樂也同愁——憶父親陳寅恪母親唐篔》，北京：生活・讀書・新知三聯書店 2014 年版。
16. 陳謙、廣東省政協文史資料研究委員會編：《香港舊事見聞錄》，廣州：廣東人民出版社 1989 年版。
17. 陳曉律：《英國福利制度的由來與發展》，南京：南京大學出版社 1996 年版。
18. 陳效能、何家騏：《香港女警六十年》，香港：商務印書館（香港）有限公司 2015 年版。
19. 陳昕、郭志坤主編：《香港全記錄》，香港：中華書局（香港）有限公司 1997 年版。
20. 陳學然：《五四在香港——殖民情境、民族主義及本土意識》，香港：中華書局（香港）有限公司 2014 年版。
21. 陳悅：《1855–1911 中國軍艦圖誌》，香港：商務印書館（香港）有限公司 2013 年版。
22. 陳悅：《北洋海軍艦船誌》，濟南：山東畫報出版社 2009 年版。
23. 陳悅：《近代國造艦船誌》，濟南：山東畫報出版社 2011 年版。
24. 陳悅：《民國海軍艦船誌 1912–1937》，濟南：山東畫報出版社 2013 年版。
25. 陳悅：《清末國造艦船誌》，濟南：山東畫報出版社 2012 年版。
26. 陳湛頤、楊詠賢編：《香港日本關係年表》，香港：香港教育圖書公司 2004 年版。
27. 陳志華、李健信：《香港鐵路 100 年》，香港：中華書局（香港）有限公司 2018 年版。
28. 程天放：《使德回憶》，臺北：正中書局 1979 年版。
29. 鄧開頌、陸曉敏主編：《粵港關係史 1840–1984》，香港：麒麟書業有限公司 1997 年版。
30. 鄧樹雄：《香港公共財政史：1949/50-1979/80》，載香港浸會大學工商管理學院工商管理研究中心編：《香港浸會大學工商管理研究中心研究報告》，香港：香港浸會大學工商管理學院工商管理研究中心 2003 年版。
31. 鄧小平：〈組成一個實行改革的有希望的領導集體〉，載鄧小平：《鄧小平文選》（第三卷），北京：人民出版社 2001 年版。

32. 《當代中國民航事業》編輯部：《“兩航” 員工愛國起義壯舉》，北京：中國民航出版社 1987 年版。

33. 丁潔：《華僑日報與香港華人社會，1925-1995》，香港：三聯書店（香港）有限公司 2014 年版。

34. 丁新豹、盧淑櫻：《非我族類：戰前香港的外族族群》，香港：三聯書店（香港）有限公司 2014 年版。

35. 丁新豹：〈移民與香港多建設和發度展〉，載丁新豹：《歷史與文化：香港史研究公開講座文集》，香港：香港公共圖書館 2005 年版。

36. 丁新豹：《善與人同——與香港同步成長的東華三院（1870-1997）》，香港：三聯書店（香港）有限公司 2010 年版。

37. 杜葉錫恩：《我眼中殖民時代香港》，香港：香港文匯出版社有限公司 2017 年版。

38. 方國榮、陳跡：《昨日的家園》，香港：三聯書店（香港）有限公司 1993 年版。

39. 馮邦彥：《香港地產史 1841-2020》，香港：三聯書店（香港）有限公司 2019 年版。

40. 馮邦彥：《香港地產業百年》，香港：三聯書店（香港）有限公司 2001 年版。

41. 馮邦彥：《香港華資財團 1841-1997》，香港：三聯書店（香港）有限公司 1997 年版。

42. 馮邦彥：《香港金融史 1841-2017》，香港：三聯書店（香港）有限公司 2019 年版。

43. 馮邦彥：《香港金融業百年》，香港：三聯書店（香港）有限公司 2002 年版。

44. 馮邦彥：《香港金融與貨幣制度》，香港：三聯書店（香港）有限公司 2015 年版。

45. 馮邦彥：《香港英資財團（1841-1996）》，上海：東方出版中心 2008 年版。

46. 馮邦彥：《香港英資財團（1841-2019）》，香港：三聯書店（香港）有限公司 2019 年版。

47. 馮錦榮、劉潤和、陳志明：《篳路藍縷以啟山林——香港工程發展 130 年》，香港：中華書局（香港）有限公司 2011 年版。

48. 馮筱才：《在商言商：政治變局中的江浙商人》，上海：上海社會科學院出版社 2004 年版。

49. 馮應謙：《香港流行音樂文化：文化研究讀本》，香港：麥穗出版有限公司 2004 年版。

50. 高岱、鄭家馨：《殖民主義史總論》，北京：北京大學出版社 2003 年版。

51. 高添強、唐卓敏：《香港日佔時期：1941 年 12 月-1945 年 8 月》，香港：三聯書店（香港）有限公司 1997 年版。

52. 顧維鈞著，中國社會科學院近代史研究所譯：《顧維鈞回憶錄》第 3、5、7、9 冊，北京：中華書局，1985 年版、1987 年版、1988 年版、1989 年版。

53. 海軍軍事學術研究所編：《甲午海戰與中國近代海軍》，北京：中國社會科學出版社 1990 年版。

54. 海人社編，北京凸版數字產品有限公司譯：《世界近代巡洋艦史》，青島：青島出版社 2012 年版。

55. 韓延龍、蘇亦工：《中國近代員警史》，北京：社會科學文獻出版社 2000 年版。

56. 何邦立：《筧橋精神——空軍抗日戰爭初期血淚史（軟精裝限量版）》，臺北：獨立作家 2015 年版。

57. 何慧：《失落的家園》，重慶：重慶出版社 2000 年版。

58. 何家騏、朱耀光、何明新：《謹以至誠：香港員警歷史影像》，香港：商務印書館（香港）有限公司 2014 年版。

59. 何家騏、朱耀光：《香港員警：歷史見證與執法生涯》，香港：三聯書店（香港）有限公司 2012 年版。

60. 何佩然：《築景思城——香港建造業發展史（1840–2010）》，香港：商務印書館（香港）有限公司 2010 年版。

61. 何屈志淑：《默然捍衛——香港細菌學檢驗所百年史略》，香港：香港醫學博物館學會 2006 年版。

62. 何耀生：《香港製造，製造香港，香港工業過去、現在、未來》，香港：明報出版社有限公司 2009 年版。

63. 胡飛霞：《"兩航"起義親歷記》，北京：西苑出版社 2012 年版。

64. 黃海：《香港社會階層分析》，香港：商務印書館（香港）有限公司 2017 年版。

65. 黃鴻釗：《中英關係史》，香港：開明書店 1994 年版。

66. 黃雋慧：《不漏洞拉　越南船民的故事》，臺南：衛城出版 2017 年版。

67. 黃奇仁：《六十年代香港警隊的日子》，香港：三聯書店（香港）有限公司 2009 年版。

68. 黃少雄、廣東省工商業聯合會：《我們的三十年——改革開放中成長的廣東非公有制代表人仕，楊釗》，廣州：廣東人民出版社 2000 年版。

69. 黃紹倫：《移民企業家——香港的上海工業家》，上海：上海古籍出版社 2003 年版。

70. 黃宇和：《孫文革命〈聖經〉和〈易經〉》，香港：中華書局（香港）有限公司 2015 年版。

71. 霍英東口述，冷夏執筆：《世紀回眸 霍英東回憶錄》，香港：名流出版社 2010 年版。

72. 吉辰譯：《龍的航程——北洋海軍航海日記四種》，濟南：山東畫報出版社 2013 年版。

73. 簡嘉明：《逝去的樂言》，香港：匯智出版 2012 年版。

74. 簡笙簧：《粵漢鐵路全線通車與抗戰的關係》，臺北：臺灣商務印書館 1980 年版。

75. 江濤：《抗戰時期的蔣介石》，北京：華文出版社 2005 年版。

76. 蔣建平：《清代前期米穀貿易研究》，北京：北京大學出版社 1992 年版。

77. 金沖及：《周恩來傳》（三），北京：中央文獻出版社 2011 年版。

78. 金士宣：《鐵路與抗戰及建設》，上海：商務印書館 1947 年版。

79. 金耀基：《中國政治與文化》，香港：牛津大學出版社（中國）有限公司 1997 年版。

80. 金智：《青天白日旗下民國海軍的波濤起伏》，臺北：獨立作家 2015 年版。

81. 九廣鐵路公司事務處：《百載鐵道情》，香港：經濟日報出版社 2008 年版。

82. 鄺智文、蔡耀倫：《孤獨前哨——太平洋戰爭中的香港戰役》，香港：天地圖書有限公司

2013 年版。

83. 鄺智文：《重光之路——日據香港與太平洋戰爭》，香港：天地圖書有限公司 2015 年版。

84. 賴文、李永宸：《嶺南瘟疫史》，廣州：廣東人民出版社 2004 年版。

85. 老冠祥：《香港抗戰——東江縱隊港九獨立大隊論文集》，香港：香港歷史博物館 2004 年版。

86. 冷夏：《霍英東全傳》，北京：中國戲劇出版社 2005 年版。

87. 李東海：《東華三院一百二十五年史略》，北京：中國文史出版社 1998 年版。

88. 李峰、薩蘇：《海魂：從鄭和的大航海時代到東瀛崛起》，臺北：大旗出版社 2012 年版。

89. 李谷城：《香港報業百年滄桑》，香港：明報出版社有限公司 2000 年版。

90. 李谷城：《香港中文報業發展史》，上海：上海古籍出版社 2005 年版。

91. 李漢沖：〈張發奎處理有關香港一些事件的經過〉，載廣東省政協文史資料研究委員會編：《揮戈躍馬滿征塵——張發奎將軍北伐抗戰紀實》，廣州：廣東人民出版社 1990 年版。

92. 李家園：《香港報業雜談》，香港：三聯書店（香港）有限公司 1989 年版。

93. 李理：《日據臺灣時期員警制度研究》，臺北：海峽學術出版社 2007 年版。

94. 李明歡：《當代海外華人社團研究》，廈門：廈門大學出版社 1995 年版。

95. 李培德：《日本文化在香港》，香港：香港大學出版社 2006 年版。

96. 李彭廣：《管治香港：英國解密檔案的啟示》，香港：牛津大學出版社（中國）有限公司 2012 年版。

97. 李樹芬：《香港外科醫生》，香港：李樹芬醫學基金會 1965 年版。

98. 李雪菁：〈知識產權法〉，載陳弘毅、張增平等著：《香港法概論》（第三版），香港：三聯書店（香港）有限公司 2015 年版。

99. 李盈慧：《抗日與附日——華僑、國民政府、汪政權》，臺北：水牛出版社 2003 年版。

100. 李永：《劉敬宜傳》，北京：中國文史出版社 2001 年版。

101. 李占才、張勁：《超載——抗戰與交通》，桂林：廣西師範大學出版社 1996 年版。

102. 梁寶耳：《香港音樂作品的版權制度》，載朱瑞冰主編：《香港音樂發展概論》，香港：三聯書店（香港）有限公司 1999 年版。

103. 廖達新：《原始·古代日本史話縱橫》，香港：華夏書院日本研究所 2014 年版。

104. 林友蘭：《香港報業發展史》，臺北：世界書局 1977 年版。

105. 林玉萍：《臺灣航空工業史：戰爭羽翼下的 1935 年–1979 年》，臺北：新鋭文創 2011 年版。

106. 凌鴻勳：《凌鴻勳自定年譜》，臺北：中國交通建設協會 1973 年版。

107. 凌鴻勳：《七十自述》，臺北：三民書局 1968 年版。

108. 劉錦濤：《中英創建近代員警制度比較研究》，北京：法律出版社 2014 年版。

109. 劉靖之：《香港音樂史論——粵語流行曲・嚴肅音樂・粵劇》，香港：商務印書館（香港）有限公司 2013 年版。

110. 劉曼容：《港英政府政治制度論》，北京：社會科學文獻出版社 2001 年版。

111. 劉潤和、王惠玲、高添強：《益善行道——東華三院 135 週年紀念專題文集》，香港：三聯書店（香港）有限公司 2006 年版。

112. 劉潤和：《香港市議會史：1883–1999：從潔淨局到市政局及區域市政區》，香港：康樂文化事務署 2002 年版。

113. 劉蜀永主編：《簡明香港史》，香港：三聯書店（香港）有限公司 2009 年版。

114. 劉爽：《哈爾濱猶太僑民史》，北京：方志出版社 2007 年版。

115. 劉怡、閻京生：《菊花與錨》，武漢：武漢大學出版社 2008 年版。

116. 劉怡、閻京生：《逆天而行》，武漢：武漢大學出版社 2015 年版。

117. 劉怡：《出沒風波裡：舊日本海軍輕巡洋艦戰史》，武漢：武漢大學出版社 2012 年版。

118. 劉怡：《出沒風波裡：條約時代的日本海軍水雷戰隊旗艦》，武漢：武漢大學出版社 2008 年版。

119. 劉怡：《二戰日本海軍艦艇全覽》，武漢：武漢大學出版社 2015 年版。

120. 劉怡：《戰艦崛起：一戰世界各國主力艦全覽》，臺北：知兵堂 2011 年版。

121. 劉智鵬、劉蜀永編：《〈新安縣誌〉香港史料選》，香港：和平圖書有限公司 2007 年版。

122. 劉智鵬：《香港華人菁英的冒起》，香港：中華書局（香港）有限公司 2013 年版。

123. 劉智鵬：《香港早期華人菁英》，香港：中華書局（香港）有限公司 2011 年版。

124. 劉智鵬主編：《展扣界址：英治新界早期歷史探索》，香港：中華書局（香港）有限公司 2010 年版。

125. 盧受采：《英占初期的香港經濟》，香港：香港人民出版社 2004 年版。

126. 盧瑋鑾著，鄭樹森編：《淪陷時期香港文學作品選》，香港：天地圖書有限公司 2013 年版。

127. 魯平口述，錢亦蕉整理：《魯平口述香港回歸》，香港：三聯書店（香港）有限公司 2009 年版。

128. 魯迅：《魯迅全集》（第四卷），北京：人民文學出版社 1957 年版。

129. 魯言等：《香港掌故（第 6 集）》，香港：廣角鏡出版社 1988 年版。

130. 羅孚編：《葉靈鳳作品評論集》，香港：香港文學評論出版社 2011 年版。

131. 羅婉嫻：《香港西醫發展史（1842–1990）》，香港：中華書局（香港）有限公司 2018 年版。

132. 羅亞：《政治部回憶錄》，香港：香港中文大學亞太研究所海外華人研究社 1997 年版。

133. 羅永生：《殖民家國外》，香港：牛津大學出版社（中國）有限公司 2014 年版。

134. 呂大樂：《凝聚力量——香港非政府機構發展軌跡》，香港：三聯書店（香港）有限公司

2010 年版。

135. 馬金科主編：《早期香港史研究資料選輯》（上、下冊），香港：三聯書店（香港）有限公司 1998 年版。

136. 馬幼垣：《靖海澄疆——中國近代海軍史事新詮》，北京：中華書局 2013 年版。

137. 馬振犢：《慶祝抗戰勝利五十週年兩岸學術研討會論文集》（上冊），臺北：聯經出版公司 1996 年版。

138. 麥勁生：《中國史上的著名戰役》，香港：天地圖書有限公司 2012 年版。

139. 鐃玖才：《香港舊風物》，香港：天地圖書有限公司 2003 年版。

140. 牛軍：《中華人民共和國對外關係史概論》，北京：北京大學出版社 2010 年版。

141. 潘光：《艱苦歲月的難忘記憶：來華猶太難民回憶錄》，北京：時事出版社 2015 年版。

142. 錢鋼：《海葬——大清海軍與李鴻章》，香港：中華書局（香港）有限公司 2014 年版。

143. 區慕彰、羅文華：《中國銀行業發展史——由晚清至當下》，香港：香港城市大學出版社 2011 年版。

144. 區志堅、彭淑敏、蔡思行：《改變香港歷史的六十篇文獻》，香港：中華書局（香港）有限公司 2011 年版。

145. 饒玖才：《香港的地名與地方歷史》（上冊），香港：天地圖書有限公司 2011 年版。

146. 阮志：《"中港" 邊界的百年變遷：從沙頭角蓮蔗坑村說起》，香港：三聯書店（香港）有限公司 2012 年版。

147. 阮志：《入境問禁：香港邊境禁區史 · 細味香江系列》，香港：三聯書店（香港）有限公司 2014 年版。

148. 薩本仁、潘興明：《二十世紀的中英關係》，上海：人民出版社 1996 年版。

149. 薩空了：《香港淪陷日記》，北京：生活 · 讀書 · 新知三聯書店 1985 年版。

150. 山中來人：《何處是吾家：越南難民逃亡實錄》，香港：星輝圖書 2007 年版。

151. 上海市政協文史資料委員會、港澳臺僑委員會編：《我與上海》，上海：上海人民出版社 2016 年版。

152. 沈慶林：《中國抗戰時期的國際援助》，上海：上海人民出版社 2000 年版。

153. 施堅雅主編，葉光庭譯：《中華帝國晚期的城市》，北京：中華書局 2000 年版。

154. 十八日戰事研究社編著：《30 分鐘圖解十八日香港保衛戰》，香港：勤德教育（香港）有限公司 2012 年版。

155. 石駿：《香港歷史演義》，杭州：浙江人民出版社 1999 年版。

156. 蘇萬興編：《無障礙古蹟旅遊指南》，香港：共融網絡 2011 年版。

157. 蘇小東編：《中華民國海軍史事日誌（1912.1–1949.9）》，北京：九州圖書出版社 1999 年版。

158. 蘇子夏編：《香港地理——山海依舊風物在》，香港：商務印書館（香港）有限公司 2015 年版。

159. 孫良珠：《李嘉誠全傳》，武漢：華中科技大學出版社 2010 年版。

160. 唐培吉：《從開封猶太文化到上海猶太文化》，上海：上海大學出版社 2019 年版。

161. 天津編譯中心編：《顧維鈞回憶錄縮編》（上冊），北京：中華書局 1997 年版。

162. 屯門風物志編輯委員會編：《屯門風物志》，香港，屯門區議會 2007 年版。

163. 汪精衛：《雙照樓詩詞藁》，香港：天地圖書有限公司 2012 年版。

164. 王垂芳編：《上海洋商史》，上海：上海社會科學院出版社 2007 年版。

165. 王賡武編：《香港史新編》（上冊），香港：三聯書店（香港）有限公司 1998 年版。

166. 王賡武編：《香港史新編》（下冊），香港：三聯書店（香港）有限公司 1999 年版。

167. 王賡武編：《香港史新編》（上、下冊），香港：三聯書店（香港）有限公司 2017 年版。

168. 王健：《上海猶太人社會生活史》，上海：上海辭書出版社 2008 年版。

169. 王立誠：《近代中外關係史治要》，上海：上海人民出版社 2012 年版。

170. 王日根：《中國會館史》，上海：東方出版中心 2007 年版。

171. 王鐵崖編：《中外舊約章彙編》（全三冊），北京：生活·讀書·新知三聯書店 1982 年版。

172. 王正華：《港澳與近代中國學術研討會文集》，臺北："國史館" 2000 年版。

173. 翁衍慶：《林彪的忠與逆：9/13 事件重探》，臺北：新銳文創 2012 年版。

174. 吳邦謀：《從啟德至赤鱲角》，香港：中華書局（香港）有限公司 2022 年版。

175. 吳世學：《香港公司註冊的歷史研究報告》，香港：公司註冊處 2013 年版。

176. 吳湘湘：《第二次中日戰爭史》（上冊），臺北：綜合月刊社 1974 年版。

177. 武為群：《香港貨幣（1841–1997）》，北京：中國金融出版社 2006 年版。

178. 冼玉儀、劉潤和：《益善行道：東華三院 135 週年紀念專題文集》，香港：三聯書店（香港）有限公司 2006 年版。

179.《香港節紀念特刊》，香港：環球新聞社 1971 年版。

180.《香港社會福利白皮書：進入八十年代的社會福利》，香港：政府印務局 1979 年版。

181.《香港週，1967 年 10 月 30 日 –11 月 5 日香港週節目》，香港：香港週委員會 1967 年版。

182. 香港地方志中心：《香港志：香港參與國家改革開放志》（兩冊），香港：中華書局（香港）有限公司 2021 年版。

183. 香港地方志中心有限公司編纂：《香港志：總述　大事記》，香港：中華書局（香港）有限公司 2020 年版。

184. 香港東華三院：《東華三院一百三十年》，香港：香港東華三院 2000 年版。

185. 香港歷史博物館編：《香港抗戰：東江縱隊港九獨立大隊論文集》，香港：康樂文化事務署 2004 年版。

186. 香港童軍總會編輯組編：《香港童軍月刊》（第 245 期），香港：香港童軍總會 2004 年版。

187. 香港醫學博物館：《鼠疫、沙士與香港醫學故事》，香港：香港大學出版社 2006 年版。

188. 香港醫學博物館：《一八九四年之香港鼠疫及鼠疫起因之發現》，香港：香港醫學博物館 1997 年版。

189. 香港足球總會九十週年紀念特刊編委會編：《香港足球總會九十週年紀念特刊》，香港：香港足球總會 2004 年版。

190. 蕭公權：《中國鄉村：19 世紀的帝國控制》，臺北：聯經出版公司 2014 年版。

191. 蕭國健：《香港之海防歷史與軍事遺跡》，香港：中華文教交流服務中心 2006 年版。

192. 謝劍：《香港的惠州社團——從人類學看客家文化的持續》，香港：香港中文大學出版社 1981 年版。

193. 謝益顯：《中國外交史：中華人民共和國時期，1949–1979》，鄭州：河南人民出版社 1988 年版。

194. 謝益顯主編：《中國當代外交史》，北京：中國青年出版社 1997 年版。

195. 謝永光：《日軍慰安婦內幕》，香港：明報出版社 1993 年版。

196. 謝永光：《三年零八個月的苦難》，香港：明報出版社 1995 年版。

197. 謝永光：《香港中醫藥史話》，香港：三聯書店（香港）有限公司 2010 年版。

198. 謝永光：《戰時日軍在香港暴行》，香港：明報出版社 1991 年版。

199.《星島日報創刊二十五週年紀念論文集》，香港：香港星系報業有限公司，1966 年版。

200. 刑瑩瑩：《黃金本位制　黃金市場》北京：經濟科學出版社 2014 年版。

201. 徐復觀：《徐復觀全集》，北京：九洲出版社 2014 年版。

202. 徐萬民：《戰爭生命線——國際交通與八年抗戰》，桂林：廣西師範大學出版社 1995 年版。

203. 徐新：《異鄉異客：猶太人與近現代中國》，臺北：臺灣大學出版中心 2018 年版。

204. 徐永泰：《香港人應當認識的英國》，臺北：零極限文化出版社 2014 年版。

205. 薛鳳旋：《香港工業：政策、企業特點及前景》，香港：香港大學出版社，1989 年版。

206. 顏綠芬：《不固定樂思》，臺灣：玉山社 2006 年版。

207. 楊撥凡、楊興安：《楊衢雲家傳》，香港：新天出版 2010 年版。

208. 楊承訓：《三十年來之中國工程》（下），臺北：華文書局 1967 年版。

209. 楊佳嫻：《懸崖上的花園——太平洋戰爭時期上海文學場域（1942–1945）》，臺北：臺灣大學出版中心 2013 年版。

210. 楊汝萬、王家英：《香港公營房屋五十年：金禧回顧與前瞻》，香港：香港中文大學出版社 2003 年版。

211. 葉德偉：《香港淪陷史》，香港：廣角鏡出版社 1995 年版。

212. 葉健民：《靜默革命：香港廉政百年共業　新世紀香港社會研究系列》，香港：中華書局（香港）有限公司 2014 年版。

213. 余繩武、劉存寬主編：《19 世紀的香港》，北京：中國社會科學出版社 2007 年版。

214. 余繩武、劉存寬主編：《十九世紀的香港》，香港：麒麟書業有限公司 2007 年版。

215. 余繩武、劉蜀永主編：《二十世紀的香港》，香港：麒麟書業有限公司 1995 年版。

216. 俞飛鵬：《十五年來之交通概況》，臺北："交通部" 編印 1946 年版。

217. 俞天任：《浩瀚大洋是賭場——大日本帝國海軍興亡史》，北京：語文出版社 2010 年版。

218. 元邦建：《香港史略》，香港：中流出版社 1987 年版。

219. 袁昌堯、張國仁：《日本簡史》，香港：開明書店 1999 年版。

220. 袁厚春：《大投資家胡應湘傳》，北京：工人出版社 1994 年版。

221. 袁華清等譯：《世界艦船年鑑 1984–85》，北京：現代軍事出版社有限公司 1984 年版。

222. 載賴明詔等：《2003，春之煞——SARS 流行的科學和社會文化回顧》，臺灣：聯經出版公司 2004 年版。

223. 張殿興：《汪精衛附逆研究》，北京：人民出版社 2008 年版。

224. 張家偉：《六七暴動——香港戰後歷史的分水嶺》，香港：香港大學出版社 2012 年版。

225. 張家偉：《英國檔案中的香港前途問題》，香港：香港大學出版社 2022 年版。

226. 張嘉璈：《抗戰前後中國鐵路建設的奮鬥》，臺北：傳記文學出版社 1974 年版。

227. 張連興：《香港二十八總督》，北京：朝華出版社 2007 年版。

228. 張連興：《香港二十八總督》，香港：三聯書店（香港）有限公司 2012 年版。

229. 張倩紅、艾仁貴：《猶太史研究入門》，北京：北京大學出版社 2017 年版。

230. 張倩紅、艾仁貴：《猶太文化》，北京：人民出版社 2013 年版。

231. 張天鈞編：《人與醫學》，臺北：臺灣大學出版中心 2003 年版。

232. 張鐵牛、高曉星：《中國古代海軍史》（修訂版），北京：解放軍出版社 2006 年版。

233. 張秀蓉：《日治臺灣醫療公衛五十年》（修訂版），臺北：臺灣大學出版中心 2015 年版。

234. 張雨才：《中國鐵道建設史略：1876–1949》，瀋陽：中國鐵路出版社 1997 年版。

235. 張玉法主編：《中國現代史論集》（第 26 編），臺北：聯經出版公司 1980–82 年版。

236. 鄭寶鴻：《香江馳聘：香港的早期交通》，香港：香港大學美術博物館 2009 年版。

237. 鄭宏泰、黃紹倫：《商城記——香港家族企業縱橫談》，香港：中華書局（香港）有限公司 2014 年版。

238. 鄭宏泰、黃紹倫：《香港股史 1841–1997》，上海：東方出版中心 2007 年版。

239. 鄭宏泰、黃紹倫：《香港身份證透視》（第二版），三聯書店（香港）有限公司 2018 年版。

240. 鄭宏泰、周振威：《香港大老周壽臣》，香港：三聯書店（香港）有限公司 2007 年版。

241. 鄭學仁：《吳大江傳》，香港：三聯書店（香港）有限公司 2006 年版。

242. 中共中央文獻研究室編：《鄧小平年譜（1975–1997）》（上冊），北京：中央文獻出版社 2004 年版。

243. 中共中央文獻研究室編：《周恩來年譜（1949–1976）》（上卷），北京：中央文獻出版社 1997 年版。

244. 中國民用航空局思想政治工作辦公室編：《"兩航"起義始末》，北京：中國民航出版社 2009 年版。

245. 中國人民政治協商會議廣東省委員會文史資料研究委員會編：《廣東文史資料（第 24 輯）》，廣州：廣東人民出版社 1979 年版。

246. 鍾紫編：《香港報業春秋》，廣州：廣東人民出版社 1991 年版。

247. 周佳榮、鍾寶賢、黃文江：《香港中華總商會百年史》，香港：商務印書館（香港）有限公司 2002 年版。

248. 周永新：《香港人的身份認同和價值觀》，香港：中華書局（香港）有限公司 2019 年版。

249. 周永新：《香港社會福利縱橫談》，香港：天地圖書有限公司 1982 年版。

250. 周子峰：《圖解香港史：遠古至一九四九年》，香港：中華書局（香港）有限公司 2010 年版。

251. 周子峰：《圖解香港史》（合訂本），香港：中華書局（香港）有限公司 2018 年版。

252. 朱匯森主編：《中華民國史事紀要（初稿）》，臺北：中華民國史料研究中心 1937 年版。

253. 朱英：《中國近代史十五講》，北京：北京大學出版社 2011 年版。

254. 朱子家（金雄白）：《汪政權的開場與收場》，臺北：風雲時代出版股份有限公司 2014 年版。

255. 翟暖暉：《香港淪陷四十週年特刊》，香港：廣角鏡出版社 1981 年版。

256. 莊玉惜、黃紹倫、鄭宏泰：《香港棉紡世家：識變、應變和求變》，香港：天地圖書有限公司 2013 年版。

（二）英文著作（按作者姓氏字母排序）

1. Andrew, Kenneth, *Hong Kong Detective* (London: John Long, 1962).

2. Anthony, R. and Young, D, *Management Control in Nonprofit Organizations* (Homewood, IL: R. D. Irwin, 1975).

3. Barrett, David P., and Larry N. Shyu, *China Collaboration with Japan, 1932-1945: The Limits of Accommodation* (Stanford, CA: Stanford University Press, 2001).

4. Barrie, R, *Shares in Hong Kong: One Hundred Years of Stock Exchange Trading* (Hong Kong: The Stock Exchange of Hong Kong Ltd., 1991).

5. Barry W, *The Refused: The Agony of the IndoChina Refugees* (Hong Kong: Dow Jones Publishing Company (Asia) Inc., 1981).

6. Barton, A. H, *Communities in Disaster: A Sociological Analysis of Collective Stress Situations*. Vol. 721 (New York: Doubleday, 1969).

7. Beck, U, *Risk Society: Towards a New Modernity* (London: Sage, 1992).

8. Benson, A. (ed.), *Control of Communicable Diseases in Man. 12th ed. Washington* (DC: American Public Health Association, 1975).

9. Bentham, J, *An Introduction to the Principles of Morals and Legislation*. Dover Philosophical Classics (New York: Dover Publications Inc, 2009).

10. Bickers, R. and Yep, R, *May Days in Hong Kong: Riot and Emergency in 1967* (Hong Kong: Hong Kong University Press, 2009).

11. Bickley, Gillian, *A Magistrate's Court in 19th Century Hong Kong* (Hong Kong: Proverse Hong Kong, 2005).

12. Bix, Herbert P, *Hirohito and the Making of Modern Japan* (New York: Harper Perennial, 2001).〔美〕賀柏特・畢克斯（Herbert P. Bix）著，林添貴譯：《裕仁天皇》，臺北：時報文化出版企業股份有限公司 2002 年版。

13. Bond, W. L., edited by Ellis, J. E, *Wings for an Embattled China* (Cranbury: Associated University Presses, Inc., 2001).

14. Boyle, John Hunter, *China and Japan at War 1937-1945: The Politics of Collaboration* (Stanford: Stanford University Press, 1972).〔美〕約翰・亨特・博伊爾著，陳體芳、樂刻等譯：《中日戰爭時期的通敵內幕 1937–1945》，北京：商務印書館 1978 年版。

15. Brook, T, *Collaboration: Japanese Agents and Local Elites in Wartime China* (Cambridge: Harvard University Press, 2007).

16. Carew, Tim, *Fall of Hong Kong* (London: Anthony Blond Ltd., 1960).

17. Carol J. and Jon V, *Criminal Justice in Hong Kong* (London: Routledge-Cavendish, 2007).

18. Carroll, John M, *A Concise History of Hong Kong* (Lanham: Rowman & Littlefield Publishers, 2007). 高馬可著、林立偉譯：《香港簡史》，香港：中華書局（香港）有限公司 2013 年版。

19. Carroll. John M., *Edge of Empires: Chinese Elites and British Colonials in Hong Kong* (Cambridge: Harvard University Press, 2005).

20. Carson, D., A. Gilmore, C. Perry, et al, *Qualitative Marketing Research* (Thousand Oaks, CA: Sage, 2001).

21. Casella, A, *Managing the "Boat People" Crisis: The Comprehensive Plan of Action for Indochinese Refugees* (New York: International Peace Institute, 2016).

22. Castiglioni, Arturo, *A History of Medicine*. The ltalian trans. and E.B.Krumbhaar ed. (New York: Alfred A. Knopf, 1947)〔意〕卡斯蒂廖尼著，程之範主譯：《醫學史》（上、下冊），桂林：廣西師範大學出版社 2003 年版。

23. Chan L. K. C, *China, Britain and Hong Kong 1895-1945* (Hong Kong: The Chinese University Press, 1990).

24. Chan, S. J., *East River Column: Hong Kong Guerrilla in the Second World War* (Hong Kong: Hong Kong University Press, 2012).

25. Chan, Yuk Wah (ed.), *The Chinese/Vietnamese Diaspora: Revisiting the Boat People*

(Routledge Contemporary Asia Series, 2011).

26. Chang, S. H. J., *They Sojourned in Our Land: The Vietnamese in Hong Kong 1975-2000* (Hong Kong: Social Work Services Division, Caritas Hong Kong, 2003).

27. Chan-Yeung, Moira M. W., *A Medical History of Hong Kong 1842-1941* (Hong Kong: The Chinese University of Hong Kong Press, 2018).

28. Chennault, Anna, *A Thousand Springs: The Biography of a Marriage* (New York: Literary Licensing, 2013).

29. Chennault, Claire L., *Way of a Fighter: The Memoirs of Clair Lee Chennault* (New York: Putnam's Sons, 1949).

30. Choa, G. H., *A History of Medical Education in Hong Kong*. In *Plague, SARS, and the Story of Medicine in Hong Kong* (Hong Kong: Hong Kong University Press, 2006).

31. Churchill, G. A., and D. Iacobucci, *Marketing Research: Methodological Foundations* (Mason, OH: Thomson South Western, 2005).

32. Cooper, J., *Colony in Conflict: The Hong Kong Disturbances, May 1967-January 1968* (Hong Kong: Swindon Book Company, 1970).

33. Covello, V. T., *Risk Communication: An Emerging Area of Health Communication Research*. In *Communication Yearbook*. Vol. 15. Edited by S. A. Deetz. Newbury Park (CA: Sage Publications, 1992).

34. Creswell, J. W., *Research Design: Qualitative, Quantitative, and Mixed Method Approaches* (Thousand Oaks, CA: Sage, 2003).

35. Criswell and Watson, *The Royal Hong Kong Police (1841-1945)* (Hong Kong: McMillan Publishers (HK) Limited, 1982).

36. Curtis, R., *The History of the Royal Irish Constabulary* (London: Leopold Classic Library, 1871).

37. Davis, John Francis, *The Chinese: A General Description of the Empire of China and Its Inhabitants* (London: Scholarly Resources, 1972).

38. Davis, Leonard, *Hong Kong and the Asylum Seekers from Vietnam* (London: Palgrave Macmillan, 1991).

39. Davis, S. G., *Hong Kong in Its Geographical Setting* (London: Collins, 1949).

40. Dell, S. P., *The Victorian Policeman* (Oxford: Shire Library, 2004).

41. Diller, Janelle, M., *In Search of Asylum: Vietnamese Boat People in Hong Kong* (Washington, D.C.: Indochina Resource Action Centre, 1988).

42. Duara Prasenjit, *Culture, Power, and the State: Rural North China, 1900-1942* (Stanford, California: Stanford University Press, 1988).〔美〕杜贊奇著，王福明譯：《文化、權力與國家：1900-1942 年的華北農村》，南京：江蘇人民出版社 2003 年版。

43. Dwyer, Keith H., J. Dwyer ed., *Public and Private Housing in Hong Kong*. In *The City as a*

Centre of Change in Asia (Hong Kong: Hong Kong University Press, 1972).

44. E.C.C.L., C.C.L., and S.L.C., *BCG (Bacille Calmette-Guérin) Vaccination*. In *Tuberculosis Manual* (Hong Kong: HKSAR Center for Health Protection Unit, 2006).
45. Emerson G. C., *Hong Kong Internment, 1942-1945: Life in the Japanese Civilian Camp at Stanley* (Hong Kong: Hong Kong University Press, 2008).
46. Emsley Clive, *The Great British Bobby: A History of British Policing from the 18th Century to the Present* (London: Quercus, 2010).
47. Endacott, G. B., *A Biographical Sketch-book of Early Hong Kong* (Hong Kong: Hong Kong University Press, 2005).
48. Endacott, G. B., *A History of Hong Kong* (Hong Kong: Oxford University Press (China) Limited, 1973).
49. Endacott, G. B., *Government and People in Hong Kong 1841-1962* (Hong Kong: Hong Kong University Press, 1964).
50. Endacott, G.B., *Hong Kong Eclipse* (Hong Kong: Oxford University Press, 1978).
51. Evans, D. M. Emrys, *An Account of the Foundation and History of the Hong Kong College of Medicine and the Faculty of Medicine of The University of Hong Kong, 1887-1987* (Hong Kong: Hong Kong University Press, 1988).
52. Faith, C. S. H., *Western Medicine for Chinese: How the Hong Kong College of Medicine Achieved a Breakthrough* (Hong Kong: Hong Kong University Press, 2006).
53. Falkus, M., *The Blue Funnel Legend: A History of the Ocean Steam Ship Company, 1865-1973* (London: Macmillan, 1990).
54. Faure, David, *A Documentary History of Hong Kong* (Hong Kong: Hong Kong University Press, 1997).
55. Foster, R. B., *Enhancing Trust in Institutions that Manage Risk*. In *Foresight and Precaution*. M. P. Cottam, D. W. Harvey, R. P. Pape, and J. Tait ed. (Rotterdam: Balkema, 2000).
56. Frank, W., *A History of Hong Kong* (London: HarperCollins Publishers, 1994).
57. Gauld, R. and Gould, D., *The Hong Kong Health Sector: Development and Change* (Hong Kong: The Chinese University Press, 2002).
58. Giddens, A., *Modernity and Self-Identity: Self and Society in the Late Modern Age* (Stanford, CA: Stanford University Press, 1991).
59. Grace, R. J., *The Lives and Careers of William Jardine & James Matheson* (Montreal: McGill-Queen's University Press, 2014).
60. Grantham, Alexander William George Herder, Sir V*ia Ports - From Hong Kong To Hong Kong* (Hong Kong: Hong Kong University, 1965).〔英〕亞歷山大・葛量洪著，曾景安譯：《葛量洪回憶錄》，香港：廣角鏡出版社 1984 年版。

61. Griffiths, J., *Pages from Memory* (Littlehampton: Littlehampton Book Services Ltd., 1969).

62. Guthrie, Andrew S., *Paul's Records: How a Refugee from the Vietnam War Found Success Selling Vinyl on the Streets of Hong Kong* (Hong Kong: Blacksmith Books, 2015).

63. Hamilton, S. E., *Watching Over Hong Kong: Private Policing 1841-1941* (Hong Kong: Hong Kong University Press, Royal Asiatic Society HK Studies Series, 2008).

64. Haider, Ratzan, S. C., and W. Meltzer (ed.), *Emergency/Risk Communication to Promote Public Health and Respond to Biological Threats*. In *Global Public Health Communication: Challenges, Perspectives, and Strategies* (MA: Jones and Bartlett Publishers, 2005).

65. Hennessy, James Pope, *Verandah: Some Episodes in the Crown Colonies 1867-1889* (London: George Allen and Unwin Ltd, 1964).

66. Hitchcox, L., *Vietnamese Refugees in Southeast Asian Camps* (New York: St. Martin's Press, 1991).

67. Ho, H. C. Y., *The Fiscal System of Hong Kong* (London: Croom Helm, 1979).

68. Ho, Y. P., *Trade, Industrial Restructuring and Development in Hong Kong* (London: Macmillan, 1992).

69. Holly, S. K., *Foreign Relations of the United States, 1952-1954* (Washington, D.C.: State Dept., Bureau of Public Affairs, Office of the Historian, 2003).

70. Hong Kong Academy of Engineering Science and Hong Kong Institution of Engineers. *Engineering Hong Kong: Fifty Years of Achievements*. Charles Kao ed. (Hong Kong: Chinese University Press and Henderson & Associates Ltd., 1997).

71. Hong Kong Institution of Engineers Civil Division, *Civil Engineering in Hong Kong 1979 to 2009: The 30th Anniversary of the HKIE Civil Division* (Hong Kong: Insitu Publication Ltd. for the Hong Kong Institution of Engineers, Civil Division, 2009).

72. Hong Kong Museum of Medical Sciences Society. *Plague, SARS, and the Story of Medicine in Hong Kong* (Hong Kong: Hong Kong University Press, 2006).

73. Hood, C., and D. K. C. Jones, *Accident and Design: Contemporary Debates in Risk Management* (London: Routledge, 1996).

74. Hooper, Beverley, *China Stands Up: Ending the Western Presence, 1948-1950* (London: Allen & Unwin, 1986).

75. Huff, W. G., *The Economic Growth of Singapore: Trade and Development in the 20th Century* (Singapore: Cambridge University Press, 1994).

76. Hunt, T., *Ten Cities That Made an Empire*. (London: Penguin Random House, 2015).

77. Hyde, Francis, E., *Blue Funnel: A History of Alfred Holt and Company of Liverpool from 1865 to 1914* (Liverpool: Liverpool University Press, 1957).

78. Iain, Ward and Sui G., *The Hong Kong Marine Police 1841-1850* (Hong Kong: Hong Kong University Press, 1991).

79. Iain, Ward, *The Hong Kong Marine Police 1948-1997* (IEW Publications, 1999).

80. Irwin, Douglas A., *Free Trade under Fire, 3rd ed.* (Oxfordshire: Princeton University Press, 2009).〔英〕道格拉斯・歐文著，余江、刁琳琳譯：《貿易的沖突：美國貿易政策200年》，北京：中信出版集團股份有限公司2019年出版。

81. Jiao, Allan Y., *The Police in Hong Kong: A Contemporary View* (Lanham, MD: University Press of America, 2007).

82. Kao, Charles (ed.), *Engineering Hong Kong – 50 years of Achievements* (Hong Kong: The Chinese University of Hong Kong, 1997).

83. Kaufman, J., *The Last Kings of Shanghai: The Rival Jewish Dynasties That Helped Create Modern China* (New York: Viking, 2020).

84. Kaufman, V. S., *Confronting Communism: U.S. and British Policies toward China* (Columbia, MO: University of Missouri Press, 2001).

85. King, Y. C., *Administrative Absorption of Politics in Hong Kong: Emphasis on the Grass Roots Level* (Hong Kong: *Asian Survey*, 1975).

86. Krimsky, S. and Plough, A., *Environmental Hazards: Communicating Risks as a Social Process*. Dover (MA: Auburn House, 1988).

87. Krippendorff, K., and Mary A. Bock, *The Content Analysis Reade* (Thousand Oaks, CA: Sage, 2008).

88. Kwan, S. K. and Kwan, N., *The Dragon and the Crown: Hong Kong Memoirs* (Hong Kong: Hong Kong University Press, 2009).

89. Kwarteng, Kwasi, *Ghosts of Empire: Britain's Legacies in the Modern World* (UK: Bloomsbury Publishing, 2011).

90. Lauterpacht, H., *International Law Reports Year 1952* (London: Butterworth & Co (Publishers) Ltd., 1957).

91. Lawyers Committee for Human Rights, *Inhumane Deterrence: The Treatment of Vietnamese Boat People in Hong Kong* (New York: Lawyers Committee for Human Rights, 1989).

92. Leary, W. M., *Perilous Missions: Civil Air Transport and CIA Covert Operations in Asia* (Tuscaloosa, AL: University of Alabama Press, 2005).

93. Leary, W. M., *The Dragon Wings: The China National Aviation Corporation and the Development of Commercial Aviation in China*. Athens (GA: The University of Georgia Press, 1976).

94. Lindsay, O., *The Battle for Hong Kong, 1941-1945: Hostage to Fortune* (Hong Kong: Hong Kong University Press, 2005).

95. Lipman, Jana, K., *In Camps: Vietnamese Refugees, Asylum Seekers and Repatriates* (Berkeley, CA: University of California Press, 2020).

96. Loh, C. G., V., and W. Chiu, C. Loh and Civic Exchange ed., *The Media and SARS*. In *At*

the Epicentre (Hong Kong: Hong Kong University Press, 2003).

97. Loomba, Ania, *Colonialism/Post-colonialism* (London: Routledge, 2005).

98. Luard, T., *Escape from Hong Kong* (Hong Kong: Hong Kong University Press, 2012).

99. Lugard, F. J. D., *The Dual Mandate in British Tropical Africa*. 1st ed. (London: Routledge, 1965).

100. Ma, Ngok, *Political Development in Hong Kong: State, Political Society, and Civil Society* (Hong Kong: Hong Kong University Press, 2007).

101. Mattock, K., *Hong Kong Practice: Drs Anderson & Partners–The First Hundred Years* (Hong Kong: Drs Anderson & Partners, 1984).

102. Meyer, D. R., *Hong Kong as a Global Metropolis* (Cambridge: Cambridge University Press, 2000).

103. Meyer, M. J., *From the Rivers of Babylon to the Whampoo: A Century of Sephardi Jewish Life in Shanghai* (Lanham, MD: University Press of America, 2003).

104. Miners, N., *Hong Kong Under Imperial Rule (1912-1941)* (Oxford: Oxford University Press, 1987).

105. Morgan, W. P., *Triad Societies in Hong Kong* (Hong Kong: The Government Printer, 1982).

106. Moss, P., *A Century of Commitment: The KCRC Story* (Hong Kong: The Kowloon-Canton Railway Corporation, 2009).

107. Munn, Christopher, by Tak-Wing Ngo ed., *The Criminal Trail under Early Colonial Rule*. In *Hong Kong's History (State and Society under Colonial Rule)* (London: Routledge, 1999).

108. Munn, Christopher, *Anglo-China: Chinese People and British Rule in Hong Kong 1841-1880* (Hong Kong: Hong Kong University Press, 2009).

109. Munn, Christopher, Timothy Brook and Bob Tadashi Wakanayashi (ed.), *The Hong Kong Opium Revenue 1845-1885*. In *Opium Regimes: China, Britain and Japan, 1839-1952* (Berkeley, CA: University of California Press, 2000).

110. Ndikum Philip Forsang, *Encyclopedia of International Aviation Law*. Vol. 3 (NY: Trafford Publishing, 2013).

111. Nellist, George Ferguson Mitchell Nellist, *Men of Shanghai and North China; A Standard Biographical Reference Work* (Shanghai: The Oriental Press, 1933).

112. Niall, F., *Empire: How Britain Made the Modern World* (London: Penguin, 2003).

113. Norrie, M., *Colonialism* (Harlow: Pearson Education Limited, 2007).

114. Norton-Kyshe, J. W., *The History of the Laws and Courts of Hong Kong: Tracing Consular Jurisdiction in China* (Hong Kong: Hong Kong Naronha & Company, 2012).

115. O'Neill, Mark, *Israel and China: From the Tang Dynasty to Silicon Wadi* (Hong Kong:

Joint Publishing Co. Ltd., 2018).

116. Phillips, Robert J., *Kowloon-Canton Railway (British Section): A History* (Hong Kong: Urban Council, 1990).

117. Rankin, K. L., *China Assignment: The Memoirs of Karl Lott Rankin, Former U.S. Ambassador to the Republic of China* (Seattle, WA: University of Washington Press, 1964).

118. Renn, O., and D. Levine, R. Kasperson and P. J. Stallen ed., *Credibility and Trust in Risk Communication*. In *Communicating Risk to the Public* (Dordrecht: Kluwer Academic Publishers, 1991).

119. Samson J., *Flying Tiger: The True Story of General Claire Chennault and The U.S. 14th Air Force In China* (New York: Doubleday, 1987).

120. Schenk, Catherine, *Hong Kong as an International Financial Centre: Emergence and Development, 1945-65* (London: Routledge, 2001).

121. Sinclair, Kevin, *Asia's Finest: An Illustrated Account of the Royal Hong Kong Police* (Hong Kong: Unicorn Books Limited, 1983).

122. Sinclair, Kevin, *Asia's Finest Marches On: Policing Hong Kong from 1841 into the 21st Century* (Hong Kong: Kevin Sinclair Associates Ltd, 1997).

123. Sinn, Elizabeth, *Power and Charity: A Chinese Merchant Elite in Colonial Hong Kong* (Hong Kong: Hong Kong University Press, 2003).

124. Smith, George, *A Narrative of an Exploratory Visit to each of the Consular Cities of China, and to the Islands of Hongkong and Chusan, in behalf of the Church Missionary Society, in the years 1844, 1845, 1846* (New York: Harper & Brothers Publishers, 1847).〔英〕施美夫，〔美〕李國慶整理：《遊歷中國設領事館城市暨香港、舟山島紀事》，桂林：廣西師範大學出版社 2011 年版。

125. Smith, P. W., Ming K. C. (ed.), *Anti-Chinese Legislation in Hong Kong*. In *Precarious Balance: Hong Kong Between China and Britain, 1842-1992* (Hong Kong: Hong Kong University Press, 1994).

126. Sontag, S., *Illness as Metaphor and AIDS and Its Metaphors* (US: Penguin Classics, 1978).〔美〕桑塔格、程巍譯：《疾病的隱喻》，上海：上海譯文出版社 2003 年版。

127. Sutter, V. O., *The Indochinese Refugee Dilemma*. Baton Rouge (LA: Louisiana State University Press, 1990).

128. Tan, Carol G S., *British Rule in China (Law & Justice in Weihaiwei 1898-1930)* (London: Wildy, Simmonds & Hill Publishing, 2008).

129. Thomas J., *Ethnocide: A Cultural Narrative of Refugee Detention in Hong Kong* (Farnham: Ashgate Publishing Ltd, 2000).

130. Tierney, K. J., Lindell, M. K. and Perry, R. W., *Facing the Unexpected: Disaster Preparedness and Response in the United States* (Washington, D.C.: Joseph Henry Press,

2001).

131. Titmuss Richard Morris, *Social Policy: An Introduction* (London: Allen & Union, 1974).〔英〕理查・莫里斯・蒂特馬斯著，江紹康譯：《社會政策 10 講》，香港：商務印書館（香港）有限公司 1991 年版。

132. Toft, B. and Reynolds, S., *Learning from Disasters* (Oxford: Butterworth-Heinemann, 1994).

133. Traver, Harold H. and Mark S. G., *Drugs, Law and The State* (Hong Kong: Hong Kong University Press, 1992).

134. Tsai, J. F., *Hong Kong in Chinese History: Community and Social Unrest in the British Colony, 1842-1913* (New York: Columbia University Press, 1993).

135. Tsang, S., *A Modern History of Hong Kong* (Hong Kong: Hong Kong University Press, 2004).

136. Tsang, S., *Democracy Shelved: Great Britain, China, and Attempts at Constitutional Reform in Hong Kong, 1945-1952* (Hong Kong: Oxford University Press, 1988).

137. United Nations High Commissioner for Refugees (UNHCR), *The State of The World's Refugees 2000: Fifty Years of Humanitarian Action* (Oxford: Oxford University Press, 2000).

138. Vogel, Ezra F., *Deng Xiaoping and the Transformation of China* (Cambridge, Masachusetts: Belknap Press of Harvard University Press, 2011).〔美〕傅高義著，馮克利譯：《鄧小平時代》，香港：香港中文大學出版社 2014 年版。

139. Wakeman, Frederic Jr., *Policing Shanghai 1927-1937* (Berkeley and Los Angeles, CA: University of California Press, 1994).〔美〕魏斐德著，章紅、陳雁、金燕、張曉陽譯：《上海員警（1927-1937）》，北京：人民出版社 2011 年版。

140. Webb, Paul R., *Voluntary Social Welfare Services*. In *A Quarter-Century of Hong Kong: Chung Chi College 25th Anniversary Symposium* (Hong Kong: The Chinese University of Hong Kong, 1977).

141. Welsh, Frank, *A History of Hong Kong* (London: Harper Collins Publishers, 1997).〔英〕弗蘭克・韋爾什著，王皖強、黃亞紅譯：《香港史》，北京：中央編譯出版社 2007 年版。〔英〕法蘭克・韋爾許著，王皖強等譯：《香港史：從鴉片戰爭到殖民終結》，香港：商務印書館（香港）有限公司 2016 年版。

142. William H. McNeill, *Plagues and Peoples* (Garden City, New York: Anchor Books, McNeill William H. 1977) (Garden City, NY: Anchor Press/Doubleday, 1976).〔美〕麥克尼爾著，楊玉齡譯：《瘟疫與人——傳染病對人類歷史的衝擊》，臺北：天下遠見出版股份有限公司 1998 年版。

143. Wong, Bernard P., *Chinatown, Economic Adaptation and Ethnic Identity of the Chinese* (New York: Holt Rinehart & Winston, 1982).

144. Wong, K. C., *Policing in Hong Kong: History and Reform* (Boca Raton, FL: CRC Press, 2015).

145. Yankelovich, D., *Coming to Public Judgment: Making Democracy Work in a Complex World* (New York: Syracuse University Press, 1991).

146. Yin, R. K., *Applications of Case Study Research* (Thousand Oaks, CA: Sage, 2003).

147. Yip, K. C., Leung Y. S. and Wong M. K., *A Documentary History of Public Health in Hong Kong* (Hong Kong: The Chinese University of Hong Kong Press, 2018).

148. Yip, K. C., Leung Y. S. and Wong M. K., *Health Policy and Disease in Colonial and Post-Colonial Hong Kong, 1841-2003* (Oxon, UK: Routledge, 2016).

（三）日文著作（包括日文中譯著作，按首字拼音排序）

1. 〔日〕阿川弘之著、滕若榕譯：《軍艦長門》（第 1 冊），臺北：麥田出版社 1997 年版。

2. 〔日〕阿川弘之著、蕭志強譯：《軍艦長門》（第 2 冊），臺北：麥田出版社 1997 年版。

3. 〔日〕阿川弘之著、涂歆平譯：《軍艦長門》（第 3 冊），臺北：麥田出版社 1997 年版。

4. 〔日〕奥宮正武：《日本海軍が敗れた日（上）：マリアナ沖海戦終了まで》，京都：PHP 研究所，1996 年 11 月 15 日。

5. 〔日〕財團法人海軍有終會編：《近世帝國海軍史要（明治百年史叢書）》，東京：原書房，1975 年 6 月 1 日。

6. 〔日〕東洋經濟新報社編，香港占領地總督部報道部監修：《軍政下の香港——新生した大東亞の中核》，香港：東洋經濟社，1944 年。

7. 〔日〕渡部昇一：《本当のことがわかる昭和史》，京都：PHP 研究所，2015 年 7 月 15 日。

8. 〔日〕防衛庁防衛研修所戦史室：《海軍軍戰備〈1〉》，東京：朝雲新聞社，1969 年 11 月 25 日。

9. 〔日〕防衛庁防衛研修所戦史室：《戦史叢書　大本營海軍部・聯合艦隊〈1〉開 まで》，東京：朝雲新聞社，1975 年 12 月 20 日。

10. 〔日〕和久田幸助：《日本佔領下香港で何をしたか》，東京：岩波書店，1991 年。

11. 〔日〕和仁廉夫著，張宏豔譯：《歲月無聲：一個日本人追尋香港日占史跡》，香港：花千樹出版有限公司 2013 年版。

12. 〔日〕河內俊三：《南支經濟論》，東京：三笠書房，昭和十六年（1941 年）十一月十五日。

13. 〔日〕姬田光義編：《重慶中國國民黨在港秘密機關檢舉狀況》，東京：不二出版 1988 年版。

14. 〔日〕鮫島盛隆著，徐多鉤譯：《香港回想記——日軍佔領下的香港教會》，香港：基督教文藝出版社 1971 年版。

15. 〔日〕南堀英二：《テストパイロット——一等飛行機操縦士森川勲の生涯》，東京：株式会社光人社，2007 年 5 月 13。

16. 〔日〕片桐大自：《聯合艦隊軍艦銘銘伝——全八六〇余隻の栄光と悲劇》（普及版），東京：潮書房光人社，2014 年 3 月。

17. 〔日〕前坂俊之著，晏安譯：《太平洋戰爭與日本新聞》，北京：新星出版社 2015 年版。

18. 〔日〕燃料懇話会編：《日本海軍燃料史》，東京：原書房，1972 年 10 月 25 日。

19. 〔日〕日本防衛廳防衛研究所戰史室編，田琪之譯：《中國事變陸軍作戰史》（第 2 卷第 1 分冊），北京：中華書局 1979 年版。

20. 〔日〕日本近代史料研究会編：《日本陸海軍の制度・組織・人事》，東京：東京大學出版会，1979 年 4 月 5 日。

21. 〔日〕《太平洋戦争新聞　激動の 18 年歷史的ニュースの意外な点と線》，東京：双葉社，2015 年 6 月 23 日。

22. 〔日〕外山操：《艦長たちの軍艦史》，東京：株式会社光人社，2005 年 6 月 13。

23. 〔日〕小林英夫、柴田善雅：《日本軍政下の香港》，東京：社會評論社，1996 年。

24. 〔日〕熊谷直：《帝国陸海軍の基礎知識——日本の軍隊徹底研究》，東京：株式会社光人社，2014 年 5 月。

25. 〔日〕有近六次等：《撤退——ガダルカナル・コロンバンガラ・キスカ》，東京：株式会社光人社，2001 年 3 月 16 日。

26. 〔日〕雜誌《丸》編集部編：《巡　川內型・阿賀野型・大淀・香取型（ハンディ判日本海軍艦艇写真集）》，東京：株式会社光人社，1997 年 8 月。

27. 〔日〕佐藤太郎著，謝新發譯：《巨艦武藏號的毀滅》，香港：馬崑傑文化事業公司，出版年份不明。

四、學術論文

（一）中文論文（按首字拼音排序）

1. 柴逸扉：〈假難民給香港帶來多重困擾〉，《人民日報海外版》2017 年 2 月 9 日。

2. 陳丹心：〈胡文虎在香港淪陷時期之“謎”〉，《胡文虎研究》第 2 期，《龍岩師專學報》增刊。

3. 陳肖英：〈從中國內地湧入香港的越南非法入境者問題研究〉，《東南亞研究》2007 年 8 月。

4. 陳肖英：〈論香港難民和船民問題的緣起〉，《史學月刊》2006 年 8 月 25 日。

5. 陳肖英：〈印支難民與香港第一收容港政策〉，《南洋問題研究》2007 年第 4 期。

6. 陳新文：〈50 年代兩岸在港關係的歷史考察〉，《臺灣研究集刊》1999 年第 3 期。

7. 陳耀寰：〈新民航初創時期廣州辦事處（管理處）春秋〉，《中國民航史料通訊》第 123 期。

8. 陳智德：〈日佔時期香港文學的兩面〉，《東亞文化與中文大學》2006 年。

9. 翟強：〈新中國成立初期英國對華政策（1949–1954）〉，《世界歷史》1990 年第 6 期。

10. 丁補之及其他記者：〈從難民到國民印支難民安置的北海樣本〉,《南方週末》2009 年 10 月 14 日。

11. 丁補之及其他記者：〈一個已存在 30 年的沉默群體　30 萬難民在中國〉,《南方週末》2009 年 10 月 14 日。

12. 范宏貴：〈當前的印支難民問題〉,《八桂橋史》1987 年 7 月 2 日。

13. 范宏貴：〈十年印度支那難民有多少〉,《印度支那》1985 年第 4 期。

14. 方萬軍：〈略論中國境內印支難民的法律地位〉,《國際論壇》2015 年 9 月 10 日第 17 卷第 5 期。

15. 封寶華：〈北海難民述略〉,《印度支那》1986 年第 3 期。

16. 高翠：〈陳納德對"兩航"飛機的爭奪〉,《黨史縱橫》2009 年第 8 期。

17. 耕硯：〈盡快解決濟港越南難民問題〉,《世界知識》1989 年 2 月 26 日。

18. 郭劍波：〈浙江籍華僑華人社團概論〉,《八桂僑刊》2002 年第 4 期。

19. 郭克強：〈越南船民問題的國際法思考〉,《法學評論》1992 年 4 月。

20. 何傳啟：〈中國國際現代化的戰略分析〉,《第六期中國現代化研究論壇文選》2008 年 9 月 28 日。

21. 華晨、周睿：〈淺論中國境內印支難民人權保障相關問題〉,《法制博覽》2012 年 6 月。

22. 黃惠蓮：〈越南輸出難民問題概述〉,《東南亞研究》1979 年 9 月。

23. 黃天石：〈二十五年來之香港報業〉,《星島日報創刊二十五週年紀念論文集》1966 年。

24. 黃文德：〈敦睦與交際：1911 年中國海圻艦遠洋訪問之研究〉,《海洋文化學刊》, 2013 年第 14 期。

25. 黃伊梅：〈從被擱置的"楊慕琦計劃"看殖民時期香港繁榮穩定的基石〉,《廣東省社會主義學院學報》2016 年第 1 期。

26. 賈建民：〈SARS 的風險認知及應對行為調查報告——香港和內地大學生的比較分析〉,《中大市場學系發表調查報告》2003 年 6 月 10 日。

27. 蔣天然：〈對接管"兩航"的政策和組織"兩航"起義的一些情況〉,《中國民航史料通訊》第 116 期。

28. 蔣天然：〈爭取"兩航"起義紀實〉,《福建黨史月刊》1994 年第 9 期。

29. 金旺、朱鵬濤：〈我國邊境難民湧入研究〉,《武警學院學報》2018 年 11 月第 34 卷第 11 期。

30. 金旭東：〈試論印支難民問題的特徵〉,《華僑華人歷史研究》1988 年 4 月 1 日。

31. 孔永松、洪卜仁：〈論胡文虎在香港淪日期間的大節〉,《廈門大學學報》（哲社版）1993 年第 2 期。

32. 冷雪山：〈關於港九民用航空職工會組建的目的〉,《航空史研究》2001 年第 8 期。

33. 黎夫：〈虎口餘生〉,《世界知識》1982 年 6 月 15 日。

34. 李白茵、羅方明：〈越南各個時期的華僑政策〉，《印度支那》1989 年第 4 期。

35. 李蓓蓓、陳肖英：〈香港的越南難民和船民問題〉，《浙江師範大學學報（社會科學版）》2003 年 8 月第 28 卷第 4 期。

36. 李光輝：〈越南難民困擾香港〉，《世界知識》1988 年 10 月。

37. 李華：〈越南難民艱難跨入香港門檻〉，《今日中國》2000 年 6 月。

38. 李立峰：〈策略互動、文化共向和九七回歸後的香港新聞自由的發展〉，《傳播與社會學刊》2007 年第三期。

39. 李歐梵：〈香港，作為上海的"她者"〉，《讀書》1998 年第 12 期。

40. 李培德：〈國共兩黨在香港的競爭〉，載於 https://hc.nccu.edu.tw/public/view.php?main=12⊂=45&ssub=103&id=1833，2014 年 10 月 20 日。

41. 李其榮：〈近年來國內外學術界對國際難民問題的研究〉，《南洋問題研究》2009 年 6 月第 2 期。

42. 李若建：〈香港的越南難民與船民〉，《東南亞研究》1997 年 2 月 20 日。

43. 李若建：〈中國大陸遷入香港的人口研究〉，《人口與經濟》1997 年第 2 期。

44. 李守石、路陽：〈香港的越南難民問題：緣起，過程及解決〉，《國際問題》2011 年 7 月 10 日第 454 期。

45. 李煒娜：〈難民問題仍在困擾香港〉，《人民日報海外版》2013 年 8 月 26 日。

46. 李曉崗：〈美國的難民政策與冷戰外交〉，《美國研究》1999 年第 1 期。

47. 梁其姿：《華人社會的衛生史——從傳統至現代》，載於"中央研究院網"1994 年 1 月。

48. 梁慶通：〈闖蕩香港的上海人〉，《滬港經濟》1995 年第 1 期。

49. 劉晶芳：〈接收香港國民黨政府機構和資產述略〉，《中共中央黨校學報》1997 年第 1 期。

50. 劉敬宜：〈"中航"起義前後〉，《航空史研究》1995 年第 4 期。

51. 劉群：〈跨世紀的船民研究〉，《五邑人學學報》2008 年 8 月 15 日第 10 卷第 3 期。

52. 劉亞洲：〈一個民族的征服和征服一個民族〉，《明報月刊》2014 年 10 月。

53. 陸鈴、林聰：〈淺析冷戰後越南移民問題〉，《臨論師範高等專科學校學報》2008 年 3 月第 17 卷第 1 期。

54. 陸元斌：〈關於"兩航"留港資產的史料再記〉，《中國民航史料通訊》2019 年第 109 期。

55. 陸元斌：〈羅青長同志談策動"兩航"起義經過情況〉，《中國民航史料通訊》2019 年第 116 期。

56. 羅久蓉：〈歷史情境與抗戰時期"漢奸"的形成——以一九四一年鄭州維持會為主要案例的探討〉，《中央研究院近代史研究所集》1995 年第 24 期。

57. 羅淑敏：〈從報章標題看越南船民在香港的歷史（1975–2000）〉，載於 https://commons.ln.edu.hk/cgi/viewcontent.cgi?article=1000&context=proj_data。

58. 潘光：〈來華猶太人的國籍和法律問題（1840–1945）〉，《社會科學》2006 年 2 期。

59. 龐廣儀：〈抗戰期間正面戰場對粵漢鐵路攻防戰略評〉，西南大學交通學報（社會科學版）2017 年第 18 卷 1 期。

60. 邱淑如、林進光、何展雲：〈從不同時期華人會館的成立探討香港華人移民史〉，《國家圖書館館刊》2014 年第 2 期。

61. 裘其：〈越南難民：香港北海惹紛爭〉，《南風窗》1993 年 10 月 28 日。

62. 裘兆琳：〈美國續予中共最惠國待遇問題：府會之爭個案研究，1990–1992〉，《歐美研究》1993 年第 23 卷第 2 期。

63. 邵秦、劉顯廣：〈關於印度支那難民遷移問題〉，《亞太經濟》1986 年第 3 期。

64. 石楠：〈略論港英政府的鴉片專賣政策〉，《近代史研究》1992 年第 6 期。

65. 世界軍事編輯部：《世界軍事》2009 年第 5 期。

66. 舒建平：〈巴西狂歡節對我國打造民間節慶產業的啟示〉，《環球參考》2011 年 3 月 1 日。

67. 蘇鑰機：〈專業主義、新聞自由與市場力量〉，《傳播與社會學刊》2007 年第 3 期。

68. 蘇亦工：〈香港殖民地時期二元化法制之確立〉，《二十一世紀》2000 年第 60 期。

69. 孫松松：〈論印支難民的思相政治教育〉，《理論前沿》2014 年 9 月。

70. 孫揚：〈殖民地的尺度：香港肅奸風波與“國民日報事件”論析〉，《近代史研究》2012 年第 6 期。

71. 孫正心：〈我國註冊工程師制度與國際水準相比差在哪？〉，轉自《中國科學技術協會微信公共帳號“科技改革進行時”》2016 年 08 月 31 日。

72. 王德：〈“兩航”產權引發的國際爭端〉，《炎黃春秋》1998 年第 5 期。

73. 王菲、汪濤：〈“兩航”起義研究述評〉，《黨史文苑：下半月學術版》2015 年第 7 期。

74. 王菲：〈“兩航”起義的動因探究〉，《智庫時代》2017 年第 6 期。

75. 王勁波：〈困擾香港的船民問題〉，《世界知識》1991 年 12 月。

76. 王克勤：〈觸目驚心的越南製造的大浩劫——印支難民問題剖析〉，《世界知識》1979 年 8 月 14 日。

77. 吳昊：〈越南難民問題與美國（1980 年難民法）〉，《渤海大學學報》2013 年 5 月第 3 期。

78. 吳淑鳳：〈抗戰勝利後匿港漢奸的引渡〉，載港澳與近代中國學術研討會論文集編輯委員會編：《港澳與近中國學術研討會論文集》，臺北：“國史館”，2000 年版。

79. 向大有：〈關於印支華裔難民問題的再認識〉，《八桂橋刊》1988 年第 1 期。

80. 向大有：〈讓世人瞭解廣西接待安置印支難民真相〉，《八桂僑刊》2011 年 3 月第 1 期。

81. 〈消失的檔案　失憶的城市〉，《大學線》2012 年 5 月 3 日（第 106 期）。

82. 蕭震宇：〈雲南印支難民問題的審視及思考〉，《雲南大學學報（法學版）》第 24 卷第 24 期，2011 年 7 月。

83. 辛韜：〈香港取消第一收容港政策〉，《世界知識》1998 年 2 月 8 日。

84. 雅克・德・巴靂：〈印度支那難民的漫長等候〉，《印支研究》1983 年 2 月 10 日。

85. 楊立冰：〈印支難民逃出原因淺析〉，《八桂橋刊》1987 年 7 月第 2 期。
86. 應俊豪：〈1924–1925 年英國政府處理廣東海盜問題的策略運用：粵英軍事合作剿盜行動〉，《"國史館" 館刊》2013 年 9 月第 37 期。
87. 應俊豪：〈1927 年英國海軍武力進剿廣東海盜研究〉，《國立政治大學歷史學報》2014 年 5 月第 41 期。
88. 曾國華、陳壽德、張民保：〈印支難民工作的回顧與思考〉，《八桂橋刊》1988 年 4 月。
89. 曾銳生：〈太平洋戰爭期間英國對香港政策秘聞〉，《廣角鏡》1985 年 1 月第 148 期。
90. 臧運祜：〈現代中日關係史研究上永遠的缺憾——關於日本投降前後燒毀文書的情況及其他〉，《近代史研究》2005 年第 5 期，第 149–168 頁。
91. 張麗：〈20 世紀上半葉香港人口研究 1901–1941〉，載中國社會科學院、近代史研究所：《中國社會科學院近代史研究所青年學術論壇（2003 年卷）》，北京：社會科學文獻出版社 2005 年版。
92. 張鐵江：〈哈爾濱：近代東亞猶太人最大的活動中心〉，《學習與探索》2000 年第 6 期。
93. 張曉輝：〈略論近代香港的華人資產階級〉，《暨南史學》2006 年第 4 輯。
94. 張秀莉：〈香港工業化進程中的上海人——黃紹倫著 移民企業家：上海工業家在香港〉，《史林》2002 年第 2 期。
95. 趙和曼、張寧：〈印支難民問題概論〉，《印度支那》1987 年 5 月 1 日。
96. 趙和曼：〈印支難民研討中的幾個問題〉，《八桂橋刊》1987 年 7 月。
97. 甄錦細：〈廣州改革開改第一項〉，《廣州文史》第五十五輯。
98. 鄭宏泰、黃紹倫：〈香港華人的身份認同：九七前後的轉變〉，《二十一世紀雙月刊》2002 年第 73 期。
99. 中國民航總局史志編輯部編：〈兩航工作總結報告〉，《"兩航" 員工愛國起義 壯舉續編》1950 年 12 月。
100. 中央人民政府政務院特派接收港九國民黨政府機構專員辦事處：〈接收港九國民黨政府機構工作總結〉（草稿），1951 年 1 月。

（二）學位論文（按作者姓氏字母排列）

1. 陳文毅：《香港的傳染病與傳染病控制措施研究（1945–1964）》，北京大學碩士論文，2007 年。
2. 陳肖英：《香港的越南難民和船民問題研究》，華東師範大學碩士論文，2004 年。
3. 翟程歡：《有限的仁慈：美國的越南難民研究 1975–1982》，華東師範大學碩士論文，2010 年。
4. 高洪波：《移居香港的大陸作曲家研究（20 世紀：30–80 年代）》，中國音樂學院博士論文，2009 年。

5. 黃霑：《粵語流行曲的發展與興衰：香港流行音樂研究 1949–1997》，香港大學博士論文，2003 年。
6. 劉文俊：《1930–2000 年間香港流行音樂的變遷》，香港大學碩士論文，2003 年。
7. 陸宏廣：《香港與內地仲裁法的比較研究——仲裁協議效力的問題》，中國人民大學碩士論文，1997 年。
8. 馬向新：《八十年代與今日香港音樂之比較》，香港浸會大學碩士論文，2005 年。
9. 潘沚渝：《香港道教醫療現況研究》，香港中文大學碩士論文，2013 年。
10. 王佩雯：《"楊慕琦計劃"的夭折原因》，香港樹仁學院碩士論文，2000 年。
11. 王玉瑋：《論難民不推回原則》，中國法政大學碩士論文，2001 年。
12. 吳志華：《香港警察制度的建立和早期發展》，香港中文大學博士論文，1999 年。
13. 楊祥銀：《殖民權力與醫療空間：香港東華三院中西醫服務變遷（1894–1941 年）》，香港中文大學博士論文，2007 年。
14. 張永立：《美國 1980 難民法研究》，安徽師範大學碩士論文，2017 年。
15. 鄭鏡明：《日本佔領香港時期之中文報業》，香港中文大學學士論文，1980 年。
16. 朱志清：《香港警察的公共服務研究》，南昌大學碩士論文，2014 年。

（三）英文論文（按作者姓氏字母排序）

1. Alexander, R., "Almost Liberal: The British Government of Hong Kong in the Mid-Nineteenth Century", (2003) *The Stanford Undergraduate Research Journal*.
2. Alperin, Elijah, and Jeanne Batalova, "Vietnamese Immigrants in the United States", (2018) *Migration Policy Institute*.
3. Amer, Ramses, "The Ethnic Chinese in Vietnam and Sino-Vietnamese Relations", (1991) *Forum*.
4. Basier, Barbara, "Vietnam Refugees Riot in Hong Kong", (1989) *New York Times*.
5. Basler, Barbara, "The World; Boat People Find Fewer and Fewer Safe Harbors", (1988) *New York Times*.
6. Best, Martin S., "The Development of Commercial Aviation in China, China National Aviation Corporation 1945-1949", (2000) *The Air-Britain Civil Aviation Historical Quarterly,* Part 10A, Spring Issue.
7. Bishop, W. W., "Civil Air Transport Inc. v. Central Air Transport Corp", (1953) *The American Journal of International Law*, Vol. 47, No. 2.
8. Bousquet, Gisele, "Living in a State of Limbo: A Case Study of Vietnamese Refugees in Hong Kong Camps," (1987) *Center for Migration Studies Special Issues*.
9. Bowie, D. C., "Captive Surgeon in Hong Kong–The Story of British Military Hospital 1942-1945", *Journal of the Hong Kong Branch of the Royal Asiatic Society*, Vol. 15.

10. British Institute of International and Corporative Law, "The Chinese Aircraft in Hong Kong", (1951) *The International Law Quarterly*, Vol. 2.
11. Browne, Malcolm W., "Vietnamese in Hong Kong: The Bitter Last Stop", (1986) *New York Times*.
12. Butterfield, Fox, "Hanoi Regime Reported Resolved to Oust Nearly All Ethnic Chinese: Millions of Dollars Being Exacted from the Refugees Said to be a Major Source of Government Revenue", (1979) *New York Times*.
13. Chan, K. B., "Hong Kong's Response to the Vietnamese Refugees: A Study in Humanitarianism, Ambivalence and Hostility", (1990) *Southeast Asian Journal of Social Science*, Vol. 18, No. 1, pp.94-110.
14. Chan, K. B. and Loveridge, D., "Refugees in Transit: Vietnamese in a Refugee Camp in Hong Kong", (1987) *The International Migration Review*, Vol. 21, No. 3, pp.745-759. Sage Publications Inc.
15. Chen, L., "Legal Culture and Legal Transplants Hong Kong Report", (2011) *Isaidat Law Review Report* Volume 1.
16. Cheng, S., "NGO Humanitarianism in the Eyes of Asylum-seekers in Hong Kong", (2019) *Danish Institute for International Studies*.
17. Chiu, S., "Liberty versus Civility: A Critical Review of Efficient Policing in Hong Kong", (1996) *MA of Philosophy dissertation*, Chinese University of Hong Kong.
18. Chow, K.M., "Cholera Prevention as Social Control–Hong Kong in the Late 1960s", (1997) *Unpublished Master's dissertation*, University of Hong Kong.
19. Cohen, Rachel, and Hemphill S., "No Safe Port in a Storm: The Plight of Vietnamese Refugees", (1991) *Harvard International Review,* Vol. 13, No. 4, pp.32-35.
20. Covello, V. T., R. G. Peters, J. G. Wojtecki, et al., "Risk Communication, the West Nile Virus Epidemic, and Bioterrorism", (2001) *Journal of Urban Health*
21. Cox, A. L., "Civil Air Transport (CAT) A Proprietary Airline 1946-1955", (1969) *Clandestine Services History*, Vol. 1 of 4.
22. Creery, Jennifer, "We Were Very Afraid: A Vietnamese Boat Person Tells of His Journey to Hong Kong in 1969, When Refugees Were Still Welcome", *Hong Kong Free Press*, 15 July 2018.
23. Crossette, Barbara, "Thai Pirates Continuing Brutal Attacks on Vietnamese Boat People", *New York Times*, 11 Jan 1982.
24. Crowder, M., "Indirect Rule: French and British Style, Africa", (1964) *Journal of the International African Institute*.
25. Cullen, R. and Tso, K. K. S., "Using Opium as a Public Revenue Source–Not as Easy as It Looks: The British Hong Kong Experience", (2012) *British Tax Review*, Vol. 2.

26. Dewolf, Christopher, "Fighting until the End: Hong Kong's Vietnamese Refugees", *Zolima CityMag*, 12 Dec 2019.

27. Diller, J. M., "In Search of Asylum: Vietnamese Boat People in Hong Kong", (1988) *Indochina Resource Action Centre*.

28. Duncanson, Dennis, "The Boat People", (1979) *RAIN*, No. 33, pp.1-2. Royal Anthropological Institute of Great Britain and Ireland.

29. Fineman, Mark, "Disease, Despair at Camps: Hong Kong's Pent-Up Refugee Crisis Erupts", *Los Angeles Times*, 3 Sept. 1989.

30. Fischoff, S., J. Antonio, and D. Lewis. "Favorite Films and Film Genres as a Function of Race, Age, and Gender", (1998) *Journal of Media Psychology*.

31. Freeman, James M., and Huu Dinh Nguyen, "Repatriated to Vietnam: Children without Parents", (1996) *Practicing Anthropology*, Vol. 18, No. 1, pp.28-32.

32. Frost, Frank, "Vietnam, ASEAN and the Indochina Refugee Crisis", (1980) *Southeast Asian Affairs*, pp.347-367.

33. Fung, Lee Wing Han Joyce, "A Study of Government Policy on Vietnamese Refugee", (1988) *M. Soc. Sc. Dissertation (Public Administration)*, University of Hong Kong.

34. Gerald D. K., "Jews Under Japanese Domination 1939-1945", (1933) *Shofar: An Interdisciplinary Journal of Jewish Studies*, Vol. 11, No. 3.

35. Hathaway, James C, "Labelling the Boat People: The Failure of the Human Rights Mandate of the Comprehensive Plan of Action for Indochinese Refugees", (1993) *Human Rights Quarterly*, Vol. 15, No. 4, pp.686-702.

36. Hau, Soo Mun Teresa, "Analysis of the Vietnamese Refugee Policy in Hong Kong", (1996) *Master of Public Administration dissertation*, University of Hong Kong.

37. Hitchox, Linda, "Repatriation: Solution or Expedient? The Vietnamese Asylum Seekers in Hong Kong", (1990) *Southeast Asian Journal of Social Science*, Vol. 18, No. 1. pp.111-131. Brill.

38. "Hong Kong Abuses Against Vietnamese Asylum Seekers in the Final Days of the Comprehensive Plan of Action", (1997) *Human Rights Watch Publications*, Vol. 9, No. 2.

39. Kang, Jong Hyuk David, "Missionaries, Women, and Health Care: History of Nursing in Colonial Hong Kong (1887-1942)", (2013) *PhD dissertation*, Chinese University of Hong Kong.

40. Kaufman, Victor S., "The United States, Britain and the CAT Controversy", (2005) *Journal of Contemporary History*, Vol. 40, No. 1.

41. Knowles, C. H., et al., "Quantitation of Cellular Components of the Enteric Nervous System in the Normal Human Gastrointestinal Tract–Report on Behalf of the Gastro 2009 International Working Group", (2011) *Neurogastroenterology & Motility*.

42. Knudsen, John Chr, "Prisoners of International Politics: Vietnamese Refugees Coping with Transit Life", (1990) *Southeast Asian Journal of Social Science*, Vol. 18, No. 1, p.153-165.

43. Kumin, Judith, "Orderly Departure from Vietnam: Cold War Anomaly or Humanitarian Innovation?" (2008) *Refugee Survey Quarterly*, Vol. 27, No. 1, UNHCR.

44. Lam, Lawrence, "The Attitude of the Local Population Towards Vietnamese Boat People in Hong Kong", (1990) *Refuge*, Vol. 9, No. 3.

45. Lam-chong, I., "The Rise of a Sanitary City: The Colonial Formation of Hong Kong's Early Public Housin", (1997) *Unpublished Master's dissertation,* University of Hong Kong.

46. Law, R., et al. "Hopewell Holdings Ltd", (2001) *Asian Case Research Journal*, Vol. 5, No. 1, pp.71-96.

47. Leary, William M., Jr., "Aircraft and Anti-Communists: CAT in Action, 1949-1952", (1972) *The China Quarterly*, No. 52.

48. Leary, William M., Jr., "Portrait of a Cold War Warrior: Whiting Willauer and Civil Air Transport", (1971) *Modern Asian Studies*, No. 5.

49. Leeker, Joe F., "CAT, Air Asia, Air America–The Company on Taiwan I: Structure and Development", (2013) *University of Texas at Dallas*.

50. Lipman, Jana, "The Day I Start Being Free: Detained Migrants Struggle for Human Rights", (2020) *Columbian College of Arts and Science, The George Washington University*.

51. Lipman, Jana, "Why Hong Kong's History with Vietnamese Refugees Matters in Its Struggle Now", (2020) *The News Lens*.

52. Lulla, Ravi C., "De Facto Integration: A Case Study of Vietnamese Refugees in Hong Kong", (2007) *Master of Philosophy Thesis*, University of Hong Kong.

53. Ma, Ngok, "Civil Society and Democratization in Hong Kong: Paradox and Duality", (2008) *Taiwan Journal of Democracy*, Vol. 4, No. 2, pp.155-175.

54. Mathews, Gordon, "Asylum Seekers as Symbols of Hong Kong's Non-Chineseness," (2018) *China Perspectives*, No. 3, pp.51-58.

55. Miners, N. J., "Plans for Constitutional Reform in Hong Kong, 1946-52", (1986) *The China Quarterly*, Vol. 107, No. 3, pp.463-482.

56. Noble, Duncan, "International Law: Retroactive Recognition of De Facto Government Not Invalidation of Acts of Prior De Jure Government," (1953) *Michigan Law Review*, Vol. 52, No. 2.

57. Parker, R. M., et al., "Health Literacy: A Policy Challenge for Advancing High-Quality Health Care", (2003) *Health Affairs*.

58. Pattison, Stephen, "Vietnamese Migrants in Hong Kong", (1992) *In Defense of the Alien*, Vol. 15, pp.138-142.

59. Paul, A. R., et al., "Characterization of a Novel Coronavirus Associated with Severe Acute Respiratory Syndrome", (2003) *Science,* Vol. 300, pp.1394-1398.

60. Purcell Miller Litton LLP, "The Old Central Police Station and Victoria Prison HK", (2008) *Conservation Management Plan.*

61. Renn, O., "The Role of Risk Communication and Public Dialogue for Improving Risk Management", (1998)*Risk, Decision and Policy.*

62. Reynolds, B., and M. W. Seeger, "Crisis and Emergency Risk Communication as an Integrative Model", (2005) *Journal of Health Communication.*

63. Robertson, Geoffrey, "Pam Baker: Hong Kong Lawyer Who Fought for Rights of Vietnamese Refugees," (2002) *The Guardian.*

64. Robinson, W. Courtland, "The Comprehensive Plan of Action for Indochinese Refugees, 1989-1997: Sharing the Burden and Passing the Buck", (2004) *Journal of Refugee Studies,* Vol. 17, No. 3.

65. Roger, Louis, "Hong Kong: The Critical Phase, 1945-1949", (1997) *The American Historical Review,* Vol. 102, No. 4, pp.1052-1084.

66. Rummel, R. J., "Statistics of Vietnamese Democide", (1998) *Estimates, Calculations and Sources.* Chapter 6, Statistics of Democide since 1990.

67. Sagan, Ginetta, and Stephen Enney, "Re-education in Unliberated Vietnam: Loneliness, Suffering and Death", (1982) *The Indochina Newsletter.*

68. Salvi, Tiziana, "The Last 50 Years of Legal Opium in Hong Kong, 1893-1943", (2004) *MA of Philosophy dissertation,* University of Hong Kong.

69. Samuels, H., "The Detention of Vietnamese Asylum Seekers in Hong Kong: Re Pham Van Ngo and 110 Others", (1992) *The International and Comparative Law Quarterly,* Vol. 41, No. 2, pp.422-432.

70. Sham, Wai Chi, "The History of Hong Kong and Yaumati Ferry Company Limited, 1923 to the 1970's", (2007) *PhD dissertation,* Lingnan University.

71. Siu, Kai C., "A Study of Communicable Diseases of Hong Kong Government 1945-1971", (2003) *Unpublished Master's dissertation,* University of Hong Kong.

72. Skeldon, Ronald, "Hong Kong's Response to the Indochinese Influx 1975-93", (1994) *The Annals of the American Academy of Political and Social Science,* Vol. 534, pp.91-105.

73. Soby, B., et al., "Integrating Public and Scientific Judgments into a Tool Kit for Managing Food-Related Risks, Stage 1: Literature Review and Feasibility Study", (1993) *Environmental Risk Assessment Unit,* University of East Anglia.

74. Su, Christine, "Justifiers of the British Opium Trade: Arguments by Parliament, Traders, and the Times Leading Up to the Opium War", (2012) *The Stanford Undergraduate Research Journal.*

75. Suhrke, Astri, "Indochinese Refugees: The Law and Politics of First Asylum", (1983) *The Annals of the American Academy of Political and Social Science*, Vol. 467, pp.102-115.

76. Tam, C. M., and C. C. Leung, "Cessation of the BCG (Bacille Calmette Guerin) Revaccination Programme for Primary School Children in Hong Kong", (2000) *Public Health & Epidemiology Bulletin*, Vol. 9, No. 3.

77. Tang, James T. H., "From Empire Defence to Imperial Retreat: Britain›s Postwar China Policy and the Decolonization of Hong Kong", (1994) *Modern Asian Studies*, No. 2.

78. Taubenberger, J. K., and David M. M., "1918 Influenza: The Mother of All Pandemics", (2009) *Emerging Infectious Diseases*, Coordinating Center for Infectious Diseases, Centers for Disease Control and Prevention.

79. Ting, Joseph S. P., "Native Chinese Peace Officers in British Hong Kong 1841-1861", (1990) *Between East and West: Aspects of Social and Political Development in Hong Kong*, edited by Elizabeth Sinn, Centre of Asian Studies, University of Hong Kong, pp.147-158.

80. Tsamenyi, B. Martin, "The Boat People: Are They Refugees?", (1983) *Human Rights Quarterly*, Vl. 5, No. 3, pp.348-373.

81. Vassar, R., et al., "β-Secretase Cleavage of Alzheimer›s Amyloid Precursor Protein by the Transmembrane Aspartic Protease BACE", (1999) *Science*, Vol. 286, No. 5440.

82. Wain, Barry, "The Indochina Refugee Crisis", (1979) *Foreign Affairs*, Vol. 58, No. 1, pp.160-180.

83. Wang, J. Q., et al., "Assessment of Immunoreactive Synthetic Peptides from the Structural Proteins of Severe Acute Respiratory Syndrome Coronavirus", (2003) *Clinical Chemistry*, Vol. 49, No. 12, pp.1989-1996.

84. Wersig, G., "Information Science and Theory: A Weaver Bird's Perspective", (1992) *Conceptions of Library and Information Science: Historical, Empirical, and Theoretical Perspectives*.

85. Wright, Nancy Allison, "Claire Chennault and China's Airline Affair", (1996) *Journal of the American Aviation Historical Society*.

86. Yuen, Hong Kiu, "Proxy Humanitarianism: Hong Kong's Vietnamese Refugee Crisis", (2014) *Master of Philosophy Thesis*, University of Hong Kong.

87. Ahmad, Z. H., "Vietnamese Refugees and ASEAN", (1979) *Contemporary Southeast Asia*, Vol. 1, No. 1, pp.66-74.

88. Zonabend, F., "The Monograph in European Ethnology", (1992) *Current Sociology*.

五、網站

1. 〈"沙士"個案摘要〉，2002 年 1 月 1 日 –2003 年 7 月 31 日，https://www.who.int/csr/sars/country/table2004_04_21/en/。
2. 2016 年施政報告，http://www.policyaddress.gov.hk/2016/sim/p66.html。
3. 馬來西亞音樂版權組織，https://www.macp.com.my。
4. 美國音樂版權協會，https://www.ascap.com。
5. 丁雅誦、劉羨編：〈教育事業 70 年：從文盲率 80% 到義務教育鞏固率 94.2%〉，https://www.chinanews.com.cn/gn/2019/10-25/8988854.shtml。
6. 臺灣社團法人中華音樂著作權協會，https://www.must.org.tw。
7. 聯合國世界衛生組織，http://www.who.int。
8. 聯合國網站 United Nations website，關於難民地位的公約　聯合國公約與宣言檢索系統，https://www.un.org/zh/documents/treaty/files/OHCHR-1966.shtml。
9. 港人港地新聞，http://speakout.hk/index.php/2013-11-04-09-33-03/2013-12-21-07-12-13/15130-2016-05-10-04-49-43。
10. 港人港地新聞，http://speakout.hk/index.php/2013-11-04-09-33-03/2013-12-21-07-12-13/15130-2016-05-10-04-49-43#sthash.sYd3mWoU.dpuf。
11. 關稅及貿易總協定，http://baike.baidu.com/view/61182.htm/。
12. 公司註冊處，https://www.icris.cr.gov.hk/csci/cns-basic_comp.do。
13. 加拿大音樂版權協會，https://www.socan.ca。
14. 求是網，http://www.qstheory.cn/zxdk/2009/200901/200906/t20090609_1617.htm。
15. 香港貿發局，http://beltandroad.hktdc.com/tc/about-the-belt-and-road-initiative.aspx。
16. 香港法律條例，http://www.legislation.gov.hk/blis/eng/index.html。
17. 〈香港電臺經典重溫頻道第 13 屆十大重文金曲音樂會〉，香港電臺，https://www.rthk.org.hk/classicschannel/goldsong13.htm，viewed on1 December 2015。
18. 香港電臺十大樂聞，https://www.rthk.org.hk/channel/radio4/pdf/r4_p2.pdf。
19. 香港電影金像獎，https://www.hkfaa.com。
20. 香港工程師學會，http://www.hkie.org.hk/。
21. 香港金融管理局，https://www.info.gov.hk/hkma。
22. 香港中樂團，http://www.hkco.org。
23. 香港社會發展回顧項目 2015 年紀念二戰結束 70 年視頻檔案（Lawrence Kadoorie & Edgar Laufer - decommission of CLP, 2015），https://www.facebook.com/watch/?v=1081219721909701。
24. 香港水務署，http://www.info.gov.hk/water150/。
25. 香港人權法案簡介，https://www.cmab.gov.hk/doc/tc/documents/policy_responsibilities/

the_rights_of_the_individuals/human/BORO-InductoryChapterandBooklet-Chi.pdf。

26. 香港作曲家聯會，https://www.hkcg.org.hk。
27. 香港作曲家及作詞家協會，https://www.cash.org.hk。
28. 香港醫療輔助隊，http://www.ams.gov.hk。
29. 香港藝術發展局，https://www.hkadc.org.hk。
30. 香港音樂出版人協會，http://mpa.org.hk。
31. 張嫱：〈SARS 風暴下駐中國的外籍記者與臺灣媒體報導分析〉，https://ccs.nccu.edu.tw/word/HISTORY_PAPER_FILES/155_1.pdf。
32. 中國研究服務中心，http://www.usc.cuhk.edu.hk/Chs/Default.aspx。
33. 中國音樂著作權協會，https://www.mcsc.com.cn。
34. 中華人民共和國香港特區政府律政師雙語法例：〈香港版權條例〉，https://www.legislation.gov.hk。
35. 鍾尚志教授：〈六個中大人的抗炎故事：我們的學生都是第一流〉，〈中大校友抗炎實況報導〉，2003 年，https://www.alumni.cuhk.edu.hk/magazine/200306/html/p03-13.htm。
36. 沙士專家委員會，https://www.sars-expertcom.gov.hk/english/reports/reports.html。
37. 上海市地方志辦公室，http://shtong.gov.cn/。
38. 人民日報資料庫，http://202.112.118.67:900/web/index.htm。
39. 澳洲音樂版權協會，http://apraamcos.com.au。
40. 英國音樂版權協會，https://www.prsformusic.com。
41. Allingham, Ir David (HKIE President 1975/76) “The day the Governor bent his knee”, The Hong Kong Engineer (May 2005), https://www.hkengineer.org.hk/issue/vol33-may2005/cover_story/
42. Association for Diplomatic Studies and Training, The Vietnamese Boat People, https://adst.org/2014/07/the-vietnamese-boat-people/
43. BBC News: http://www.bbc.com/zhongwen/trad/hong_kong_review/2015/04/150421_hkreview_business
44. Civil Air Transport Bulletin 1947-1959, https://cd1.edb.hkedcity.net/cd/science/s&t/extended/health/chi/10SARS_c.doc
45. Economic History Association, http://eh.net/encyclopedia/economic-history-of-hong-kong/
46. HKIEPPC, https://www.facebook.com/HKIEPPC/notes
47. HKSAR Press Release https://www.info.gov.hk:
   ① https://www.info.gov.hk/gia/general/200111/21/1121249.htm, viewed on 1 May 2020. No asylum granted by HKSAR

② https//www.info.gov.hk/gia/general/200005/29/0529169.htm, viewed on 1 May 2020. Pillar Point Vietnamese Refugees Centre to close at end of May 29/5/2000

③ http://www.info.gov.hk/gia/general/200002/22/0222141.htm, viewed on 1 May2020. Plan to Integrate Vietnamese Refugees and Migrants Announced 22/2/2000

④ https://www.info.gov.hk/gia/general/dib/0108.htm, viewed on 10 May 2021

48. Port of First Asylum to be scrapped, Daily Information Bulletin 8/1/1998

49. Hong Kong Population, World Bank Data, https://data.worldbank.org/country/hong-kong-sar-china, (viewed on 3/10/2020).

50. Hospital Authority, https://link.springer.com/article/10.1007/s11115-006-0013-0

51. http://history.sjtu.edu.cn/upfiles/201111/20111109121649631.pdf

52. http://nccur.lib.nccu.edu.tw/bitstream/140.119/33515/8/500408.pdf

53. http://www.sciencemag.org/feature/data/sars/

54. https://www.academia.edu/11829506/Agencification_in_Governing_Health_Services_A_Case_Study_of_the_2003_SARS_Epidemic_in_Hong_Kong (about hospital)

55. https://www.cheu.gov.hk/eng/resources/exhibition_details.asp?id=2450&HTMLorText=0

56. https://www.hprc.org.cn/pdf/MBDH201007008.pdf

57. https://www.ln.edu.hk/mcsln/10th_issue/pdf/crit_001.pdf

58. International Engineering Alliance, http://www.ieagreements.org

59. New Jersey Institute of Technology, http://accreditation.org/accords/engineers-mobility-forum-2001

60. Seoul Accord, http://www.seoulaccord.org/

61. Sydney Accord Explained: http://everything.explained.today/Sydney_Accord/

62. The Government of the HKSAR, Auxiliary Medical Service – Major Events, https://www.ams.gov.hk/eng/simca.htm, (viewed on 23 September 2020).

63. The Government of the HKSAR, Immigration Department, The Influx of Vietnamese boat people, https://web.archive.org/web/20070926220321/http:/www.immd.gov.hk/40/eng/mil/70s/mil_70s_iv.html, (viewed on 9 July 2020).

64. The New York Times 1949-1954, https://www.nytimes.com/sitemap/

65. The United Nations Refugee Agency Website:

① https://www.unhcr.org/hk/593-timeline.html, (viewed 1 July 2020).

② https://www.unhcr.org/figures-at-a-glance.%20html, (viewed 18 June 2020).

③ https://www.unhcr.org/protect/PROTECTION/3b66c2aa10.pdf, (viewed on 1 June 2020).

④ https://www.ohchr.org/EN/ProfessionalInterest/Pages/ProtocolStatusOfRefugees.aspx, (viewed on 3 October 2020).

⑤ https://www.unhcr.org/1951-refugee-convention.html, (viewed on 3 October 2020).
⑥ https://www.unhcr.org/3ae68cf94.pdf, (viewed on 10 May 2020).
⑦ https://www.refworld.org/docid/3dda17d84.html, (viewed on 1 July 2020).

66. World Health Organization, About risk analysis in food, retrieved on the Internet on 1 October 2006: https://www.who.int/foodsafety/micro/riskanalysis/en/

67. World Health Organization, Communicable Disease Surveillance, Severe Acute Respiratory Syndrome (SARS), 2003, Retrieved on the Internet on 8 August 2016: https://www.who.int/csr/sars/en/index.html

（蘇載玓、冼世澄整理）

作者簡介

（按各章順序排列）

蘇載玓

澳洲悉尼大學經濟學學士，香港中文大學法學碩士，北京大學歷史學系碩士（2017）、博士（2022）。曾獲澳洲註冊會計師專業資格、香港註冊會計師專業資格。在香港四大會計師事務所之一開展其職業生涯，後任滙豐銀行香港總部稅務經理與倫敦律師事務所香港亞洲總部亞洲稅務負責人。學術研究領域為殖民統治史、香港史，出版專著《動盪時代的香港警察（1841–1898）》、《不對等的平等——百年香港監獄（1841–1939）》〔香港：三聯書店（香港）有限公司 2023 年版〕。

李頔

香港中文大學工商管理學學士，北京大學歷史學碩士。獲香港註冊會計師資格、中國註冊會計師非執業會員，先後任職於香港四大會計師事務所以及金融機構。學術研究方向為中國近代史。古琴愛好者，亦對古琴史有研究興趣。

楊培欽

2008 年畢業於樹仁大學工商管理系，獲頒授學士學位。畢業後在香港從事金融業工作多年。2022 年畢業於北京大學歷史學系，獲碩士學位。

汪政

香港理工大學金融學榮譽學士，北京大學歷史學碩士。鼎智資本總經理兼聯合創始人，在香港金融服務領域，負責內地與香港有色金屬大宗商品貿易工作。歷史學術研究方向為香港近代史。

陳奕羽

香港人，北京大學中國史碩士，研究興趣主要集中於香港社會福利政策。曾任職於香港非牟利慈善機構：長者安居協會。

麥繼亮

祖籍東莞太平，2009 年畢業於香港公開大學（今香港都會大學），2016 年獲北京大學歷史學系碩士學位，在學時初曾醉心於太平天國及清末海軍研究，後延伸至二戰前日本海軍，遂成此文。現從事報業工作。

王寶明

1968 年出生於香港，1994 畢業於國立臺灣師範大學，主修歷史，獲學士學位。2001 年畢業於北京大學歷史學系中國近現代史專業，獲碩士學位。在港從事教育工作。發表論文：《當代佛寺的社會教育功能及影響》、《〈熱河日記〉中六世班禪和黃教形象被貶低的原因》。榮獲《大公報》"紀念中國抗日戰爭暨世界反法西斯戰爭勝利六十週年" 徵文比賽三等獎榮譽證書、"一帶一路國際論壇 2016 徵文比賽" 公開組優異獎。

鄭明仁

香港資深傳媒人。1977 年畢業於香港浸會學院傳理系，歷任電臺和報館記者、採訪主任、總編輯。2011 年退休後潛修歷史，2015 年畢業於北京大學歷史學系，獲碩士學位。

林潔

工商管理碩士，專業會計師，任職於政府部門。近年喜愛歷史研究，2018 年完成北京大學歷史系課程，獲碩士學位。

陳尹珩

1972 年獲香港大學文學院心理學學士學位，1974 年獲香港大學社會工作碩士學位，曾任職香港政府為專業社工至 2010 年退休，現時仍為註冊社工。2012 年與友人創立非政府機構 "綠蔭家園"，多次組織香港及內地志願者到內蒙古參加民間植樹抗荒漠活動，2017 年獲 "中國婦女發展基金會" 等內地機構頒贈的 "綠色衛士獎”，2021 年獲北京大學歷史學碩士學位。現擔任香港非政府機構“兩地一心”在廣西壯族自治區桂林市全州縣全州高中助學統籌，資助特困學生完成高中課程，並在該校設立“地瓜叔叔中國歷史獎學金”。

劉延禧

獲電腦科學理學士學位和工商管理碩士學位，畢業後長期從事資訊科技領域的工作。2018 年，出於對近代史的興趣，報讀了北京大學的歷史課程，並於 2022 年獲歷史學碩士學位。

陳文毅

出生及受教育於香港，1998 年獲香港城市大學公共及社會行政學士學位。退休前為香港政府公務員，主要負責輔助醫療及志願人員訓練工作。2004 年因個人興趣報讀香港樹仁大學與北京大學合辦的中國近代史課程，2007 年獲碩士學位。因工作關係，任職期間曾多次親身參與香港防疫及災難救援工作，深感疾病及災難預防工作之重要性，故畢業論文選題以此為研究對象。

王忠明

上海人，香港出生，近代史愛好者，曾任教於香港大學。先後於北京大學、英國愛丁堡大學、倫敦大學、香港中文大學、澳洲蒙納殊大學、西澳大學獲碩士學位，並獲紐卡素大學工商管理博士（2006）、英國布里斯托大學教育博士（2012）、澳洲查爾斯特大學博士（2014）、上海財經大學哲學博士（2021）。此外，考獲英國特許銀行家、英國特許市場學家專業資格，現任香港商業心理學會主席。

陳志文

大學畢業於香港理工學院（今香港理工大學）機械工程學系。先後考獲英國工程師學會和香港工程師學會的入會資格、英國特許採購及供應學會的專業資格。畢業後，投身製造業工作，在中國香港和德國著名家電產品公司擔任高級經理，後長期駐紮在中國內地，親身經歷中國改革開放及現代化。退休後在內地創辦私人公司，從事產品設計和銷售工作。自 2015 年起正式退休，開始研究中國近現代史，2019 年獲北京大學歷史學系碩士學位。

葉可寧

金融科技行業從業者，項目管理人。平日忙於項目規劃統籌，暇餘時自喜歷史文化，並因職業的關係，特別關注內地與香港的經濟發展及文化交往。2011 年獲香港樹仁大學工商管理學學士學位；2018 年獲北京大學歷史學碩士學位。

陸宏廣

香港大學工程學碩士、博士，法律碩士；香港中文大學工商管理碩士，音樂碩士；香港理大工商管理博士；江西財大經濟博士；英國諾丁咸大教育博士；倫敦大法律學士；哥倫比亞大專業工程學位；中國人民大學法律碩士；香港城市大學仲裁學碩士，中國法律碩士；中央音樂院音樂碩士；英聖三一音樂院歌唱等同學士文憑；北大歷史學碩士。香港工程師學會前主席；港仲裁司學會前主席；港大專業進修學院院士。工程師，大律師，仲裁員，調解員。港大工程系榮譽教授；江西財大客教授；港高教科技學院客教授。

莫永佳

香港經貿商會會董，香港及英國資深會計師，香港及英國公司治理工會資深會員，香港稅務學會資深會員。獲北京大學歷史系碩士、英國曼徹斯特大學和韋爾斯大學共同頒授工商管理碩士、英國華威大學製造系統工程碩士，亦完成基督教神學學士學位。擔任過多家香港上市公司財務總監或管理高層，業餘曾師從香港流行音樂填詞家鄭國江老師學習填詞，跟隨楊式太極拳傳人董茉莉老師學習太極拳超過十年。擔任數家香港中小學校董，並任香港聖公會一所小學校監。

陳洪齡

原籍廣東新會，1946 年生於香港。資深金融證券從業人員，1973 年在遠東交易所從事證券公司出市代表，四會合併後升任為公司負責人（R.O.），從業至今逾 51 年，現為香港證券學會理事。1972 年獲香港珠海書院商學院國際貿易系學士學位，2002 年獲北京大學法學院法學系學士學位（LLB），2016 年獲北京大學歷史學系碩士學位。為北大、樹仁校友會創會會長。

李健強

原籍廣東省東莞縣，生於香港，商人，熱愛歷史。先後獲都會大學文學士學位、浸會大學當代中國研究社會學碩士學位、北京大學歷史系碩士學位、博士學位。主要研究興趣為香港房地產業與金融歷史。

陳嘉明

原籍廣東番禺，1983 年生於香港。先後獲倫敦大學、北京大學和香港大學理學士、法學士、碩士及教育文憑。資深教育工作者，曾任香港考試及評核局香港中學文憑考試監考和閱卷員多年，具有豐富教學、行政及考評發展經驗；現任公職有香港電影、報刊及物品管理辦事處電影檢查顧問，並屢獲傑出服務獎項。

黃志超

1976 年香港浸會學院會計系畢業，畢業後首 4 年在國際會計師事務所做核數工作，其後的 30 餘年直接或間接從事製衣行業，從設計、買賣、落單、生產、運輸、銷售等到成衣的買賣及生產等程序工作，在不同崗位上都有不同程度的參與，範圍包括成年人及兒童的服裝系列，尤其對主導製衣出口的主軸線“出口配額”有深入研究。2016 年退休後獲北京大學歷史學系碩士學位。

嚴智德

香港特別行政區人士，祖籍惠州，肇慶學院旅遊與歷史文化學院歷史系教師。基礎教育至本科時期在香港接受教育，2007 年報考北京大學和香港樹仁大學合作辦學中國近代史碩士課程，2013 年入北京大學校本部深造，2019 年獲歷史學博士學位，主攻中國近代史方向，聚焦香港史和中國鐵路史視角下的中英外交問題。

江海傑

土生土長香港人。香港中文大學社會工作學系畢業後，進入香港海關工作，曾任職國際機場、關口、情報調查等不同崗位。2022 年獲北京大學歷史學系碩士學位，畢業論文以近代在華猶太人生活為研究重點。社會工作教育堅定其對公平正義信念的追求，歷史研究訓練鍛煉其掌握尋找真相的竅門，並期望通過閱讀、創作不斷提升人文修養，豐富其未來生活和人生閱歷。